ONE TO ONE

Bilingual Dictionary

English-Lithuanian Lithuanian-English Dictionary

Compiled by
Regina Kazakeviciute

ibs BOOKS (UK)

First Edition: 2011

ISBN : 978-1-905863-95-2

Published by
ibs BOOKS (UK)
55, Warren Street, London W1T 5NW (UK)
e-mail: indbooks@aol.com; starbooksuk@aol.com
www.starbooksuk.com

Printed in India at
Star Print-O-Bind, New Delhi-110020

About this Dictionary

Developments in science and technology today have narrowed down distances between countries, and have made the world a small place. A person living thousands of miles away can learn and understand the culture and lifestyle of another country with ease and without travelling to that country. Languages play an important role as facilitators of communication in this respect.

To promote such an understanding, ***ibs BOOKS (UK)*** *has planned to bring out a series of bilingual dictionaries in which important English words have been translated into other languages, with Roman transliteration in case of languages that have different scripts. This is a humble attempt to bring people of the world closer through the medium of language, thus making communication easy and convenient.*

These dictionaries have been compiled and edited by teachers and scholars of relative languages.

ONE TO ONE

Bilingual Dictionaries in this Series

English-Arabic/Arabic-English	Rania-al-Qass
English-Bengali/Bengali-English	Amit Majumdar
English-Cantonese/Cantonese-English	Nisa Yang
English-Dari/Dari-English	Amir Khan
English-Farsi/Farsi-English	Maryam Zamankhani
English-Gujarati/Gujarati-English	Sujata Basaria
English-Hindi/Hindi-English	Sudhakar Chaturvedi
English-Hungarian/Hungarian-English	Lucy Mallows
English-Lithuanian/Lithuanian-English	Regina Kazakeviciute
English-Nepali/Nepali-English	Anil Mandal
English-Panjabi/Panjabi-English	Teja Singh Chatwal
English-Pashto/Pashto-English	Amir Khan
English-Polish/Polish-English	Magdalena Herok
English-Romanian/Romanian-English	Georgeta Laura Dutulescu
English-Somali/Somali-English	Ali Mohamud Omer
English-Tamil/Tamil-English	Sandhya Mahadevan
English-Turkish/Turkish-English	Nagme Yazgin
English-Urdu/Urdu-English	S.A Rahman

More languages in print

ibs BOOKS (UK)
London W1T 5NW (UK)

ENGLISH-LITHUANIAN

A

a *a.* nežymimasis artikelis
aback *adv.* sutrikęs
abaction *n* arkliavagystė
abactor *n* arkliavagis
abandon *v.t.* nustoti
abase *v.t.* pažeminti
abasement *n* pažeminimas
abash *v.t.* sugėdinti
abate *v.t.* sumažinti
abatement *n.* sumažėjimas
abbey *n.* abatija
abbreviate *v.t.* trumpinti
abbreviation *n* trumpinimas
abdicate *v.t,* atsisakyti
abdication *n* atsisakymas
abdomen *n* pilvas
abdominal *a.* pilvinis
abduct *v.t.* pagrobti
abduction *n* pagrobimas
abed *adv.* lovoje
aberrance *n.* aberacija
abet *v.t.* kurstyti
abetment *n.* kurstymas
abeyance *n.* galiojimo sustabdymas
abhor *v.t.* bjaurėtis
abhorrence *n.* bjaurėjimasis
abide *v.i* tvirtai laikytis
abiding *a* nuolatinis
ability *n.* sugebėjimas
abject *a.* apgailėtinas
ablaze *adv.* liepsnojantis
ablactate *v. t* atpratinti
ablactation *n* atpratinimas
able *a* galintis
ablepsy *n* aklumas
ablush *adv* paraustantis
ablution *n* praplovimas
abnegate *v. t* nuneigti
abnegation *n* nuneigimas
abnormal *a* nenormalus
aboard *adv* lėktuve
abode *n* buveinė
abolish *v.t* panaikinti
abolition *n.* panaikinimas
abominable *a* pasibjaurėtinas
aboriginal *a* aborigenas
aborigines *n. pl* aborigenai
abort *v.i* nutraukti
abortion *n* abortas
abortive *adv* nepavykęs
abound *v.i.* gausiai turėti
about *adv* maždaug
about *prep* apie
above *adv* viršuje
above *prep.* virš
abreast *adv* viena linija
abridge *v.t* sutraukti
abridgement *n* sutraukimas
abroad *adv* užsienyje
abrogate *v. t.* išnaikinti
abrupt *a* staiga
abruption *n* atplyšimas
abscess *n* pūlinys
absonant *adj* prieštaringas
abscond *v.i* pasislėpti
absence *n* nebuvimas
absent *a* nesantis
absent *v.t* nedalyvauti
absolute *a* absoliutus
absolutely *adv* visiškai
absolve *v.t* atleisti
absorb *v.t* absorbuoti
abstain *v.i.* susilaikyti
abstract *a* abstraktus
abstract *n* abstrakti sąvoka
abstract *v.t* abstrahuoti
abstraction *n.* abstrakcija
absurd *a* absurdiškas
absurdity *n* absurdas

abundance *n* perteklius
abundant *a* apstus
abuse *v.t.* piktnaudžiauti
abuse *n* piktnaudžiavimas
abusive *a* piktnaudžiaujantis
abutted *v* ribotis
abyss *n* pragarmė
academic *a* akademinis
academy *n* akademija
acarpous *adj.* nevaisingas
accede *v.t.* pradėti eiti pareigas
accelerate *v.t* pagreitinti
acceleration *n* akceleracija
accent *n* kirtis
accent *v.t* kirčiuoti
accept *v.t.* priimti
acceptable *a* priimtinas
acceptance *n* priėmimas
access *n* priėjimas
accession *n* papildymas
accessory *n* aksesuarai
accident *n* atsitiktinumas
accidental *a* atsitiktinis
accipitral *adj* vanaginiai
acclaim *v.t* audringai sveikinti
acclaim *n* audringas sveikinimas
acclamation *n* ovacijos
acclimatise *v.t* aklimatizuotis
accommodate *v.t* prisitaikyti
accommodation *n.* apgyvendinimas
accompaniment *n* akompanavimas
accompany *v.t.* akompanuoti
accomplice *n* bendrininkas
accomplish *v.t.* atlikti
accomplished *a* atliktas
accomplishment *n.* atlikimas
accord *v.t.* atitikti
accord *n.* atitikimas
accordingly *adv.* atitinkamai
account *n.* ataiskiata
account *v.t.* atsiskaityti
accountable *a* atskaitingas
accountancy *n.* sąskaityba
accountant *n.* sąskaitininkas
accredit *v.t.* akredituoti
accrementition *n* atnaujinimas
accrete *v.t.* suaugti
accrue *v.i.* priaugti
accumulate *v.t.* kaupti
accumulation *n* kaupimas
accuracy *n.* kruopštumas
accurate *a.* kruopštus
accursed *a.* nekenčiamas
accusation *n* kaltinimas
accuse *v.t.* kaltinti
accused *n.* kaltinamasis
accustom *v.t.* priprasti
accustomed *a.* papratęs
ace *n* tūzas
acentric *adj* becentris
acephalous *adj.* begalvis
acephalus *n.* begalvis
acetify *v.* parūgštinti
ache *n.* gėla
ache *v.i.* gelti
achieve *v.t.* pasiekti
achievement *n.* pasiekimas
achromatic *adj* achromatinis
acid *a* rūgštinis
acid *n* rūgštis
acidity *n.* rūgštingumas
acknowledge *v.* pripažinti
acknowledgement *n.* pripažinimas
acne *n* inkštiras
acorn *n.* gilė
acoustic *a* akustinis
acoustics *n.* akustika
acquaint *v.t.* supažindinti
acquaintance *n.* supažindinimas
acquest *n* įsigijimas
acquiesce *v.i.* tyliai sutikti

acquiescence *n.* tylus sutikimas
acquire *v.t.* išugdyti
acquirement *n.* išugdymas
acquisition *n.* išlavinimas
acquit *v.t.* išteisinti
acquittal *n.* išteisinimas
acre *n.* akras
acreage *n.* žemės sklypas
acrimony *n* kandumas
acrobat *n.* akrobatas
across *adv.* skersai
across *prep.* skersai
act *n.* aktas
act *v.i.* elgtis
acting *n.* atlikimas
action *n.* veiksmas
activate *v.t.* aktyvinti
active *a.* aktyvus
activity *n.* aktyvumas
actor *n.* aktorius
actress *n.* aktorė
actual *a.* tikrasis
actually *adv.* tiesą sakant
acumen *n.* įžvalgumas
acute *a.* ūmus
adage *n.* posakis
adamant *a.* nepalaužiamas
adamant *n.* nepalaužiamumas
adapt *v.t.* adaptuotis
adaptation *n.* adaptacija
adays *adv* padieniui
add *v.t.* įterpti
addict *v.t.* būti priklausomam
addict *n.* narkomanas
addiction *n.* priklausomybė
addition *n.* priedas
additional *a.* pridėtinis
addle *adj* sugedęs
address *v.t.* adresuoti
address *n.* adresas
addressee *n.* adresatas
adduce *v.t.* pateikti
adept *n.* žinovas
adept *a.* išmanantis
adequacy *n.* adekvatumas
adequate *a.* adekvatus
adhere *v.i.* griežtai laikytis
adherence *n.* griežtas laikymasis
adhesion *n.* lipni medžiaga
adhesive *n.* sąauga
adhesive *a.* sąauginis
adhibit *v.t.* priskirti
adieu *n.* atsisveikinimas
adieu *interj.* sudiev
adjacent *a.* gretimas
adjective *n.* būdvardis
adjoin *v.t.* šlietis
adjourn *v.t.* pertraukti
adjournment *n.* pertrauka
adjudge *v.t.* pripažinti
adjunct *n.* papildymas
adjuration *n* priesaika
adjure *v.t.* prisaikdinti
adjust *v.t.* pritaikyti
adjustment *n.* pritaikymas
administer *v.t.* administruoti
administration *n.* administracija
administrative *a.* administracinis
administrator *n.* administratorius
admirable *a.* pasigėrėtinas
admiral *n.* admirolas
admiration *n.* gėrėjimasis
admire *v.t.* gėrėtis
admissible *a.* priimtinas
admission *n.* įleidimas
admit *v.t.* įleisti
admittance *n.* leidimas įeiti
admonish *v.t.* perspėti
admonition *n.* perspėjimas
ado *n.* subruzdimas
adobe *n.* plaušamolis
adolescence *n.* paauglystė
adolescent *a.* paaugliškas
adopt *v.t.* įvaikinti

adoption *n* įvaikinimas
adorable *a.* puikus
adoration *n.* dievinimas
adore *v.t.* dievinti
adorn *v.t.* papuošti
adscititious *adj* atliekamas
adscript *adj.* biaudžiavos
adulation *n* liaupsinimas
adult *a* suaugęs
adult *n.* suaugusysis
adulterate *v.t.* klastoti
adulteration *n.* klastotė
adultery *n.* svetimavimas
advance *v.t.* daryti pažangą
advance *n.* žengimas į priekį
advancement *n.* pažanga
advantage *n.* pranašumas
advantage *v.t.* būti pranašesniu
advantageous *a.* atsitiktinis
advent *n.* adventas
adventure *n* nuotykis
adventurous *a.* nuotykingas
adverb *n.* prieveiksmis
adverbial *a.* prieveiksminis
adversary *n.* priešininkas
adverse *a* priešiškas
adversity *n.* nepalanki padėtis
advert *n.* pranešimas
advertise *v.t.* reklamuoti
advertisement *n* reklama
advice *n* patarimas
advisable *a.* patartinas
advisability *n* patartina
advise *v.t.* patarti
advocacy *n.* palaikymas
advocate *n* advokatas
advocate *v.t.* atstovauti
aerial *a.* oro
aerial *n.* antena
aeriform *adj.* dujinis
aerify *v.t.* virsti dujomis
aerodrome *n* aerodromas
aeronautics *n.pl.* aeronautika
aeroplane *n.* lėktuvas
aesthetic *a.* estetinis
aesthetics *n.pl.* estetika
aestival *adj* vasarinis
afar *adv.* toli
affable *a.* draugingas
affair *n.* reikalas
affect *v.t.* paveikti
affectation *n* potraukis
affection *n.* prisirišimas
affectionate *a.* prieraišus
affidavit *n* rašytiniai parodymai
affiliation *n.* prisijungimas
affinity *n* trauka
affirm *v.t.* patvirtinti
affirmation *n* patvirtinimas
affirmative *a* pritariamasis
affix *v.t.* pridėti
afflict *v.t.* prislėgti
affliction *n.* prislėgtumas
affluence *n.* gerovė
affluent *a.* pasiturintis
afford *v.t.* išgalėti
afforest *v.t.* želdinti
affray *n* viešosios tvarkos pažeidimas
affront *v.t.* įžeisti
affront *n* įžeidimas
afield *adv.* toli
aflame *adv.* liepsnojantis
afloat *adv.* ant vandens
afoot *adv.* rengiamas
afore *prep.* anksčiau
afraid *a.* išsigandęs
afresh *adv.* iš naujo
after *prep.* po
after *adv* pagal
after *conj.* po to, kai
after *a* užpakalinis
afterwards *adv.* po to
again *adv.* vėl

against *prep.* prieš
agamist *n* viengungis
agape *adv.*, išsižiojęs
agaze *adv* spoksoti
age *n.* amžius
aged *a.* senyvas
agency *n.* agentūra
agenda *n.* darbotvarkė
agent *n* agentas
aggravate *v.t.* apsunkinti
aggravation *n.* apsunkinimas
aggregate *v.t.* kauptis
aggression *n* agresija
aggressive *a.* agresyvus
aggressor *n.* agresorius
aggrieve *v.t.* užgaulioti
aghast *a.* priblokštas
agile *a.* guvus
agility *n.* guvumas
agitate *v.t.* agituoti
agitation *n* agitacija
agist *v.t.* ganytis
aglow *adv.* švytintis
agnus *n* agnus
ago *adv.* prieš
agog *adj.* nesitveriantis
agonist *n* agonistas
agonize *v.t.* kamuotis
agony *n.* agonija
agronomy *n.* agronomija
agoraphobia *n.* agorafobija
agrarian *a.* agrarinis
agree *v.i.* pritarti
agreeable *a.* pritariantis
agreement *n.* susitarimas
agricultural *a* agrokultūrinis
agriculture *n* žemdirbystė
agriculturist *n.* žemdirbys
ague *n* drebulys
ahead *adv.* pirmyn!
aheap *adv* krūvoje
aid *n* pagalba
aid *v.t* pagelbėti
aigrette *n* plunksnainis
ail *v.t.* negaluoti
ailment *n.* negalavimas
aim *n.* taikinys
aim *v.i.* taikytis
air *n* oras
aircraft *n.* orlaivis
airy *a.* erdvus
ajar *adv.* praviras
akin *a.* giminingas
alacrious *adj* įsikarščiavęs
alacrity *n.* įkarštis
alamort *adj.* mirtinas
alarm *n* aliarmas
alarm *v.t* aliarmuoti
alas *interj.* deja!
albeit *conj.* nors ir
Albion *n* Albionas
album *n.* albumas
albumen *n* albuminas
alchemy *n.* alchemija
alcohol *n* alkoholis
ale *n* alus
alegar *n* alaus actas
alert *a.* budrus
alertness *n.* budrumas
algebra *n.* algebra
alias *n.* pseudonimas
alias *adv.* kitaip
alibi *n.* alibi
alien *a.* svetimšalis
alienate *v.t.* perleisti
aliferous *adj.* sparnuotas
alight *v.i.* išlipti
align *v.t.* lygiuoti
alignment *n.* lygiavimas
alike *a.* panašus
alike *adv.* panašiai
aliment *n.* maistas
alimony *n.* alimentai
aliquot *n.* alikvotas

alive *a.* gyvas
alkali *n.* šarmas
all *a.* visas
all *n.* visas
all *adv.* visai
all *pron* visas
allay *v.t.* sušvelninti
allegation *n.* tvirtinimas
allege *v.t.* tvirtinti
allegiance *n.* ištikimybė
allegorical *a.* alegorinis
allegory *n.* alegorija
allergy *n.* alergija
alleviate *v.t.* palengvinti
alleviation *n.* palengvinimas
alley *n.* siaura gatvelė
alliance *n.* aljansas
alligator *n* aligatorius
alliterate *v.* aliteruoti
alliteration *n.* aliteracija
allocate *v.t.* paskirti
allocation *n.* paskirstymas
allot *v.t.* paskirstyti
allotment *n.* išnuomojamas žemės sklypelis
allow *v.t.* leisti
allowance *n.* leidimas
alloy *n.* lydinys
allude *v.i.* daryti užuominą
alluminate *v.t.* aliuminuoti
allure *v.t.* žavėti
allurement *n* žavesys
allusion *n* aliuzija
allusive *a.* aliuzinis
ally *v.t.* būti sąjungininku
ally *n.* sąjungininkas
almanac *n.* almanachas
almighty *a.* visagalis
almond *n.* migdolas
almost *adv.* beveik
alms *n.* išmalda
aloft *adv.* aukštai
alone *a.* vienas
along *adv.* tolyn
along *prep.* išilgai
aloof *adv.* nuošaliai
aloud *adv.* balsiai
alp *n.* kalno viršūnė
alpha *n* alfa
alphabet *n.* alfabetas
alphabetical *a.* alfabetinis
alpinist *n* alpinistas
already *adv.* jau
also *adv.* taip pat
altar *n.* altorius
alter *v.t.* pakeisti
alteration *n* pakeitimas
altercation *n.* kivirčijimasis
alternate *a.* kintamas
alternate *v.t.* kaitalioti
alternative *n.* alternatyva
alternative *a.* alternatyvus
although *conj.* net jei
altimeter *n* altimetras
altitude *n.* aukštis virš jūros lygio
alto *n* altas
altogether *adv.* iš viso
aluminium *n.* aliuminis
alumna *n* absolventas
always *adv* visada
alveary *n* avilys
alvine *adj.* žarnyno
am esu
amalgam *n* amalgama
amalgamate *v.t.* sulieti
amalgamation *n* suliejimas
amass *v.t.* kaupti
amateur *n.* mėgėjas
amatory *adj* meilės
amaurosis *n* amaurozė
amaze *v.t.* nustebinti
amazement *n.* nuostaba
ambassador *n.* ambasadorius
amberite *n.* amberitis

ambient *adj.* supantis
ambiguity *n.* dviprasmiškumas
ambiguous *a.* dviprasmiškas
ambition *n.* ambicija
ambitious *a.* ambicingas
ambry *n.* tabernakulis
ambulance *n.* greitosios pagalbos automobilis
ambulant *adj* ambulatorinis
ambulate *v.t* vaikščioti
ambush *n.* pasala
ameliorate *v.t.* gerinti
amelioration *n.* gerinimas
amen *interj.* amen
amenable *a* sukalbamas
amend *v.t.* pataisyti
amendment *n.* pataisymas
amends *n.pl.* atitaisymas
amenorrhoea *n* amenorėja
amiability *n.* geraširdiškumas
amiable *a.* geraširdis
amicable *adj.* draugingas
amid *prep.* vidury
amiss *adv.* negerai
amity *n.* draugystė
ammunition *n.* amunicija
amnesia *n* amnezija
amnesty *n.* amnestija
among *prep.* tarp
amongst *prep.* tarp
amoral *a.* amoralus
amount *n* suma
amount *v.i* sudaryti sumą
amount *v.* turėti reikšmę
amorous *a.* įsimylėjusio
amour *n* meilės ryšiai
ampere *n* amperas
amphibious *adj* amfibinis
amphitheatre *n* amfiteatras
ample *a.* apstus
amplification *n* amplifikacija
amplifier *n* stiprintuvas
amplify *v.t.* sustiprinti
amuck *adv.* nesivaldyti
amulet *n.* amuletas
amuse *v.t.* smaginti
amusement *n* smaginimas
an *art* nežymimasis artikelis
anabaptism *n* anabaptizmas
anachronism *n* anachronizmas
anaclisis *n* anaklizis
anadem *n* anadema
anaemia *n* anemija
anaesthesia *n* anestezija
anaesthetic *n.* anestezinis
anal *adj.* analinis
analogous *a.* analogiškas
analogy *n.* analogija
analyse *v.t.* analizuoti
analysis *n.* analizė
analyst *n* analitikas
analytical *a* analitinis
anamnesis *n* anamnezė
anamorphous *adj* anamorfozinis
anarchism *n.* anarchizmas
anarchist *n* anarchistas
anarchy *n* anarchija
anatomy *n.* anatomija
ancestor *n.* protėvis
ancestral *a.* protėvių
ancestry *n.* protėviai
anchor *n.* inkaras
anchorage *n* inkaravimo įtaisai
ancient *a.* senovinis
ancon *n* gembė
and *conj.* ir
androphagi *n.* androfagas
anecdote *n.* anekdotas
anemometer *n* anemometras
anew *adv.* iš naujo
anfractuous *adj* vingiuotas
angel *n* angelas
anger *n.* pyktis
angina *n* angina

angle *n.* kampelis
angle *v.t.* meškerioti
angry *a.* piktas
anguish *n.* didelis skausmas
angular *a.* kampuotas
anigh *adv.* naktį
animal *n.* gyvūnas
animate *v.t.* animuoti
animate *a.* animacinis
animation *n* animacija
animosity *n* priešiškumas
animus *n* priešiškumas
aniseed *n* anyžių sėklos
ankle *n.* kulkšnis
anklet *n* kojos papuošalas
annalist *n.* metraštininkas
annals *n.pl.* metraščiai
annex *v.t.* aneksuoti
annexation *n* aneksija
annihilate *v.t.* naikinti
annihilation *n* naikinimas
anniversary *n.* sukaktis
announce *v.t.* anonsuoti
announcement *n.* anonsas
annoy *v.t.* suerzinti
annoyance *n.* suerzinimas
annual *a.* metinis
annuitant *n* asmuo, gaunantis kasmetinę rentą
annuity *n.* kasmetinė renta
annul *v.t.* anuliuoti
annulet *n* žiedelis
anoint *v.t.* patepti
anomalous *a* anomalus
anomaly *n* anomalija
anon *adv.* ir vėl
anonymity *n.* anonimiškumas
anonymity *n.* beveidiškumas
anonymous *a.* anoniminis
another *a* kitas
answer *n* atsakymas
answer *v.t* atsakyti
answerable *a.* atsakomas
ant *n* skruzdė
antacid *adj.* antacidas
antagonism *n* antagonizmas
antagonist *n.* antagonistas
antagonize *v.t.* kelti antagonizmą
antarctic *a.* antarktinis
antecede *v.t.* eiti pirmyn
antecedent *n.* pirmtakas
antecedent *a.* pirmesnis
antedate *n* atgalinė data
antelope *n.* antilopė
antenatal *adj.* priešgimdyminis
antennae *n.* čiuptuvas
antenuptial *adj.* vedybinis
anthem *n* himnas
anthology *n.* antologija
anthropoid *adj.* antropoidas
anti *pref.* prieš
anti-aircraft *a.* priešlėktuvinis
antic *n* juokdarys
anticardium *n* anakardis
anticipate *v.t.* nujausti
anticipation *n.* nujautimas
antidote *n.* priešnuodis
antinomy *n.* antinomija
antipathy *n.* antipatija
antiphony *n.* antifonija
antipodes *n.* antipodai
antiquarian *a.* antikvarinis
antiquarian *n* antikvaras
antiquary *n.* antikvarinių daiktų žinovas
antiquated *a.* pasenęs
antique *a.* antikinis
antiquity *n.* antika
antiseptic *n.* antiseptikas
antiseptic *a.* antiseptinis
antithesis *n.* antitezė
antitheism *n* antiteizmas
antler *n.* elnio ragai
antonym *n.* antonimas

anus *n.* išangė
anvil *n.* priekalas
anxiety *n.* nerimas
anxious *a.* sunerimęs
any *a.* kas nors
any *adv.* kiek nors
anyhow *adv.* bet kokiu būdu
apace *adv.* sparčiai
apart *adv.* atskirai
apartment *n.* butas
apathy *n.* apatija
ape *n* beždžionė
ape *v.t.* beždžioniauti
aperture *n.* apertūra
apex *n.* aukščiausias taškas
aphorism *n* aforizmas
apiary *n.* bitynas
apiculture *n.* bitininkystė
apish *a.* beždžioniaujantis
apnoea *n* apnėja
apologize *v.i.* atsiprašyti
apologue *n* apologas
apology *n.* atsiprašymas
apostle *n.* apaštalas
apostrophe *n.* apostrofas
apotheosis *n.* apoteozė
apparatus *n.* aparatas
apparel *n.* drabužiai
apparel *v.t.* apsirengti
apparent *a.* akivaizdus
appeal *n.* atsišaukimas
appeal *v.t.* atsišaukti
appear *v.i.* atsirasti
appearance *n* reiškinys
appease *v.t.* nuraminti
appellant *n.* apeliuojančioji pusė
append *v.t.* papildyti
appendage *n.* papildymas
appendicitis *n.* apendicitas
appendix *n.* apendiksas
appendix *n.* apendiksas
appetence *n.* pageidavimas
appetent *adj.* geidžiantis
appetite *n.* apetitas
appetite *n.* instinktyvus potraukis
appetizer *n* užkandėlė
applaud *v.t.* ploti
applause *n.* plojimai
apple *n.* obuolys
appliance *n.* prietaisas
applicable *a.* pritaikomas
applicant *n.* pretendentas
application *n.* paraiška
apply *v.t.* pritaikyti
appoint *v.t.* paskirti
appointment *n.* paskyrimas
apportion *v.t.* paskirstyti
apposite *adj* tikęs
apposite *a.* savo vietoje
appositely *adv* tinkantis
approbate *v.t* aprobuoti
appraise *v.t.* įvertinti
appreciable *a.* pastebimas
appreciate *v.t.* vertinti
appreciation *n.* vertinimas
apprehend *v.t.* suimti
apprehension *n.* nuogąstavimas
apprehensive *a.* nuogąstaujantis
apprentice *n.* pameistrys
apprise *v.t.* pranešti
approach *v.t.* artėti
approach *n.* artėjimas
approbation *n.* aprobacija
appropriate *v.t.* savintis
appropriate *a.* deramas
appropriation *n.* pasisavinimas
approval *n.* palanki nuomonė
approve *v.t.* patvirtinti
approximate *a.* apytikris
apricot *n.* abrikosas
appurtenance *n* priedai
apron *n.* prijuostė
apt *a.* pavykęs
aptitude *n.* gabumas

aquarium *n.* akvariumas
aquarius *n.* Vandenis
aqueduct *n* akvedukas
arable *adj* ariamas
arbiter *n.* arbitras
arbitrary *a.* savavališkas
arbitrate *v.t.* būti arbitru
arbitration *n.* arbitražas
arbitrator *n.* arbitras
arc *n.* skliautas
arcade *n* arkada
arch *n.* arka
arch *v.t.* statyti arką
arch *a* vylingas
archaic *a.* archajiškas
archangel *n* arkangelas
archbishop *n.* arkivyskupas
archer *n* lankininkas
architect *n.* architektas
architecture *n.* architektūra
archives *n.pl.* archyvai
Arctic *n* Arktis
ardent *a.* kaitrus
ardour *n.* azartas
arduous *a.* atkaklus
area *n* plotas
areca *n* areka
arefaction *n* nusausinimas
arena *n* arena
argil *n* molis
argue *v.t.* argumentuoti
argument *n.* argumentas
argute *adj* ūminis
arid *adj.* sausringas
Aries *n* Avinas
aright *adv* teisingai
aright *adv.* teisingai
arise *v.i.* pasitaikyti
aristocracy *n.* aristokratija
aristocrat *n.* aristokratas
aristophanic *adj* aristofaninis
arithmetic *n.* aritmetika
arithmetical *a.* aritmetinis
ark *n* Nojaus arka
arm *n.* ranka
arm *v.t.* apginkluoti
armada *n.* armada
armament *n.* apginklavimas
armature *n.* armatūra
armistice *n.* paliaubos
armlet *a* antrankovis
armour *n.* šarvai
armoury *n.* ginklų sandėlis
army *n.* armija
around *prep.* aplink
around *adv* aplink
arouse *v.t.* sukelti
arraign *v.* patraukti atsakomybėn
arrange *v.t.* surengti
arrangement *n.* rengimas
arrant *n.* visiškas
array *v.t.* išrikiuoti kovos tvarka
array *n.* masyvas
arrears *n.pl.* įsiskolinimas
arrest *v.t.* areštuoti
arrest *n.* areštas
arrival *n.* atvykimas
arrive *v.i.* atvykti
arrogance *n.* arogancija
arrogant *a.* arogantiškas
arrow *n* strėlė
arrowroot *n.* maranta
arsenal *n.* arsenalas
arsenic *n* arsenikas
arson *n* padegimas
art *n.* menas
artery *n.* arterija
artful *a.* apsukrus
arthritis *n* artritas
artichoke *n.* artišokas
article *n* straipsnis
articulate *a.* artikuliuotas
artifice *n.* išmonė
artificial *a.* dirbtinis

artillery *n.* artilerija
artisan *n.* amatininkas
artist *n.* artistas
artistic *a.* artistinis
artless *a.* nedirbtinis
as *adv.* kaip antai
as *conj.* kai
as *pron.* kuris
asafoetida *n.* ferula
asbestos *n.* asbestas
ascend *v.t.* pasikelti
ascent *n.* pakilimas
ascertain *v.t.* nustatyti
ascetic *n.* asketas
ascetic *a.* asketiškas
ascribe *v.t.* aiškinti
ash *n.* pelenai
ashamed *a.* susigėdęs
ashore *adv.* krante
aside *adv.* šalin
aside *n.* nukrypimas
asinine *adj.* paikas
ask *v.t.* klausti
asleep *adv.* miegantis
aspect *n.* aspektas
asperse *v.* juodinti
aspirant *n.* aspirantas
aspiration *n.* aspiracija
aspire *v.t.* trokšti
ass *n.* subinė
assail *v.* užpulti
assassin *n.* samdytas žudikas
assassinate *v.t.* nužudyti
assassination *n* žudymas
assault *n.* šturmas
assault *v.t.* šturmuoti
assemble *v.t.* surinkti
assembly *n.* susirinkimas
assent *v.i.* pritarti
assent *n.* pritarimas
assert *v.t.* pareikšti
assess *v.t.* įkainoti
assessment *n.* vertinimas
asset *n.* vertingas dalykas
assibilate *v.* asibiliuoti
assign *v.t.* pavesti
assignee *n.* įgaliotinis
assimilate *v.* asimiliuoti
assimilation *n* asimiliacija
assist *v.t.* asistuoti
assistance *n.* parama
assistant *n.* asistentas
associate *v.t.* asocijuotis
associate *a.* asocijuotas
associate *n.* bendražygis
association *n.* asociacija
assoil *v.t.* atleisti
assort *v.t.* rūšiuoti
assuage *v.t.* sušvelninti
assume *v.t.* prisiimti
assumption *n.* prisiėmimas
assurance *n.* užtikrinimas
assure *v.t.* užsitikrinti
astatic *adj.* nestatiškas
asterisk *n.* asteriskas
asterism *n.* asterizmas
asteroid *adj.* asteroidas
asthma *n.* astma
astir *adv.* sujudęs
astonish *v.t.* apstulbinti
astonishment *n.* apstulbimas
astound *v.t* pritrenkti
astray *adv.* paklysti
astrologer *n.* astrologas
astrology *n.* astrologija
astronaut *n.* astronautas
astronomer *n.* astronomas
astronomy *n.* astronomija
asunder *adv.* į gabalus
asylum *n* prieglobstis
at *prep.* prie
atheism *n* ateizmas
atheist *n* ateistas
athirst *adj.* ištroškęs

athlete *n.* atletas
athletic *a.* atletiškas
athletics *n.* atletika
athwart *prep.* skersai
atlas *n.* atlasas
atmosphere *n.* atmosfera
atoll *n.* atolas
atom *n.* atomas
atomic *a.* atominis
atone *v.i.* atpirkti
atonement *n.* atpirkimas
atrocious *a.* žvėriškas
atrocity *n* žvėriškumas
attach *v.t.* prikabinti
attache *n.* atašė
attachment *n.* prikabinimas
attack *n.* ataka
attack *v.t.* atakuoti
attain *v.t.* įgyti
attainment *n.* įgijimas
attaint *v.t.* atimti pilietines teises
attempt *v.t.* stengtis
attempt *n.* pastanga
attend *v.t.* lankyti
attendance *n.* lankymas
attendant *n.* palydovas
attention *n.* dėmesys
attentive *a.* dėmesingas
attest *v.t.* liudyti
attire *n.* apdaras
attire *v.t.* aprengti
attitude *n.* nuostata
attorney *n.* įgaliotasis asmuo
attract *v.t.* traukti
attraction *n.* trauka
attractive *a.* patrauklus
attribute *v.t.* priskirti
attribute *n.* bruožas
auction *n* aukcionas
auction *v.t.* parduoti iš varžytynių
audible *a* gana garsus
audience *n.* klausytojai
audit *n.* auditas
audit *v.t.* atlikti auditą
auditive *adj.* audicinis
auditor *n.* auditorius
auditorium *n.* auditorija
auger *n.* grąžas
aught *n.* kažkiek
augment *v.t.* padidinti
augmentation *n.* padidinimas
August *n.* rugpjūtis
august *n* didingas
aunt *n.* teta
auriform *adj.* ausėtas
aurilave *n.* ausų krapštukai
aurora *n* aurora
auspicate *v.t.* būti palankiam
auspice *n.* palankumas
auspicious *a.* palankus
austere *a.* labai paprastas
authentic *a.* autentiškas
author *n.* autorius
authoritative *a.* autoritetingas
authority *n.* autoritetas
authorize *v.t.* autorizuoti
autobiography *n.* autobiografija
autocracy *n* autokratija
autocrat *n* autokratas
autocratic *a* autokratinis
autograph *n.* autografas
automatic *a.* automatinis
automobile *n.* automobilis
autonomous *a* autonominis
autumn *n.* ruduo
auxiliary *a.* pagalbinis
auxiliary *n.* pagalbininkas
avale *v.t.* nusileisti
avail *v.t.* būti naudingam
available *a* pasiekiamas
avarice *n.* gobšumas
avenge *v.t.* keršyti
avenue *n.* aveniu
average *n.* vidurkis

average *a.* vidutiniškas
average *v.t.* apskaičiuoti vidurkį
averse *a.* nenusiteikęs
aversion *n.* nenusiteikimas
avert *v.t.* išvengti
aviary *n.* paukštidė
aviation *n.* aviacija
aviator *n.* aviatorius
avid *adj.* gobšus
avidity *n.* užsidegimas
avidly *adv* godžiai
avoid *v.t.* vengti
avoidance *n.* vengimas
avow *v.t.* pripažinti
avulsion *n.* plėštinė žaizda
await *v.t.* laukti
awake *v.t.* budinti
awake *a* išsibudinęs
award *v.t.* apdovanoti
award *n.* apdovanojimas
aware *a.* žinantis
away *adv.* šalin
awe *n.* pagarbi baimė
awful *a.* bjaurus
awhile *adv.* kurį laiką
awkward *a.* nepatogus
axe *n.* kirvis
axis *n.* ašis
axle *n.* ašis

B

babble *n.* čiurlenti
babble *v.i.* vapėti
babe *n.* mielasis
babel *n* triukšmas
baboon *n.* babuinas
baby *n.* kūdikis
bachelor *n.* viengungis
back *n.* nugara
back *adv.* atgal
backbite *v.t.* šmeižti
backbone *n.* stuburas
background *n.* fonas
backhand *n.* kairinis smūgis atgalia ranka
backslide *v.i.* nusigręžti
backward *a.* atgalinis
backward *adv.* atbulai
bacon *n.* lašiniai
bacteria *n.* bakterija
bad *a.* blogas
badge *n.* ženklelis
badger *n.* barsukas
badly *adv.* blogai
badminton *n.* badmintonas
baffle *v. t.* sugluminti
bag *n.* krepšys
bag *v. i.* dėti į krepšį
baggage *n.* bagažas
bagpipe *n.* dūdmaišis
bail *n.* užstatas
bail *v. t.* būti paleistam už užstatą
bailable *a.* išperkamas
bailiff *n.* antstolis
bait *n* masalas
bait *v.t.* masinti
bake *v.t.* kepti
baker *n.* kepėjas
bakery *n* kepykla
balance *n.* balansas
balance *v.t.* balansuoti
balcony *n.* balkonas
bald *a.* plikas
bale *n.* ryšulys
bale *v.t.* rišti
baleful *a.* grėsmingas
baleen *n.* banginio ūsas
ball *n.* kamuolys
ballad *n.* baladė
ballet *sn.* baletas

balloon *n.* balionas
ballot *n* balsavimas
ballot *v.i.* balsuoti
balm *n.* balzamas
balsam *n.* balzamas
bam *n.* bam
bamboo *n.* bambukas
ban *n.* uždraudimas
ban *v.t.* uždrausti
banal *a.* banalus
banana *n.* bananas
band *n.* raištis
bandage *~n.* tvarstis
bandage *v.t* tvarstyti
bandit *n.* banditas
bang *v.t.* trinktelėti
bang *n.* trinktelėjimas
bangle *n.* apyrankė
banish *v.t.* tremti
banishment *n.* ištrėmimas
banjo *n.* bandža
bank *n.* pylimas
bank *v.t.* pilti pylimą
banker *n.* bankininkas
bankrupt *n.* bankrutavęs asmuo
bankruptcy *n.* bankrotas
banner *n.* transparantas
banquet *n.* banketas
banquet *v.t.* rengti banketą
bantam *n.* bantamų veislės vištos
banter *v.t.* geraširdiškai pajuokauti
banter *n.* geraširdiškas pajuokavimas
bantling *n.* vaikis
banyan *n.* bengalinis fikusas
baptism *n.* krikštas
baptize *+v.t.* krikštyti
bar *n.* baras
bar *v.t* užsklęsti
barb *n.* kandi pastaba
barbarian *a.* barbariškas
barbarian *n.* barbaras
barbarism *n.* barbarizmas
barbarity *n* barbariškumas
barbarous *a.* barbariškas
barbed *a.* spygliuotas
barber *n.* kirpėjas
bard *n.* bardas
bare *a.* plikas
bare *v.t.* nudengti
barely *adv.* skurdžiai
bargain *n.* derybos
bargain *v.t.* derėtis
barge *n.* barža
bark *n.* žievė
bark *v.t.* žievinti
barley *n.* miežis
barn *n.* daržinė
barnacles *n* ūsakojai
barometer *n* barometras
barouche *n.* karieta
barrack *n.* barakas
barrage *n.* užtvara
barratry *ns.* baratrija
barrel *n.* barelis
barren *n* bergždžias
barricade *n.* barikada
barrier *n.* barjeras
barrister *n.* baristeris
barter *v.t.* mainyti
barter *n.* natūriniai mainai
barton *n.* bartonas
basal *adj.* bazinis
base *n.* bazė
base *a.* žemas
base *v.t.* bazuotis
baseless *a.* neargumentuotas
basement *n.* pusrūsis
bashful *a.* nedrąsus
basial *n.* pakauškaulio didžioji anga
basic *a.* bazinis
basil *n.* bazilikas

basin *n.* dubuo
basis *n.* bazė
bask *v.i.* šildytis
basket *n.* krepšys
baslard *n.* špaga
bass *n.* bosas
bastard *n.* šunsnukis
bastard *a* netikras
bat *n* lazda
bat *n* šikšnosparnis
bat *v. i* mušti lazda
batch *n* pluoštas
bath *n* vonia
bathe *v. t* maudytis
baton *n* batuta
batsman *n.* mušėjas
battalion *n* batalionas
battery *n* baterija
battle *n* mūšis
battle *v. i.* kautis
bawd *n.* sąvadautoja
bawl *n.i.* rėksmas
bawn *n.* tvirtovės sienos
bay *n* įlanka
bayard *n.* legendinis žirgas
bayonet *n* durtuvas
be *v.t.* būti
be *pref.* būti ką bedarančiam
beach *n* paplūdimys
beacon *n* švyturio žibintas
bead *n* karoliukas
beadle *n.* ceremonijų tvarkdarys
beak *n* snapas
beaker *n* menzūra
beam *n* švytinti šypsena
beam *v. i* džiugiai šypsotis
bean *n.* pupelė
bear *n* lokys
bear *v.t* iškęsti
beard *n* barzda
bearing *n* guolis
beast *n* žvėris
beastly *a* šlykštus
beat *v. t.* mušti
beat *n* dūžis
beautiful *a* gražus
beautify *v. t* gražinti
beauty *n* grožis
beaver *n* bebras
because *conj.* kadangi
beck *n.* upelis
beckon *v.t.* pamoti
beckon *v. t* vilioti
become *v. i* tapti
becoming *a* deramas
bed *n* lova
bedevil *v. t* kamuoti
bedding *n.* patalynė
bedight *v.t.* puošti
bed-time *n.* gulimo metas
bee *n.* bitė
beech *n.* bukas
beef *n* jautiena
beehive *n.* bičių avilys
beer *n* alus
beet *n* runkelis
beetle *n* vabalas
befall *v. t* atsitikti
before *prep* prieš
before *adv.* anksčiau
before *conj* anksčiau negu
beforehand *adv.* iš anksto
befriend *v. t.* susidraugauti
beg *v. t.* maldauti
beget *v. t* pagaminti
beggar *n* elgeta
begin *v.t* pradėti
beginning *n.* pradžia
begird *v.t.* užsidaryti
beguile *v. t* nusivilti
behalf *n* naudai
behave *v. i.* elgtis
behaviour *n* elgesys
behead *v. t.* nukirsti galvą

behind *adv* už
behind *prep* užpakalyje
behold *v. t* išvysti
being *n* buvimas
belabour *v. t* apšaudyti
belated *adj.* pavėluotas
belch *v. t* raugėti
belch *n* raugėjimas
belief *n* tikėjimas
believe *v. t* tikėti
bell *n* varpas
belle *n* gražuolė
bellicose *a* karingas
belligerency *n* karingumas
belligerent *a* kariaujantis
belligerent *n* kariaujanti šalis
bellow *v. i* baubti
bellows *n.* dumplės
belly *n* pilvas
belong *v. i* priklausyti
belongings *n.* nuosavybė
beloved *a* pamėgtas
beloved *n* mylimasis
below *adv* žemiau
below *prep* žemiau
belt *n* diržas
belvedere *n* vasarnamis
bemask *v. t* užmaskuoti
bemire *v. t* supurvinti
bemuse *v. t* apkurtinti
bench *n* suolas
bend *n* sulenkimas
bend *v. t* sulenkti
beneath *adv* po
beneath *prep* po
benefaction *n.* labdaringumas
benefice *n* beneficija
beneficial *a* palankus
benefit *n* benefisas
benefit *v. t.* turėti naudos
benevolence *n* geranoriškumas
benevolent *a* geranoriškas
benight *v. t* užtamsinti
benign *adj* nepiktybinis
benignly *adv* nepiktybiškai
benison *n* palaiminimas
bent *n* potraukis
bequeath *v. t.* palikti testamentu
bereave *v. t.* apiplėšti
bereavement *n* netektis
berth *n* gultas
beside *prep.* šalia
besides *prep* be
besides *adv* be to
beslaver *v. t* apseilėti
besiege *v. t* apgulti
bestow *v. t* suteikti
bestrew *v. t* nukloti
bet *v.i* lažintis
bet *n* lažybos
betel *n* betelis
betray *v.t.* išduoti
betrayal *n* išdavystė
betroth *v. t* sužadėti
betrothal *n.* sužadėtuvės
better *a* geresnis
better *adv.* geriau
better *v. t* gerinti
betterment *n* gerinimas
between *prep* tarp
beverage *n* gėrimas
bewail *v. t* sielvartauti
beware *v.i.* saugotis
bewilder *v. t* sugluminti
bewitch *v.t* užburti
beyond *prep.* anapus
beyond *adv.* anapus
bi *pref* dvi-
biangular *adj.* dvikampis
bias *n* poslinkis
bias *v. t* nuteikti
biaxial *adj* dviašis
bibber *n* girtuoklis
bible *n* Biblija

bibliography +*n* bibliografija
bibliographer *n* bibliografas
bicentenary *adj* dušimtmetinis
biceps *n* bicepsas
bicker *v. t* bartis
bicycle *n.* dviratis
bid *v.t* siūlyti kainą
bid *n* kainos siūlymas
bidder *n* kainos siūlytojas
bide *v. t* laukti
biennial *adj* dvimetis
bier *n* karsto neštuvai
big *a* didelis
bigamy *n* dvipatystė
bight *n* įlankėlė
bigot *n* fanatiškas šalininkas
bigotry *n* fanatizmas
bile *n* tulžis
bilingual *a* dvikalbis
bill *n* sąskaita
billion *n* milijardas
billow *n* vilnis
billow *v.i* vilnyti
biliteral *adj* dviraidis
bilk *v. t.* sukčiauti
bimonthly *adj.* kas du mėnesiai
binary *adj* dvinaris
bind *v.t* įrišti
binding *a* įrišimas
binoculars *n.* žiūronai
biographer *n* biografas
biography *n* biografija
biologist *n* biologas
biology *n* biologija
bioscope *n* bioskopas
biped *n* dvikojis gyvūnas
birch *n.* beržas
bird *n* paukštis
birdlime *n* klijai paukščiams gaudyti
birth *n.* gimdymas
biscuit *n* biskvitas
bisect *v. t* dalyti pusiau
bisexual *adj.* biseksualus
bishop *n* vyskupas
bison *n* bizonas
bisque *n* tiršta sriuba
bit *n* bitas
bitch *n* kalė
bite *v. t.* įkasti
bite *n* įkandimas
bitter *a* kartus
bi-weekly *adj* kas dvi savaitės
bizarre *adj* įmantrus
blab *v. t. & i* išplepėti
black *a* juodas
blacken *v. t.* juodinti
blackmail *n* šantažas
blackmail *v.t* šantažuoti
blacksmith *n* kalvis
bladder *n* pūslė
blade *n.* ašmenys
blain *n* pūslė
blame *v. t* kaltinti
blame *n* kaltė
blanch *v. t. & i* išbalti
bland *adj.* lėkštas
blank *a* be turinio
blank *n* ruošinys
blanket *n* vilnonė antklodė
blare *v. t* pūsti
blast *n* sprogimo banga
blast *v.i* išmušti duobę
blaze *n* liepsna
blaze *v.i* liepsnoti
bleach *v. t* balinti
blear *v. t* aptemdyti
bleat *n* bliovimas
bleat *v. i* bliauti
bleb *n* pūslė
bleed *v. i* kraujuoti
blemish *n* trūkumas
blend *v. t* susimaišyti
blend *n* mišinys

bless *v. t* laiminti
blether *v. i* pliurpti
blight *v.t.* sunaikinti
blind *a* aklas
blindage *n* apkasas
blindfold *v. t* užrišti akis
blindness *n* aklumas
blink *v. t. & i* mirkčioti
bliss *n* palaima
blister *n* pūslė
blizzard *n* pūga
bloc *n* blokas
block *n* blokas
block *v.t* blokuoti
blockade *n* blokada
blockhead *n* bukagalvis
blood *n* kraujas
bloodshed *n* kraujo praliejimas
bloody *a* kruvinas
bloom *n* žydėjimas
bloom *v.i.* žydėti
blossom *n* žiedai
blossom *v.i* sužydėti
blot *n.* juodulys
blot *v. t* sutepti
blouse *n* palaidinukė
blow *v.i.* pūsti
blow *n* pūtimas
blue *n* mėlyna
blue *a* mėlynas
bluff *v. t* blefuoti
bluff *n* blefas
blunder *n* apmaudi klaida
blunder *v.i* skaudžiai apsirikti
blunt *a* bukas
blur *n* migla
blurt *v. t* lepteleti
blush *n* paraudimas
blush *v.i* parausti
boar *n* kuilys
board *n* lenta
board *v. t.* kalti lentomis
boast *v.i* girtis
boast *n* gyrimas
boat *n* valtis
boat *v.i* plaukti valtimi
bodice *n* liemenė
bodily *a* kūniškas
bodily *adv.* visu kūnu
body *n* kūnas
bodyguard *n.* asmens sargybinis
bog *n* pelkė
bog *v.i* įklimpti
bogle *n* snarglys
bogus *a* netikras
boil *n* virimas
boil *v.i.* užvirti
boiler *n* katilas
bold *a.* pusjuodis
boldness *n* narsumas
bolt *n* skląstis
bolt *v. t* sklęsti
bomb *n* bomba
bomb *v. t* bombuoti
bombard *v. t* bombarduoti
bombardment *n* bombardavimas
bomber *n* bombonešis
bonafide *adv* sąžiningai
bonafide *a* sąžiningas
bond *n* jungtis
bondage *n* baudžiava
bone *n.* kaulas
bonfire *n* laužas
bonnet *n* gaubtuvas
bonus *n* premija
book *n* knyga
book *v. t.* užsakyti
book-keeper *n* buhalterija
book-mark *n.* žymeklis
book-seller *n* knygų pardavėjas
book-worm *n* knygų žiurkė
bookish *n.* knyginis
booklet *n* lankstinukas
boon *n* palaima

boor *n* storžievis
boost *n* pakelimas
boost *v. t* pakelti
boot *n* botas
booth *n* būdelė
booty *n* grobis
booze *v. i* girtuokliauti
border *n* riba
border *v.t* ribotis
bore *v. t* nuobodžiauti
bore *n* nuoboda
born *v.* gimęs
born rich *adj.* gimęs turtingas
borne *adj.* ribotas
borrow *v. t* pasiskolinti
bosom *n* užantis
boss *n* bosas
botany *n* botanika
botch *v. t* gadinti darbą
both *a* abu
both *pron* abu
both *conj* abu
bother *v. t* rūpėti
botheration *n* susirūpinimas
bottle *n* butelis
bottler *n* pilstytojas
bottom *n* dugnas
bough *n* šaka
boulder *n* riedulys
bouncer *n* tvarkdarys
bound *n.* apribojimai
boundary *n* riba
bountiful *a* dosnus
bounty *n* skatinamoji premija
bouquet *n* puokštė
bout *n* priepuolis
bow *v. t* nusilenkti
bow *n* nusilenkimas
bow *n* lankas
bowel *n.* žarnos
bower *n* lapinė
bowl *n* rutulys
bowl *v.i* ridenti
box *n* dėžė
boxing *n* boksas
boy *n* berniukas
boycott *v. t.* boikotuoti
boycott *n* boikotas
boyhood *n* bernystė
brace *n* įtvaras
bracelet *n* apyrankė
brag *v. i* girtis
brag *n* gyrimasis
braille *n* Brailio raštas
brain *n* smegenys
brake *n* stabdys
brake *v. t* stabdyti
branch *n* šaka
brand *n* firminis ženklas
brandy *n* brendis
brangle *v. t* kivirčytis
brass *n.* žalvaris
brave *a* drąsus
bravery *n* drąsa
brawl *v. i. & n* triukšmingos peštynės
bray *n* bliovimas
bray *v. i* bliauti
breach *n* nesilaikymas
bread *n* duona
breaden *v. t. & i* duoninis
breadth *n* platumas
break *v. t* laužti
break *n* pertrauka
breakage *n* duženos
breakdown *n* gedimas
breakfast *n* pusryčiai
breakneck *n* nutrūktgalvis
breast *n* krūtinė
breath *n* kvapas
breathe *v. i.* įkvėpti
breeches *n.* bridžiai
breed *v.t* veistis
breed *n* veislė

breeze *n* brizas
breviary *n.* brevijorius
brevity *n* trumpumas
brew *v. t.* daryti alų
brewery *n* alaus darykla
bribe *n* kyšis
bribe *v. t.* papirkti
brick *n* plyta
bride *n* jaunoji
bridegroom *n.* jaunasis
bridge *n* tiltas
bridle *n* apynasris
brief *a.* glaustas
brigade *n.* brigada
brigadier *n* brigadininkas
bright *a* šviesus
brighten *v. t* atgyvėti
brilliance *n* blizgesys
brilliant *a* blizgantis
brim *n* briauna
brine *n* sūrymas
bring *v. t* atnešti
brinjal *n* baklažanas
brink *n.* skardis
brisk *adj* smarkus
bristle *n* šeriai
british *adj* britiškas
brittle *a.* trapus
broad *a* šiurkštokas
broadcast *n* transliuojama laida
broadcast *v. t* transliuoti
brocade *n* brokatas
broccoli *n.* brokolis
brochure *n* brošiūra
broker *n* makleris
brood *n* vada
brook *n.* upokšnis
broom *n* šluota
bronze *n. & adj* bronza
broth *n* sriuba
brothel *n* viešnamis
brother *n* brolis
brotherhood *n* brolybė
brow *n* kakta
brown *a* rudas
brown *n* ruda spalva
browse *n* naršyti
bruise *n* mėlynė
bruit *n* gandai
brush *n* šepetys
brustle *v. t* šlamėti
brutal *a* brutalus
brute *n* gyvulys
bubble *n* burbulas
bucket *n* kibiras
buckle *n* sagtis
bud *n* pumpuras
budge *v. i. & n* pasislinkti
budget *n* biudžetas
buff *n* mėgėjas
buffalo *n.* buivolas
buffoon *n* juokdarys
bug *n.* blakė
bugle *n* trimitas
build *v. t* statyti
build *n* stotas
building *n* pastatas
bulb *n.* lemputė
bulk *n* didžioji dalis
bulky *a* griozdiškas
bull *n* bulius
bulldog *n* buldogas
bull's eye *n* buliaus akis
bullet *n* kulka
bulletin *n* biuletenis
bullock *n* jaučiokas
bully *n* peštukas
bully *v. t.* ieškoti priekabių
bulwark *n* tvirtovė
bumper *n.* bamperis
bumpy *adj* duobėtas
bunch *n* ryšelis
bundle *n* ryšulys

bungalow *n* vieno aukšto namas su veranda
bungle *v. t* pripainioti
bungle *n* painiava
bunk *n* gultas
bunker *n* bunkeris
buoy *n* plūduras
buoyancy *n* plūdrumas
burden *n* apkrovimas
burden *v. t* apkrauti
burdensome *a* apsunkinantis
bureau *n.* biuras
bureaucracy *n.* biurokratija
bureaucrat *n* biurokratas
burglar *n* įsilaužėlis
burglary *n* įsilaužimas
burial *n* laidojimas
burk *n.* kvanka
burn *v. t* degti
burn *n* nudegimas
burrow *n* urvas
burst *v. i.* pratrūkti
burst *n* pratrūkimas
bury *v. t.* laidoti
bus *n* autobusas
bush *n* krūmas
business *n* verslas
businessman *n* verslininkas
bustle *v. t* bruzgėti
busy *a* užsiėmęs
but *prep* bet
but *conj.* be
butcher *n* skerdėjas
butcher *v. t* skersti
butter *n* sviestas
butter *v. t* sviestuoti
butterfly *n* drugelis
buttermilk *n* pasukos
buttocks *n* sėdmenys
button *n* saga
button *v. t.* segti
buy *v. t.* pirkti
buyer *n.* pirkėjas
buzz *v. i* zvimbti
buzz *n.* zvimbimas
by *prep* palei
by *adv* pro šalį
bye-bye *interj.* iki pasimatymo
by-election *n* papildomi rinkimai
bylaw, bye-law *n* įstatai
bypass *n* apėjimas
by-product *n* šalutinis produktas
byre *n* karvidė
byword *n* pertaras

C

cab *n.* taksi
cabaret *n.* kabaretas
cabbage *n.* kopūstgalvis
cabin *n.* kajutė
cabinet *n.* ministrų kabinetas
cable *n.* kabelis
cable *v. t.* prijungti prie kabelinės televizijos tinklo
cache *n* slaptavietė
cachet *n* privalumas
cackle *v. i* kudakuoti
cactus *n.* kaktusas
cad *n* spragilas
cadet *n.* kadetas
cadge *v. i* prašinėti
cadmium *n* kadmis
cafe *n.* kavinė
cage *n.* narvas
cain *n* Kainas
cake *n.* pyragaitis
calamity *n.* didžiulė nelaimė
calcium *n* kalcis
calculate *v. t.* skaičiuoti
calculator *n* skaičiuoklė

calculation *n.* skaičiavimas
calendar *n.* kalendorius
calf *n.* veršiukas
call *v. t.* skambinti
call *n.* skambutis
caller *n* skambinantysis
calligraphy *n* kaligrafija
calling *n.* pašaukimas
callow *adj* nepatyręs
callous *a.* bejausmis
calm *n.* ramybė
calm *n.* ramumas
calm *v. t.* ramintis
calmative *adj* raminantis
calorie *n.* kalorija
calumniate *v. t.* apkalbėti
camel *n.* kupranugaris
camera *n.* fotoaparatas
camlet *n* kamletas
camp *n.* stovykla
camp *v. i.* stovyklauti
campaign *n.* kampanija
camphor *n.* kamparas
can *n.* skardinė
can *v. t.* galėti
can *v.* konservuoti
canal *n.* kanalas
canard *n* gandas
cancel *v. t.* atšaukti
cancellation *n* atšaukimas
cancer *n.* vėžys
candid *a.* atviras
candidate *n.* kandidatas
candle *n.* žvakė
candour *n.* atvirumas
candy *n.* saldumynai
candy *v. t.* saldinti
cane *n.* nendrė
cane *v. t.* mušti lazda
canister *n.* skardinė dėžutė
cannon *n.* patranka
cannonade *n. v. & t* kanonada
canon *n* kanonas
canopy *n.* baldakimas
canteen *n.* valgomųjų įrankių komplektas
canter *n* risčia
canton *n* kantonas
cantonment *n.* kareivinės
canvas *n.* drobė
canvass *v. t.* vykdyti rinkimų kampaniją
cap *n.* kepurė
cap *v. t.* uždėti/nuimti kepurę
capability *n.* galimumas
capable *a.* galintis
capacious *a.* erdvus
capacity *n.* erdvumas
cape *n.* kyšulys
capital *n.* sostinė
capital *a.* reikšmingas
capitalist *n.* kapitalistas
capitulate *v. t* kapituliuoti
caprice *n.* kaprizas
capricious *a.* kaprizingas
Capricorn *n* Ožiaragis
capsicum *n* ankštinis pipiras
capsize *v. i.* apsiversti
capsular *adj* kapsulinis
captain *n.* kapitonas
captaincy *n.* kapitono laipsnis
caption *n.* didžioji raidė
captivate *v. t.* sužavėti
captive *n.* belaisvis
captive *a.* paimtas į nelaisvę
captivity *n.* nelaisvė
capture *v. t.* paimti į nelaisvę
capture *n.* paėmimas į nelaisvę
car *n.* automobilis
carat *n.* karatas
caravan *n.* karavanas
carbide *n.* karbidas
carbon *n.* anglis
card *n.* kortelė

cardamom *n.* kardamonas
cardboard *n.* kartonas
cardiacal *adjs* širdies
cardinal *a.* kardinalus
cardinal *n.* kardinolas
care *n.* rūpinimasis
care *v. i.* rūpėti
career *n.* karjera
careful *a* atsargus
careless *a.* neatsargus
caress *v. t.* glamonėti
cargo *n.* krovinys
caricature *n.* karikatūra
carious *adj* ėduonies
carl *n* karlas
carnage *n* skerdynės
carnival *n* karnavalas
carol *n* džiaugsminga giesmė
carpal *adj* riešinis
carpenter *n.* dailidė
carpentry *n.* dailidės amatas
carpet *n.* kilimas
carriage *n.* vagonas
carrier *n.* nešikas
carrot *n.* morka
carry *v. t.* nešti
cart *n.* vežimas
cartage *n.* kelionės kaštai
carton *n* kartoninė dėžė
cartoon *n.* animacinis filmas
cartridge *n.* šovinys
carve *v. t.* išdrožti
cascade *n.* kaskada
case *n.* atvejis
cash *n.* grynieji
cash *v. t.* atsiskaitymas grynaisiais
cashier *n.* kasininkas
casing *n.* apvalkalas
cask *n* statinaitė
casket *n* brangenybių dėžutė
cassette *n.* kasetė
cast *v. t.* vaidinti
cast *n.* veikėjai
caste *n* kasta
castigate *v. t.* griežtai kritikuoti
casting *n* paskirstymas vaidmenimis
cast-iron *n* ketus
castle *n.* pilis
castor oil *n.* ricina
castral *adj* stovyklinis
casual *a.* atsitiktinis
casualty *n.* nukentėjusysis
cat *n.* katė
catalogue *n.* katalogas
cataract *n.* katarakta
catch *v. t.* pagauti
catch *n.* pagavimas
categorical *a.* kategoriškas
category *n.* kategorija
cater *v. i* aptarnauti
caterpillar *n* vikšras
cathedral *n.* katedra
catholic *a.* katalikiškas
cattle *n.* galvijai
cauliflower *n.* kalafioras
causal *adj.* priežasties
causality *n* priežastingumas
cause *n.* priežastis
cause *v.t* būti priežastimi
causeway *n* kelias pylimu
caustic *a.* kaustinis
caution *n.* įspėjimas
caution *v. t.* įspėti
cautious *a.* apdairus
cavalry *n.* kavalerija
cave *n.* ola
cavern *n.* kaverna
cavil *v. t* kabinėtis
cavity *n.* įduba
caw *n.* krankséjimas
caw *v. i.* kranksėti
cease *v. i.* liautis
ceaseless *~a.* nepaliaujamas

cedar *n.* kedras
ceiling *n.* lubos
celebrate *v. t. & i.* švęsti
celebration *n.* šventimas
celebrity *n* garsenybė
celestial *adj* dangiškas
celibacy *n.* celibatas
cell *n.* ląstelė
cellar *n* pogrindis
cellular *adj* ląstelinis
cement *n.* cementas
cement *v. t.* cementuoti
cemetery *n.* kapinės
cense *v. t* smilkyti
censer *n* cenzorius
censor *n.* cenzorius
censor *v. t.* cenzūruoti
censorious *adj* priekabus
censorship *n.* cenzūra
censure *n.* smerkimas
censure *v. t.* smerkti
census *n.* surašymas
cent *n* centas
centenarian *n* šimtametis
centenary *n.* šimtmetis
centennial *adj.* šimtametis
center *n* centras
centigrade *a.* šimtalaipsnis
centipede *n.* šimtakojis
central *a.* centrinis
centre *n* centras
centrifugal *adj.* išcentrinis
centuple *n. & adj* vaškuotas
century *n.* šimtmetis
ceramics *n* keramika
cerated *adj.* dervuotas
cereal *n.* sausi pusryčiai
cereal *a* javainis
cerebral *adj* cerebrinis
ceremonial *a.* apeiginis
ceremonious *a.* ceremoningas
ceremony *n.* ceremonija
certain *a* neabejojantis
certainly *adv.* neabejotinai
certainty *n.* neabejotinas dalykas
certificate *n.* sertifikatas
certify *v. t.* atestuoti
cerumen *n* ausų siera
cesspool *n.* pamazginė
chain *n* grandinė
chair *n.* kėdė
chairman *n* pirmininkas
chaise *n* fajetonas
challenge *n.* iššūkis
challenge *v. t.* mesti iššūkį
chamber *n.* kamera
chamberlain *n* kamerheras
champion *n.* čempionas
champion *v. t.* kovoti
chance *n.* šansas
chancellor *n.* kancleris
chancery *n* kanceliarija
change *v. t.* keisti
change *n.* keitimas
channel *n* kanalas
chant *n* skandavimas
chaos *n.* chaosas
chaotic *adv.* chaotiškas
chapel *n.* koplyčia
chapter *n.* skyrius
character *n.* charakteris
charge *v. t.* nustatyti kainą
charge *n.* mokestis
chariot *n* vežimaitis
charitable *a.* labdaringas
charity *n.* labdara
charm *n.* žavesys
charm *v. t.* žavėti
chart *n.* schema
charter *n* chartija
chase *v. t.* persekioti
chase *n.* persekiojimas
chaste *a.* neįmantrus
chastity *n.* skaistybė

chat *n.* šnekučiavimasis
chat *v. i.* šnekučiuotis
chatter *v. t.* plepėti
chauffeur *n.* šoferis
cheap *a* pigus
cheapen *v. t.* piginti
cheat *v. t.* sukčiauti
cheat *n.* sukčius
check *v. t.* tikrinti
check *n* tikrinimas
checkmate *n* šachas ir matas
cheek *n* skruostas
cheep *v. i* cypti
cheer *n.* džiaugsmingas sveikinimas
cheer *v. t.* džiaugsmingai sveikinti
cheerful *a.* džiaugsmingas
cheerless *a* rūškanas
cheese *n.* sūris
chemical *a.* cheminis
chemical *n.* chemikalai
chemise *n* tiesaus kirpimo suknelė
chemist *n.* chemikas
chemistry *n.* chemija
cheque *n.* čekis
cherish *v. t.* puoselėti
cheroot *n* manilinis cigaras
chess *n.* šachmatai
chest *n* krūtinės ląsta
chestnut *n.* kaštonas
chew *v. t* kramtyti
chevalier *n* kavalierius
chicken *n.* viščiukas
chide *v. t.* pabarti
chief *a.* vyriausiasis
chieftain *n.* vadas
child *n* vaikas
childhood *n.* vaikystė
childish *a.* vaikiškas
chill *n.* vėsuma
chilli *n.* čili
chilly *a* vėsus
chiliad *n.* tūkstantmetis
chimney *n.* dūmtraukis
chimpanzee *n.* šimpanzė
chin *n.* smakras
china *n.* porcelianas
chirp *v.i.* čirkšti
chirp *n* čirškimas
chisel *n* kaltelis
chisel *v. t.* kalti
chit *n.* trumpas raštelis
chivalrous *a.* galantiškas
chivalry *n.* galantiškumas
chlorine *n* chloras
chloroform *n* chloroformas
choice *n.* parinkimas
choir *n* choras
choke *v. t.* užtrokšti
cholera *n.* cholera
chocolate *n* šokoladas
choose *v. t.* parinkti
chop *v. t* kapoti
chord *n.* akordas
choroid *n* gyslainė
chorus *n.* priedainis
Christ *n.* Kristus
Christendom *n.* krikščionybė
Christian *n* krikščionis
Christian *a.* krikščioniškas
Christianity *n.* krikščionybė
Christmas *n* Kalėdos
chrome *n* chromas
chronic *a.* chroniškas
chronicle *n.* kronika
chronology *n.* chronologija
chronograph *n* chronografas
chuckle *v. i* kikeniti
chum *n* bidonas
church *n.* bažnyčia
churchyard *n.* šventorius
churl *n* neišauklėtas
churn *v. t. & i.* suplakti
churn *n.* muštuvė

cigar *n.* cigaras
cigarette *n.* cigaretė
cinema *n.* kinas
cinnabar *n* cinoberis
cinnamon *n* cinamonas
cipher *n.* šifras
circle *n.* apskritimas
circuit *n.* apvažiavimas
circumfluence *n.* tekėjimas ratu
circumspect *adj.* apdairus
circular *a* apskritas
circular *n.* cirkuliaras
circulate *v. i.* cirkuliuoti
circulation *n* cirkuliacija
circumference *n.* perimetras
circumstance *n* aplinkybės
circus *n.* cirkas
cist *n* akmeninis kapas
citadel *n.* citadelė
cite *v. t* cituoti
citizen *n* pilietis
citizenship *n* pilietybė
citric *adj.* citrininis
city *n* miestas
civic *a* pilietinis
civics *n* civilinė teisė
civil *a* civilinis
civilian *n* civilis
civilization *n.* civilizacija
civilize *v. t* civilizuoti
clack *n. & v. i* taukšėti
claim *n* tvirtinimas
claim *v. t* tvirtinti
claimant *n* ieškovas
clamber *v. i* karstytis
clamour *n* klegesys
clamour *v. i.* klegėti
clamp *n* gnybtas
clandestine *adj.* slaptas
clap *v. i.* ploti
clap *n* plojimas
clarify *v. t* išaiškinti
clarification *n* išaiškinimas
clarion *n.* garsus raginimas
clarity *n* aiškumas
clash *n.* susirėmimas
clash *v. t.* susiremti
clasp *n* sąsaga
class *n* klasė
classic *a* klasiškas
classic *n* klasika
classical *a* klasikinis
classification *n* klasifikacija
classify *v. t* klasifikuoti
clause *n* straipsnis
claw *n* letena su nagais
clay *n* molis
clean *a* švarus
clean *v. t* valyti
cleanliness *n* švarumas
cleanse *v. t* išvalyti
clear *a* aiškus
clear *v. t* skaidrėti
clearance *n* išvalymas
clearly *adv* aiškiai
cleft *n* įtrūkimas
clergy *n* dvasininkija
clerical *a* klerikalinis
clerk *n* klerkas
clever *a.* sumanus
clew *n.* siūlų kamuolys
click *n.* spragtelėjimas
client *n.* klientas
cliff *n.* klifas
climate *n.* klimatas
climax *n.* klimaksas
climb *n.* kopimas
climb *v.i* kopti
cling *v. i.* įsitvėrus laikytis
clinic *n.* klinika
clink *n.* dzingsėjimas
cloak *n.* apsiaustas
clock *n.* laikrodis
clod *n.* grumstas

cloister *n.* vienuolynas
close *n.* uždarymas
close *a.* artimas
close *v. t* uždaryti
closet *n.* drabužinė
closure *n.* uždarumas
clot *n.* gumulėlis
clot *v. t* krešėti
cloth *n* audinys
clothe *v. t* aprengti
clothes *n.* rūbai
clothing *n* drabužiai
cloud *n.* debesis
cloudy *a* debesuota
clove *n* gvazdikėliai
clown *n* klounas
club *n* klubas
clue *n* būdas
clumsy *a* griozdiškas
cluster *n* spiečius
cluster *v. i.* spiestis
clutch *n* pagriebimas
clutter *v. t* užgriozdinti
coach *n* treneris
coachman *n* vežikas
coal *n* anglys
coalition *n* koalicija
coarse *a* šiurkštus
coast *n* pakrantė
coat *n* paltas
coating *n* apdengimas
coax *v. t* įtikinėti
cobalt *n* kobaltas
cobbler *n* nesąmonės
cobra *n* kobra
cobweb *n* voratinklis
cocaine *n* kokainas
cock *n* gaidys
cocker *v. t* myluoti
cockle *v. i* raukšlėtis
cock-pit *n.* lakūno kabina
cockroach *n* tarakonas
coconut *n* kokosas
code *n* kodas
co-education *n.* koedukacija
coefficient *n.* koeficientas
co-exist *v. i* koegzistuoti
co-existence *n* koegzistencija
coffee *n* kava
coffin *n* karstas
cog *n* krumplys
cogent *adj.* įtikinamas
cognate *adj* bendrašaknis
cognizance *n* pažinimas
cohabit *v. t* gyventi kartu
coherent *a* koherentinis
cohesive *adj* susijęs
coif *n* kepuraitė
coin *n* moneta
coinage *n* monetų kalykla
coincide *v. i* sutapti
coir *n* koiras
coke *v. t* kokanizuoti
cold *a* šaltas
cold *n* šaltis
collaborate *v. i* koloboruoti
collaboration *n* koloboravimas
collapse *v. i* suirti
collar *n* apykaklė
colleague *n* kolega
collect *v. t* kolekcionuoti
collection *n* kolekcija
collective *a* kolektyvinis
collector *n* kolektorius
college *n* koledžas
collide *v. i.* susikirsti
collision *n* susikirtimas
collusion *n* suokalbis
colon *n* gaubtinė žarna
colon *n* dvitaškis
colonel *n.* pulkininkas
colonial *a* kolonijinis
colony *n* kolonija
colour *n* spalva

colour *v. t* spalvinti
colter *n* rėžtuvas
column *n* kolona
coma *n.* koma
comb *n* šukos
combat *n* grumtynės
combat *v. t.* grumtis
combatant *n* kovojančioji pusė
combatant *a.* kovojantis
combination *n* kombinacija
combine *v. t* kombinuoti
come *v. i.* ateiti
comedian *n.* komediantas
comedy *n.* komedija
comet *n* kometa
comfit *n.* ledinukas
comfort *n.* komfortas
comfort *v. t* guosti
comfortable *a* komfortabilus
comic *a* komiškas
comic *n* komiksas
comical *a* komiškas
comma *n* kablelis
command *n* komanda
command *v. t* komanduoti
commandant *n* komendantas
commander *n* komendantas
commemorate *v. t.* minėti
commemoration *n.* minėjimas
commence *v. t* prasidėti
commencement *n* prasidėjimas
commend *v. t* rekomenduoti
commendable *a.* pagirtinas
commendation *n* rekomendacija
comment *v. i* komentuoti
comment *n* komentavimas
commentary *n* komentaras
commentator *n* komentatorius
commerce *n* komercija
commercial *a* komercinis
commiserate *v. t* reikšti užuojautą
commission *n.* įgaliojimas
commissioner *n.* komisaras
commissure *n.* siūlė
commit *v. t.* apvaikščioti
committee *n* komitetas
commodity *n.* prekė
common *a.* dažnai pasitaikantis
commoner *n.* prasčiokas
commonplace *a.* kasdieniškas
commonwealth *n.* sandrauga
commotion *n* sujudimas
commove *v. t* trikdyti
communal *a* kolektyvinis
commune *v. t* komuna
communicate *v. t* komunikuoti
communication *n.* komunikacija
communiqué *n.* komunikatas
communism *n* komunizmas
community *n.* bendruomenė
commute *v. t* reguliariai važinėti į darbą ir atgal
compact *a.* kompaktiškas
compact *n.* sandoris
companion *n.* kompanionas
company *n.* kompanija
comparative *a* lyginamasis
compare *v. t* lyginti
comparison *n* lyginimas
compartment *n.* kupė
compass *n* kompasas
compassion *n* užuojauta
compel *v. t* priversti
compensate *v.t* kompensuoti
compensation *n* kompensacija
compete *v. i* varžytis
competence *n* kompetencija
competent *a.* kompetentingas
competition *n.* konkurencija
competitive *a* konkuruojantis
compile *v. t* kompiliuoti
complacent *adj.* pernelyg patenkintas

complain *v. i* reikšti nepasitenkinimą
complaint *n* nepasitenkinimas
complaisance *n.* paslaugumas
complaisant *adj.* paslaugus
complement *n* komplektuoti
complementary *a* papildomas
complete *a* išbaigtas
complete *v. t* išbaigti
completion *n* išbaigimas
complex *a* kompleksinis
complex *n* kompleksas
complexion *n* veido spalva
compliance *n.* laikymasis
compliant *adj.* sukalbamas
complicate *v. t* komplikuoti
complication *n.* komplikacija
compliment *n.* komplimentas
compliment *v. t* sakyti komplimentus
comply *v. i* laikytis
component *adj.* sudedamasis
compose *v. t* komponuoti
composition *n* komponavimas
compositor *n* rinkėjas
compost *n* kompostas
composure *n.* ramumas
compound *n* junginys
compound *a* jungiamasis
compound *n* jungti
compound *v. i* sudaryti
compounder *n.* maišyklė
comprehend *v. t* suvokti
comprehension *n* suvokimas
comprehensive *a* visapusis
compress *v. t.* suslėgti
compromise *n* kompromisas
compromise *v. t* kompromituoti
compulsion *n* prievarta
compulsory *a* priverstinis
compunction *n.* graužatis
computation *n.* apskaičiavimas
compute *v.t.* apskaičiuoti
comrade *n.* draugas
conation *n.* troškimas
concave *adj.* įgaubtas
conceal *v. t.* nuslėpti
concede *v.t.* pripažinti
conceit *n* pasipūtimas
conceive *v. t* įsivaizduoti
concentrate *v. t* koncentruoti
concentration *n.* koncentracija
concept *n* konceptas
conception *n* koncepcija
concern *v. t* sisirūpinti
concern *n* susirūpinimas
concert *n.* koncertas
concert *v. t* veikti kartu
concession *n* koncesija
conch *n.* kriauklė
conciliate *v.t.* sutaikyti
concise *a* glaustas
conclude *v. t* daryti išvadą
conclusion *n.* išvados
conclusive *a* įtikinamas
concoct *v. t* išgalvoti
concoction *n.* išgalvojimas
concord *n.* santarvė
concrescence *n.* suaugimas
concrete *n* betonas
concrete *a* betoninis
concrete *v. t* betonuoti
concubinage *n.* nesantuokinis gyvenimas
concubine *n* sugulovė
conculcate *v.t.* paminti
condemn *v. t.* smerkti
condemnation *n* smerkimas
condense *v. t* kondensuotis
condite *v.t.* marinuoti
condition *n* sąlyga
conditional *a* sąlyginis
condole *v. i.* užjausti
condolence *n* užuojauta

condonation *n.* dovanojimas
conduct *n* vykdimas
conduct *v. t* vykdyti
conductor *n* konduktorius
cone *n.* kūgis
confectioner *n* konditeris
confectionery *n* konditerija
confer *v. i* pasitarti
conference *n* pasitarimas
confess *v. t.* išpažinti
confession *n* išpažintis
confidant *n* patikimas draugas
confide *v. i* išsipasakoti
confidence *n* konfidencialumas
confident *a.* pasitikintis
confidential *a.* konfidencialus
confine *v. t* apriboti
confinement *n.* apribojimas
confirm *v. t* patvirtinti
confirmation *n* patvirtinimas
confiscate *v. t* konfiskuoti
confiscation *n* konfiskavimas
conflict *n.* konfliktas
conflict *v. i* konfliktuoti
confluence *n* santaka
confluent *adj.* santakinis
conformity *n.* atitikimas
conformity *n.* atitikimas
confraternity *n.* brolija
confrontation *n.* konfrontacija
confuse *v. t* sumišti
confusion *n* sumišimas
confute *v.t.* įrodyti
conge *n.* atmetimas
congenial *a* palankus
conglutinat *v.t.* įtaigauti
congratulate *v. t* sveikinti
congratulation *n* sveikinimas
congress *n* kongresas
conjecture *n* numanymas
conjecture *v. t* numanyti
conjugal *a* santuokinis
conjugate *v.t. & i.* asmenuoti
conjunct *adj.* jungtinis
conjunctiva *n.* junginė
conjuncture *n.* konjunktūra
conjure *v.t.* burti
conjure *v.i.* prisiekti
connect *v. t.* prijungti
connection *n* sujungimas
connivance *n.* nuolaidžiavimas
conquer *v. t* užkariauti
conquest *n* užkariavimas
conscience *n* sąžinė
conscious *a* suvokiantis
consecrate *v.t.* šventinti
consecutive *adj.* nuoseklus
consecutively *adv* nuosekliai
consensus *n.* konsensas
consent *n.* leidimas
consent *v. i* leisti
consent *v.t.* sutikti
consequence *n* padarinys
consequent *a* išplaukiantis
conservative *a* konservatyvus
conservative *n* konservatorius
conserve *v. t* konservuoti
consider *v. t* būti nuomonės
considerable *a* ženklus
considerate *a.* dėmesingas
consideration *n* dėmesingumas
considering *prep.* turint omenyje
consign *v.t.* nugabenti
consign *v. t.* nugabenti
consignment *n.* siunta
consist *v. i* glūdėti
consistence,-cy *n.* konsistencija
consistent *a* pastovus
consolation *n* nuraminimas
console *v. t* nuraminti
consolidate *v. t.* konsoliduotis
consolidation *n* konsolidacija
consonance *n.* konsonansas
consonant *n.* priebalsis

consort *n.* karaliaus žmona
conspectus *n.* konspektas
conspicuous *a.* krintantis į akis
conspiracy *n.* konspiracija
conspirator *n.* konspiratorius
conspire *v. i.* susimokyti
constable *n* policininkas
constant *a* nekintantis
constellation *n.* žvaigždynas
constipation *n.* vidurių užkietėjimas
constituency *n* rinkimų apygarda
constituent *n.* sudedamoji dalis
constituent *adj.* sudėtinis
constitute *v. t* sudaryti
constitution *n* konstitucija
constrict *v.t.* siaurinti
construct *v. t.* veržti
construction *n* konstrukcija
consult *v. t* konsultuoti
consultation *n* konsultacija
consume *v. t* vartoti
consumption *n* vartojimas
consumption *n* eikvojimas
contact *n.* kontaktas
contact *v. t* kontaktuoti
contagious *a* užkrečiamas
contain *v.t.* talpinti
contaminate *v.t.* teršti
contemplate *v. t* svarstyti
contemplation *n* svarstymas
contemporary *n* amžininkas
contempt *n* panieka
contemptuous *a* paniekinantis
contend *v. i* varžytis
content *a.* patenkintas
content *v. t* tenkintis
content *n* patenkinimas
content *n.* turinys
contention *n* nesutarimas
contentment *n* pasitenkinimas
contest *v. t* konkursas
contest *n.* rungtiniauti
context *n* rungtyniauti
continent *n* kontinentas
continental *a* kontinentinis
contingency *n.* nenumatymas
continual *adj.* nuolatinis
continuation *n.* tęsimas
continue *v. i.* tęsti
continuity *n* tęstinumas
continuous *a* tęstinis
contour *n* kontūras
contra *pref.* kontra
contraception *n.* kontracepcija
contract *n* kontraktas
contract *v. t* sudaryti kontraktą
contrapose *v.t.* priešpastatyti
contractor *n* rangovas
contradict *v. t* priešgyniauti
contradiction *n* priešgyniavimas
contrary *a* priešingas
contrast *v. t* kontrastuoti
contrast *n* kontrastas
contribute *v. t* prisidėti
contribution *n* prisidėjimas
control *n* kontrolė
control *v. t* kontroliuoti
controller *n.* kontrolierius
controversy *n* kontraversija
contuse *v.t.* kontūzyti
conundrum *n.* galvosūkis
convene *v. t* sušaukti
convener *n* šauklys
convenience *n.* patogumai
convenient *a* patogus
convent *n* vienuolynas
convention *n.* konvencija
conversant *a* išmanantis
conversant *adj.* nusimanantis
conversation *n* pokalbis
converse *v.t.* šnekučiuotis
conversion *n* konversija
convert *v. t* konvertuoti

convert *n* konvertas
convey *v. t.* perteikti
conveyance *n* perteikimas
convict *v. t.* nuteisti
convict *n* nuteistasis
conviction *n* įsitikinimas
convince *v. t* įtikinti
convivial *adj.* nuotaikingas
convocation *n.* absolventų išleistuvės
convoke *v.t.* sukviesti
convolve *v.t.* sulankstyti
coo *n* burkavimas
coo *v. i* burkuoti
cook *v. t* virti
cook *n* virėjas
cooker *n* viryklė
cool *a* vėsus
cool *v. i.* vėsinti
cooler *n* aušintuvas
coolie *n* padienis darbininkas
co-operate *v. i* kooperuotis
co-operation *n* kooperacija
co-operative *a* kooperatyvinis
co-ordinate *a.* koordinacinis
co-ordinate *v. t* koordinuoti
co-ordination *n* koordinacijos
coot *n.* laukys
co-partner *n* kompanionas
cope *v. i* įveikti
copper *n.* varis
copper *n* variokai
coppice *n.* giraitė
coprology *n.* gašlumas
copulate *v.i.* kopuliuoti
copy *n* kopija
copy *v. t* kopijuoti
coral *n* koralas
cord *n* špagatas
cordial *a* širdingas
corbel *n.* kronšteinas
cordate *adj.* širdiškas
core *n.* šerdis
coriander *n.* kalendra
Corinth *n.* Korintas
cork *n.* kamštis
cormorant *n.* kormoranas
corn *n* javai
cornea *n* ragena
corner *n* kampas
cornet *n.* kornetas
cornicle *n.* amaro čiulptukas
coronation *n* karūnavimas
coronet *n.* karūnėlė
corporal *a* kūniška
corporate *adj.* korporacinis
corporation *n* korporacija
corps *n* korpusas
corpse *n* lavonas
correct *a* teisus
correct *v.t* koreguoti
correction *n* korekcija
correlate *v.t.* koreliuoti
correlation *n.* koreliacija
correspond *v. i* susirašinėti
correspondence *n.* korespondencija
correspondent *n.* korespondentas
corridor *n.* koridorius
corroborate *v.t.* paremti
corrosive *adj.* korozinis
corrupt *v. t.* iškraipytas
corrupt *a.* iškraipyti
corruption *n.* korupcija
cosier *a.* jaukus
cosmetic *a.* kosmetinis
cosmetics *n.* kosmetika
cosmic *adj.* kosminis
cost *v.t.* atsieiti
cost *n.* išlaidos
costal *adj.* šonkaulinis
cote *n.* aptvaras
costly *a.* brangus

costume *n.* kostiumas
cosy *a.* jaukus
cot *n.* vaikiška lovelė
cottage *n* kotedžas
cotton *n.* medvilnė
couch *n.* sofa
cough *n.* kosulys
cough *v. i.* kosėti
council *n.* taryba
councillor *n.* tarėjas
counsel *n.* advokatas
counsel *v. t.* konsultuoti
counsellor *n.* patarėjas
count *n.* skaičiavimas
count *v. t.* skaičiuoti
countenance *n.* mina
counter *n.* skaitiklis
counter *v. t* atremti
counteract *v.t.* neutralizuoti
countercharge *n.* kontrakaltinimas
counterfeit *a.* klastoti
counterfeiter *n.* klastotojas
countermand *v.t.* atšaukti įsakymą
counterpart *n.* kolega
countersign *v. t.* kontrasignuoti
countess *n.* grafienė
countless *a.* nesuskaičiuojamas
country *n.* šalis
county *n.* grafystė
coup *n.* sėkmingas ėjimas
couple *n* pora
couple *v. t* poruoti
couplet *n.* kupletas
coupon *n.* kuponas
courage *n.* narsa
courageous *a.* narsus
courier *n.* kurjeris
course *n.* kursas
court *n.* teismas
court *v. t.* stengtis įsiteikti
courteous *a.* pagarbus
courtesan *n.* kurtizanė
courtesy *n.* pagarbumas
courtier *n.* kurtjė
courtship *n.* merginimas
courtyard *n.* kiemas
cousin *n.* pusbrolis
covenant *n.* suderinti
cover *v. t.* dengti
cover *n.* dangtis
coverlet *n.* gyvūnų prieglauda
covet *v.t.* geisti
cow *n.* karvė
cow *v. t.* bauginti
coward *n.* bailys
cowardice *n.* bailumas
cower *v.i.* susigūžti
cozy *n* apdangalas
crab *n* krabas
crack *n* įtrūkimas
crack *v. i* įtrūkti
cracker *n* krekeris
crackle *v.t.* treškėti
cradle *n* lopšys
craft *n* amatas
craftsman *n* amatininkas
crafty *a* klastingas
cram *v. t* kimšti
crambo *n.* prastos eilės
crane *n* gervė
crankle *v.t.* raukšlėti
crash *v. i* susidurti
crash *n* avarija
crass *adj.* kvailas
crate *v.t* įpakuoti
crave *v.t.* trokšti
craw *n.* gūžys
crawl *v. t* ropoti
crawl *n* ropojimas
craze *n* pamišimas
crazy *a* beprotiškas
creak *v. i* girgždėti

creak *n* girgždėjimas
cream *n* kremas
crease *n* sulenkimas
create *v. t* kurti
creation *n* kūrimas
creative *adj.* kūrybingas
creator *n* kūrėjas
creature *n* kreatūra
credible *a* įtikimas
credit *n* paskola
creditable *a* pagirtinas
creditor *n* kreditorius
credulity *adj.* patiklus
creed *n.* pažiūros
creed *n* tikėjimas
creek *n.* įlankėlė
creep *v. i* sėlinti
creeper *n* šliaužiantysis
cremate *v. t* kremuoti
cremation *n* kremacija
crest *n* ketera
crevet *n.* tigis
crew *n.* šutvė
crib *n.* prakartėlė
cricket *n* kriketas
crime *n* nusikaltimas
crimp *n* gofravimas
crimple *v.t.* glamžyti
criminal *n* nusikaltėlis
criminal *a* kriminalinis
crimson *n* tamsiai raudona
cringe *v. i.* gūžtis
cripple *n* luošys
crisis *n* krizė
crisp *a* traškus
criterion *n* kriterijus
critic *n* kritikas
critical *a* kritinis
criticism *n* kritika
criticize *v. t* kritikuoti
croak *n.* krankimas
crockery *n.* indai
crocodile *n* krokodilas
croesus *n.* krosus
crook *a* nesveikas
crop *n* pasėliai
cross *v. t* kryžiuoti
cross *n* kirsti
cross *a* suirzęs
crossing *n.* sankryža perėja
crotchet *n.* ketvirtinė
crouch *v. i.* susigūžti
crow *n* varna
crow *v. i* giedoti
crowd *n* minia
crown *n* karūna
crown *v. t* karūnuoti
crucial *adj.* lemiamas
crude *a* grubus
cruel *a* žiaurus
cruelty *n* žiaurumas
cruise *v.i.* kelionė laivu
cruiser *n* kreiseris
crumb *n* trupinys
crumble *v. t* trupėti
crump *adj.* griaudėti
crusade *n* kampanija
crush *v. t* traiškyti
crust *n.* pluta
crutch *n* ramentas
cry *n* verkimas
cry *v. i* verkti
cryptography *n.* kriptografija
crystal *n* kristalas
cub *n* jauniklis
cube *n* kubas
cubical *a* kubiškas
cubiform *adj.* kubinis
cuckold *n.* žmonos apgautas vyras
cuckoo *n* gegutė
cucumber *n* agurkas
cudgel *n* vėzdas
cue *n* replika

cuff *n* smūgis plaštaka
cuff *v. t* šerti plaštaka
cuisine *n.* virtuvė
cullet *n.* šukės
culminate *v.i.* pasiekti kulminaciją
culpable *a* baustinas
culprit *n* kaltininkas
cult *n* kultas
cultivate *v. t* kultivuoti
cultural *a* kultūrinis
culture *n* kultūra
culvert *n.* pralaida
cunning *a* suktas
cunning *n* suktybė
cup *n.* puodelis
cupboard *n* indauja
Cupid *n* Kupidonas
cupidity *n* užsgaida
curable *a* išgydomas
curative *a* gydomasis
curb *n* dirželis
curb *v. t* smaugti
curcuma *n.* ciberžolė
curd *n* varškė
cure *n* gydymas
cure *v. t.* gydyti
curfew *n* komendanto valanda
curiosity *n* smalsumas
curious *a* smalsus
curl *n.* garbanotumas
currant *n.* serbentai
currency *n* valiuta
current *n* eiga
current *a* einamasis
curriculum *n* mokymo planas
curse *n* keikimasis
curse *v. t* keiktis
cursory *a* paviršutiniškas
curt *a* trumpas ir atžarus
curtail *v. t* sumažinti
curtain *n* užuolaida
curve *n* kreivė
curve *v. t* kreivinti
cushion *n* pagalvėlė
cushion *v. t* sušvelninti
custard *n* saldus padažas
custodian *n* saugotojas
custody *v* saugoti
custom *n.* paprotys
customary *a* paprotinis
customer *n* klientas
cut *v. t* kirpti
cut *n* kirpimas
cutis *n.* oda
cuvette *n.* kiuvetė
cycle *n* ciklas
cyclic *a* ciklinis
cyclist *n* dviratininkas
cyclone *n.* ciklonas
cyclostyle *n* spausdintuvas
cyclostyle *v. t* spausdinti
cylinder *n* cilindras
cynic *n* cinikas
cypher *n* šifras
cypress *n* kiparisas

D

dabble *v. i.* blogai dirbti
dacoit *n.* banditas
dacoity *n.* banditizmas
dad, daddy *n* tėvelis
daffodil *n.* gelsvasis narcizas
daft *adj.* sukvailėjęs
dagger *n.* durklas
daily *a* kasdienis
daily *adv.* kasdien
daily *n.* dienraštis
dainty *a.* dailutis
dainty *n.* skanėstas

dairy *n* pieninė
dais *n.* paaukštinimas
daisy *n* saulutė
dale *n* klonis
dam *n* pylimas
damage *n.* apgadinimas
damage *v. t.* apgadinti
dame *n.* dama
damn *v. t.* prakeikti
damnation *n.* prakeikimas
damp *a* drėgnas
damp *n* drėgmė
damp *v. t.* drėkinti
damsel *n.* panelė
dance *n* šokis
dance *v. t.* šokti
dandelion *n.* kiaulpienė
dandle *v.t.* sūpuoti
dandruff *n* pleiskanos
dandy *n* puošeiva
danger *n.* pavojus
dangerous *a* pavojingas
dangle *v. t* tabaluoti
dank *adj.* drėgnas ir šaltas
dap *v.i.* tepteleti
dare *v. i.* išdrįsti
daring *n.* drąsa
daring *a* drąsus
dark *a* tamsus
dark *n* tamsa
darkle *v.i.* tamsėti
darling *n* mylimasis
darling *a* brangusis
dart *n.* strėlytė
dash *v. i.* dumti
dash *n* brūkšnys
date *n* data
date *v. t* datuoti
daub *n.* tinkas
daub *v. t.* tinkuoti
daughter *n* dukra
daunt *v. t* įbauginti
dauntless *a* bebaimis
dawdle *v.i.* dykinėti
dawn *n* aušra
dawn *v. i.* aušti
day *n* diena
daze *n* apsvaigimas
daze *v. t* apsvaiginti
dazzle *n* apakinimas
dazzle *v. t.* apakinti
deacon *n.* diakonas
dead *a* miręs
deadlock *n* aklavietė
deadly *a* mirtinas
deaf *a* kurčias
deal *n* sandėris
deal *v. i* prekiauti
dealer *n* prekiautojas
dealing *n.* sandoriai
dean *n.* dekanas
dear *a* brangus
dearth *n* stoka
death *n* mirtis
debar *v. t.* neprileisti
debase *v. t.* nusižeminti
debate *n.* debatai
debate *v. t.* diskutuoti
debauch *v. t.* tvirkinti
debauch *n* tvirkinimas
debauchee *n* ištvirkelis
debauchery *n* ištvirkimas
debility *n* debilumas
debit *n* debetas
debit *v. t* debetuoti
debris *n* lūženos
debt *n* įsiskolinimas
debtor *n* skolininkas
decade *n* dekada
decadent *a* dekadentiškas
decamp *v. i* išvykti
decay *n* dūlėjimas
decay *v. i* dūlėti
decease *n* mirtis

decease *v. i* mirti
deceit *n* suktybė
deceive *v. t* apgauti
december *n* gruodis
decency *n* padorumas
decennary *n.* dešimtmetį
decent *a* padorus
deception *n* apgaulė
decide *v. t* nuspręsti
decillion *n.* decilijonas
decimal *a* dešimtainis
decimate *v.t.* išnaikinti
decision *n* sprendimas
decisive *a* sprendžiamasis
deck *n* denis
deck *v. t* išpuošti
declaration *n* deklaracija
declare *v. t.* deklaruoti
decline *n* nuosmukis
decline *v. t.* nusmukti
declivous *adj.* nuožulnus
decompose *v. t.* skaidytis
decomposition *n.* skaidymasis
decontrol *v.t.* nebekontroliuoti
decorate *v. t* dekoruoti
decoration *n* dekoracija
decorum *n* padorumas
decrease *v. t* sumažinti
decrease *n* sumažėjimas
decree *n* dekretas
decree *v. i* dekretuoti
decrement *n.* dekrementas
dedicate *v. t.* dedikuoti
dedication *n* dedikacija
deduct *v.t.* išskaityti
deed *n* veikla
deem *v.i.* būti nuomonės
deep *a.* gilus
deer *n* elnias
defamation *n* šmeištas
defame *v. t.* šmeišti
default *n.* klaida
defeat *n* pralaimėjimas
defeat *v. t.* pralaimėti
defect *n* defektas
defence *n* gynyba
defend *v. t* ginti
defendant *n* kaltinamasis
defensive *adv.* ginamasis
deference *n* skaitymasis
defiance *n* niekinimas
deficit *n* deficitas
deficient *adj.* stokojantis
defile *n.* tarpeklis
define *v. t* apibrėžti
definite *a* apibrėžtas
definition *n* apibrėžimas
deflation *n.* defliacija
deflect *v.t. & i.* nukreipti
deft *adj.* miklus
degrade *v. t* degraduoti
degree *n* laipsnis
dehort *v.i.* atkalbėti
deist *n.* deistas
deity *n.* dievybė
deject *v. t* nusiminti
dejection *n* nusiminimas
delay *v.t. & i.* atidėti
delibate *v* paskanauti
delegate *n* delegatas
delegate *v. t* deleguoti
delegation *n* delegacija
delete *v. t* ištrinti
deliberate *v. i* svarstyti
deliberate *a* sąmoningas
deliberation *n* svarstymas
delicate *a* delikatus
delicious *a* gardus
delight *n* pasigėrėjimas
delight *v. t.* gėrėtis
deliver *v. t* pristatyti
delivery *n* pristatymas
delta *n* delta
delude *v.t.* apsigauti

delusion *n.* įsivaizdavimas
demand *n* reikalavimas
demand *v. t* reikalauti
demarcation *n.* demarkacija
dement *v.t* kvailinti
demerit *n* trūkumas
democracy *n* demokratija
democratic *a* demokratiškas
demolish *v. t.* sušveisti
demon *n.* demonas
demonetize *v.t.* demonetizuoti
demonstrate *v. t* demonstruoti
demonstration *n.* demostracija
demoralize *v. t.* demoralizuoti
demur *n* prieštaravimas
demur *v. t* prieštarauti
demurrage *n.* demeredžas
den *n* landynė
dengue *n.* Dengė karštinė
denial *n* paneigimas
denote *v. i* pažymėti
denounce *v. t* pasmerkti
dense *a* tankus
density *n* tankumas
dentist *n* odontologas
denude *v.t.* apnuoginti
denunciation *n.* pasmerkimas
deny *v. t.* neprisipažinti
depart *v. i.* išvykti
department *n* departamentas
departure *n* išvykimas
depauperate *v.t.* sunykti
depend *v. i.* priklausyti
dependant *n* priklausomasis
dependence *n* priklausomybė
dependent *a* priklausantis
depict *v. t.* vaizduoti
deplorable *a* apgailėtinas
deploy *v.t.* taikyti
deponent *n.* liudytojas
deport *v.t.* deportuoti
depose *v. t* nuversti
deposit *n.* depozitas
deposit *v. t* deponuoti
depot *n* depas
depreciate *v.t.i.* nuvertėti
depredate *v.t.* grobstyti
depress *v. t* depresuoti
depression *n* depresija
deprive *v. t* atimti
depth *n* gylis
deputation *n* deputacija
depute *v. t* įgalioti
deputy *n* deputatas
derail *v. t.* nutraukti
derive *v. t.* kildinti
descend *v. i.* nusileisti
descendant *n* palikuonis
descent *n.* nusileidimas
describe *v. t* apibūdinti
description *n* apibūdinimas
descriptive *a* aprašomasis
desert *v. t.* palikti
desert *n* dykuma
deserve *v. t.* nusipelnyti
design *v. t.* dizainas
design *n.* sukurti
desirable *a* pageidaujamas
desire *n* troškimas
desire *v.t* trokšti
desirous *a* trokštantis
desk *n* rašomasis stalas
despair *n* neviltis
despair *v. i* nusivilti
desperate *a* desperatiškas
despicable *a* nepakenčiamas
despise *v. t* neapkęsti
despot *n* despotas
destination *n* galutinis tikslas
destiny *n* likimas
destroy *v. t* naikinti
destruction *n* naikinimas
detach *v. t* atskirti
detachment *n* atskyrimas

detail *n* detalė
detail *v. t* detalizuoti
detain *v. t* užlaikyti
detect *v. t* susekti
detective *a* detektyvinis
detective *n.* detektyvas
determination *n.* pasiryžimas
determine *v. t* pasiryžti
dethrone *v. t* nuversti nuo sosto
develop *v. t.* plėtoti
development *n.* plėtra
deviate *v. i* nukrypti
deviation *n* nukrypimas
device *n* įtaisas
devil *n* velnias
devise *v. t* išrasti
devoid *a* neturintis
devote *v. t* paskirti
devotee *n* atsidavėlis
devotion *n* atsidavimas
devour *v. t* suryti
dew *n.* rasa
diabetes *n* diabetas
diagnose *v. t* diagnozuoti
diagnosis *n* diagnozė
diagram *n* diagrama
dial *n.* ciferblatas
dialect *n* tarmė
dialogue *n* dialogas
diameter *n* diametras
diamond *n* deimantas
diarrhoea *n* diarėja
diary *n* dienoraštis
dice *n.* kauliukas
dice *v. i.* žaisti kauliukais
dictate *v. t* diktuoti
dictation *n* diktavimas
dictator *n* diktatorius
diction *n* dikcija
dictionary *n* žodynas
dictum *n* diktas
didactic *a* didaktinis
die *v. i* mirti
die *n* sriegpjovė
diet *n* dieta
differ *v. i* skirtis
difference *n* skirtumas
different *a* skirtingas
difficult *a* sunkus
difficulty *n* sunkumas
dig *n* kasinėjimas
dig *v.t.* kasinėti
digest *v. t.* virškinti
digest *n.* apžvalga
digestion *n* virškinimas
digit *n* skaitmuo
dignify *v.t* paaukštinti
dignity *n* paaukšti
dilemma *n* dilema
diligence *n* stropumas
diligent *a* stropus
dilute *v. t* praskiesti
dilute *a* praskiestas
dim *a* blausus
dim *v. t* blaustis
dimension *n* dimensija
diminish *v. t* mažinti
din *n* ūžesys
dine *v. t.* pietauti
dinner *n* pietūs
dip *n.* panėrimas
dip *v. t* panirti
diploma *n* diplomas
diplomacy *n* diplomatija
diplomat *n* diplomatas
diplomatic *a* diplomatinis
dire *a* lemtingas
direct *a* tiesioginis
direct *v. t* nukreipti
direction *n* kryptis
director *n.* direktorius
directory *n* katalogas
dirt *n* purvas
dirty *a* purvinas

disability *n* negalia
disable *v. t* daryti nepajėgų
disabled *a* neįgalus
disadvantage *n* nenauda
disagree *v. i* nesutikti
disagreeable *a.* nesugyvenamas
disagreement *n.* nesutikimas
disappear *v. i* dingti
disappearance *n* dingimas
disappoint *v. t.* nusivilti
disapproval *n* nepritarimas
disapprove *v. t* nepritarti
disarm *v. t* nusiginkluoti
disarmament *n.* nusiginklavimas
disaster *n* pragaištis
disastrous *a* pragaištingas
disc *n.* diskas
discard *v. t* išmesti
discharge *v. t* atsikratyti
discharge *n.* atsikratimas
disciple *n* mokinys
discipline *n* disciplina
disclose *v. t* atskleisti
discomfort *n* diskomfortas
disconnect *v. t* atjungti
discontent *n* nepasitenkinimas
discontinue *v. t* nutraukti
discord *n* nesantaika
discount *n* nuolaida
discourage *v. t.* atbaidyti
discourse *n* diskursas
discourteous *a* neišauklėtas
discover *v. t* atrasti
discovery *n.* atradimas
discretion *n* diskretiškumas
discriminate *v. t.* diskriminuoti
discrimination *n* diskriminacija
discuss *v. t.* diskutuoti
disdain *n* panieka
disdain *v. t.* paniekinti
disease *n* liga
disguise *n* persirengimas
disguise *v. t* persirengti
dish *n* indai
dishearten *v. t* atimti drąsą
dishonest *a* nesąžiningas
dishonesty *n.* nesąžiningumas
dishonour *v. t* nuplėšti garbę
dishonour *n* negarbė
dislike *v. t* nemėgti
dislike *n* nemėgimas
disloyal *a* nelojalus
dismiss *v. t.* atleisti
dismissal *n* atleidimas
disobey *v. t* nepaklusti
disorder *n* neramumai
disparity *n* skirtumas
dispensary *n* labdaros vaistinė
disperse *v. t* išsklaidyti
displace *v. t* pakeisti
display *v. t* parodyti
display *n* parodymas
displease *v. t* supykdyti
displeasure *n* apmaudas
disposal *n* dispozicija
dispose *v. t* atsikratyti
disprove *v. t* nuneigti
dispute *n* disputas
dispute *v. i* disputuoti
disqualification *n* diskvalifikacija
disqualify *v. t.* diskvalifikuoti
disquiet *n* nerimas
disregard *n* nepaisymas
disregard *v. t* nepaisyti
disrepute *n* blogas vardas
disrespect *n* nepagarba
disrupt *v. t* sužlugdyti
dissatisfaction *n* nepasitenkinimas
dissatisfy *v. t.* nepatenkinti
dissect *v. t* skrosti
dissection *n* skrodimas

dissimilar *a* nepanašus
dissolve *v.t* tirpinti
dissuade *v. t* atkalbinti
distance *n* distancija
distant *a* nutolęs
distil *v. t* distiliuoti
distillery *n* spirito varykla
distinct *a* skirtingas
distinction *n* skirtingumas
distinguish *v. i* išskirti
distort *v. t* iškreipti
distress *n* susikrimtimas
distress *v. t* susikrimsti
distribute *v. t* paskirstyti
distribution *n* paskirstymas
district *n* rajonas
distrust *n* nepasitikėjimas
distrust *v. t.* nepasitikėti
disturb *v. t* trukdyti
ditch *n* griovys
ditto *n.* tiek pat
dive *v. i* nardyti
dive *n* nardymas
diverse *a* įvairus
divert *v. t* nukreipti
divide *v. t* pasidalyti
divine *a* dieviškas
divinity *n* dieviškumas
division *n* divizija
divorce *n* skyrybos
divorce *v. t* išsiskirti
divulge *v. t* atskleisti
do *v. t* daryti
docile *a* romus
dock *n.* dokas
doctor *n* gydytojas
doctorate *n* doktorantas
doctrine *n* doktrina
document *n* dokumentas
dodge *n* išsisukimas
dodge *v. t* išsisukti
doe *n* danielius
dog *n* šuo
dog *v. t* persekioti
dogma *n* dogma
dogmatic *a* dogmatiškas
doll *n* lėlė
dollar *n* doleris
domain *n* domenas
dome *n* kupolas
domestic *a* namų
domestic *n* namų darbininkas
domicile *n* domicilis
dominant *a* dominuojantis
dominate *v. t* dominuoti
domination *n* dominavimas
dominion *n* dominija
donate *v. t* aukoti
donation *n.* aukojimas
donkey *n* asilas
donor *n* donoras
doom *n* lemtis
doom *v. t.* lemti
door *n* durys
dose *n* dozė
dot *n* taškas
dot *v. t* dėti taškus
double *a* dvigubas
double *v. t.* dvigubinti
double *n* dvigubas kiekis
doubt *v. i* abejoti
doubt *n* abejonė
dough *n* tešla
dove *n* balandis
down *adv* žemyn
down *prep* žemyn
down *v. t* nuryti
downfall *n* kritimas
downpour *n* liūtis
downright *adv* visiškai
downright *a* visiškas
downward *a* žemėjantis
downward *adv* žemyn
downwards *adv* žemyn

dowry *n* kraitis
doze *n.* snaudulys
doze *v. i* snausti
dozen *n* tuzinas
draft *v. t* apmesti
draft *n* metmenys
draftsman *n* sudarytojas
drag *n* stabdys
drag *v. t* vilkti
dragon *n* drakonas
drain *n* sausinimas
drain *v. t* drenuoti
drainage *n* drenažas
dram *n* gurkšnelis alkoholinio gėrimo
drama *n* drama
dramatic *a* dramatiškas
dramatist *n* dramaturgas
draper *n* manufaktūros pirklys
drastic *a* drastiškas
draught *n* skersvėjis
draw *v.t* nupiešti
draw *n* lygiosios
drawback *n* trūkumas
drawer *n* stalčius
drawing *n* piešimas
drawing-room *n* svetainė
dread *n* didelė baimė
dread *v.t* labai bijoti
dread *a* keliantis baimę
dream *n* svajonė
dream *v. i.* svajoti
drench *v. t* permerkti
dress *n* suknelė
dress *v. t* apsirengti
dressing *n* apsirengimas
drill *n* grąžtas
drill *v. t.* gręžti
drink *n* gėrimas
drink *v. t* gerti
drip *n* varvėjimas
drip *v. i* varvėti
drive *v. t* vairuoti
drive *n* vairavimas
driver *n* vairuojotas
drizzle *n* dulksna
drizzle *v. i* dulksnoti
drop *n* lašas
drop *v. i* lašėti
drought *n* sausra
drown *v.i* skęsti
drug *n* narkotikas
druggist *n* vaistininkas
drum *n* būgnas
drum *v.i.* būgnyti
drunkard *n* girtuoklis
dry *a* sausas
dry *v. i.* džiovinti
dual *a* dualinis
duck *n.* antis
duck *v.i.* panerti
due *a* apmokestintas
due *n* rinkliava
due *adv* tiksliai
duel *n* dvikova
duel *v. i* kautis dvikovoje
duke *n* kunigaikštis
dull *a* bukas
dull *v. t.* atbukinti
duly *adv* deramai
dumb *a* nebylus
dunce *n* atbukėlis
dung *n* trąša
duplicate *a* dublikuotas
duplicate *n* dublikatas
duplicate *v. t* dubliuoti
duplicity *n* dviveidiškumas
durable *a* patvarus
duration *n* trukmė
during *prep* tuo metu
dusk *n* prieblanda
dust *n* dulkės
dust *v.t.* dulkėti
duster *n* pašluostė

dutiful *a* pareigingas
duty *n* pareiga
dwarf *n* neūžauga
dwell *v. i* apsistoti
dwelling *n* buveinė
dwindle *v. t* mažėti
dye *v. t* išsidažyti
dye *n* dažas
dynamic *a* dinaminis
dynamics *n.* dinamika
dynamite *n* dinamitas
dynamo *n* dinama
dynasty *n* dinastija
dysentery *n* dizenterija

E

each *a* kiekvienas
each *pron.* kiekvienas
eager *a* nekantrus
eagle *n* erelis
ear *n* ausis
early *adv* anksti
early *a* ankstus
earn *v. t* uždirbti
earnest *a* nuoširdus
earth *n* žemė
earthen *a* žemės
earthly *a* žemiškas
earthquake *n* žemės drebėjimas
ease *n* lengvumas
ease *v. t* lengvinti
east *n* rytai
east *adv* rytuose
east *a* rytų
easter *n* Velykos
eastern *a* rytinis
easy *a* lengvas
eat *v. t* valgyti
eatable *a* ėdamas
eatable *a* valgomas
ebb *n* atoslūgis
ebb *v. i* atslūgti
ebony *n* juodmedis
echo *n* aidas
echo *v. t* aidėti
eclipse *n* užtemimas
economic *a* ekonominis
economical *a* ekonomiškas
economics *n.* ekonomika
economy *n* ekonomika
edge *n* biauna
edible *a* valgomas
edifice *n* didingas pastatas
edit *v. t* redaguoti
edition *n* leidimas
editor *n* redaktorius
editorial *a* redakcinis
editorial *n* vedamasis
educate *v. t* ugdyti
education *n* švietimas
efface *v. t* išbraukti
effect *n* efektas
effect *v. t* paveikti
effective *a* efektyvus
effeminate *a* sumoteriškėjęs
efficacy *n* efektyvumas
efficiency *n* veiksmingumas
efficient *a* veiksmingas
effigy *n* atvaizdas
effort *n* pastanga
egg *n* kiaušinis
ego *n* ego
egotism *n* egotizmas
eight *n* aštuoni
eighteen *n* aštuoniolika
eighty *n* aštuoniasdešimt
either *a.* tas ar kitas
either *adv.* irgi
eject *v. t.* išstumti
elaborate *v. t* detalizuoti

elaborate *a* detalizuotas
elapse *v. t* praslinkti
elastic *a* elastiškas
elbow *n* alkūnė
elder *a* vyresnis
elder *n* vyresnysis
elderly *a* pagyvenęs
elect *v. t* išrinkti
election *n* rinkimai
electorate *n* elektoratas
electric *a* elektrinis
electricity *n* elektra
electrify *v. t* elektrifikuoti
elegance *n* elegancija
elegant *adj* elegantiškas
elegy *n* elegija
element *n* elementas
elementary *a* elementarus
elephant *n* dramblys
elevate *v. t* pakelti
elevation *n* pakėlimas
eleven *n* vienuolika
elf *n* elfas
eligible *a* pageidautinas
eliminate *v. t* eliminuoti
elimination *n* eliminacija
elope *v. i* pabėgti iš namų
eloquence *n* elokvencija
eloquent *a* iškalbingas
else *a* dar
else *adv* dar
elucidate *v. t* nušviesti
elude *v. t* nepasiekti
elusion *n* išsisukinėjimas
elusive *a* išsisukinėjantis
emancipation *n.* emancipacija
embalm *v. t* balzamuoti
embankment *n* pylimas
embark *v. t* pakrauti laivą
embarrass *v. t* varžyti
embassy *n* ambasada
embitter *v. t* apkartinti
emblem *n* emblema
embodiment *n* įkūnijimas
embody *v. t.* įkūnyti
embolden *v. t.* paskatinti
embrace *v. t.* apkabinti
embrace *n* apkabinimas
embroidery *n* siuvinėjimas
embryo *n* embrionas
emerald *n* smaragdas
emerge *v. i* atsirasti
emergency *n* kritiška padėtis
eminance *n* eminencija
eminent *a* įžymus
emissary *n* emisaras
emit *v. t* skleisti
emolument *n* pelnas
emotion *n* emocija
emotional *a* emocionalus
emperor *n* imperatorius
emphasis *n* emfazė
emphasize *v. t* akcentuoti
emphatic *a* emfatinis
empire *n* imperija
employ *v. t* įsidarbinti
employee *n* darbuotojas
employer *n* darbdavys
employment *n* užimtumas
empower *v. t* įgalioti
empress *n* imperatorė
empty *a* tuščias
empty *v* tuštinti
emulate *v. t* pamėgdžioti
enable *v. t* įgalinti
enact *v. t* nutarti
enamel *n* emalis
enamour *v. t* sužavėti
encase *v. t* pakuoti
enchant *v. t* užburti
encircle *v. t.* apsupti
enclose *v. t* aptverti
enclosure *n.* aptvaras
encompass *v. t* apimti

encounter *n.* netikėtas susitikimas
encounter *v. t* netikėtai susitikti
encourage *v. t* drąsinti
encroach *v. i* kėsintis
encumber *v. t.* užgriozdinti
encyclopaedia *n.* enciklopedija
end *v. t* baigti
end *n.* pabaiga
endanger *v. t.* grėsti
endear *v.t* pamilti
endearment *n.* meilumas
endeavour *n* pastangos
endeavour *v.i* stengtis
endorse *v. t.* pritarti
endow *v. t* apdovanoti
endurable *a* pakenčiamas
endurance *n.* ištvermingumas
endure *v.t.* ištverti
enemy *n* priešas
energetic *a* energingas
energy *n.* energija
enfeeble *v. t.* susilpninti
enforce *v. t.* primesti
enfranchise *v.t.* suteikti rinkimų teisę
engage *v. t* susižadėti
engagement *n.* susižadėtuvės
engine *n* variklis
engineer *n* inžinierius
English *n* anglų kalba
engrave *v. t* graviruoti
engross *v.t* labai sudominti
engulf *v.t* praryti
enigma *n* mįslė
enjoy *v. t* mėgautis
enjoyment *n* mėgavimasis
enlarge *v. t* padidinti
enlighten *v. t.* apšviesti
enlist *v. t* patraukti
enliven *v. t.* pagyvinti
enmity *n* priešiškumas
ennoble *v. t.* taurinti
enormous *a* didžiulis
enough *a* pakankamas
enough *adv* pakankamai
enrage *v. t* niršti
enrapture *v. t* susižavėti
enrich *v. t* praturtinti
enrol *v. t* užregistruoti
enshrine *v. t* puoselėti
enslave *v.t.* pavergti
ensue *v.i* būti pasekme
ensure *v. t* užtikrinti
entangle *v. t* įpainioti
enter *v. t* įeiti
enterprise *n* verslumas
entertain *v. t* pramogauti
entertainment *n.* pramogos
enthrone *v. t* išaukštinti
enthusiasm *n* entuziazmas
enthusiastic *a* entuziastingas
entice *v. t.* sugundyti
entire *a* ištisas
entirely *adv* išimtinai
entitle *v. t.* pavadinti
entity *n* būtis
entomology *n.* entomologija
entrails *n.* viduriai
entrance *n* įėjimas
entrap *v. t.* įvilioti
entreat *v. t.* maldauti
entreaty *n.* maldavimas
entrust *v. t* patikėti
entry *n* įrašas
enumerate *v. t.* išskaičiuoti
envelop *v. t* gaubti
envelope *n* gaubas
enviable *a* pavydėtinas
envious *a* pavydus
environment *n.* aplinka
envy *v* pavydas
envy *v. t* pavydėti
epic *n* epas

epidemic *n* epidemija
epigram *n* epigrama
epilepsy *n* epilepsija
epilogue *n* epilogas
episode *n* epizodas
epitaph *n* epitafija
epoch *n* epocha
equal *a* lygus
equal *v. t* būti lygiam
equal *n* lygiavertis
equality *n* lygybė
equalize *v. t.* vienodinti
equate *v. t* sulyginti
equation *n* lygtis
equator *n* pusiaujas
equilateral *a* lygiakraštis
equip *v. t* įrengti
equipment *n* įrengimas
equitable *a* nešališkas
equivalent *a* ekvivalentiškas
equivocal *a* dviprasmiškas
era *n* era
eradicate *v. t* išnaikinti
erase *v. t* ištrinti
erect *v. t* pastatyti
erect *a* stačias
erection *n* erekcija
erode *v. t* rudyti
erosion *n* erozija
erotic *a* erotinis
err *v. i* klysti
errand *n* pavedimas
erroneous *a* klaidingas
error *n* klaida
erupt *v. i* išsiveržti
eruption *n* išsiveržimas
escape *n* pabėgimas
escape *v.i* pabėgti
escort *n* palyda
escort *v. t* palydėti
especial *a* specialus
essay *n.* esė
essay *v. t.* mėginti
essayist *n* eseistas
essence *n* esencija
essential *a* esencinis
establish *v. t.* įsteigti
establishment *n* įsteigimas
estate *n* sklypas
esteem *n* pagarba
esteem *v. t* gerbti
estimate *n.* apskaičiavimas
estimate *v. t* apskaičiuoti
estimation *n* įvertinimas
etcetera ir taip toliau
eternal *a* amžinas
eternity *n* amžinumas
ether *n* eteris
ethical *a* etinis
ethics *n.* etika
etiquette *n* etiketas
etymology *n.* etimologija
eunuch *n* eunuchas
evacuate *v. t* evakuoti
evacuation *n* evakuacija
evade *v. t* išvengti
evaluate *v. t* įvertinti
evaporate *v. i* išgaruoti
evasion *n* išvengimas
even *a* vienodas
even *v. t* išlyginti
even *adv* netgi
evening *n* vakaras
event *n* renginys
eventually *adv.* galų gale
ever *adv* kada nors
evergreen *a* amžinai žalias
evergreen *n* visžalis
everlasting *a.* nesiliaujantis
every *a* kiekvienas
evict *v. t* iškraustyti
eviction *n* iškraustymas
evidence *n* įkaltis
evident *a.* akivaizdus

evil *n* blogis
evil *a* blogas
evoke *v. t* sužadinti
evolution *n* evoliucija
evolve *v.t* evoliucionuoti
ewe *n* avis
exact *a* tikslus
exaggerate *v. t.* išpūsti
exaggeration *n.* išpūtimas
exalt *v. t* išgirti
examination *n.* egzaminas
examine *v. t* egzaminuoti
examinee *n* egzaminuojamasis
examiner *n* egzaminuotojas
example *n* pavyzdys
excavate *v. t.* kasinėti
excavation *n.* kasinėjimas
exceed *v.t* viršyti
excel *v.i* pranokti
excellence *n.* meistriškumas
excellency *n* ekscelencija
excellent *a.* puikus
except *v. t* išskirti
except *prep* išskyrus
exception *n* išimtis
excess *n* perteklius
excess *a* perteklinis
exchange *n* mainai
exchange *v. t* mainyti
excise *n* akcizas
excite *v. t* pašalinti
exclaim *v.i* šūktelėti
exclamation *n* šūktelėjimas
exclude *v. t* neįtraukti
exclusive *a* išimtinis
excommunicate *v. t.* ekskomunikuoti
excursion *n.* ekskursija
excuse *v.t* pasiteisinti
excuse *n* pasiteisinimas
execute *v. t* įvykdyti mirties bausmę
execution *n* egzekucija
executioner *n.* egzekutorius
exempt *v. t.* atleisti
exempt *a* atleistas
exercise *n.* pratimas
exercise *v. t* lavintis
exhaust *v. t.* išsekti
exhibit *n.* eksponatas
exhibit *v. t* eksponuoti
exhibition *n.* paroda
exile *n.* ištrėmimas
exile *v. t* ištremti
exist *v.i* egzistuoti
existence *n* egzistavimas
exit *n.* išėjimas
expand *v.t.* išplėsti
expansion *n.* ekspansija
ex-parte *a* ex-parte
ex-parte *adv* ex-parte
expect *v. t* tikėtis
expectation *n.* tikėjimasis
expedient *a* tikslingas
expedite *v. t.* paspartinti
expedition *n* ekspedicija
expel *v. t.* išvaryti
expend *v. t* išleisti
expenditure *n* išlaidos
expense *n.* išlaidos
expensive *a* brangus
experience *n* patirtis
experience *v. t.* patirti
experiment *n* eksperimentas
expert *a* prityręs
expert *n* ekspertas
expire *v.i.* nustoti galioti
expiry *n* galiojimo laikas
explain *v. t.* paaiškinti
explanation *n* paaiškinimas
explicit *a.* detalus
explode *v. t.* sprogti
exploit *n* žygdarbis
exploit *v. t* eksploatuoti

exploration *n* tyrinėjimas
explore *v.t* tyrinėti
explosion *n.* sprogimas
explosive *n.* sprogmenys
explosive *a* sprogstamasis
exponent *n* eksponentė
export *n* eksportas
export *v. t.* eksportuoti
expose *v. t* demaskuoti
express *v. t.* išreikšti
express *a* skubus
express *n* ekspresas
expression *n.* ekspresija
expressive *a.* ekspresyvus
expulsion *n.* išvarymas
extend *v. t* nusidriekti
extent *n.* tąsa
external *a* išorinis
extinct *a* užgesęs
extinguish *v.t* gesinti
extol *v. t.* liaupsinti
extra *a* papildomas
extra *adv* ekstra
extract *n* ekstraktas
extract *v. t* ištraukti
extraordinary *a.* ekstraordinarus
extravagance *n* ekstravagancija
extravagant *a* ekstravagantiškas
extreme *a* ekstremalus
extreme *n* ekstrymas
extremist *n* ekstremistas
exult *v. i* džiūgauti
eye *n* akis
eyeball *n* akies obuolys
eyelash *n* blakstiena
eyelet *n* kilpelė
eyewash *n* akių prausiklis

F

fable *n.* pasakėčia
fabric *n* audinys
fabricate *v.t* fabrikuoti
fabrication *n* fabrikavimas
fabulous *a* pasakėčių
facade *n* fasadas
face *n* veidas
face *v.t* atsigręžti
facet *n* fasetė
facial *a* veido
facile *a* lengvai įveikiamas
facilitate *v.t* lengvinti
facility *n* įrenginys
facsimile *n* faksimilė
fact *n* faktas
faction *n* frakcija
factious *a* dirbtinis
factor *n* faktorius
factory *n* fabrikas
faculty *n* fakultetas
fad *n* užgaida
fade *v.i* išblankti
faggot *n* bjaurybė
fail *v.i* nepasisekti
failure *n* nepasisekimas
faint *a* alpstantis
faint *v.i* alpti
fair *a* sąžiningas
fair *n.* turgus
fairly *adv.* pakankamai
fairy *n* fėja
faith *n* tikyba
faithful *a* tikintis
falcon *n* sakalas
fall *v.i.* nupulti
fall *n* nuopuolis
fallacy *n* paklydimas
fallow *n* pūdymas

false *a* klaidingas
falter *v.i* trūkčioti
fame *n* šlovė
familiar *a* familiarus
family *n* šeima
famine *n* badmetis
famous *a* gerai žinomas
fan *n* fanas
fanatic *a* fanatiškas
fanatic *n* fanatikas
fancy *n* išgalvojimas
fancy *v.t* išgalvoti
fantastic *a* išgalvotas
far *adv.* toli
far *a* tolimas
far *n* tolis
farce *n* farsas
fare *n* kaina
farewell *n* atsisveikinimas
farewell *interj.* sudie
farm *n* ūkis
farmer *n* ūkininkas
fascinate *v.t* žavėti
fascination *n.* žavesys
fashion *n* mada
fashionable *a* madingas
fast *a* greitas
fast *adv* greitai
fast *n* pasninkas
fast *v.i* pasninkauti
fasten *v.t* susagstyti
fat *a* storas
fat *n* riebalai
fatal *a* fatališkas
fate *n* likimas
father *n* tėvas
fathom *v.t* įsigilinti
fathom *n* jūrsieksnis
fatigue *n* nuvargimas
fatigue *v.t* nuvargti
fault *n* kaltė
faulty *a* ydingas
fauna *n* fauna
favour *n* paslauga
favour *v.t* palankiai veikti
favourable *a* palankus
favourite *a* mėgstamas
favourite *n* favoritas
fear *n* baimė
fear *v.i* bijoti
fearful *a.* bijantis
feasible *a* įmanomas
feast *n* puota
feast *v.i* puotauti
feat *n* žygdarbis
feather *n* plunksna
feature *n* bruožas
February *n* vasaris
federal *a* federalinis
federation *n* federacija
fee *n* įmoka
feeble *a* menkas
feed *v.t* maitinti
feed *n* maitinimas
feel *v.t* jausti
feeling *n* jausmas
feign *v.t* apsimesti
felicitate *v.t* pasveikinti
felicity *n* palaima
fell *v.t* parblokšti
fellow *n* bičiulis
female *a* moteriška
female *n* moteris
feminine *a* moteriškas
fence *n* tvora
fence *v.t* tverti
fend *v.t* pasirūpinti
ferment *n* fermentas
ferment *v:t* fermentuotis
fermentation *n* fermentacija
ferocious *a* nuožmus
ferry *n* keltas
ferry *v.t* perkelti
fertile *a* derlingas

fertility *n* derlingumas
fertilize *v.t* tręšti
fertilizer *n* trąša
fervent *a* geidulingas
fervour *n* užsidegimas
festival *n* festivalis
festive *a* festivalinis
festivity *n* šventinė nuotaika
festoon *n* girlianda
fetch *v.t* atnešti
fetter *n* pančiai
fetter *v.t* pančioti
feud *n.* feodalas
feudal *a* feodalinis
fever *n* karštinė
few *a* keletas
fiasco *n* fiasko
fibre *n* skaidula
fickle *a* nepastovus
fiction *n* grožinė literatūra
fictitious *a* fiktyvus
fiddle *n* smuikas
fiddle *v.i* smuikuoti
fidelity *n* atsidavimas
fie *interj* fui
field *n* laukas
fiend *n* nevidonas
fierce *a* niršus
fiery *a* liepsnojantis
fifteen *n* penkiolika
fifty *n.* penkiasdešimt
fig *n* figa
fight *n* kova
fight *v.t* kovoti
figment *n* prasimanymas
figurative *a* perkeltinis
figure *n* figura
figure *v.t* figuruoti
file *n* byla
file *v.t* tvarkyti dokumentus
file *n* dildė
file *v.t* dildyti
file *n* vora
file *v.i.* eiti vorele
fill *v.t* pildyti
film *n* filmas
film *v.t* filmuoti
filter *n* filtras
filter *v.t* filtruoti
filth *n* šlykštumai
filthy *a* šlykštus
fin *n* pelekas
final *a* baigiamasis
finance *n* finansai
finance *v.t* finansuoti
financial *a* finansinis
financier *n* finansininkas
find *v.t* rasti
fine *n* bauda
fine *v.t* bausti
fine *a* gerai
finger *n* pirštas
finger *v.t* liesti pirštais
finish *v.t* finišuoti
finish *n* finišas
finite *a* baigtinis
fir *n* kėnis
fire *n* ugnis
fire *v.t* šaudyti
firm *a* kietas
firm *n.* firma
first *a* pirmas
first *n* pirmas
first *adv* pirma
fiscal *a* fiskalinis
fish *n* žuvis
fish *v.i* žvejoti
fisherman *n* žvejys
fissure *n* įtrūkimas
fist *n* kumštis
fistula *n* fistulė
fit *v.t* tikti
fit *a* tinkamas
fit *n* priepuolis

fitful *a* neritmingas
fitter *n* montuotojas
five *n* penki
fix *v.t* sutaisyti
fix *n* suktybė
flabby *a* suglebęs
flag *n* vėliava
flagrant *a* skandalingas
flame *n* liepsna
flame *v.i* liepsnoti
flannel *n* flanelė
flare *v.i* platėti
flare *n* signalinė raketa
flash *n* žybtelėjimas
flash *v.t* žybtelėti
flask *n* termosas
flat *a* plokščias
flat *n* butas
flatter *v.t* meilikauti
flattery *n* meilikavimas
flavour *n* skonis
flaw *n* yda
flea *n.* blusa
flee *v.i* pabėgti
fleece *n* vilnos
fleece *v.t* nulupti
fleet *n* flotilė
flesh *n* mėsa
flexible *a* lankstus
flicker *n* bliksėjimas
flicker *v.t* bliksėti
flight *n* skrydis
flimsy *a* lengvas ir plonas
fling *v.t* sviesti
flippancy *n* lengvabūdiškumas
flirt *n* flirtas
flirt *v.i* flirtuoti
float *v.i* plūduriuoti
flock *n* kaimenė
flock *v.i* būriuotis
flog *v.t* iškišti
flood *n* potvynis
flood *v.t* patvinti
floor *n* grindys
floor *v.t* dėti grindis
flora *n* flora
florist *n* floristas
flour *n* miltai
flourish *v.i* klestėti
flow *n* tekėjimas
flow *v.i* tekėti
flower *n* gėlė
flowery *a* gėlėtas
fluent *a* sklandus
fluid *a* skystas
fluid *n* skystis
flush *v.i* rausti
flush *n* paraudimas
flute *n* fleita
flute *v.i* groti fleita
flutter *n* plasnojimas
flutter *v.t* plasnoti
fly *n* musė
fly *v.i* skristi
foam *n* putos
foam *v.t* putoti
focal *a* židinio
focus *n* židinys
focus *v.t* fokusuoti
fodder *n* pašaras
foe *n* priešininkas
fog *n* rūkas
foil *v.t* žlugdyti
fold *n* raukšlė
fold *v.t* sulankstyti
foliage *n* lapija
follow *v.t* sekti
follower *n* pasekėjas
folly *n* kvailystė
foment *v.t* kurstyti
fond *a* mėgstantis
fondle *v.t* myluoti
food *n* maistas
fool *n* kvailys

foolish *a* kvailas
foolscap *n* popieriaus formatas
foot *n* pėda
for *prep* verčiama naudininku
for *conj.* dėl
forbid *v.t* uždrausti
force *n* jėga
force *v.t* priversti
forceful *a* įtaigus
forcible *a* prievartinis
forearm *n* dilbis
forearm *v.t* iš anksto pasiruošti pulti
forecast *n* nuspėjimas
forecast *v.t* nuspėti
forefather *n* proseneliai
forefinger *n* smilius
forehead *n* kakta
foreign *a* užsienio
foreigner *n* užsienietis
foreknowledge *n.* išankstinis žinojimas
foreleg *n* priekinė koja
forelock *n* priekinė sruoga
foreman *n* meistras
foremost *a* įžymiausias
forenoon *n* priešpiečiai
forerunner *n* pranašas
foresee *v.t* numatyti
foresight *n* toliaregiškumas
forest *n* miškas
forestall *v.t* užbėgti už akių
forester *n* miškininkas
forestry *n* miškininkystė
foretell *v.t* išpranašauti
forethought *n* numatymas
forever *adv* amžinai
forewarn *v.t* įspėti
foreword *n* pratarmė
forfeit *v.t* būti nubaustam
forfeit *n* bausmė
forfeiture *n* atėmimas
forge *n* žaizdras
forge *v.t* nukalti
forgery *n* klastojimas
forget *v.t* pamiršti
forgetful *a* užmaršus
forgive *v.t* dovanoti
forgo *v.t* atsisakyti
forlorn *a* apleistas
form *n* forma
form *v.t.* formuoti
formal *a* formalus
format *n* formatas
formation *n* formavimas
former *a* ankstyvesnis
former *pron* forminis
formerly *adv* kadaise
formidable *a* sunkiai įveikiamas
formula *n* formulė
formulate *v.t* formuluoti
forsake *v.t.* atsižadėti
forswear *v.t.* išsižadėti
fort *n.* fortas
forte *n.* stiprioji pusė
forth *adv.* pirmyn
forthcoming *a.* artėjantis
forthwith *adv.* nedelsiant
fortify *v.t.* tvirtinti
fortitude *n.* tvirtumas
fort-night *n.* dvi savaitės
fortress *n.* tvirtovė
fortunate *a.* sėkmingas
fortune *n.* fortūna
forty *n.* keturiasdešimt
forum *n.* forumas
forward *a.* į priekį
forward *adv* pirmyn
forward *v.t* paspartinti
fossil *n.* fosilija
foster *v.t.* puoselėti
foul *a.* bjaurus
found *v.t.* įkurti
foundation *n.* įkūrimas

founder *n.* įkūrėjas
foundry *n.* liejykla
fountain *n.* fontanas
four *n.* keturi
fourteen *n.* keturiolika
fowl *n.* naminis paukštis
fowler *n.* paukščių medžiotojas
fox *n.* lapė
fraction *n.* trupmena
fracture *n.* lūžis
fracture *v.t* lūžti
fragile *a.* trapus
fragment *n.* fragmentas
fragrance *n.* dvelksmas
fragrant *a.* kvapnus
frail *a.* netvirtas
frame *v.t.* rėminti
frame *n* rėmas
franchise *n.* frančizė
frank *a.* atviras
frantic *a.* paklaikęs
fraternal *a.* broliškas
fraternity *n.* broliškumas
fratricide *n.* brolžudys
fraud *n.* apgavikas
fraudulent *a.* apgavikiškas
fraught *a.* kupinas
fray *n* peštynės
free *a.* laisvas
free *v.t* laisvinti
freedom *n.* laisvė
freeze *v.i.* šaldyti
freight *n.* kroviniai
French *a.* prancūziškas
French *n* prancūzų kalba
frenzy *n.* siautulys
frequency *n.* dažnumas
frequent *a.* dažnai vykstantis
fresh *a.* šviežias
fret *n.* suerzinimas
fret *v.t.* suerzinti
friction *n.* trintis
Friday *n.* penktadienis
fridge *n.* šaldytuvas
friend *n.* draugas
fright *n.* išgąstis
frighten *v.t.* išgąsdinti
frigid *a.* frigidiškas
frill *n.* raukinukai
fringe *n.* kirpčiai
fringe *v.t* spurguoti
frivolous *a.* frivoliškas
frock *n.* vienuolio drabužiai
frog *n.* varlė
frolic *n.* dūkimas
frolic *v.i.* dūkti
from *prep.* iš
front *n.* priekis
front *a* priekinis
front *v.t* išeiti
frontier *n.* pasienis
frost *n.* šalna
frown *n.* antakių suraukimas
frown *v.i* suraukti antakius
frugal *a.* kuklus
fruit *n.* vaisiai
fruitful *a.* vaisingas
frustrate *v.t.* gniuždyti
frustration *n.* frustracija
fry *v.t.* pakepinti
fry *n* mailius
fuel *n.* degalai
fugitive *a.* pabėgęs
fugitive *n.* pabėgėlis
fulfil *v.t.* patenkinti
fulfilment *n.* patenkinimas
full *a.* pilnas
full *adv.* gausus
fullness *n.* pilnumas
fully *adv.* pilnai
fumble *v.i.* grabinėti
fun *n.* smagumas
function *n.* funkcija
function *v.i* funkcionuoti

functionary *n.* funkcionierius
fund *n.* fondas
fundamental *a.* fundamentalus
funeral *n.* laidotuvės
fungus *n.* grybelis
funny *n.* smagus
fur *n.* kailiai
furious *a.* įnirtingas
furl *v.t.* suvynioti
furlong *n.* furlongas
furnace *n.* krosnis
furnish *v.t.* apstatyti baldais
furniture *n.* apstatymas
furrow *n.* latakas
further *adv.* toliau
further *a* tolimesnis
further *v.t* palaikyti
fury *n.* furija
fuse *v.t.* sulydyti
fuse *n* saugiklis
fusion *n.* lydymas
fuss *n.* nervinimasis
fuss *v.i* nervintis
futile *a.* bergždžias
futility *n.* bergždumas
future *a.* būsimas
future *n* ateitis

G

gabble *v.i.* klegėti
gadfly *n.* sparva
gag *v.t.* užkimšti burną
gag *n.* kamštukas
gaiety *n.* linksmybė
gain *v.t.* įgyti
gain *n* įgijimas
gainsay *v.t.* priešgyniauti
gait *n.* eisena
galaxy *n.* galaktika
gale *n.* štormas
gallant *a.* galantiškas
gallant *n* galantas
gallantry *n.* galantiškumas
gallery *n.* galerija
gallon *n.* galonas
gallop *n.* šuoliai
gallop *v.t.* šuoliuoti
gallows *n.* kartuvės
galore *adv.* gausiai
galvanize *v.t.* galvanizuoti
gamble *v.i.* lošti
gamble *n* lošimas
gambler *n.* lošėjas
game *n.* žaidimas
game *v.i* žaisti
gander *n.* žąsinas
gang *n.* gauja
gangster *n.* gangsteris
gap *n* spraga
gape *v.i.* žiopsoti
garage *n.* garažas
garb *n.* apdaras
garb *v.t* būti apsirengusiam
garbage *n.* atliekos
garden *n.* sodas
gardener *n.* sodininkas
gargle *v.i.* skalauti
garland *n.* girlianda
garland *v.t.* puošti girliandomis
garlic *n.* česnakas
garment *n.* drabužis
garter *n.* keliaraištis
gas *n.* dujos
gasket *n.* tarpinė
gasp *n.* aiktelėjimas
gasp *v.i* aiktelėti
gassy *a.* gazuotas
gastric *a.* skrandžio
gate *n.* vartai
gather *v.t.* kaupti

gaudy *a.* neskoningas
gauge *n.* mastas
gauntlet *n.* pirštinė
gay *a.* gėjiškas
gaze *v.t.* įdėmiai žiūrėti
gaze *n* įdėmus žvilgsnis
gazette *n.* vyriausybės žinios
gear *n.* pavara
geld *v.t.* kastruoti
gem *n* brangenybė
gender *n.* lytis
general *a.* bendras
generally *adv.* apskritai
generate *v.t.* generuoti
generation *n.* karta
generator *n.* generatorius
generosity *n.* didžiadvasiškumas
generous *a.* didžiadvasis
genius *n.* genijus
gentle *a.* švelnus
gentleman *n.* džentelmenas
gentry *n.* džentriai
genuine *a.* nesuklastotas
geographer *n.* geografas
geographical *a.* geografinis
geography *n.* geografija
geological *a.* geologinis
geologist *n.* geologas
geology *n.* geologija
geometrical *a.* geometrinis
geometry *n.* geometrija
germ *n.* mikrobas
germicide *n.* baktericidas
germinate *v.i.* daiginti
germination *n.* dygimas
gerund *n.* gerundijus
gesture *n.* gestas
get *v.t.* gauti
ghastly *a.* šiurpinantis
ghost *n.* vaiduoklis
giant *n.* gigantas
gibbon *n.* gibonas
gibe *v.i.* pašiepti
gibe *n* pašaipa
giddy *a.* apsvaigęs
gift *n.* dovana
gifted *a.* apdovanotas
gigantic *a.* gigantiškas
giggle *v.i.* kikenti
gild *v.t.* paauksuoti
gilt *a.* paauksuotas
ginger *n.* imbieras
giraffe *n.* žirafa
gird *v.t.* apjuosti
girder *n.* sija
girdle *n.* juosta
girdle *v.t* juosti
girl *n.* mergaitė
girlish *a.* mergaitiškas
gist *n.* esmė
give *v.t.* duoti
glacier *n.* ledynas
glad *a.* patenkintas
gladden *v.t.* pradžiuginti
glamour *n.* žavesys
glance *n.* žvilgtelėjimas
glance *v.i.* žvilgtelėti
gland *n.* liauka
glare *n.* akinimas
glare *v.i* akinti
glass *n.* stiklas
glaucoma *n.* glaukoma
glaze *v.t.* glazūruoti
glaze *n* glazūra
glazier *n.* stiklius
glee *n.* sutartinė
glide *v.t.* sklandyti
glider *n.* sklandytuvas
glimpse *n.* švystelėjimas
glitter *v.i.* blizgėti
glitter *n* blizgėjimas
global *a.* globalinis
globe *n.* gaublys
gloom *n.* tamsuma

gloomy *a.* niūrus
glorification *n.* šlovinimas
glorify *v.t.* šlovinti
glorious *a.* šlovingas
glory *n.* šlovė
gloss *n.* blizgesys
glossary *n.* terminija
glossy *a.* blizgus
glove *n.* pirštinė
glow *v.i.* žėrėti
glow *n* žara
glucose *n.* gliukozė
glue *n.* klijai
glut *v.t.* prisotinti
glut *n* prisotinimas
glutton *n.* apsirijėlis
gluttony *n.* apsirijimas
glycerine *n.* glicerinas
go *v.i.* eiti
goad *n.* paskata
goad *v.t* paskatinti
goal *n.* įvartis
goat *n.* ožys
gobble *v.t.* suryti
goblet *n.* taurė
god *n.* dievas
goddess *n.* deivė
godhead *n.* dieviškumas
godly *a.* dievobaimingas
godown *n.* krikštatėviai
godsend *n.* netikėta laimė
goggles *n.* apsauginiai akiniai
gold *n.* auksas
golden *a.* auksinis
goldsmith *n.* auksakalys
golf *n.* golfas
gong *n.* gongas
good *a.* geras
good *n* gėris
good-bye *interj.* viso labo
goodness *n.* gerumas
goodwill *n.* geranoriškumas
goose *n.* žąsis
gooseberry *n.* agrastas
gorgeous *a.* įstabus
gorilla *n.* gorila
gospel *n.* evangelija
gossip *n.* plepalai
gourd *n.* matė puodelis
gout *n.* podagra
govern *v.t.* valdyti
governance *n.* valdymas
governess *n.* guvernantė
government *n.* vyriausybė
governor *n.* gubernatorius
gown *n.* suknia
grab *v.t.* griebti
grace *n.* gracija
grace *v.t.* pagerbti
gracious *a.* maloningas
gradation *n.* gradacija
grade *n.* įvertinimas
grade *v.t* įvertinti
gradual *a.* laipsniškas
graduate *v.i.* baigti universitetą
graduate *n* diplomuotasis
graft *n.* skiepas
graft *v.t* skiepyti
grain *n.* grūdas
grammar *n.* gramatika
grammarian *n.* gramatikas
gramme *n.* gramas
gramophone *n.* gramofonas
grannary *n.* svirnas
grand *a.* grandiozinis
grandeur *n.* puikumas
grant *v.t.* subsidijuoti
grant *n* subsidija
grape *n.* vynuogė
graph *n.* grafas
graphic *a.* grafinis
grapple *n.* grumtynės
grapple *v.i.* grumtis
grasp *v.t.* sugriebti

grasp *n* sugriebimas
grass *n* žolė
grate *n.* grotelės
grate *v.t* tarkuoti
grateful *a.* dėkingas
gratification *n.* patenkinimas
gratis *adv.* nemokamai
gratitude *n.* dėkingumas
gratuity *n.* atsidėkojimas
grave *n.* kapas
grave *a.* rimtas
gravitate *v.i.* būti traukiamam
gravitation *n.* gravitacija
gravity *n.* sunkio jėga
graze *v.i.* ganytis
graze *n* užkliudymas
grease *n* taukai
grease *v.t* taukuoti
greasy *a.* taukuotas
great *a* didysis
greed *n.* gobšumas
greedy *a.* gobšus
Greek *n.* Graikija
Greek *a* graikiškas
green *a.* žalias
green *n* žalia
greenery *n.* žalumynai
greet *v.t.* sveikintis
grenade *n.* granata
grey *a.* pilkas
greyhound *n.* kurtas
grief *n.* širdgėla
grievance *n.* nuoskauda
grieve *v.t.* sielvartauti
grievous *a.* sielvartingas
grind *v.i.* sutrinti
grinder *n.* malūnėlis
grip *v.t.* gniaužti
grip *n* gniaužtai
groan *v.i.* dejuoti
groan *n* dejonė
grocer *n.* bakalejininkas
grocery *n.* bakalėjos krautuvė
groom *n.* jaunikis
groom *v.t* laižytis
groove *n.* griovelis
groove *v.t* įlaiduoti
grope *v.t.* grabalioti
gross *n.* didmenos
gross *a* storžieviškas
grotesque *a.* groteskinis
ground *n.* dirva
group *n.* grupė
group *v.t.* grupuoti
grow *v.t.* augti
grower *n.* augintojas
growl *v.i.* urzgti
growl *n* urzgimas
growth *n.* augimas
grudge *v.t.* jausti pagiežą
grudge *n* pagieža
grumble *v.i.* niurnėti
grunt *n.* kriuksėjimas
grunt *v.i.* kriuksėti
guarantee *n.* garantija
guarantee *v.t* garantuoti
guard *v.i.* sergėti
guard *n.* sargyba
guardian *n.* sergėtojas
guava *n.* gvajava
guerilla *n.* partizanas
guess *n.* spėjimas
guess *v.i* spėti
guest *n.* svečias
guidance *n.* nurodymai
guide *v.t.* vadovautis
guide *n.* vadovas
guild *n.* gildija
guile *n.* apgavimas
guilt *n.* kaltė
guilty *a.* kaltas
guise *n.* pavidalas
guitar *n.* gitara
gulf *n.* įlanka

gull *n.* kiras
gull *n* žuvėdra
gull *v.t* mulkinti
gulp *n.* gurkšnis
gum *n.* dantenos
gun *n.* šaunamasis ginklas
gust *n.* šuoras
gutter *n.* latakas
guttural *a.* gomurinis
gymnasium *n.* gimnazija
gymnast *n.* gimnastas
gymnastic *a.* gimnastinis
gymnastics *n.* gimnastika

H

habeas corpus *n.* paliepimas pristatyti suimtąjį į teismą suėmimo teisėtumui išaiškinti
habit *n.* įprotis
habitable *a.* gyvenamas
habitat *n.* gyvenvietė
habitation *n.* buveinė
habituate *v. t.* įprasti
hack *v.t.* įsibrauti
hag *n.* ragana
haggard *a.* išsikamavęs
haggle *v.i.* derėtis
hail *n.* kruša
hail *v.i* apiberti
hail *v.t* sveikinti
hair *n* plaukas
hale *a.* tvirtas
half *n.* pusė
half *a* pusė
hall *n.* salė
hallmark *n.* skiriamasis ženklas
hallow *v.t.* ūkauti
halt *v. t.* sustoti
halt *n* stotelė
halve *v.t.* dalyti pusiau
hamlet *n.* kaimelis
hammer *n.* plaktukas
hammer *v.t* kalti
hand *n* ranka
hand *v.t* paduoti
handbill *n.* reklaminis lapelis
handbook *n.* vadovas
handcuff *n.* antrankiai
handcuff *v.t* uždėti antrankius
handful *n.* sauja
handicap *v.t.* kliudyti
handicap *n* kliuvinys
handicraft *n.* amatas
handiwork *n.* rankų darbas
handkerchief *n.* nosinė
handle *n.* rankena
handle *v.t* sureguliuoti
handsome *a.* išvaizdus
handy *a.* parankus
hang *v.t.* kabinti
hanker *v.i.* geisti
haphazard *a.* atsitiktinis
happen *v.t.* atsitikti
happening *n.* atsitikimas
happiness *n.* laimė
happy *a.* laimingas
harass *v.t.* puldinėti
harassment *n.* priekabiavimas
harbour *n.* uostas
harbour *v.t* suteikti prieglobstį
hard *a.* kietas
harden *v.t.* kietėti
hardihood *n.* drąsumas
hardly *adv.* vargu ar
hardship *n.* sunkumai
hardy *a.* ištvermingas
hare *n.* kiškis
harm *n.* žala
harm *v.t* pakenkti
harmonious *a.* harmoningas

harmonium *n.* fisharmonija
harmony *n.* harmonija
harness *n.* pakinktai
harness *v.t* kinkyti
harp *n.* arfa
harsh *a.* rūstus
harvest *n.* derlius
harverster *n.* pjovėjas
haste *n.* skubėjimas
hasten *v.i.* skubėti
hasty *a.* skubotas
hat *n.* skrybėlė
hatchet *n.* kirvelis
hate *n.* neapykanta
hate *v.t.* neapkęsti
haughty *a.* išpuikęs
haunt *v.t.* vaidentis
haunt *n* mėgstama vieta
have *v.t.* turėti
haven *n.* prieglobstis
havoc *n.* nuniokojimas
hawk *n* vanagas
hawker *n* gatvės prekiautojas
hawthorn *n.* gudobelė
hay *n.* šienas
hazard *n.* pavojus
hazard *v.t* drįsti
haze *n.* miglelė
hazy *a.* miglotas
he *pron.* jis
head *n.* galva
head *v.t* vadovauti
headache *n.* galvos skausmas
heading *n.* antraštė
headlong *adv.* neapgalvotai
headstrong *a.* užsispyręs
heal *v.i.* išgydyti
health *n.* sveikata
healthy *a.* sveikas
heap *n.* krūva
heap *v.t* prikrauti
hear *v.t.* girdėti
hearsay *n.* nuogirdos
heart *n.* širdis
hearth *n.* žaizdras
heartily *adv.* širdingai
heat *n.* kaitra
heat *v.t* kaitrinti
heave *v.i.* užkelti
heaven *n.* dausos
heavenly *a.* dangiškas
hedge *n.* gyvatvorė
hedge *v.t* apsisaugoti
heed *v.t.* paisyti
heed *n* paisymas
heel *n.* kulnas
hefty *a.* stambus
height *n.* aukštis
heighten *v.t.* aukštinti
heinous *a.* siaubingas
heir *n.* įpėdinis
hell *n.* pragaras
helm *n.* vairalazdė
helmet *n.* šalmas
help *v.t.* pagelbėti
help *n* pagalba
helpful *a.* paslaugus
helpless *a.* bejėgis
helpmate *n.* pagalbininkas
hemisphere *n.* pusrutulis
hemp *n.* kanapė
hen *n.* višta
hence *adv.* vadinasi
henceforth *adv.* nuo šiol
henceforward *adv.* nuo šiol
henchman *n.* pakalikas
henpecked *a.* po žmonos padu
her *pron.* ją
her *a* jos
herald *n.* šauklys
herald *v.t* pranešti
herb *n.* vaistažolė
herculean *a.* herkuliškas
herd *n.* banda

herdsman *n.* skerdžius
here *adv.* čia
hereabouts *adv.* čionai
hereafter *adv.* po mirties
hereditary *n.* paveldėtas
heredity *n.* paveldėjimas
heritable *a.* paveldimas
heritage *n.* paveldas
hermit *n.* atsiskyrėlis
hermitage *n.* vienutė
hernia *n.* išvarža
hero *n.* herojus
heroic *a.* herojiškas
heroine *n.* herojė
heroism *n.* heroizmas
herring *n.* silkė
hesitant *a.* neryžtingas
hesitate *v.i.* nesiryžti
hesitation *n.* neryžtingumas
hew *v.t.* kirsti
heyday *n.* klestėjimas
hibernation *n.* žiemojimas
hiccup *n.* žagsėjimas
hide *n.* slaptavietė
hide *v.t* slėpti
hideous *a.* bjaurus
hierarchy *n.* hierarchija
high *a.* aukštas
highly *adv.* nepaprastai
Highness *n.* Didenybė
highway *n.* autostrada
hilarious *a.* labai linksmas
hilarity *n.* linksmumas
hill *n.* kalva
hillock *n.* kauburys
him *pron.* jį
hinder *v.t.* trukdyti
hindrance *n.* trukdymas
hint *n.* užuomina
hint *v.i* užsiminti
hip *n* klubas
hire *n.* pasamdymas
hire *v.t* pasamdyti
hireling *n.* parsidavėlis
his *pron.* jo
hiss *n* šnypštimas
hiss *v.i* šnypšti
historian *n.* istorikas
historic *a .* istorinis
historical *a.* istoriškas
history *n.* istorija
hit *v.t.* smogti
hit *n* smūgis
hitch *n.* sutrukdymas
hither *adv.* šiapus
hitherto *adv.* ligi šiol
hive *n.* avilys
hoarse *a.* užkimęs
hoax *n.* pokštas
hoax *v.t* pokštauti
hobby *n.* hobis
hobby-horse *n.* arkliukas
hockey *n.* žolės riedulys
hoist *v.t.* iškelti
hold *n.* laikymas
hold *v.t* laikyti
hole *n* skylė
hole *v.t* prakiurdyti
holiday *n.* šventadienis
hollow *a.* tuščiaviduris
hollow *n.* uoksas
hollow *v.t* skaptuoti
holocaust *n.* holokaustas
holy *a.* šventas
homage *n.* pagerbimas
home *n.* namai
homicide *n.* nužudymas
homoeopath *n.* homeopatas
homeopathy *n.* homeopatija
homogeneous *a.* homogeninis
honest *a.* sąžiningas
honesty *n.* sąžiningumas
honey *n.* medus
honeycomb *n.* medaus korys

honeymoon *n.* medaus mėnuo
honorarium *n.* honoraras
honorary *a.* garbės
honour *n.* geras vardas
honour *v. t* jausti pagarbą
honourable *a.* garbingas
hood *n.* gobtuvas
hoodwink *v.t.* mulkinti
hoof *n.* kanopa
hook *n.* kablys
hooligan *n.* chuliganas
hoot *n.* šūkavimas
hoot *v.i* šūkauti
hop *v. i* šokinėti
hop *n* šuolis
hope *v.t.* viltis
hope *n* viltis
hopeful *a.* viltingas
hopeless *a.* beviltiškas
horde *n.* minios
horizon *n.* horizontas
horn *n.* ragas
hornet *n.* širšė
horrible *a.* siaubingas
horrify *v.t.* kelti siaubą
horror *n.* pasibaisėjimas
horse *n.* arklys
horticulture *n.* sodininkystė
hose *n.* žarna
hosiery *n.* trikotažas
hospitable *a.* svetingas
hospital *n.* ligoninė
hospitality *n.* svetingumas
host *n.* šeimininkas
hostage *n.* įkaitas
hostel *n.* nakvynės namai
hostile *a.* priešiškas
hostility *n.* priešiškumas
hot *a.* karštas
hotchpotch *n.* mišinys
hotel *n.* viešbutis
hound *n.* skalikas
hour *n.* valanda
house *n* namas
house *v.t* apsigyventi
how *adv.* kaip
however *adv.* vis dėlto
however *conj* tačiau
howl *v.t.* staugti
howl *n* staugimas
hub *n.* stebulė
hubbub *n.* klegesys
huge *a.* milžiniškas
hum *v. i* bimbti
hum *n* bimbimas
human *a.* žmogiškas
humane *a.* humaniškas
humanitarian *a* humanitarinis
humanity *n.* humaniškumas
humanize *v.t.* žmoniškėti
humble *a.* nusižeminęs
humdrum *a.* neįdomus
humid *a.* drėgnas
humidity *n.* drėgnumas
humiliate *v.t.* pažeminti
humiliation *n.* pažeminimas
humility *n.* nuolankumas
humorist *n.* humoristas
humorous *a.* humoristinis
humour *n.* humoras
hunch *n.* kupra
hundred *n.* šimtas
hunger *n* alkis
hungry *a.* alkanas
hunt *v.t.* medžioti
hunt *n* medžioklė
hunter *n.* medžiotojas
huntsman *n.* medžiotojas
hurdle *n.* kliūtis
hurdle *v.t* peršokti
hurl *v.t.* svaidyti
hurrah *interj.* valio
hurricane *n.* uraganas
hurry *v.t.* skubėti

hurry *n* skubotumas
hurt *v.t.* įžeisti
hurt *n* įžeidimas
husband *n* vyras
husbandry *n.* ūkininkavimas
hush *n* tyluma
hush *v.i* nutilti
husk *n.* žievelė
husky *a.* augalotas
hut *n.* lūšnelė
hyaena, hyena *n.* hiena
hybrid *a.* hibridinis
hybrid *n* hibridas
hydrogen *n.* vandenilis
hygiene *n.* higiena
hygienic *a.* higieniškas
hymn *n.* himnas
hyperbole *n.* hiperbolė
hypnotism *n.* hipnotizmas
hypnotize *v.t.* hipnotizuoti
hypocrisy *n.* veidmainystė
hypocrite *n.* veidmainis
hypocritical *a.* veidmainiškas
hypothesis *n.* hipotezė
hypothetical *a.* hipotetinis
hysteria *n.* isterija
hysterical *a.* isterinis

I

I *pron.* aš
ice *n.* ledas
iceberg *n.* ledkalnis
icicle *n.* varveklis
icy *a.* ledinis
idea *n.* idėja
ideal *a.* idealus
ideal *n* idealas
idealism *n.* idealizmas
idealist *n.* idealistas
idealistic *a.* idealistinis
idealize *v.t.* idealizuoti
identical *a.* identiškas
indentification *n.* identifikacija
identify *v.t.* identifikuoti
identity *n.* tapatybė
ideocy *n.* idiotija
idiom *n.* idioma
idiomatic *a.* idiomatinis
idiot *n.* idiotas
idiotic *a.* idiotiškas
idle *a.* dykas
idleness *n.* dykinėjimas
idler *n.* dykinėtojas
idol *n.* dievaitis
idolater *n.* stabmeldys
if *conj.* jei
ignoble *a.* niekingas
ignorance *n.* nemokšiškumas
ignorant *a.* nemokšiškas
ignore *v.t.* ignoruoti
ill *a.* sergantis
ill *adv.* vargu ar
ill *n* bėdos
illegal *a.* nelegalus
illegibility *n.* neįskaitomumas
illegible *a.* neįskaitomas
illegitimate *a.* nesantuokinis
illicit *a.* draudžiamas
illiteracy *n.* neraštingumas
illiterate *a.* beraštis
illness *n.* liga
illogical *a.* nelogiškas
illuminate *v.t.* iliuminuoti
illumination *n.* iliuminacijos
illusion *n.* iliuzija
illustrate *v.t.* iliustruoti
illustration *n.* iliustracija
image *n.* atvaizdas
imagery *n.* vaizdai
imaginary *a.* įsivaizduotas

imagination *n.* vaizduotė
imaginative *a.* lakios vaizduotės
imagine *v.t.* įsivaizduoti
imitate *v.t.* imituoti
imitation *n.* imitacija
imitator *n.* imitatorius
immaterial *a.* nematerialus
immature *a.* nepribrendęs
immaturity *n.* nesubrendimas
immeasurable *a.* neišmatuojamas
immediate *a* neatidėliotinas
immemorial *a.* neatmenamas
immense *a.* bekraštis
immensity *n.* bekraštybė
immerse *v.t.* įmerkti
immersion *n.* įmerkimas
immigrant *n.* imigrantas
immigrate *v.i.* imigruoti
immigration *n.* imigracija
imminent *a.* neišvengiamas
immodest *a.* nekuklus
immodesty *n.* nekuklumas
immoral *a.* amoralus
immorality *n.* amoralumas
immortal *a.* nemirtingas
immortality *n.* nemirtingumas
immortalize *v.t.* įamžinti
immovable *a.* nepajudinamas
immune *a.* imuninis
immunity *n.* imunitetas
immunize *v.t.* imunizuoti
impact *n.* poveikis
impart *v.t.* perduoti
impartial *a.* nešališkas
impartiality *n.* nešališkumas
impassable *a.* nepraeinamas
impasse *n.* aklavietė
impatience *n.* nekantrumas
impatient *a.* nekantrus
impeach *v.t.* apkaltinti
impeachment *n.* apkalta
impede *v.t.* trukdyti
impediment *n.* trukdymas
impenetrable *a.* neįžengiamas
imperative *a.* imperatyvus
imperfect *a.* netobulas
imperfection *n.* netobulumas
imperial *a.* imperinis
imperialism *n.* imperializmas
imperil *v.t.* stumti į pavojų
imperishable *a.* nežūstantis
impersonal *a.* beasmenis
impersonate *v.t.* pamėgdžioti
impersonation *n.* pamėgdžiojimas
impertinence *n.* akiplėšiškumas
impertinent *a.* akiplėšiškas
impetuosity *n.* staigumas
impetuous *a.* staigus
implement *n.* padargai
implement *v.t.* įgyvendinti
implicate *v.t.* implikuoti
implication *n.* implikacija
implicit *a.* implicitinis
implore *v.t.* melsti
imply *v.t.* duoti suprasti
impolite *a.* nemandagus
import *v.t.* importuoti
import *n.* importas
importance *n.* svarbumas
important *a.* svarbus
impose *v.t.* paskirti
imposing *a.* impozantiškas
imposition *n.* įvedimas
impossibility *n.* tai, kas neįmanoma
impossible *a.* neįmanomas
impostor *n.* apsišaukėlis
imposture *n.* apsišaukimas
impotence *n.* impotencija
impotent *a.* impotentiškas
impoverish *v.t.* nuskurdinti

impracticability *n.* nepraktiškumas
impracticable *a.* neįgyvendinamas
impress *v.t.* daryti įspūdį
impression *n.* įspūdis
impressive *a.* įspūdinga
imprint *v.t.* įspausti
imprint *n.* įspaudas
imprison *v.t.* įkalinti
improper *a.* pažeisti etiketą
impropriety *n.* etiketo pažeidimas
improve *v.t.* pagerinti
improvement *n.* pagerinimas
imprudence *n.* neišmintingumas
imprudent *a.* neišmintingas
impulse *n.* impulsas
impulsive *a.* impulsyvus
impunity *n.* nebaudžiamumas
impure *a.* negrynas
impurity *n.* priemaiša
impute *v.t.* primesti
in *prep.* į
inability *n.* negalėjimas
inaccurate *a.* netikslus
inaction *n.* neveiklumas
inactive *a.* neveiklus
inadmissible *a.* neleistinas
inanimate *a.* negyvas
inapplicable *a.* nepritaikomas
inattentive *a.* nedėmesingas
inaudible *a.* negirdimas
inaugural *a.* inauguracinis
inauguration *n.* inauguracija
inauspicious *a.* nepalankus
inborn *a.* prigimtinis
incalculable *a.* nesuskaičiuojamas
incapable *a.* nesugebantis
incapacity *n.* nesugebėjimas
incarnate *a.* įkūnytas
incarnate *v.t.* įkūnyti
incarnation *n.* įkūnijimas
incense *v.t.* įsiutinti
incense *n.* smilkalas
incentive *n.* skatinimas
inception *n.* pradžia
inch *n.* ūgis
incident *n.* incidentas
incidental *a.* šalutinis
incite *v.t.* kurstyti
inclination *n.* nulenkimas
incline *v.i.* nulenkti
include *v.t.* įtraukti
inclusion *n.* įtraukimas
inclusive *a.* įskaitantis
incoherent *a.* nerišlus
income *n.* pajamos
incomparable *a.* nepalyginamas
incompetent *a.* nekompetentingas
incomplete *a .* nepilnas
inconsiderate *a.* nepaisantis
inconvenient *a.* apsunkinantis
incorporate *v.t.* inkorporuoti
incorporate *a.* inkorporacinis
incorporation *n.* inkorporacija
incorrect *a.* nekorektiškas
incorrigible *a.* nepataisomas
incorruptible *a.* nepaperkamas
increase *v.t.* išaugti
increase *n* išaugimas
incredible *a.* neįtikėtinas
increment *n.* padidėjimas
incriminate *v.t.* inkriminuoti
incubate *v.i.* perėti
inculcate *v.t.* įteigti
incumbent *n.* užimantis postą
incumbent *a* asmuo, užimantis postą
incur *v.t.* užsitraukti
incurable *a.* neišgydomas

indebted *a.* įsiskolinęs
indecency *n.* nepadorumas
indecent *a.* nepadorus
indecision *n.* svyravimas
indeed *adv.* iš tikrųjų
indefensible *a.* nepateisinamas
indefinite *a.* neapibrėžtas
indemnity *n.* atlyginimas
independence *n.* Nepriklausomybė
independent *a.* nepriklausomas
indescribable *a.* neapsakomas
index *n.* indeksas
Indian *a.* Indijos
indicate *v.t.* pranašauti
indication *n.* nurodymas
indicative *a.* nurodantis
indicator *n.* indikatorius
indict *v.t.* pareikštis kaltinimus
indictment *n.* kaltinamasis aktas
indifference *n.* indiferentiškumas
indifferent *a.* indiferentiškas
indigenous *a.* tenykštis
indigestible *a.* nevirškinamas
indigestion *n.* nevirškinimas
indignant *a.* pasipiktinęs
indignation *n.* pasipiktinimas
indigo *n.* indigo
indirect *a.* netiesioginis
indiscipline *n.* nedisciplinuotumas
indiscreet *a.* nediskretiškas
indiscretion *n.* netaktas
indiscriminate *a.* beatodairiškas
indispensable *a.* nepakeičiamas
indisposed *a.* negaluojantis
indisputable *a.* neginčijamas
indistinct *a.* neaiškus
individual *a.* individualus
individualism *n.* individualizmas
individuality *n.* individualumas
indivisible *a.* nedalijamas
indolent *a.* ištižęs
indomitable *a.* nesutramdomas
indoor *a.* vidinis
indoors *adv.* viduje
induce *v.t.* sukelti
inducement *n.* paskatinimas
induct *v.t.* indukuoti
induction *n.* indukcija
indulge *v.t.* atsiduoti
indulgence *n.* nuolaidžiavimas
indulgent *a.* nuolaidžiaujantis
industrial *a.* industrinis
industrious *a.* darbingas
industry *n.* pramonė
ineffective *a.* neefektyvus
inert *a.* inertinis
inertia *n.* inercija
inevitable *a.* neišvengiamas
inexact *a.* netikslus
inexorable *a.* nepermaldaujamas
inexpensive *a.* nebrangus
inexperience *n.* nepatyrimas
inexplicable *a.* nepaaiškinamas
infallible *a.* neklaidingas
infamous *a.* liūdnai pagarsėjęs
infamy *n.* prasta reputacija
infancy *n.* ankstyva vaikystė
infant *n.* pradinukas
infanticide *n.* vaikžudystė
infantile *a.* infantilus
infantry *n.* pėstininkai
infatuate *v.t.* aklai įsimylėjęs
infatuation *n.* akla meilė
infect *v.t.* užkrėsti
infection *n.* užkrėtimas
infectious *a.* užkrečiamas
infer *v.t.* daryti išvadą
inference *n.* išvados darymas
inferior *a.* nepilnavertis
inferiority *n.* nepilnavertiškumas
infernal *a.* pragariškas
infinite *a.* begalinis

infinity *n.* begalybė
infirm *a.* sergantieji
infirmity *n.* silpnumas
inflame *v.t.* įsiliepsnoti
inflammable *a.* degus
inflammation *n.* įsiliepsnojimas
inflammatory *a.* uždegiminis
inflation *n.* infliacija
inflexible *a.* nelankstus
inflict *v.t.* įtakoti
influence *n.* poveikis
influence *v.t.* paveikti
influential *a.* įtakingas
influenza *n.* gripas
influx *n.* įtekėjimas
inform *v.t.* informuoti
informal *a.* neformalus
information *n.* informacija
informative *a.* informatyvus
informer *n.* informatorius
infringe *v.t.* pažeisti
infringement *n.* pažeidimas
infuriate *v.t.* įsiutinti
infuse *v.t.* įteikti
infusion *n.* įteigimas
ingrained *a.* įsisenėjęs
ingratitude *n.* nedėkingumas
ingredient *n.* ingredientas
inhabit *v.t.* apgyventi
inhabitable *a.* gyvenamas
inhabitant *n.* gyventojas
inhale *v.i.* įkvėpti
inherent *a.* būdingas
inherit *v.t.* paveldėti
inheritance *n.* paveldėjimas
inhibit *v.t.* slopinti
inhibition *n.* slopinimas
inhospitable *a.* nesvetingas
inhuman *a.* nežmoniškas
inimical *a.* priešiškas
inimitable *a.* nepakartojamas
initial *a.* pirminis
initial *n.* inicialai
initial *v.t* padėti inicialus
initiate *v.t.* rodyti iniciatyvą
initiative *n.* iniciatyva
inject *v.t.* įšvirkšti
injection *n.* injekcija
injudicious *a.* neapgalvotas
injunction *n.* uždraudimas
injure *v.t.* sužaloti
injurious *a.* žalingas
injury *n.* sužalojimas
injustice *n.* neteisybė
ink *n.* tušas
inkling *n.* neaiški užuomina
inland *a.* vidaus
inland *adv.* krašto gilumoje
in-laws *n.* žmonos/vyro giminės
inmate *n.* kalinys
inmost *a.* giliausias
inn *n.* svečių namai
innate *a.* įgimtas
inner *a.* vidinis
innermost *a.* tolimiausiais
innings *n.* padavimas
innocence *n.* nekaltumas
innocent *a.* nekaltas
innovate *v.t.* atnaujinti
innovation *n.* inovacija
innovator *n.* novatorius
innumerable *a.* nesuskaitomas
inoculate *v.t.* inokuliuoti
inoculation *n.* inokuliavimas
inoperative *a.* negaliojantis
inopportune *a.* nesavalaikis
input *n.* įvestis
inquest *n.* apklausa
inquire *v.t.* ištirti
inquiry *n.* tyrimas
inquisition *n.* tardymas
inquisitive *a.* smalsus
insane *a.* psichiškai nesveikas
insanity *n.* silpnaprotystė

insatiable *a.* nepasotinamas
inscribe *v.t.* įrašyti
inscription *n.* įrašas
insect *n.* vabzdys
insecticide *n.* insekticidas
insecure *a.* nesaugus
insecurity *n.* nesaugumas
insensibility *n.* nejautra
insensible *a.* nejautrus
inseparable *a.* neatskiriamas
insert *v.t.* įterpti
insertion *n.* įterpimas
inside *n.* vidus
inside *prep.* viduje
inside *a* vidinis
inside *adv.* vidaus
insight *n.* įžvalgumas
insignificance *n.* nereikšmingumas
insignificant *a.* nereikšmingas
insincere *a.* nenuoširdus
insincerity *n.* nenuoširdumas
insinuate *v.t.* įsiteikti
insinuation *n.* įsiteikimas
insipid *a.* beskonis
insipidity *n.* neskoningumas
insist *v.t.* primygtinai reikalauti
insistence *n.* primygtinis reikalavimas
insistent *a.* primygtinis
insolence *n.* akiplėšiškumas
insolent *a.* akiplėšiškas
insoluble *n.* neišsprendžiamas
insolvency *n.* nemokumas
insolvent *a.* nemokus
inspect *v.t.* inspektuoti
inspection *n.* inspekcija
inspector *n.* inspekcija
inspiration *n.* įkvėpimas
inspire *v.t.* įkvėpti
instability *n.* nestabilumas
install *v.t.* nestabilus
installation *n.* instaliacija
instalment *n.* įmoka
instance *n.* instancija
instant *n.* akimirksnis
instant *a.* neatidėliojamas
instantaneous *a.* akimirksnio
instantly *adv.* akimirksniu
instigate *v.t.* išprovokuoti
instigation *n.* raginimas
instil *v.t.* įlašinti
instinct *n.* instinktas
instinctive *a.* instinktyvus
institute *n.* institutas
institution *n.* institucija
instruct *v.t.* apmokyti
instruction *n.* apmokymas
instructor *n.* instruktorius
instrument *n.* instrumentas
instrumental *a.* instrumentinis
instrumentalist *n.* instrumentalistas
insubordinate *a.* nepaklusnus
insubordination *n.* nepaklusnumas
insufficient *a.* nepakankamas
insular *a.* salos
insularity *n.* uždarumas
insulate *v.t.* izoliuoti
insulation *n.* izoliacija
insulator *n.* izoliatorius
insult *n.* įžeidimas
insult *v.t.* įžeisti
insupportable *a.* nepakeliamas
insurance *n.* apdraudimas
insure *v.t.* apdrausti
insurgent *a.* sukilęs
insurgent *n.* sukilėlis
insurmountable *a.* neįveikiamas
insurrection *n.* sukilimas
intact *a.* nepaliestas
intangible *a.* neapčiuopiamas
integral *a.* integralinis

integrity *n.* integralumas
intellect *n.* intelektas
intellectual *a.* intelektualus
intellectual *n.* intelektualas
intelligence *n.* intelektualumas
intelligent *a.* sumanus
intelligentsia *n.* inteligentija
intelligible *a.* suprantamas
intend *v.t.* ketinti
intense *a.* intensyvus
intensify *v.t.* intensyvėti
intensity *n.* intensyvumas
intensive *a.* intensyvus
intent *n.* ketinimas
intent *a.* įnikęs
intention *n.* intencija
intentional *a.* tyčinis
intercept *v.t.* perimti
interception *n.* perėmimas
interchange *n.* apsikeitimas
interchange *v.* apsikeisti
intercourse *n.* santykiai
interdependence *n.* tarpusavio sąsaja
interdependent *a.* tarpusavyje susiję
interest *n.* interesas
interested *a.* susidomėjęs
interesting *a.* įdomus
interfere *v.i.* įsikišti
interference *n.* įsikišimas
interim *n.* laiko tarpas
interior *a.* interjerinis
interior *n.* interjeras
interjection *n.* įsiterpimas
interlock *v.t.* sunerti
interlude *n.* interliudija
intermediary *n.* tarpininkas
intermediate *a.* tarpinis
interminable *a.* nepabaigiamas
intermingle *v.t.* susimaišyti
intern *v.t.* internuoti
internal *a.* vidaus
international *a.* internacionalinis
interplay *n.* sąveika
interpret *v.t.* interpretuoti
interpreter *n.* interpretatorius
interrogate *v.t.* kvosti
interrogation *n.* kvotimas
interrogative *a.* klausiamas
interrogative *n* klausiamasis
interrupt *v.t.* įsiterpti
interruption *n.* nutraukimas
intersect *v.t.* susikirsti
intersection *n.* susikirtimas
interval *n.* intervalas
intervene *v.i.* įsikišti
intervention *n.* įsikišimas
interview *n.* interviu
interview *v.t.* imti interviu
intestinal *a.* žarninis
intestine *n.* žarnynas
intimacy *n.* intymumas
intimate *a.* intymus
intimate *v.t.* užsiminti
intimation *n.* užuomina
intimidate *v.t.* įbauginti
intimidation *n.* įbauginimas
into *prep.* į
intolerable *a.* nepakenčiamas
intolerance *n.* netolerantiškumas
intolerant *a.* netolerantiškas
intoxicant *n.* svaigalas
intoxicate *v.t.* svaigintis
intoxication *n.* svaiginimasis
intransitive *a. (verb)* negalininkinis
interpid *a.* bebaimis
intrepidity *n.* bebaimiškumas
intricate *a.* painus
intrigue *v.t.* intriguoti
intrigue *n* intriga
intrinsic *a.* būdingas
introduce *v.t.* supažindinti

introduction *n.* supažindinimas
introductory *a.* įžanginis
introspect *v.i.* stebėti save
introspection *n.* savistaba
intrude *v.t.* įsibrauti
intrusion *n.* įsibrovimas
intuition *n.* intuicija
intuitive *a.* intuityvus
invade *v.t.* užplūsti
invalid *a.* neįgalus
invalid *a.* invalidas
invalid *n* neįgalusis
invalidate *v.t.* pripažinti negaliojančiu
invaluable *a.* neįvertinamas
invasion *n.* invazija
invective *n.* keiksmai
invent *v.t.* išrasti
invention *n.* išradimas
inventive *a.* išradingas
inventor *n.* išradėjas
invert *v.t.* apversti
invest *v.t.* investuoti
investigate *v.t.* ištyrinėti
investigation *n.* tyrinėjimas
investment *n.* investavimas
invigilate *v.t.* stebėti
invigilation *n.* stebėjimas
invigilator *n.* stebėtojas
invincible *a.* nenugalimas
inviolable *a.* nesulaužomas
invisible *a.* nematomas
invitation *v.* pakvietimas
invite *v.t.* pakviesti
invocation *n.* meldimas
invoice *n.* sąskaita faktūra
invoke *v.t.* prisišaukti
involve *v.t.* įsipainioti
inward *a.* vidinis
inwards *adv.* vidun
irate *a.* įtūžęs
ire *n.* įtūžis
Irish *a.* airiškas
Irish *n.* airių kalba
irksome *a.* varginantis
iron *n.* geležis
iron *v.t.* lyginti
ironical *a.* ironiškas
irony *n.* ironija
irradiate *v.i.* švitinti
irrational *a.* neracionalus
irreconcilable *a.* nesutaikomas
irrecoverable *a.* nepataisomas
irrefutable *a.* nepaneigiamas
irregular *a.* nereguliarus
irregularity *n.* nereguliarumas
irrelevant *a.* nerelevantiškas
irrespective *a.* nepriklausomas
irresponsible *a.* nepakaltinamas
irrigate *v.t.* drėkinimas
irrigation *n.* drėkinimas
irritable *a.* dirglus
irritant *a.* dirginantis
irritant *n.* dirgiklis
irritate *v.t.* dirginti
irritation *n.* sudirginimas
irruption *n.* susierzinimas
island *n.* sala
isle *n.* salelė
isobar *n.* izobarė
isolate *v.t.* izoliuoti
isolation *n.* izoliacija
issue *v.i.* išleisti
issue *n.* laida
it *pron.* tai
Italian *a.* italų
Italian *n.* italų kalba
italic *a.* pasviras
italics *n.* kursyvas
itch *n.* niežėjimas
itch *v.i.* niežėti
item *n.* daiktas
ivory *n.* dramblio kaulas
ivy *n* gebenė

J

jab *v.t.* spūstelėti
jabber *v.t.* pliaukšti
jack *n.* kėliklis
jack *v.t.* pakelti kėlikliu
jackal *n.* šakalas
jacket *n.* švarkas
jade *n.* žalsva spalva
jail *n.* kalėjimas
jailer *n.* kalėjimo prižiūrėtojas
jam *n.* grūstis
jam *v.t.* grūstis
jar *n.* alaus bokalas
jargon *n.* žargonas
jasmine, jessamine *n.* jazminas
jaundice *n.* gelta
jaundice *v.t.* susirgti gelta
javelin *n.* ietis
jaw *n.* žandas
jay *n.* kėkštas
jealous *a.* pavydus
jealousy *n.* pavydas
jean *n.* džinsas
jeer *v.i.* šaipytis
jelly *n.* želė
jeopardize *v.t.* statyti į pavojų
jeopardy *n.* pavojus
jerk *n.* bukagalvis
jerkin *n.* švarkelis
jerky *a.* trūkčiojantis
jersey *n.* džersis
jest *n.* pokštas
jest *v.i.* pokštauti
jet *n.* čiurkšlė
Jew *n.* žydas
jewel *n.* brangakmenis
jewel *v.t.* puošti brangakmeniais
jeweller *n.* juvelyras
jewellery *n.* juvelyriniai dirbiniai
jingle *n.* žvangėjimas
jingle *v.i.* žvangėti
job *n.* darbas
jobber *n.* makleris
jobbery *n.* dirbantis darbą pagal vienetinį apmokėjimą
jocular *a.* juokaujamas
jog *v.t.* bėgioti
join *v.t.* prisijungti
joiner *n.* stalius
joint *n.* suktinukė
jointly *adv.* išvien
joke *n.* juokelis
joke *v.i.* juokauti
joker *n.* juokdarys
jollity *n.* linksmybės
jolly *a.* įkaušęs
jolt *n.* sukrėtimas
jolt *v.t.* sukrėsti
jostle *n.* stumdymasis
jostle *v.t.* stumdytis
jot *n.* brūkštelėjimas
jot *v.t.* brūkštelėti
journal *n.* žurnalas
journalism *n.* žurnalistika
journalist *n.* žurnalistas
journey *n.* kelionė
journey *v.i.* keliauti
jovial *a.* linksmas
joviality *n.* linksmumas
joy *n.* džiaugsmas
joyful, joyous *n.* džiaugsmingas
jubilant *a.* džiūgaujantis
jubilation *n.* džiūgavimas
jubilee *n.* jubiliejus
judge *n.* teisėjas
judge *v.i.* teisti
judgement *n.* nuosprendis
judicature *n.* teisėjai
judicial *a.* teisėjų
judiciary *n.* teisminė valdžia
judicious *a.* sveiko proto

jug *n.* ąsotis
juggle *v.t.* žongliruoti
juggler *n.* žonglierius
juice *n* sultys
juicy *a.* sultingas
jumble *n.* sendaikčiai
jumble *v.t.* sumaišyti
jump *n.* šuolis
jump *v.i* šokinėti
junction *n.* sujungimas
juncture *n.* konjunktūra
jungle *n.* džiunglės
junior *a.* jaunesnis
junior *n.* jaunesnysis
junk *n.* šlamštas
jupiter *n.* Jupiteris
jurisdiction *n.* jurisdikcija
jurisprudence *n.* jurisprudencija
jurist *n.* teisininkas
juror *n.* prisiekusysis
jury *n.* žiuri
juryman *n.* žiuri narys
just *a.* pelnytas
just *adv.* tik
justice *n.* teisingumas
justifiable *a.* pateisinamas
justification *n.* pateisinimas
justify *v.t.* pateisinti
justly *adv.* teisėtai
jute *n.* džiutas
juvenile *a.* jaunuoliškas

K

keen *a.* labai trokštantis
keenness *n.* įkarštis
keep *v.t.* išsaugoti
keeper *n.* vartininkas
keepsake *n.* atminimo dovana
kennel *n.* būda
kerchief *n.* skepetaitė
kernel *n.* branduolys
kerosene *n.* žibalas
ketchup *n.* kečupas
kettle *n.* virdulys
key *n.* raktas
key *v.t* priderinti
kick *n.* spyris
kick *v.t.* spirti
kid *n.* vaikas
kidnap *v.t.* pagrobti
kidney *n.* inkstas
kill *v.t.* nužudyti
kill *n.* laimikis
kiln *n.* degimo krosnis
kin *n.* giminaičiai
kind *n.* rūšis
kind *a* mielas
kindergarten *n.* vaikų darželis
kindle *v.t.* pakurti
kindly *adv.* maloniai
king *n.* karalius
kingdom *n.* karalystė
kinship *n.* giminystė
kiss *n.* bučinys
kiss *v.t.* bučiuoti
kit *n.* rinkinys
kitchen *n.* virtuvė
kite *n.* aitvaras
kith *n.* pažįstami
kitten *n.* kačiukas
knave *n.* valetas
knavery *v.t* minkyti
knee *n.* kelis
kneel *v.i.* klauptis
knife *n.* peilis
knight *n.* riteris
knight *v.t.* suteikti riterio vardą
knit *v.t.* megzti
knock *v.t.* belsti
knot *n.* mazgas

knot *v.t.* užmegzti
know *v.t.* žinoti
knowledge *n.* žinojimas

L

label *n.* etiketė
label *v.t.* klijuoti etiketę
labial *a.* lūpinis
laboratory *n.* laboratorija
laborious *a.* iškamuotas
labour *n.* triūsas
labour *v.i.* triūsti
laboured *a.* kruopščiai paruoštas
labourer *n.* juodadarbis
labyrinth *n.* labirintas
lac, lakh *n* šimtas tūkstančių
lace *n.* nėriniai
lace *v.t.* suvarstyti
lacerate *v.t.* draskyti
lachrymose *a.* verksmingas
lack *n.* stoka
lack *v.t.* stokoti
lackey *n.* liokajus
lacklustre *a.* blausus
laconic *a.* lakoniškas
lactate *v.i.* išskirti pieno
lactometer *n.* laktometras
lactose *n.* laktozė
lacuna *n.* spraga
lacy *a.* nėriniuotas
lad *n.* vyrukas
ladder *n.* nubėgusi akis
lade *v.t.* krauti
ladle *n.* samtis
ladle *v.t.* semti
lady *n.* ledi
lag *v.i.* atsilikti
laggard *n.* atsilikėlis
lagoon *n.* lagūna
lair *n.* irštva
lake *n.* ežeras
lama *n.* lama
lamb *n.* ėriukas
lambaste *v.t.* vanoti
lame *a.* luošas
lame *v.t.* luošinti
lament *v.i.* dejuoti
lament *n* dejonė
lamentable *a.* apgailėtinas
lamentation *n.* raudojimas
lambkin *n.* ėriukėlis
laminate *v.t.* laminuoti
lamp *n.* lempa
lampoon *n.* išjuoka
lampoon *v.t.* išjuokti
lance *n.* ietis
lance *v.t.* pjauti
lancer *n.* ietininkas
lancet *a.* lancetas
land *n.* šalis
land *v.i.* išlaipinti
landing *n.* nutūpimas
landscape *n.* kraštovaizdis
lane *n.* vieškelis
language *n.* kalba
languish *v.i.* kamuotis
lank *a.* ilgi ir tiesūs
lantern *n.* liktarna
lap *n.* etapas
lapse *v.i.* įpulti
lapse *n* liapsusas
lard *n.* lašiniai
large *a.* didelis
largesse *n.* dosnumas
lark *n.* vieversys
lascivious *a.* gašlus
lash *v.t.* botaguoti
lash *n* botagas
lass *n.* mieloji
last *a.* paskutinis

last *adv.* paskiausiai
last *v.i.* tęstis
last *n* kurpalis
lastly *adv.* galiausiai
lasting *a.* patvarus
latch *n.* skląstis
late *a.* vėlus
late *adv.* vėlai
lately *adv.* pastaruoju metu
latent *a.* latentinis
lath *n.* lentjuostė
lathe *n.* tekinimo staklės
lather *n.* putos
latitude *n.* platuma
latrine *n.* išvietė
latter *a.* pastarasis
lattice *n.* tinklelis
laud *v.t.* šlovinti
laud *n* gyrimas
laudable *a.* pagirtinas
laugh *n.* juokas
laugh *v.i* juoktis
laughable *a.* juokingas
laughter *n.* kvatojimas
launch *v.t.* paleisti
launch *n.* paleidimas
launder *v.t.* skalbti
laundress *n.* skalbykla
laundry *n.* skalbiniai
laurel *n.* laurai
laureate *a.* laureatinis
laureate *n* laureatas
lava *n.* lava
lavatory *n.* išvietė
lavender *n.* levanda
lavish *a.* dosnus
lavish *v.t.* būti dosniam
law *n.* įstatymas
lawful *a.* teisėtas
lawless *a.* neteisėtas
lawn *n.* veja
lawyer *n.* teisininkas
lax *a.* atsainus
laxative *n.* laisvinamieji
laxative *a* laisvinantis
laxity *n.* atsainumas
lay *v.t.* guldyti
lay *a.* pasaulietinis
lay *n* padėtis
layer *n.* sluoksnis
layman *n.* pasaulietis
laze *v.i.* tinginiauti
laziness *n.* tinginiavimas
lazy *a.* tingus
lea *n.* pieva
leach *v.t.* pašalinti šarmus
lead *n.* vadovavimas
lead *v.t.* vadovauti
lead *n.* švinas
leaden *a.* švininis
leader *n.* lyderis
leadership *n.* lyderiavimas
leaf *n.* lapas
leaflet *n.* lapelis
leafy *a.* lapuotas
league *n.* lyga
leak *n.* nutekėjimas
leak *v.i.* nutekėti
leakage *n.* nuotėkis
lean *n.* liesumas
lean *v.i.* atsišlieti
leap *v.i.* pašokti
leap *n* pašokimas
learn *v.i.* mokytis
learned *a.* mokytas
learner *n.* mokinys
learning *n.* mokymasis
lease *n.* išnuomojimas
lease *v.t.* išsinuomoti
least *a.* mažiausias
least *adv.* mažiausiai
leather *n.* oda
leave *n.* leidimas
leave *v.t.* išvykti

lecture *n.* paskaita
lecture *v* dėstyti
lecturer *n.* lektorius
ledger *n.* sąskaitų knyga
lee *n.* užuovėja
leech *n.* siurbėlė
leek *n.* poras
left *a.* kairysis
left *n.* kairė
leftist *n* kairysis
leg *n.* koja
legacy *n.* palikimas
legal *a.* legalus
legality *n.* legalumas
legalize *v.t.* legalizuoti
legend *n.* legenda
legendary *a.* legendinis
leghorn *n.* įskaitomumas
legible *a.* įskaitomas
legibly *adv.* įskaitomai
legion *n.* legionas
legionary *n.* legionierius
legislate *v.i.* leisti įstatymą
legislation *n.* įstatymų leidimas
legislative *a.* įstatyminis
legislator *n.* įstatymų leidėjas
legislature *n.* įstatymų leidžiamasis organas
legitimacy *n.* teisėtumas
legitimate *a.* įstatyminis
leisure *n.* laisvalaikis
leisure *a* laisvalaikio
leisurely *a.* neskubus
leisurely *adv.* neskubant
lemon *n.* citrina
lemonade *n.* limonadas
lend *v.t.* paskolinti
length *n.* ilgis
lengthen *v.t.* pailgėti
lengthy *a.* užsitęsęs
lenience, leniency *n.* atlaidumas
lenient *a.* atlaidus
lens *n.* lęšis
lentil *n.* lęšis
Leo *n.* Liūtas
leonine *a* liūtiškas
leopard *n.* leopardas
leper *n.* raupsuotasis
leprosy *n.* raupsai
leprous *a.* raupsuotas
less *a.* mažesnis
less *n* mažesnysis
less *adv.* mažiau
less *prep.* atėmus
lessee *n.* nuomininkas
lessen *v.t* sumažinti
lesser *a.* mažesnis
lesson *n.* pamoka
lest *conj.* kad...
let *v.t.* leisti
lethal *a.* letalinis
lethargic *a.* letarginis
lethargy *n.* letargija
letter *n* raidė
level *n.* lygis
level *a* lygus
level *v.t.* išlyginti
lever *n.* svirtis
lever *v.t.* pakelti svertu
leverage *n.* svirties veikimas
levity *n.* vėjavaikiškumas
levy *v.t.* apmokestinti
levy *n.* apmokestinimas
lewd *a.* nešvankus
lexicography *n.* leksikografija
lexicon *n.* leksikonas
liability *n.* įsiskolinimai
liable *a.* galimas
liaison *n.* sąveika
liar *n.* melagis
libel *n.* šmeižtas
libel *v.t.* apšmeižti
liberal *a.* liberalus
liberalism *n.* liberalizmas

liberality *n.* liberališkumas
liberate *v.t.* išvaduoti
liberation *n.* išsivadavimas
liberator *n.* išvaduotojas
libertine *n.* palaidūnas
liberty *n.* laisvė
librarian *n.* bibliotekininkas
library *n.* biblioteka
licence *n.* licencija
license *v.t.* licenzijuoti
licensee *n.* licenzijatas
licentious *a.* pasileidęs
lick *v.t.* laižyti
lick *n* laižymas
lid *n.* dangtis
lie *v.i.* gulėti
lie *v.i* meluoti
lie *n* melas
lien *n.* turto areštas
lieu *n.* vietoj to
lieutenant *n.* leitenantas
life *n* gyvenimas
lifeless *a.* bedvasis
lifelong *a.* iki gyvos galvos
lift *n.* liftas
lift *v.t.* pakelti
light *n.* šviesa
light *a* šviesus
light *v.t.* šviesti
lighten *v.i.* šviesėti
lighter *n.* žiebtuvėlis
lightly *adv.* lengvai
lightening *n.* pašviesėjimas
lignite *n.* rausvosios anglys
like *a.* vienodas
like *n.* kas nors panašaus
like *v.t.* patikti
like *prep* kaip
likelihood *n.* tikėtinumas
likely *a.* tikėtinas
liken *v.t.* palyginti
likeness *n.* panašumas
likewise *adv.* panašiai
liking *n.* pomėgis
lilac *n.* alyva
lily *n.* lelija
limb *n.* galūnė
limber *v.t.* lankstėti
limber *n* lankstumas
lime *n.* kalkės
lime *v.t* kalkinti
lime *n.* liepa
limelight *n.* rampos šviesa
limit *n.* limitas
limit *v.t.* limituoti
limitation *n.* apribojimas
limited *a.* ribotas
limitless *a.* beribis
line *n.* linija
line *v.t.* pamušti
line *v.t.* iškloti
lineage *n.* kilmės linija
linen *n.* lininis audinys
linger *v.i.* užtrukti
lingo *n.* svetima kalba
lingua franca *n.* kalbos mišinys
lingual *a.* liežuvinis
linguist *n.* kalbininkas
linguistic *a.* kalbinis
linguistics *n.* kalbotyra
lining *n* pamušalas
link *n.* saitas
link *v.t* susieti
linseed *n.* sėmenys
lintel *n.* sąrama
lion *n* liūtas
lioness *n.* liūtė
lip *n.* lūpa
liquefy *v.t.* skystėti
liquid *a.* skystas
liquid *n* skystis
liquidate *v.t.* likviduoti
liquidation *n.* likvidacija
liquor *n.* alkoholinis gėrimas

lisp *v.t.* švepluoti
lisp *n* šveplavimas
list *n.* sąrašas
list *v.t.* sudaryti sąrašą
listen *v.i.* klausyti
listener *n.* klausytojas
listless *a.* abejingas
lists *n.* sąrašai
literacy *n.* raštingumas
literal *a.* raidinis
literary *a.* literatūrinis
literate *a.* raštingas
literature *n.* literatūra
litigant *n.* bylininkas
litigate *v.t.* bylinėtis
litigation *n.* bylinėjimasis
litre *n.* litras
litter *n.* šiukšlės
litter *v.t.* šiukšlinti
litterateur *n.* literatas
little *a.* mažas
little *adv.* mažai
little *n.* truputis
littoral *a.* pakrantės
liturgical *a.* liturginis
live *v.i.* gyventi
live *a.* gyvas
livelihood *n.* pragyvenimas
lively *a.* gyvybingas
liver *n.* kepenys
livery *n.* livrėja
living *a.* gyvenamasis
living *n* pragyvenimas
lizard *n.* driežas
load *n.* krovimas
load *v.t.* krauti
loadstar *n.* Šiaurinė žvaigždė
loadstone *n.* magnetas
loaf *n.* kepalas
loaf *v.i.* bastytis
loafer *n.* bastūnas
loan *n.* paskola
loan *v.t.* imti paskolą
loath *a.* nelinkęs
loathe *v.t.* pasibjaurėti
loathsome *a.* pasibjaurėtinas
lobby *n.* kuluarai
lobe *n.* spenelis
lobster *n.* omaras
local *a.* vietinis
locale *n.* vieta
locality *n.* vietovė
localize *v.t.* lokalizuoti
locate *v.t.* nustatyti padėtį
location *n.* lokacija
lock *n.* užraktas
lock *v.t* užsirakinti
lock *n* garbana
locker *n.* užrakinama spintelė
locket *n.* medalionas
locomotive *n.* lokomotyvas
locus *n.* padėtis
locust *n.* skėrys
locution *n.* posakis
lodge *n.* namelis
lodge *v.t.* priglausti
lodging *n.* buveinė
loft *n.* palėpė
lofty *a.* išdidus
log *n.* rąstas
logarithim *n.* logaritmas
loggerhead *n.* bukaglvis
logic *n.* logika
logical *a.* loginis
logician *n.* logikas
loin *n.* juosmuo
loiter *v.i.* slampinėti
loll *v.i.* drybsoti
lollipop *n.* ledinukas
lone *a.* vienišas
loneliness *n.* vienatvė
lonely *a.* vienišas
lonesome *a.* vienišas
long *a.* ilgas

long *adv* ilgai
long *v.i* ilgėtis
longevity *n.* ilgaamžiškumas
longing *n.* ilgėjimasis
longitude *n.* ilguma
look *v.i* pažiūrėti
look *n* pažiūrėjimas
loom *n* staklės
loom *v.i.* dunksoti
loop *n.* kilpa
loop-hole *n.* šáudymo plyšys
loose *a.* palaidas
loose *v.t.* paleisti
loosen *v.t.* atsirišti
loot *n.* grobis
loot *v.i.* grobti
lop *v.t.* genėti
lop *n.* šakelės
lord *n.* lordas
lordly *a.* poniškas
lordship *n.* viešpatavimas
lore *n.* tradicinė išmintis
lorry *n.* sunkvežimis
lose *v.t.* prarasti
loss *n.* praradimas
lot *n.* daugybė
lot *adv.* žymiai
lotion *n.* losjonas
lottery *n.* loterija
lotus *n.* lotosas
loud *a.* garsus
lounge *v.i.* drybsoti
lounge *n.* poilsio kambarys
louse *n.* utėlė
lovable *a.* mielas
love *n* meilė
love *v.t.* mylėti
lovely *a.* meilus
lover *n.* meilužis
loving *a.* mylintis
low *a.* žemas
low *adv.* žemai
low *v.i.* mykti
low *n.* mykimas
lower *v.t.* nuleisti
lowliness *n.* nusižeminimas
lowly *a.* kuklus
loyal *a.* lojalus
loyalist *n.* lojalistas
loyalty *n.* lojalumas
lubricant *n.* lubrikantas
lubricate *v.t.* tepalinis
lubrication *n.* tepimas
lucent *a.* permatomas
lucerne *n.* liucerna
lucid *a.* šviesus
lucidity *n.* šviesumas
luck *n.* laimė
luckily *adv.* laimei
luckless *a.* nelaimingas
lucky *a.* laimingas
lucrative *a.* pelningas
lucre *n.* laimėjimas
luggage *n.* bagažas
lukewarm *a.* drungnas
lull *v.t.* užliūliuoti
lull *n.* užliūliavimas
lullaby *n.* lopšinė
luminary *n.* šviesulys
luminous *a.* švytintis
lump *n.* gumulas
lump *v.t.* daryti gumulus
lunacy *n.* beprotybė
lunar *a.* mėnuliškas
lunatic *n.* beprotis
lunatic *a.* beprotiškas
lunch *n.* priešpiečiai
lunch *v.i.* priešpiečiauti
lung *n* plautis
lunge *n.* įtūpstas
lunge *v.i* daryti įtūpstą
lurch *n.* truktelėjimas
lurch *v.i.* truktelėti
lure *n.* vilionė

lure *v.t.* vilioti
lurk *v.i.* slėptis
luscious *a.* patraukli
lush *a.* vešlus
lust *n.* geismas
lustful *a.* geismingas
lustre *n.* sietynas
lustrous *a.* žvilgantis
lusty *a.* sveikatingas
lute *n.* liutnia
luxuriance *n.* prabanga
luxuriant *a.* prabangus
luxurious *a.* prašmatnus
luxury *n.* prabanga
lynch *v.t.* linčiuoti
lyre *n.* lyra
lyric *a.* lyrinis
lyric *n.* lyrika
lyrical *a.* lyriškas
lyricist *n.* lyrikas

M

magical *a.* magiškas
magician *n.* magas
magisterial *a.* įsakmus
magistracy *n.* magistratūra
magistrate *n.* magistratas
magnanimity *n.* didžiadvasiškumas
magnanimous *a.* didžiadvasiškas
magnate *n.* magnatas
magnet *n.* magnetas
magnetic *a.* magnetinis
magnetism *n.* magnetizmas
magnificent *a.* didingas
magnify *v.t.* didinti
magnitude *n.* didumas
magpie *n.* šarka
mahogany *n.* raudonmedis
mahout *n.* dramblių varovas
maid *n.* kambarinė
maiden *n.* tarnaitė
maiden *a* mergiškas
mail *n.* paštas
mail *v.t.* pasiųsti paštu
mail *n* korespondencija
main *a* pagrindinis
main *n* maitinimo tinklas
mainly *adv.* svarbiausia
mainstay *n.* pagrindinis ramstis
maintain *v.t.* paremti
maintenance *n.* parama
maize *n.* kukurūzai
majestic *a.* didingas
majesty *n.* didenybė
major *a.* pagrindinis
major *n* majoras
majority *n.* dauguma
make *v.t.* gaminti
make *n* gaminys
maker *n.* gamintojas
mal adjustment *n.* neprisitaikymas
mal administration *n.* nekompetentingas valdymas
malady *n.* negerovė
malaria *n.* maliarija
maladroit *a.* vangus
malafide *a.* nesąžiningas
malafide *adv* nesąžiningai
malaise *n.* nerimas
malcontent *a.* nepatenkintas
malcontent *n* nepatenkintas žmogus
male *a.* vyriškis
male *n* vyriškas
malediction *n.* prakeikimas
malefactor *n.* piktadarys
maleficent *a.* piktadariškas
malice *n.* pagieža

malicious *a.* pagiežingas
malign *v.t.* šmeižti
malign *a* piktybinis
malignancy *n.* pagiežingumas
malignant *a.* pagiežingas
malignity *n.* piktumas
malleable *a.* lengvai formuojamas
malmsey *n.* malvasija
malnutrition *n.* prasta mityba
malpractice *n.* aplaidus darbas
malt *n.* salyklas
mal-treatment *n.* blogas elgesys
mamma *n.* mama
mammal *n.* žinduolis
mammary *a.* krūtų
mammon *n.* mamona
mammoth *n.* mamutas
mammoth *a* mamutiškas
man *n.* žmogus
man *v.t.* užimti pozicijas
manage *v.t.* valdyti
manageable *a.* valdomas
management *n.* valdymas
manager *n.* valdytojas
managerial *a.* valdytojo
mandate *n.* mandatas
mandatory *a.* imperatyvinis
mane *n.* kartis
manes *n.* karčiai
manful *a.* vyriškai
manganese *n.* manganas
manger *n.* ėdžios
mangle *v.t.* iškraipyti prasmę
mango *n* mangas
manhandle *v.t.* šiurkčiai elgtis
manhole *n.* landa
manhood *n.* vyrystė
mania *n* manija
maniac *n.* maniakas
manicure *n.* manikiūras
manifest *a.* akivaizdus
manifest *v.t.* akivaizdžiai parodyti
manifestation *n.* manifestacija
manifesto *n.* manifestas
manifold *a.* daugiaplanis
manipulate *v.t.* manipuliuoti
manipulation *n.* manipuliacija
mankind *n.* žmonija
manlike *a.* panašus į vyrą
manliness *n* vyriškumas
manly *a.* vyriškas
manna *n.* mana
mannequin *n.* manekenas
manner *n.* maniera
mannerism *n.* manieringumas
mannerly *a.* manieringas
manoeuvre *n.* manevras
manoeuvre *v.i.* manevruoti
manor *n.* rajonas
manorial *a.* dvaras
mansion *n.* rūmai
mantel *n.* apsiaustas
mantle *n* skraistė
mantle *v.t* apsiausti
manual *a.* rankinis
manual *n* vadovėlis
manufacture *v.t.* gaminti
manufacture *n* gamyba
manufacturer *n* gamintojas
manumission *n.* išlaisvinimas
manumit *v.t.* iškaisvinti
manure *n.* mėšlas
manure *v.t.* tręšti mėšlu
manuscript *n.* rankraštis
many *a.* daugelis
map *n* žemėlapis
map *v.t.* pažymėti žemėlapyje
mar *v.t.* sudarkyti
marathon *n.* maratonas
maraud *v.i.* marodieriauti
marauder *n.* marodierius
marble *n.* marmuras

march *n* maršas
march *n.* žygis
march *v.i* žygiuoti
mare *n.* kumelė
margarine *n.* margarinas
margin *n.* paraštė
marginal *a.* paraštinis
marigold *n.* serentis
marine *a.* jūrinis
mariner *n.* jūrininkas
marionette *n.* marionetė
marital *a.* santuokinis
maritime *a.* laivybos
mark *n.* markė
mark *v.t* ženklinti
marker *n.* žymeklis
market *n* prekyvietė
market *v.t* prekiauti
marketable *a.* prekinis
marksman *n.* snaiperis
marl *n.* mergelis
marmalade *n.* marmeladas
maroon *n.* kaštoninė spalva
maroon *a* kaštoninis
maroon *v.t* būti paliktam keblioje padėtyje
marriage *n.* santuoka
marriageable *a.* santuokinto amžiaus
marry *v.t.* susituokti
Mars *n* Marsas
marsh *n.* pelkė
marshal *n* maršalas
marshal *v.t* surikiuoti
marshy *a.* pelkėtas
marsupial *n.* sterblinis gyvūnas
mart *n.* turgus
marten *n.* kiaunė
martial *a.* karinis
martinet *n.* griežtos disciplinos šalininkas
martyr *n.* kankinys
martyrdom *n.* kančia
marvel *n.* stebuklas
marvel *v.i* stebėtis
marvellous *a.* stebuklingas
mascot *n.* talismanas
masculine *a.* vyriškas
mash *n.* tyrė
mash *v.t* sutrinti
mask *n.* kaukė
mask *v.t.* užmaskuoti
mason *n.* mūrininkas
masonry *n.* mūrininkystė
masquerade *n.* maskaradas
mass *n.* masė
mass *v.i* sutelkti
massacre *n.* skerdynės
massacre *v.t.* skersti
massage *n.* masažas
massage *v.t.* masažuoti
masseur *n.* masažistas
massive *a.* masyvus
massy *a.* masyvus
mast *n.* stiebas
master *n.* meistras
master *v.t.* įvaldyti
masterly *a.* meistriškas
masterpiece *n.* šedevras
mastery *n.* meistriškumas
masticate *v.t.* kramtyti
masturbate *v.i.* masturbuotis
mat *n.* paklotė
matador *n .* matadoras
match *n.* degtukas
match *v.i.* priderinti
match *n* mačas
matchless *a.* neprilygstamas
mate *n.* porininkas
mate *v.t.* poruotis
mate *n* draugužis
mate *v.t.* poruoti
material *a.* materialus
material *n* medžiaga

materialism *n.* materializmas
materialize *v.t.* materializuoti
maternal *a.* iš motinos pusės
maternity *n.* motinystė
mathematical *a.* matematinis
mathematician *n.* matematikas
mathematics *n* matematika
matinee *n.* dieninis spektaklis
matriarch *n.* matriarchatė
matricidal *a.* motiniškas
matricide *n.* motinžudystė
matriculate *v.t.* imatrikuliuoti
matriculation *n.* imatrikuliavimas
matrimonial *a.* vedybinis
matrimony *n.* moterystė
matrix *n* matrica
matron *n.* ūkvedė
matter *n.* dalykas
matter *v.i.* reikšti
mattock *n.* kaplys
mattress *n.* matracas
mature *a.* brandus
mature *v.i* bręsti
maturity *n.* branda
maudlin *a* verksnus
maul *n.* kūjis
maul *v.t* sumaitoti
maulstick *n.* dažymo lazdelė
maunder *v.t.* bambėti
mausoleum *n.* mauzoliejus
mawkish *a.* kvailokas
maxilla *n.* žandas
maxim *n.* maksima
maximize *v.t.* maksimalizuoti
maximum *a.* maksimalus
maximum *n* maksimumas
May *n.* gegužė
may *v* galbūt
mayor *n.* meras
maze *n.* raizginys
me *pron.* manęs
mead *n.* midus
meadow *n.* lanka
meagre *a.* menkas
meal *n.* valgis
mealy *a.* miltinis
mean *a.* šykštus
mean *n.* vidurys
mean *v.t* reikšti
meander *v.i.* vingiuoti
meaning *n.* reikšmė
meaningful *a.* reikšmingas
meaningless *a.* bereikšmis
meanness *n.* niekšybė
means *n* priemonė
meanwhile *adv.* tuo tarpu
measles *n* tymai
measurable *a.* išmatuojamas
measure *n.* matas
measure *v.t* matuoti
measureless *a.* neišmatuojamas
measurement *n.* išmatavimas
meat *n.* mėsa
mechanic *n.* mechanikas
mechanical *a.* mechaninis
mechanics *n.* mechanika
mechanism *n.* mechanizmas
medal *n.* medalis
medallist *n.* medalininkas
meddle *v.i.* įsipainioti
medieval *a.* viduramžiškas
median *a.* medianinis
mediate *v.i.* tarpininkauti
mediation *n.* tarpininkavimas
mediator *n.* tarpininkas
medical *a.* medicininis
medicament *n.* medikamentas
medicinal *a.* gydomasis
medicine *n.* medicina
medico *n.* medikas
mediocre *a.* pusėtinas
mediocrity *n.* vidutinybė
meditate *v.t.* medituoti

mediation *n.* meditacija
meditative *a.* mąslus
medium *n* mediumas
medium *a* vidutinis
meek *a.* nuolankus
meet *n.* susitikimas
meet *v.t.* susitikti
meeting *n.* susirinkimas
megalith *n.* megalitas
megalithic *a.* megalitinis
megaphone *n.* megafonas
melancholia *n.* melancholija
melancholic *a.* melancholiškas
melancholy *n.* melancholija
melancholy *adj* melancholiškai
melee *n.* grumtynės
meliorate *v.t.* gerinti
mellow *a.* prinokęs
melodious *a.* melodingas
melodrama *n.* melodrama
melodramatic *a.* melodramatiškas
melody *n.* melodija
melon *n.* melionas
melt *v.i.* tirpti
member *n.* narys
membership *n.* narystė
membranc *n.* membrana
memento *n.* atminimo ženklas
memoir *n.* memuarai
memorable *a.* atmintinas
memorandum *n* memorandumas
memorial *n.* memorialas
memorial *a* memorialinis
memory *n.* atmintis
menace *n* grėsmė
menace *v.t* grėsti
mend *v.t.* užlopyti
mendacious *a.* melagingas
menial *a.* prastas
menial *n* juodadarbis
meningitis *n.* meningitas
menopause *n.* menopauzė
menses *n.* mėnesinės
menstrual *a.* menstruacinis
menstruation *n.* menstruacijos
mental *a.* protinis
mentality *n.* mentalitetas
mention *n.* paminėjimas
mention *v.t.* paminėti
mentor *n.* mentorius
menu *n.* meniu
mercantile *a.* prekybinis
mercenary *a.* savanaudis
mercerise *v.t.* merserizuoti
merchandise *n.* prekiavimas
merchant *n.* prekiautojas
merciful *a.* gailestingas
merciless *adj.* negailestingas
mercurial *a.* judrus kaip gyvsidabris
mercury *n.* gyvsidabris
mercy *n.* gailestingumas
mere *a.* paprasčiausias
merge *v.t.* susilieti
merger *n.* susiliejimas
meridian *a.* vidurdienio
merit *n.* nuopelnas
merit *v.t* nusipelnyti
meritorious *a.* nusipelnęs
mermaid *n.* undinė
merman *n.* vandenis
merriment *n.* linksmybė
merry *a* linksmas
mesh *n.* sukabinimas
mesh *v.t* susikabinti
mesmerism *n.* įtaiga
mesmerize *v.t.* įtaigauti
mess *n.* netvarka
mess *v.i* sujaukti
message *n.* pranešimas
messenger *n.* pranešėjas
messiah *n.* mesijas
Messrs *n.* ponai

metabolism *n.* metabolizmas
metal *n.* metalas
metallic *a.* metalinis
metallurgy *n.* metalurgija
metamorphosis *n.* metamorfozė
metaphor *n.* metafora
metaphysical *a.* metafizinis
metaphysics *n.* metafizika
mete *v.t* atseikėti
meteor *n.* meteoras
meteoric *a.* meteorinis
meteorologist *n.* meteorologas
meteorology *n.* meteorologija
meter *n.* skaitiklis
method *n.* metodas
methodical *a.* metodiškas
metre *n.* metras
metric *a.* metrinis
metrical *a.* metrinis
metropolis *n.* metropolis
metropolitan *a.* metropolinis
metropolitan *n.* metropolitas
mettle *n.* narsa
mettlesome *a.* narsus
mew *v.i.* miaukti
mew *n.* miaukimas
mezzanine *n.* mezoninas
mica *n.* žėrutis
microfilm *n.* mikrofilmas
micrology *n.* mikrologija
micrometer *n.* mikrometras
microphone *n.* mikrofonas
microscope *n.* mikroskopas
microscopic *a.* mikroskopinis
microwave *n.* mikrobangų krosnelė
mid *a.* tarp
midday *n.* vidurdienis
middle *a.* vidurinis
middle *n* vidurys
middleman *n.* tarpininkas
middling *a.* vidutiniškas
midget *n.* miniatiūrinis
midland *n.* centrinė krašto dalis
midnight *n.* vidurnaktis
mid-off *n.* pertraukti per vidurį
mid-on *n.* tęsti per vidurį
midriff *n.* liemuo
midst *n* tarp ko
midsummer *n.* vidurvasaris
midwife *n.* pribuvėja
might *n.* galybė
mighty *adj.* galingai
migraine *n.* migrena
migrant *n.* migrantas
migrate *v.i.* migruoti
migration *n.* migracija
milch *a.* melžiama
mild *a.* švelnus
mildew *n.* pelėsiai
mile *n.* mylia
mileage *n.* atstumas myliomis
milestone *n.* gairė
milieu *n.* aplinka
militant *a.* kovingas
militant *n* kovotojas
military *a.* karingai
military *n* kariuomenė
militate *v.i.* byloti
militia *n.* milicija
milk *n.* pienas
milk *v.t.* melžti
milky *a.* pieniškas
mill *n.* malūnas
mill *v.t.* malti
millennium *n.* tūkstantmetis
miller *n.* malūnininkas
millet *n.* soros
milliner *n.* moteriškų skrybėlaičių modeliuotoja
millinery *n.* moteriškos skrybėlaitės
million *n.* milijonas
millionaire *n.* milijonierius

millipede *n.* dviporkojis
mime *n.* mimika
mime *v.i* reikšti mimika
mimesis *n.* mimezis
mimic *a.* pamėgdžiojantis
mimic *n* pamėgdžiotojas
mimic *v.t* pamėgdžioti
mimicry *n* pamėgdžiojimas
minaret *n.* minaretas
mince *v.t.* sumalti
mind *n.* protas
mind *v.t.* turėti galvoje
mindful *a.* atidus
mindless *a.* negalvojantis
mine *pron.* mano
mine *n* kasykla
miner *n.* kasėjas
mineral *n.* mineralas
mineral *a* mineralinis
mineralogist *n.* mineralogas
mineralogy *n.* mineralogija
mingle *v.t.* susilieti
miniature *n.* miniatiūra
miniature *a.* miniatiūrinis
minim *n.* pusinė gaida
minimal *a.* minimalus
minimize *v.t.* minimizuoti
minimum *n.* minimumas
minimum *a* minimalus
minion *n.* pakalikas
minister *n.* ministras
minister *v.i.* patarnauti
ministrant *a.* patarnaujanti
ministry *n.* ministerija
mink *n.* audinė
minor *a.* minorinis
minor *n* minoras
minority *n.* mažuma
minster *n.* katedra
mint *n.* mėta
mint *n* pinigų kalykla
mint *v.t.* nukalti
minus *prep.* minus
minus *a* neigiamas
minus *n* minusas
minuscule *a.* mažytis
minute *a.* smulkus
minute *n.* minutė
minutely *adv.* nežymiai
minx *n.* išdykėlė
miracle *n.* stebuklas
miraculous *a.* stebuklingas
mirage *n.* miražas
mire *n.* liūnas
mire *v.t.* įklimpti į liūną
mirror *n* veidrodis
mirror *v.t.* atspindėti
mirth *n.* džiaugsmas
mirthful *a.* džiaugsmingas
misadventure *n.* nelaimingas atsitikimas
misalliance *n.* nelygi santuoka
misanthrope *n.* mizantropas
misapplication *n.* piktnaudžiavimas
misapprehend *v.t.* neteisingai suprasti
misapprehension *n* neteisingas supratimas
misappropriate *v.t.* neteisėtai pasisavinti
misappropriation *n.* neteisėtas pasisavinimas
misbehave *v.i.* blogai elgtis
misbehaviour *n.* blogas elgesys
misbelief *n.* klaidinga nuomonė
miscalculate *v.t.* apsiskaičiuoti
miscalculation *n.* apsiskaičiavimas
miscall *v.t.* neteisingai ar ne tuo vardu vadinti
miscarriage *n.* persileidimas
miscarry *v.i.* persileisti
miscellaneous *a.* įvairiarūšis

miscellany *n.* įvairovė
mischance *n.* nelaimė
mischief *n* išdaigos
mischievous *a.* išdykęs
misconceive *v.t.* neteisingai manyti
misconception *n.* neteisingas manymas
misconduct *n.* aplaidumas
misconstrue *v.t.* neteisingai aiškinti
miscreant *n.* nenaudėlis
misdeed *n.* piktadarybė
misdemeanour *n.* baudžiamasis nusižengimas
misdirect *v.t.* klaidingai nukreipti
misdirection *n.* klaidingas nukreipimas
miser *n.* šykštuolis
miserable *a.* varganas
miserly *a.* šykštus
misery *n.* niurzglys
misfire *v.i.* neišdegti
misfit *n.* nepritapėlis
misfortune *n.* nesėkmė
misgive *v.t.* nuogąstauti
misgiving *n.* nuogąstavimas
misguide *v.t.* suklaidinti
mishap *n.* nepasisekimas
misjudge *v.t.* neįvertinti
mislead *v.t.* suklaidinti
mismanagement *n.* neūkiškumas
mismatch *v.t.* nesiderinti
misnomer *n.* neteisingas termino vartojimas
misplace *v.t.* nudėti
misprint *n.* spaudos klaida
misprint *v.t.* klaidingai išspausdinti
misrepresent *v.t.* iškreipti
misrule *n.* blogas valdymas
miss *n.* nepataikymas
miss *v.t.* nepataikyti
missile *n.* raketa
mission *n.* misija
missionary *n.* misionierius
missis, missus *n.* ponia
missive *n.* laiškas
mist *n.* migla
mistake *n.* klaida
mistake *v.t.* suklysti
mister *n.* pone
mistletoe *n.* paprastasis amalas
mistreat *v.t.* blogai elgtis
mistress *n.* meilužė
mistrust *n.* nepasitikėjimas
mistrust *v.t.* nepasitikėti
misty *a.* miglotas
misunderstand *v.t.* nesusiprasti
misunderstanding *n.* nesusipratimas
misuse *n.* piktnaudžiavimas
misuse *v.t.* piktnaudžiauti
mite *n.* erkė
mite *n* truputis
mithridate *n.* mitridatai
mitigate *v.t.* sušvelninti
mitigation *n.* sušvelninimas
mitre *n.* mitra
mitten *n.* kumštinė pirštinė
mix *v.i* maišyti
mixture *n.* mikstūra
moan *v.i.* aimanuoti
moan *n.* aimana
moat *n.* griovys
moat *v.t.* apsupti grioviu
mob *n.* minia
mob *v.t.* apsupti
mobile *a.* mobilus
mobility *n.* mobilumas
mobilize *v.t.* mobilizuoti
mock *v.i.* pasityčioti
mock *adj* tariamas
mockery *n.* pasityčiojimas

modality *n.* modalumas
mode *n.* būdas
model *n.* modelis
model *v.t.* modeliuoti
moderate *a.* nuosaikus
moderate *v.t.* moderuoti
moderation *n.* moderacija
modern *a.* modernus
modernity *n.* modernizacija
modernize *v.t.* moderninti
modest *a.* kuklus
modesty *n* kuklumas
modicum *n.* truputis
modification *n.* modifikacijas
modify *v.t.* modifikuoti
modulate *v.t.* moduliuoti
moil *v.i.* plūktis
moist *a.* drėgnas
moisten *v.t.* drėkinti
moisture *n.* drėgnumas
molar *n.* krūminis dantis
molar *a* krūminis
molasses *n* melasa
mole *n.* apgamas
molecular *a.* molekulinis
molecule *n.* molekulė
molest *v.t.* tvirkinti
molestation *n.* tvirkinimas
molten *a.* susilydęs
moment *n.* momentas
momentary *a.* momentalus
momentous *a.* įsimintinas
momentum *n.* varomoji jėga
monarch *n.* monarchas
monarchy *n.* monarchija
monastery *n.* vienuolynas
monasticism *n* vienuolystė
Monday *n.* pirmadienis
monetary *a.* piniginis
money *n.* pinigai
monger *n.* platintojas
mongoose *n.* mangusta
mongrel *a* mišrūnas
monitor *n.* monitorius
monitory *a.* įspėjamasis
monk *n.* vienuolis
monkey *n.* beždžionė
monochromatic *a.* vienspalvis
monocle *n.* monoklis
monocular *n.* monokuliaras
monody *n.* monodija
monogamy *n.* monogamija
monogram *n.* monograma
monograph *n.* monografija
monogynous *a.* monogaminis
monolatry *n.* monolatrija
monolith *n.* monolitas
monologue *n.* monologas
monopolist *n.* monopolistas
monopolize *v.t.* monopolizuoti
monopoly *n.* monopolija
monosyllable *n.* vienskiemenis žodis
monosyllabic *a.* vienskiemenis
monotheism *n.* viendievystė
monotheist *n.* monoteistinis
monotonous *a.* monotoniškas
monotony *n* monotonija
monsoon *n.* musonas
monster *n.* pabaisa
monstrous *a.* siaubingas
monstrous *n.* siaubūnas
month *n.* mėnuo
monthly *a.* mėnesinis
monthly *adv* kas mėnesį
monthly *n* mėnraštis
monument *n.* monumentas
monumental *a.* monumentinis
moo *v.i* mūkti
mood *n.* nuotaika
moody *a.* nepastovios nuotaikos
moon *n.* mėnulis
moor *n.* durpynas
moor *v.t* švartuotis

moorings *n.* švartfalai
moot *n.* ginčas
mop *n.* pašluostė
mop *v.t.* šluostyti
mope *v.i.* murmėti
moral *a.* moralas
moral *n.* moralinis
morale *n.* dvasinė būsena
moralist *n.* moralistas
morality *n.* moralė
moralize *v.t.* moralizuoti
morbid *a.* ligotas
morbidity *n* liguistumas
more *a.* daugiau
more *adv* labiau
moreover *adv.* dar daugiau
morganatic *a.* morgonatinis
morgue *n.* morgas
moribund *a.* mirštantis
morning *n.* rytas
moron *n.* kvailys
morose *a.* niūrus
morphia *n.* morfinas
morrow *n.* rytojus
morsel *n.* gabaliukas
mortal *a.* mirtinas
mortal *n* mirtingasis
mortality *n.* mirtingumas
mortar *n.* grūstuvė
mortgage *n.* hipoteka
mortgage *v.t.* įkeisti
mortagagee *n.* hipotekos sutartis
mortgator *n.* hipotekos skolininkas
mortify *v.t.* įžeisti
mortuary *n.* lavoninė
mosaic *n.* mozaika
mosque *n.* mečetė
mosquito *n.* uodas
moss *n.* samanos
most *a.* dauguma
most *adv.* daugiausia
most *n* didžioji dalis
mote *n.* dulkė
motel *n.* motelis
moth *n.* plaštakė
mother *n* motina
mother *v.t.* motiniškai globoti
motherhood *n.* motinystė
motherlike *a.* motiniškas
motherly *a.* motiniškas
motif *n.* motyvas
motion *n.* judesys
motion *v.i.* moti
motionless *a.* nejudantis
motivate *v* motyvuoti
motivation *n.* motyvacija
motive *n.* motyvas
motley *a.* margas
motor *n.* motoras
motor *v.i.* lėkti
motorist *n.* automobilistas
mottle *n.* išmarginimas
motto *n.* šmaikštus posakis
mould *n.* pelėsiai
mould *v.t.* lipdyti
mould *n* forma
mould *n* tipas
mouldy *a.* apipelėjęs
moult *v.i.* šertis
mound *n.* kalva
mount *n.* pagrindas
mount *v.t.* montuoti
mount *n* jojamasis arklys
mountain *n.* kalnas
mountaineer *n.* alpinistas
mountainous *a.* milžiniškas
mourn *v.i.* gedėti
mourner *n.* laidotuvininkas
mournful *n.* gedulingas
mourning *n.* gedulas
mouse *n.* pelė
moustache *n.* ūsai
mouth *n.* burna

mouth *v.t.* tarti be garso (vien lūpomis)
mouthful *n.* kąsnis
movable *a.* kilnojamas
movables *n.* kilnojamasis turtas
move *n.* kraustymasis
move *v.t.* judėti
movement *n.* judėjimas
mover *n.* sumanytojas
movies *n.* kinas
mow *v.t.* šienauti
much *a* daug
much *adv* labai
mucilage *n.* augaliniai klijai
muck *n.* mėšlas
mucous *a.* gleivėtas
mucus *n.* gleivės
mud *n.* purvas
muddle *n.* painiava
muddle *v.t.* painioti
muffle *v.t.* duslinti
muffler *n.* duslintuvas
mug *n.* bokalas
muggy *a.* tvankus
mulatto *n.* mulatas
mulberry *n.* šilkmedis
mule *n.* mulas
mulish *a* užsispyręs
mull *n.* iškyšulys
mull *v.t.* apmąstyti
mullah *n.* mula
mullion *n.* skersinis
multifarious *a.* įvairus
multiform *a.* daugeriopas
multilateral *a.* daugiašalis
multiparous *a.* daugiavaisis
multiple *a.* daugybinis
multiple *n* viena iš firmai priklausančių parduotuvių
multiped *n.* daugiakojis
multiplex *a.* daugkartinis
multiplicand *n.* dauginamasis
multiplication *n.* daugyba
multiplicity *n.* įvairovė
multiply *v.t.* dauginti
multitude *n.* dauguma
mum *a.* tylus
mum *n* mama
mumble *v.i.* vapėti
mummer *n.* mimas
mummy *n.* mumija
mummy *n* mamytė
mumps *n.* kiaulytė (lig.)
munch *v.t.* čepsėti
mundane *a.* kasdieninis
municipal *a.* savivaldos
municipality *n.* savivaldybė
munificent *a.* dosnus
muniment *n.* nuosavybės dokumentas
munitions *n.* amunicija
mural *a.* sieninis
mural *n.* freska
murder *n.* žmogžudystė
murder *v.t.* žudyti
murderer *n.* žmogžudys
murderous *a.* žudikiškas
murmur *n.* niurnėjimas
murmur *v.t.* niurnėti
muscle *n.* raumuo
muscovite *n.* maskvietis
muscular *a.* raumeningas
muse *v.i.* susimąsčius ištarti
muse *n* mūza
museum *n.* muziejus
mush *n.* košė
mushroom *n.* grybas
music *n.* muzika
musical *a.* muzikinis
musician *n.* muzikas
musk *n.* muskusas
musket *n.* muškieta
musketeer *n.* muškietininkas
muslin *n.* muslinas

must *v.* privalėti
must *n.* būtinumas
must *n* vynuogių misa
mustache *n.* ūsai
mustang *n.* mustangas
mustard *n.* garstyčios
muster *v.t.* susibūrimas
muster *n* sutelkti
musty *a.* suplėkęs
mutation *n.* mutacija
mutative *a.* permainingas
mute *a.* nebylus
mute *n.* nebylys
mutilate *v.t.* suluošinti
mutilation *n.* suluošinimas
mutinous *a.* maištaujantis
mutiny *n.* maištas
mutiny *v. i* kelti maištą
mutter *v.i.* murmėti
mutton *n.* aviena
mutual *a.* abipusis
muzzle *n.* antsnukis
muzzle *v.t* nuslopinti
my *pron.* mano
myalgia *n.* raumenų skausmas
myopia *n.* trumparegystė
myopic *a.* trumparegis
myosis *n.* miozė
myriad *n.* miriadai
myriad *a* nesuskaitomas
myrrh *n.* mira
myrtle *n.* mirta
myself *pron.* aš pats
mysterious *a.* paslaptingas
mystery *n.* paslaptingumas
mystic *a.* mistika
mystic *n* mistinis
mysticism *n.* misticizmas
mystify *v.t.* mistifikuoti
myth *n.* mitas
mythical *a.* mitinis
mythological *a.* mitologinis
mythology *n.* mitologija

N

nab *v.t.* pagauti
nabob *n.* nabobas
nadir *n.* nadyras
nag *n.* arklėkas
nag *v.t.* nuolat zyzti
nail *n.* vinis
nail *v.t.* prikalti
naive *a.* naivus
naivete *n.* naivumas
naivety *n.* naivumas
naked *a.* nuogas
name *n.* pavadinimas
name *v.t.* pavadinti
namely *adv.* būtent
namesake *n.* bendravardis
nap *v.i.* pasnausti
nap *n.* plaukeliai
nap *n* pogulis
nape *n.* sprandas
napkin *n.* servetėlė
narcissism *n.* narcisizmas
narcissus *n* narcizas
narcosis *n.* narkozė
narcotic *n.* narkotikas
narrate *v.t.* atpasakoti
narration *n.* atpasakojimas
narrative *n.* pasakojimas
narrative *a.* pasakojamasis
narrator *n.* pasakotojas
narrow *a.* siauras
narrow *v.t.* siaurėti
nasal *a.* nosinis
nasal *n* nosinis garsas
nascent *a.* susidarantis
nasty *a.* nepadorus
natal *a.* natalinis
natant *a.* kintamas
nation *n.* tauta
national *a.* tautinis

nationalism *n.* nacionalizmas
nationalist *n.* nacionalistas
nationality *n.* nacionalinis savitumas
nationalization *n.* nacionalizacija
nationalize *v.t.* nacionalizuoti
native *a.* gimtasis
native *n* vietinis
nativity *n.* kilmė
natural *a.* natūralus
naturalist *n.* gamtininkas
naturalize *v.t.* natūralizuoti
naturally *adv.* žinoma
nature *n.* gamta
naughty *a.* išdykęs
nausea *n.* pykinimas
nautic(al) *a.* jūreivystės
naval *a.* karinio jūrų laivyno
nave *n.* nava
navigable *a.* laivybinis
navigate *v.i.* vairuoti
navigation *n.* navigacija
navigator *n.* navigatorius
navy *n.* karinis jūrų laivynas
nay *adv.* teisingiau
neap *a.* kvadratūrinis potvynis ir atoslūgis
near *a.* artimas
near *prep.* prie
near *adv.* arti
near *v.i.* artėti
nearly *adv.* beveik
neat *a.* švarus
nebula *n.* ūkas
necessary *n.* būtiniausi daiktai
necessary *a* būtinas
necessitate *v.t.* pareikalauti
necessity *n.* būtinybė
neck *n.* kaklas
necklace *n.* vėrinys
necklet *n.* goržetė
necromancer *n.* burtininkas
necropolis *n.* nekropolis
nectar *n.* nektaras
need *n.* reikmė
need *v.t.* reikėti
needful *a.* būtinas
needle *n.* adata
needless *a.* nereikalingas
needs *adv.* poreikiai
needy *a.* skurstantis
nefandous *a.* pasibaisėtinas
nefarious *a.* niekingas
negation *n.* neigimas
negative *a.* neigiamas
negative *n.* negatyvas
negative *v.t.* neigti
neglect *v.t.* nesirūpinti
neglect *n* nesirūpinimas
negligence *n.* aplaidumas
negligent *a.* aplaidus
negligible *a.* menkas
negotiable *a.* svarstytinas
negotiate *v.t.* vesti derybas
negotiation *n.* derybos
negotiator *n.* derybininkas
negress *n.* negrė
negro *n.* negras
neigh *v.i.* žvengti
neigh *n.* žvengimas
neighbour *n.* kaimynas
neighbourhood *n.* kaimynystė
neighbourly *a.* kaimyniškas
neither *conj.* nei...nei
Nemesis *n.* Nemezidė
neolithic *a.* neolitinis
neon *n.* neonas
nephew *n.* sūnėnas
nepotism *n.* nepotizmas
Neptune *n.* Neptūnas
nerve *n.* nervas
nerveless *a.* šaltakraujiškas
nervous *a.* susinervinęs

nescience *n.* nežinojimas
nest *n.* lizdas
nest *v.t.* sukti lizdą
nether *a.* apatinio
nestle *v.i.* jaukiai įsitaisyti
nestling *n.* paukščiukas
net *n.* tinklas
net *v.t.* gaudyti
net *a* neto
net *v.t.* užtraukti tinklą
nettle *n.* dilgelė
nettle *v.t.* suerzinti
network *n.* tinklas (kompiuterių, prekybos)
neurologist *n.* neurologas
neurology *n.* neurologija
neurosis *n.* neurozė
neuter *a.* belytis
neuter *n* niekatrosji giminė
neutral *a.* neutralus
neutralize *v.t.* neutralizuoti
neutron *n.* neutronas
never *adv.* niekada
nevertheless *conj.* vis dėlto
new *a.* naujas
news *n.* naujienos
next *a.* kitas
next *adv.* gretimas
nib *n.* metalinis galiukas
nibble *v.t.* kramsnoti
nibble *n* kramsnojimas
nice *a.* delikatus
nicety *n.* delikatumas
niche *n.* niša
nick *n.* nuovada
nickel *n.* nikelis
nickname *n.* pravardė
nickname *v.t.* pravardžiuoti
nicotine *n.* nikotinas
niece *n.* dukterėčia
niggard *n.* šykštuolis
niggardly *a.* šykštus
nigger *n.* negras
nigh *adv.* atri
nigh *prep.* arti
night *n.* naktis
nightingale *n.* lakštingala
nightly *adv.* naktį
nightmare *n.* košmaras
nightie *n.* naktinukai
nihilism *n.* nihilizmas
nil *n.* nulis
nimble *a.* miklus
nimbus *n.* nimbas
nine *n.* devyni
nineteen *n.* devyniolika
nineteenth *a.* devynioliktas
ninetieth *a.* devyniasdešimtas
ninth *a.* devintas
ninety *n.* devyniasdešimt
nip *v.t* gnybti
nipple *n.* įmova
nitrogen *n.* azotas
no *a.* ne
no *adv.* ne
no *n* neigiamas atsakymas
nobility *n.* kilnumas
noble *a.* kilnus
noble *n.* kilmingas
nobleman *n.* didikas
nobody *pron.* niekas
nocturnal *a.* naktinis
nod *v.i.* linktelėjimas
node *n.* bamblys
noise *n.* triukšmas
noisy *a.* triukšmingas
nomad *n.* nomadas
nomadic *a.* nomadiškas
nomenclature *n.* nomenklatūra
nominal *a.* nominalinis
nominate *v.t.* nominuoti
nomination *n.* nominacija
nominee *n* nominantas
non-alignment *n.* neprisijungimas

nonchalance *n.* abejingumas
nonchalant *a.* abejingas
none *pron.* niekas
none *adv.* nė kiek
nonentity *n.* nebūtis
nonetheless *adv.* nepaisant to
nonpareil *a.* neprilygstamas
nonpareil *n.* neprilygstamas žmogus
nonplus *v.t.* sugluminti
nonsense *n.* niekai
nonsensical *a.* beprasmis
nook *n.* užkampis
noon *n.* vidurdienis
noose *n.* kilpa
noose *v.t.* užnerti kilpą
nor *conj* ir... ne
norm *n.* norma
norm *n.* standartas
normal *a.* normalus
normalcy *n.* normalumas
normalize *v.t.* normalizuoti
north *n.* šiaurė
north *a* šiaurinis
north *adv.* šiaurėn
northerly *a.* nukreiptas į šiaurę
northerly *adv.* šiaurės
northern *a.* šiaurinis
nose *n.* nosis
nose *v.t* užuosti
nosegay *n.* puokštėlė
nosey *a.* ilganosis
nosy *a.* smalsus
nostalgia *n.* nostalgija
nostril *n.* šnervė
nostrum *n.* vaistas nuo visų ligų
not *adv.* ne
notability *n.* įžymybė
notable *a.* įžymus
notary *n.* notaras
notation *n.* notacija
notch *n.* V formos išpjova
note *n.* pažyma
note *v.t.* pasižymėti
noteworthy *a.* pažymėtinas
nothing *n.* niekas
nothing *adv.* nieko
notice *a.* pastaba
notice *v.t.* pastebėti
notification *n.* notifikacija
notify *v.t.* notifikuoti
notion *n.* sąvoka
notional *a.* sąvokinis
notoriety *n.* bloga reputacija
notorious *a.* liūdnai pagarsėjęs
notwithstanding *prep.* nežiūrint
notwithstanding *adv.* nežiūrint
notwithstanding *conj.* nežiūrint
nought *n.* nulis
noun *n.* daiktavardis
nourish *v.t.* maitinti
nourishment *n.* mityba
novel *a.* naujas
novel *n* romanas
novelette *n.* romaniūkštis
novelist *n.* romanų rašytojas
novelty *n.* naujovė
November *n.* lapkritis
novice *n.* naujokas
now *adv.* dabar
now *conj.* kai
nowhere *adv.* niekur
noxious *a.* nuodingas
nozzle *n.* purkštukas
nuance *n.* niuansas
nubile *a.* pribrendusi
nuclear *a.* branduolinis
nucleus *n.* branduolys
nude *a.* nuogas
nude` *n* nudistas
nudity *n.* nuogumas
nudge *v.t.* paraginimas
nugget *n.* grynuolis
nuisance *n.* piktavališkumas

null *a.* nulinis
nullification *n.* panaikinimas
nullify *v.t.* panaikinti
numb *a.* nutirpęs
number *n.* numeris
number *v.t.* numeruoti
numberless *a.* be numerio
numeral *a.* skaitvardinis
numerator *n.* skaičiuotojas
numerical *a.* skaitmeninis
numerous *a.* apstus
nun *n.* vienuolė
nunnery *n.* vienuolynas
nuptial *a.* vedybinis
nuptials *n.* jungtuvės
nurse *n.* slaugas
nurse *v.t* slaugyti
nursery *n.* vaikų kambarys
nurture *n.* auklėjimas
nurture *v.t.* auklėti
nut *n* riešutas
nutrition *n.* mityba
nutritious *a.* maistingas
nutritive *a.* maistinis
nuzzle *v.* kaišioti nosį
nylon *n.* nailonas
nymph *n.* nimfa

O

oak *n.* ąžuolas
oar *n.* irklas
oarsman *n.* irkluotojas
oasis *n.* oazė
oat *n.* aviža
oath *n.* priesaika
obduracy *n.* užsispyrimas
obdurate *a.* užsispyręs
obedience *n.* klusnumas
obedient *a.* klusnus
obeisance *n.* nusilenkimas
obesity *n.* nutukimas
obey *v.t.* paklusti
obituary *a.* nekrologas
object *n.* objektas
object *v.t.* prieštarauti
objection *n.* prieštaravimas
objectionable *a.* smerktinas
objective *n.* objektyvas
objective *a.* objektyvus
oblation *n.* aukojimas
obligation *n.* įpareigojimas
obligatory *a.* privalomas
oblige *v.t.* įpareigoti
oblique *a.* įstrižas
obliterate *v.t.* sunaikinti
obliteration *n.* sunaikinimas
oblivion *n.* užmiršimas
oblivious *a.* užmirštantis
oblong *a.* paiilgas
oblong *n.* stačiakampis
obnoxious *a.* koktus
obscene *a.* nešvankus
obscenity *n.* nešvankumas
obscure *a.* mažai žinomas
obscure *v.t.* daryti neaiškų
obscurity *n.* nežinomybė
observance *n.* paisymas
observant *a.* paisantis
observation *n.* stebėjimas
observatory *n.* observatorija
observe *v.t.* stebėti
obsess *v.t.* apnikti
obsession *n.* įkyri mintis
obsolete *a.* nebetaikomas
obstacle *n.* kliūtis
obstinacy *n.* užsispyrimas
obstinate *a.* užsispyręs
obstruct *v.t.* užtverti
obstruction *n.* užtvara
obstructive *a.* obstrukcinis

obtain *v.t.* įgyti
obtainable *a.* įsigyjamas
obtuse *a.* bukas
obvious *a.* akivaizdus
occasion *n.* pagrindas
occasion *v.t* duoti pagrindą
occasional *a.* retkarčiais pasitaikantis
occasionally *adv.* retkarčiais
Occident *n.* Vakarų šalys
occidental *a.* vakarietiškas
occult *a.* okultinis
occupancy *n.* užėmimas
occupant *n.* okupantas
occupation *n.* okupacija
occupier *n.* laikinas valdytojas
occupy *v.t.* okupuoti
occur *v.i.* įvykti
occurrence *n.* įvykis
ocean *n.* vandenynas
oceanic *a.* okianinis
octagon *n.* aštuonkampis
octangular *a.* aštuonkampis
octave *n.* oktava
October *n.* spalis
octogenarian *a.* aštuoniasdešimtmetis
octogenarian *a* aštuoniasdešimtmetis
octroi *n.* vietos mokestis
ocular *a.* akių
oculist *n.* okulistas
odd *a.* keistas
oddity *n.* keistumas
odds *n.* persvara
ode *n.* odė
odious *a.* odiozinis
odium *n.* pasišlykštėjimas
odorous *a.* saldžiakvapis
odour *n.* kvapas
offence *n.* nusižengimas
offend *v.t.* nusižengti
offender *n.* pažeidėjas
offensive *a.* įžeidžiantis
offensive *n* puolimas
offer *v.t.* pasiūlyti
offer *n* pasiūlymas
offering *n.* teikimas
office *n.* biuras
officer *n.* tarnautojas
official *a.* oficialus
official *n* oficialus asmuo
officially *adv.* oficialiai
officiate *v.i.* teisėjauti
officious *a.* įkyrus
offing *n.* pajūris
offset *v.t.* atsverti
offset *n* atsvara
offshoot *n.* atsišakojimas
offspring *n.* palikuonis
oft *adv.* dažnai
often *adv.* daug kartų
ogle *v.t.* žiūrėti išpūtus akis
ogle *n* meilės žvilgsnis
oil *n.* nafta
oil *v.t* tepaluoti
oily *a.* tepaluotas
ointment *n.* tepalas
old *a.* senas
oligarchy *n.* oligarchija
olive *n.* alyvos
Olympiad *n.* olimpiada
omega *n.* omega
omelette *n.* omletas
omen *n.* pranašingas ženklas
ominous *a.* pranašaujantis nelaimę
omission *n.* praleidimas
omit *v.t.* praleisti
omnipotence *n.* visagalybė
omnipotent *a.* visagalis
omnipresence *n.* visuresmė
omnipresent *a.* visur esantis
omniscience *n.* visažinystė

omniscient *a.* visažinis
on *prep.* ant
on *adv.* pirmyn
once *adv.* vieną̨kart
one *a.* vienas
one *pron.* kažkas
oneness *n.* vienumas
onerous *a.* varginantis
onion *n.* svogūnas
on-looker *n.* stebėtojas
only *a.* vienintelis
only *adv.* tiktai
only *conj.* tik, kad
onomatopoeia *n.* onomatopėja
onrush *n.* antplūdis
onset *n.* pradžia
onslaught *n.* įnirtinga ataka
onus *n.* pareiga
onward *a.* pirmyneigis
onwards *adv.* pirmyn
ooze *n.* prasisunkimas
ooze *v.i.* prasisunkti
opacity *n.* nepermatomumas
opal *n.* opalas
opaque *a.* nepermatomas
open *a.* atviras
open *v.t.* atidaryti
opening *n.* atidarymas
openly *adv.* atvirai
opera *n.* opera
operate *v.t.* operuoti
operation *n.* operacija
operative *a.* veikiantis
operator *n.* operatorius
opine *v.t.* pareikšti nuomonę
opinion *n.* nuomonė
opium *n.* opiumas
opponent *n.* oponentas
opportune *a.* palankus
opportunism *n.* oportunizmas
opportunity *n.* proga
oppose *v.t.* būti nusistačiusiam prieš
opposite *a.* esantis prieš
opposition *n.* opozicija
oppress *v.t.* engti
oppression *n.* engimas
oppressive *a.* engėjiškas
oppressor *n.* engėjas
opt *v.i.* optuoti
optic *a.* akių
optician *n.* optikas
optimism *n.* optimizmas
optimist *n.* optimistas
optimistic *a.* optimistinis
optimum *n.* optimumas
optimum *a* optimalus
option *n.* pasirinktis
optional *a.* neprivalomas
opulence *n.* prabanga
opulent *a.* prabangus
oracle *n.* orakulas
oracular *a.* pranašiškas
oral *a.* oralinis
orally *adv.* per burną
orange *n.* apelsinas
orange *a* oranžinis
oration *n.* oracija
orator *n.* oratorius
oratorical *a.* oratoriškas
oratory *n.* iškalba
orb *n.* rutulys
orbit *n.* orbita
orchard *n.* vaismedžių sodas
orchestra *n.* orkestras
orchestral *a.* orkestrinis
ordeal *n.* sunkus išmėginimas
order *n.* paliepimas
order *v.t* paliepti
orderly *a.* tvarkingas
orderly *n.* sanitaras
ordinance *n.* potvarkis
ordinarily *adv.* įprastas
ordinary *a.* kaip įprasta
ordnance *n.* pabūklai

ore *n.* rūda
organ *n.* organas
organic *a.* organinis
organism *n.* organizmas
organization *n.* organizacija
organize *v.t.* organizuoti
orient *n.* rytų
orient *v.t.* orientuoti
oriental *a.* rytietiškas
oriental *n* rytietis
orientate *v.t.* orientuotis
origin *n.* kilmė
original *a.* originalus
original *n* originalas
originality *n.* originalumas
originate *v.t.* duoti pradžią
originator *n.* pradininkas
ornament *n.* ornamentas
ornament *v.t.* ornamentuoti
ornamental *a.* ornamentinis
ornamentation *n.* ornamentika
orphan *n.* našlaitis
orphan *v.t* likti našlaičiu
orphanage *n.* našlaičių namai
orthodox *a.* ortodoksinis
orthodoxy *n.* ortodoksija
oscillate *v.i.* virpėti
oscillation *n.* virpėjimas
ossify *v.t.* kaulėti
ostracize *v.t.* ištremti
ostrich *n.* strutis
other *a.* anas
other *pron.* kitas
otherwise *adv.* kitaip
otherwise *conj.* kitais atžvilgiais
otter *n.* ūdra
ottoman *n.* plati sofa
ounce *n.* uncija
our *pron.* mūsų
oust *v.t.* atimti valdymą
out *adv.* lauk
out-balance *v.t.* išbalansuoti
outbid *v.t.* siūlyti didesnę kainą
outbreak *n.* prasiveržimas
outburst *n.* protrūkis
outcast *n.* atstumtasis
outcast *a* atstumtas
outcome *n.* baigtis
outcry *v.* perrėkti
outdated *a.* pasenęs
outdo *v.t.* nurungti
outdoor *a.* lauke
outer *a.* išorinis
outfit *n.* įranga
outfit *v.t* įrengti
outgrow *v.t.* išaugti
outhouse *n.* ūkiniai pastatai
outing *n.* išvyka
outlandish *a.* svetimšalis
outlaw *n.* įstatymo neginamas asmuo
outlaw *v.t* paskelbti už įstatymo ribų
outline *n.* apybraiža
outline *v.t.* nubrėžti bendrais bruožais
outlive *v.i.* pergyventi
outlook *n.* požiūris
outmoded *a.* išėjęs iš mados
outnumber *v.t.* viršyti skaičiumi
outpatient *n.* ambulatorinis ligonis
outpost *n.* priešakinis saugos postas
output *n.* išvestis
outrage *n.* papiktinimas
outrage *v.t.* papiktinti
outright *adv.* kartą visiems laikams
outright *a* atviras
outrun *v.t.* aplenkti
outset *n.* pradmuo
outshine *v.t.* šviesti ryškiau
outside *a.* pašalinis

outside *n* išorė
outside *adv* iš išorės
outside *prep* už (ribų)
outsider *n.* autsaideris
outsize *a.* didelio numerio
outskirts *n.pl.* pakraštys
outspoken *a.* tiesmukas
outstanding *a.* neapmokėtas
outward *a.* išorinis
outward *adv* nukreiptas tolyn
outwards *adv* laukan
outwardly *adv.* išoriškai
outweigh *v.t.* persverti
outwit *v.t.* pergudrauti
oval *a.* ovalus
oval *n* ovalas
ovary *n.* kiaušidė
ovation *n.* ovacija
oven *n.* orkaitė
over *prep.* virš
over *adv* daugiau
over *n* ko nors
overact *v.t.* persistengti vaidinant
overall *n.* spec. drabužiai
overall *a* bendras
overawe *v.t.* įvaryti baimės
overboard *adv.* už borto
overburden *v.t.* per daug apsunkinti
overcast *a.* apsiniaukęs
overcharge *v.t.* išpūsti
overcharge *n* išpūsta kaina
overcoat *n.* vatinis paltas
overcome *v.t.* įveikti
overdo *v.t.* persistengti
overdose *n.* perdozuoti
overdose *v.t.* perdozavimas
overdraft *n.* viršytas sąskaitos limmitas
overdraw *v.t.* viršyti sąskaitos limmitą
overdue *a.* uždelstas
overhaul *v.t.* nuodugniai apžiūrėti
overhaul *n.* nuodugni apžiūra
overhear *v.t.* netyčia nugirsti
overjoyed *a* beprotiškai džiaugsmingas
overlap *v.t.* sutapti
overlap *n* sutapimas
overleaf *adv.* kitame puslapyje
overload *v.t.* perkrauti
overload *n* perkrova
overlook *v.t.* neapsižiūrėti
overnight *adv.* visą parą
overnight *a* per naktį
overpower *v.t.* jėga įveikti
overrate *v.t.* pervertinti
overrule *v.t.* panaikinti
overrun *v.t* peržengti
oversee *v.t.* prižiūrėti
overseer *n.* prižiūrėtojas
overshadow *v.t.* nustelbti
oversight *n.* neapsižiūrėjimas
overt *a.* neužslėptas
overtake *v.t.* aplenkti
overthrow *v.t.* nuversti
overthrow *n* nuvertimas
overtime *adv.* papildomas laikas
overtime *n* viršvalandžiai
overture *n.* uvertiūra
overwhelm *v.t.* apimti
overwork *v.i.* persidirbti
overwork *n.* viršvalandinis darbas
owe *v.t* būti skolingam
owl *n.* pelėda
own *a.* nuosavas
own *v.t.* turėti nuosavybėje
owner *n.* savininkas
ownership *n.* nuosavybės teisė
ox *n.* jautis
oxygen *n.* deguonis
oyster *n.* austrė

P

pace *n* tempas
pace *v.i.* diktuoti greitį
pacific *a.* taikus
pacify *v.t.* numalšinti, grąžinti taikos padėtį
pack *n.* paketas
pack *v.t.* pakuoti
package *n.* ryšulys
packet *n.* paketas, apvali sumelė
packing *n.* pakuotė
pact *n.* sutartis, paktas
pad *n.* padėklas
pad *v.t.* užpildyti
padding *n.* užpildas
paddle *v.i.* taškytis
paddle *n* irklas
paddy *n.* ryžių laukas
page *n.* puslapis
page *v.t.* iškviesti garsiai skelbiant pavardę
pageant *n.* prašmatni procesija
pageantry *n.* iškilmingumas
pagoda *n.* pagoda
pail *n.* metalinis kibiras
pain *n.* skausmas
pain *v.t.* skaudinti
painful *a.* skausmingas
painstaking *a.* stropus
paint *n.* dažai
paint *v.t.* dažyti
painter *n.* tapytojas
painting *n.* tapyba
pair *n.* pora
pair *v.t.* poruoti
pal *n.* bičiulis
palace *n.* rūmai
palanquin *n.* nešiojamas sostas
palatable *a.* gardus
palatal *a.* gomurinis
palate *n.* gomurys
palatial *a.* kaip rūmų
pale *n.* stulpas
pale *a* blyškus
pale *v.i.* išblykšti
palette *n.* paletė
palm *n.* delnas
palm *v.t.* slėpti delne
palm *n.* palmė
palmist *n.* chiromantas
palmistry *n.* chiromantija
palpable *a.* juntamas
palpitate *v.i.* belsti
palpitation *n.* tvaksėjimas
palsy *n.* paralyžinis drebulys
paltry *a.* niekam vertas
pamper *v.t.* lepinti
pamphlet *n.* lankstinukas
pamphleteer *n.* pamfletininkas
panacea *n.* panacėja
pandemonium *n.* suirutė
pane *n.* lango stiklas
panegyric *n.* panegirika
panel *n.* panelis
panel *v.t.* apmušti plokštėmis
pang *n.* staigus, aštrus skausmas
panic *n.* panika
panorama *n.* panorama
pant *v.i.* šnopuoti
pant *n.* šnopavimas
pantaloon *n.* pantalonai
pantheism *n.* panteizmas
pantheist *n.* panteistas
panther *n.* pantera
pantomime *n.* pantomima
pantry *n.* sandeliukas
papacy *n.* pontifikatas
papal *a.* popiežiaus
paper *n.* popierius
par *n.* vienodo lygio
parable *n.* parabolė

parachute *n.* parašiutas
parachutist *n.* parašiutininkas
parade *n.* paradas
parade *v.t.* paraduoti
paradise *n.* rojus
paradox *n.* paradoksas
paradoxical *a.* paradoksalus
paraffin *n.* parafinas
paragon *n.* sektinas pavyzdys
paragraph *n.* paragrafas
parallel *a.* lygiagretus
parallel *v.t.* gretinti
parallelism *n.* paralelizmas
parallelogram *n.* lygiagretainis
paralyse *v.t.* paralyžiuoti
paralysis *n.* paralyžius
paralytic *a.* paralyžiuotas
paramount *n.* pirmaeilis
paramour *n.* meilužis
paraphernalia *n. pl* įranga
paraphrase *n.* parafrazė
paraphrase *v.t.* parafrazuoti
parasite *n.* parazitas
parcel *n.* parceliavimas
parcel *v.t.* parceliuoti
parch *v.t.* išdžiovinti
pardon *v.t.* atleisti
pardon *n.* atleidimas
pardonable *a.* atleistinas
parent *n.* tėvai
parentage *n.* giminystės linija
parental *a.* tėvų
parenthesis *n.* įterpinys
parish *n.* parish
parity *n.* paritetas
park *n.* parkas
park *v.t.* parkuoti
parlance *n.* kalbėsena
parley *n.* derybos
parley *v.i* vesti derybas
parliament *n.* parlamentas
parliamentarian *n.* parlamentaras
parliamentary *a.* parlamentinis
parlour *n.* salonas
parody *n.* parodija
parody *v.t.* parodijuoti
parole *n.* lygtinis atleidimas nuo laisvės atėmimo bausmės prieš terminą
parole *v.t.* lygtinai atleisti nuo laisvės atėmimo bausmės
parricide *n.* tėvažudys
parrot *n.* papūga
parry *v.t.* atmušti
parry *n.* atmušimas
parson *n.* pastorius
part *n.* dalis
part *v.t.* perskirti
partake *v.i.* dalintis
partial *a.* dalinis
partiality *n.* polinkis
participate *v.i.* bendrininkauti
participant *n.* bendrininkas
participation *n.* bendrininkavimas
particle *n.* dalelė
particular *a.* tam tikras
particular *n.* smulkmenos
partisan *n.* partizanas
partisan *a.* partizaninis
partition *n.* padalijimas
partition *v.t.* perdalyti
partner *n.* partneris
partnership *n.* šališkumas
party *n.* pobūvis
pass *v.i.* išlaikyti egzaminą
pass *n* egzamino išlaikymas
passage *n.* pasažas
passenger *n.* keleivis
passion *n.* aistra
passionate *a.* aistringas
passive *a.* pasyvus
passport *n.* pasas
past *a.* būtasis

past *n.* praeitis
past *prep.* pro šalį
paste *n.* pasta
paste *v.t.* įklijuoti
pastel *n.* pastelė
pastime *n.* malonus laiko leidimas
pastoral *a.* ganytojiškas
pasture *n.* ganykla
pasture *v.t.* ganytis
pat *v.t.* plekšnoti
pat *n* plekšnojimas
pat *adv* iš anksto paruoštas
patch *v.t.* lopyti
patch *n* lopas
patent *a.* patentuotas
patent *n* patentas
patent *v.t.* patentuoti
paternal *a.* tėvo
path *n.* takas
pathetic *a.* apgailėtinas
pathos *n.* patosas
patience *n.* kantrybė
patient *a.* kantrus
patient *n* ligonis
patricide *n.* tėvažudystė
patrimony *n.* tėvonystė
patriot *n.* patriotas
patriotic *a.* patriotiškas
partiotism *n.* patriotizmas
patrol *v.i.* patrulis
patrol *n* patruliuoti
patron *n.* patronas
patronage *n.* patronatas
patronize *v.t.* patronuoti
pattern *n.* šablonas
paucity *n.* nepakankamumas
pauper *n.* skurdžius
pause *n.* pertrauka
pause *v.i.* stabtelėti
pave *v.t.* grįsti
pavement *n.* grindinys
pavilion *n.* paviljonas
paw *n.* letena
paw *v.t.* suduoti letena
pay *v.t.* apmokėti
pay *n* užmokestis
payable *a.* apmokėtinas
payee *n.* sąskaitos gavėjas
payment *n.* apmokėjimas
pea *n.* žirnis
peace *n.* taika
peaceable *a.* taikus
peaceful *a.* taikingas
peach *n.* persikas
peacock *n.* povas
peahen *n.* povė
peak *n.* pikas
pear *n.* kriaušė
pearl *n.* perlas
peasant *n.* valstietis
peasantry *n.* valstiečiai
pebble *n.* gargždas
peck *n.* pakštelėjimas
peck *v.i.* pakštelėti
peculiar *a.* ypatingas
peculiarity *n.* ypatybė
pecuniary *a.* piniginis
pedagogue *n.* pedagogas
pedagogy *n.* pedagogika
pedal *n.* pedalas
pedal *v.t.* minti pedalus
pedant *n.* pedantas
pedantic *n.* pedantiškas
pedantry *n.* pedantiškumas
pedestal *n.* pjedestalas
pedestrian *n.* pėstysis
pedigree *n.* grynaveislis gyvulys
peel *v.t.* lupti
peel *n.* žievė
peep *v.i.* žvilgsnis vogčiomis
peep *n* žiūrėti vogčiomis
peer *n.* bendraamžis
peerless *a.* neturintis lygių

peg *n.* spaustukas
peg *v.t.* prismeigti
pelf *n.* nešvarūs turtai
pell-mell *adv.* galvotrūkčiais
pen *n.* rašiklis
pen *v.t.* parašyti
penal *a.* baudžiamasis
penalize *v.t.* nubausti
penalty *n.* nuobauda
pencil *n.* pieštukas
pencil *v.t.* piešti pieštuku
pending *prep.* kol
pending *a* nagrinėjamas
pendulum *n.* švytuoklė
penetrate *v.t.* skverbtis
penetration *n.* skverbimasis
penis *n.* penis
penniless *a.* be pinigų
penny *n.* pensas
pension *n.* pensija
pension *v.t.* išeiti į pensiją
pensioner *n.* pensininkas
pensive *a.* pensininkas
pentagon *n.* penkiakampis
peon *n.* peonas
people *n.* žmonės
people *v.t.* apgyventi
pepper *n.* pipiras
pepper *v.t.* papipirinti
per *prep.* per
perambulator *n.* suvokimas
perceive *v.t.* suvokti
perceptible *adj* suvokiamas
per cent *adv.* šimtoji skaičiaus dalis
percentage *n.* procentas
perception *n.* percepcija
perceptive *a.* nuovokus
perch *n.* lakta
perch *v.i.* tupėti
perennial *a.* daugiametis
perennial *n.* daugiametis augalas
perfect *a.* nepriekaištingas
perfect *v.t.* tobulinti
perfection *n.* tobulumas
perfidy *n.* išdavystė
perforate *v.t.* perforuoti
perforce *adv.*
perform *v.t.* pasirodyti
performance *n.* pasirodymas
performer *n.* atlikėjas
perfume *n.* kvepalai
perfume *v.t.* kvepinti
perhaps *adv.* galimas dalykas
peril *n.* pavojus
peril *v.t.* kelti pavojų
perilous *a.* pavojingas
period *n.* periodas
periodical *n.* periodinis leidinys
periodical *a.* periodinis
periphery *n.* periferija
perish *v.i.* kentėti
perishable *a.* greitai gendantis
perjure *v.i.* melagingai liudyti
perjury *n.* melagingas liudijimas
permanence *n.* nekintamumas
permanent *a.* permanentinis
permissible *a.* leistinas
permission *n.* sutikimas
permit *v.t.* leisti
permit *n.* leidimas
permutation *n.* perstatimas
pernicious *a.* kenksmingas
perpendicular *a.* statmenas
perpendicular *n.* statmuo
perpetual *a.* amžinas
perpetuate *v.t.* įamžinti
perplex *v.t.* sugluminti
perplexity *n.* suglumimas
persecute *v.t.* persekioti
persecution *n.* persekiojimas
perseverance *n.* atkaklumas
persevere *v.i.* atkakliai dirbti
persist *v.i.* atkakliai laikytis

persistence *n.* atkaklumas
persistent *a.* atkaklus
person *n.* asmuo
personage *n.* personažas
personal *a.* asmeninis
personality *n.* asmenybė
personification *n.* personifikacija
personify *v.t.* įasmeninti
personnel *n.* kadrai
perspective *n.* perspektyva
perspiration *n.* prakaitavimas
perspire *v.i.* prakaituoti
persuade *v.t.* įkalbėti
persuasion *n.* įkalbėjimas
pertain *v.i.* būti susijusiam
pertinent *a.* susijęs
perturb *v.t.* kelti sąmyšį
perusal *n.* atidus skaitymas
peruse *v.t.* atidžiai perskaityti
pervade *v.t.* pasklisti
perverse *a.* iškreiptas
perversion *n.* iškrypimas
perversity *n.* priešgynumas
pervert *v.t.* iškreipti
pessimism *n.* pesimizmas
pessimist *n.* pesimistas
pessimistic *a.* pesimistiškas
pest *n.* kenkėjas
pesticide *n.* pesticidas
pestilence *n.* maras
pet *n.* augintinis
pet *v.t.* glostyti
petal *n.* vainiklapis
petition *n.* peticija
petition *v.t.* įteikti peticiją
petitioner *n.* peticijos įteikėjas
petrol *n.* benzinas
petroleum *n.* nafta
petticoat *n.* apatiniai moteriški marškiniai
petty *a.* smulkmeniškas
petulance *n.* irzlumas
petulant *a.* irzlus
phantom *n.* fantomas
pharmacy *n.* vaistinė
phase *n.* fazė
phenomenal *a.* fenomenalus
phenomenon *n.* fenomenas
phial *n.* buteliukas
philanthropic *a.* filantropinis
philanthropist *n.* filantropas
philanthropy *n.* filantropija
philological *a.* filologinis
philologist *n.* filologas
philology *n.* filologija
philosopher *n.* filosofas
philosophical *a.* filosofinis
philosophy *n.* filosofija
phone *n.* telefonas
phonetic *a.* fonetinis
phonetics *n.* fonetika
phosphate *n.* fosfatas
phosphorus *n.* fosforas
photo *n* nuotrauka
photograph *v.t.* fotografuoti
photograph *n* fotografija
photographer *n.* fotografas
photographic *a.* fotografinis
photography *n.* fotografavimas
phrase *n.* frazė
phrase *v.t.* frazuoti
phraseology *n.* frazeologija
physic *n.* vaistas
physic *v.t.* duoti vaistų
physical *a.* fizinis
physician *n.* gydytojas
physicist *n.* fizikas
physics *n.* fizika
physiognomy *n.* fizionomija
physique *n.* stotas
pianist *n.* pianistas
piano *n.* pianinas
pick *v.t.* parinkti
pick *n.* parinkimas

picket *n.* piketas
picket *v.t.* piketuoti
pickle *n.* marinatas
pickle *v.t* marinuoti
picnic *n.* iškyla
picnic *v.i.* iškylauti
pictorical *a.* iliustruotas
picture *n.* atvaizdas
picture *v.t.* vaizduoti
picturesque *a.* vaizdingas
piece *n.* dalis
piece *v.t.* sudėti iš gabalų
pierce *v.t.* pradurti
piety *n.* pietizmas
pig *n.* kiaulė
pigeon *n.* balandis
pigmy *n.* pigmėjas
pile *n.* šūsnis
pile *v.t.* šūsniuoti
piles *n.* pūkas
pilfer *v.t.* vagiliauti
pilgrim *n.* piligrimas
pilgrimage *n.* piligriminė kelionė
pill *n.* piliulė
pillar *n.* piliorius
pillow *n* pagalvė
pillow *v.t.* padėti galvą
pilot *n.* pilotas
pilot *v.t.* pilotuoti
pimple *n.* spuogas
pin *n.* segtukas
pin *v.t.* prisegti
pinch *v.t.* įžnybti
pinch *v.* žnaibyti
pine *n.* pušis
pine *v.i.* sielvartauti
pineapple *n.* ananasas
pink *n.* gvazdikas
pink *a* rožinė
pinkish *a.* šviesiai rožinis
pinnacle *n.* smailiaviršūnė uola
pioneer *n.* pionierius
pioneer *v.t.* pionieriauti
pious *a.* davatkiškas
pipe *n.* dūdelė
pipe *v.i* dūduoti
piquant *a.* pikantiškas
piracy *n.* piratavimas
pirate *n.* piratas
pirate *v.t* piratauti
pistol *n.* pistoletas
piston *n.* stūmoklis
pit *n.* duobė
pit *v.t.* išbandyti savo jėgas
pitch *n.* derva
pitch *v.t.* dervuoti
pitcher *n.* ąsotis
piteous *a.* pasigailėtinas
pitfall *n.* keblumai
pitiable *a.* vertas užuojautos
pitiful *a.* graudus
pitiless *a.* negailestingas
pitman *n.* kalnakasys
pittance *n.* menka alga
pity *n.* gailestis
pity *v.t.* užjausti
pivot *n.* sukimosi centras
pivot *v.t.* suktis apie ašį
placard *n.* plakatas
place *n.* vieta
place *v.t.* talpinti
placid *a.* ramus
plague *a.* dievo rykštė
plague *v.t.* varginti
plain *a.* prastas
plain *n.* lyguma
plaintiff *n.* ieškovas
plan *n.* planas
plan *v.t.* planuoti
plane *n.* lėktuvas
plane *v.t.* obliuoti
plane *a.* plokštuminis
plane *n* oblius
planet *n.* planeta

planetary *a.* planetinis
plank *n.* lenta
plank *v.t.* apkalti lentomis
plant *n.* augalas
plant *v.t.* sodinti
plantain *n.* gyslotis
plantation *n.* plantacija
plaster *n.* tinkas
plaster *v.t.* tinkuoti
plate *n.* lėkštė
plate *n.* lakštas
plateau *n.* plynaukštė
platform *n.* platforma
platonic *a.* platoniškas
platoon *n.* būrys
play *n.* žaidimas
play *v.i.* žaisti
player *n.* žaidėjas
plea *n.* maldavimas
plead *v.i.* maldauti
pleader *n.* nuolankus prašytojas
pleasant *a.* malonus
pleasantly *adv.* maloniai
pleasantly *v.t.* malonėkite
pleasure *n.* malonumas
plebiscite *n.* plebiscitas
pledge *n.* užstatas
pledge *v.t.* užstatyti
plenty *n.* gausa
plight *n.* sunki padėtis
plod *v.i.* kėblinti
plot *n.* brėžinys
plot *v.t.* žymėti plane
plough *n.* plūgas
plough *v.i* arti
ploughman *n.* artojas
pluck *v.t.* raškyti
pluck *n* raškymas
plug *n.* rozetė
plug *v.t.* prijungti
plum *n.* slyva
plumber *n.* santechnikas
plunder *v.t.* grobstyti
plunder *n* grobstymas
plunge *v.t.* nupulti
plunge *n* nuopuolis
plural *a.* pliuralinis
plurality *n.* daugiskaitiškumas
plus *a.* plius
plus *n* pliusas
ply *v.t.* primygtinai siūlyti
ply *n* pluoštas
pneumonia *n.* pneumonija
pocket *n.* kišenė
pocket *v.t.* įsidėti į kišenę
pod *n.* ankštis
poem *n.* poema
poesy *n.* poezija
poet *n.* poetas
poetaster *n.* eiliakalys
poetess *n.* poetė
poetic *a.* poetiškas
poetics *n.* poetika
poetry *n.* poetiškumas
poignacy *n.* gailumas
poignant *a.* gailus
point *n.* taškas
point *v.t.* rodyti pirštu
poise *v.t.* išlaikyti pusiausvyrą
poise *n* pusiausvyra
poison *n.* nuodai
poison *v.t.* nuodyti
poisonous *a.* nuodingas
poke *v.t.* bakstelti
poke *n.* bakstelėjimas
polar *a.* poliarinis
pole *n.* polius
police *n.* policija
policeman *n.* policininkas
policy *n.* vykdoma politika
polish *v.t.* poliruoti
polish *n* poliravimas
polite *a.* mandagus
pliteness *n.* mandagumas

politic *a.* sumanus
political *a.* politinis
politician *n.* politikas
politics *n.* politika
polity *n.* valdymo forma
poll *n.* apklausa
poll *v.t.* apklausti
pollen *n.* žiedadulkės
pollute *v.t.* užteršti
pollution *n.* teršalai
polo *n.* polo
polygamous *a.* poligaminis
polygamy *n.* poligamija
polyglot1 *n.* poliglotas
polyglot2 *a.* daugiakalbis
polytechnic *a.* politechniškas
polytechnic *n.* politechnikumas
polytheism *n.* politeizmas
polytheist *n.* politeistas
polytheistic *a.* politeistinis
pomp *n.* pompa
pomposity *n.* pompastika
pompous *a.* pompastiškas
pond *n.* tvenkinys
ponder *v.t.* apmąstyti
pony *n.* ponis
poor *a.* vargšas
pop *v.i.* pykštelėti
pop *n* pykštelėjimas
pope *n.* popiežius
poplar *n.* tuopa
poplin *n.* poplinas
populace *n.* liaudis
popular *a.* populiarus
popularity *n.* populiarumas
popularize *v.t.* populiarinti
populate *v.t.* įkurdinti
population *n.* populiacija
populous *a.* tankiai gyvenamas
porcelain *n.* porcelianas
porch *n.* prieangis
pore *v.* įsigilinti
pork *n.* kiauliena
porridge *n.* košė
port *n.* uostas
portable *a.* portatyvus
portage *n.* pervalkas
portal *n.* portalas
portend *v.t.* nuspėti
porter *n.* portjė
portfolio *n.* portfelis
portico *n.* portikas
portion *n* porcija
portion *v.t.* porcijuoti
portrait *n.* portretas
portraiture *n.* portretinė tapyba
portray *v.t.* atvaizdavuoti
portrayal *n.* atvaizdavimas
pose *v.i.* pozuoti
pose *n.* poza
position *n.* pozicija
position *v.t.* užsiimti poziciją
positive *a.* pozityvus
possess *v.t.* valdyti nuosavybę
possession *n.* valdos
possibility *n.* galimybė
possible *a.* galimas
post *n.* paštas
post *v.t.* siųsti paštu
post *n* stulpas
post *v.t.* iškabinti
post *adv.* paštu
postage *n.* pašto išlaidos
postal *a.* paštinis
post-date *v.t.* po laiko
poster *n.* skelbimas
posterity *n.* palikuonys
posthumous *a.* pomirtinis
postman *n.* laiškanešys
postmaster *n.* pašto viršininkas
post-mortem *a.* post mortem
post-mortem *n.* post mortem
post-office *n.* paštas
postpone *v.t.* nukelti

postponement *n.* atidėjimas
postscript *n.* post scriptum
posture *n.* laikysena
pot *n.* puodas
pot *v.t.* sodinti į vazoną
potash *n.* potašas
potassium *n.* kalis
potato *n.* bulvė
potency *n.* potencija
potent *a.* stipriai veikiantis
potential *a.* potencialus
potential *n.* potencialas
pontentiality *n.* potencialumas
potter *n.* puodžius
pottery *n.* puodininkystė
pouch *n.* kapšas
poultry *n.* paukštiena
pounce *v.i.* staigiai užšokti
pounce *n* staigus šuolis
pound *n.* svaras sterlingų
pound *v.t.* daužyti
pour *v.i.* išlieti
poverty *n.* skurdas
powder *n.* pudra
powder *v.t.* pudruotis
power *n.* galia
powerful *a.* galingas
practicability *n.* įvykdomumas
practicable *a.* įvykdomas
practical *a.* praktiškas
practice *n.* praktika
practise *v.t.* praktikuoti
practitioner *n.* praktikuojantis gydytojas
pragmatic *a.* pragmatiškas
pragmatism *n.* pragmatizmas
praise *n.* pagyrimas
praise *v.t.* pagirti
praiseworthy *a.* pagirtinas
prank *n.* išdaiga
prattle *v.i.* čiauškėti
prattle *n.* čiauškėjimas
pray *v.i.* melstis
prayer *n.* besimeldžiantysis
preach *v.i.* pamokslauti
preacher *n.* pamokslininkas
preamble *n.* preambulė
precaution *n.* atsargumo priemonės
precautionary *a.* įspėjamasis
precede *v.* vykti anksčiau
precedence *n.* ankstumas
precedent *n.* precedentas
precept *n.* priesakas
preceptor *n.* dėstytojas
precious *a.* brangus
precis *n.* konspektas
precise *a.* precizus
precision *a.* precizinis
precursor *n.* požymis
predecessor *n.* pirmtakas
predestination *n.* lemtis
predetermine *v.t.* iš anksto nulemti
predicament *n.* kebli padėtis
predicate *n.* predikatas
predict *v.t.* numatyti
prediction *n.* numatymas
predominance *n.* vyravimas
predominant *a.* vyraujantis
predominate *v.i.* vyrauti
pre-eminence *n.* pranašumas
pre-eminent *a.* pranašesnis
preface *n.* pratarmė
preface *v.t.* pradėti
prefect *n.* vyresnysis mokinys
prefer *v.t.* teikti pirmenybę
preference *n.* pirmenybė
preferential *a.* teikiantis pirmenybę
prefix *n.* priešdėlis
prefix *v.t.* pridėti pirešdėlį
pregnancy *n.* nėštumas
pregnant *a.* nėščia

prehistoric *a.* priešistorinis
prejudice *n.* išankstinis nusistatymas
prelate *n.* prelatas
preliminary *a.* preliminarus
preliminary *n* parengiamosios priemonės
prelude *n.* preliudija
prelude *v.t.* būti preliudija
premarital *a.* priešvedybinis
premature *a.* priešlaikinis
premeditate *v.t.* iš anksto apgalvoti
premeditation *n.* išankstinis apgalvojimas
premier *a.* premjerinis
premier *n* premjeras
premiere *n.* premjera
premium *n.* premija
premonition *n.* nujautimas
preoccupation *n.* didelis rūpestis
preoccupy *v.t.* užvaldyti mintis
preparation *n.* pasiruošimas
preparatory *a.* paruošiamasis
prepare *v.t.* pasiruošti
preponderance *n.* persvara
preponderate *v.i.* turėti persvarą
preposition *n.* prielinksnis
prerequisite *a.* prielaidos
prerequisite *n* prielaida
prerogative *n.* prerogatyva
prescience *n.* numatymas
prescribe *v.t.* išrašyti
prescription *n.* receptas
presence *n.* akivaizda
present *a.* dabartinis
present *n.* dabartis
present *v.t.* padovanoti
presentation *n.* prezentacija
presently *adv.* dabar
preservation *n.* apsauga
preservative *n.* apsauginė priemonė
preservative *a.* apsauginis
preserve *v.t.* išsaugoti
preserve *n.* konservai
preside *v.i.* pirmininkauti
president *n.* prezidentas
presidential *a.* prezidentinis
press *v.t.* spausti
press *n* spauda
pressure *n.* spaudimas
pressurize *v.t.* daryti spaudimą
prestige *n.* prestižas
prestigious *a.* prestižinis
presume *v.t.* manyti
presumption *n.* manymas
presuppose *v.t.* numanyti
presupposition *n.* prielaida
pretence *n.* apsimetimas
pretend *v.t.* apsimesti
pretension *n.* pretenzija
pretentious *a.* pretenzingas
pretext *n* pretekstas
prettiness *n.* gražumas
pretty *a* gražus
pretty *adv.* ganėtinai
prevail *v.i.* paplisti
prevalance *n.* paplitimas
prevalent *a.* paplitęs
prevent *v.t.* užkirsti kelią
prevention *n.* prevencija
preventive *a.* prevencinis
previous *a.* prieš tai buvęs
prey *n.* grobis
prey *v.i.* grobti
price *n.* kaina
price *v.t.* įkainoti
prick *n.* dūrimas
prick *v.t.* dūrti
pride *n.* pasididžiavimas
pride *v.t.* didžiuotis
priest *n.* dvasininkas
priestess *n.* dvasininkė
priesthood *n.* dvasininkystė

prima facie *adv.* prima facie
primarily *adv.* pirmiausiai
primary *a.* pirminis
prime *a.* pats gražumas
prime *n.* pirmarūšis
primer *n.* gruntas
primeval *a.* pirmapradis
primitive *a.* pirmityvus
prince *n.* princas
princely *a.* princesiškas
princess *n.* princesė
principal *n.* direktorius
principal *a* viršiausias
principle *n.* principas
print *v.t.* spausdinti
print *n* spaudas
printer *n.* spausdintuvas
prior *a.* prioritetinis
prior *n* prioras
prioress *n.* priorė
priority *n.* prioritetas
prison *n.* kalėjimas
prisoner *n.* kalinys
privacy *n.* privatumas
private *a.* privatus
privation *n.* nepriteklius
privilege *n.* privilegija
prize *n.* prizas
prize *v.t.* pelnyti
probability *n.* tikimybė
probable *a.* tikėtinas
probably *adv.* tikriausiai
probation *n.* bandomasis laikotarpis
probationer *n.* praktikantas
probe *v.t.* bandyti
probe *n* bandymas
problem *n.* problema
problematic *a.* problematiškas
procedure *n.* procedūra
proceed *v.i.* toliau vykti
proceeding *n.* procesinis veiksmas
proceeds *n.* pajamos
process *n.* procesas
procession *n.* procesija
proclaim *v.t.* proklamuoti
proclamation *n.* proklamacija
proclivity *n.* palinkimas
procrastinate *v.i.* atidėlioti
procrastination *n.* atidėliojimas
proctor *n.* proktorius
procure *v.t.* sąvadauti
procurement *n.* sąvadavimas
prodigal *a.* išlaidus
prodigality *n.* išlaidumas
produce *v.t.* gaminti
produce *n.* produktai
product *n.* produktas
production *n.* produkcija
productive *a.* produktyvus
productivity *n.* produktyvumas
profane *a.* šventvagiškas
profane *v.t.* profanuoti
profess *v.t.* išpažinti
profession *n.* profesija
professional *a.* profesionalas
professor *n.* profesorius
proficiency *n.* profesionalumas
proficient *a.* profesionalus
profile *n.* profilis
profile *v.t.* profiliuoti
profit *n.* pelnas
profit *v.t.* nešti pelną
profitable *a.* pelningas
profiteer *n.* spekuliantas
profiteer *v.i.* spekuliuoti
profligacy *n.* pasileidimas
profligate *a.* išlaidus
profound *a.* gilus
profundity *n.* gilumas
profuse *a.* gausus
profusion *n.* gausumas
progeny *n.* palikuonis
programme *n.* programa

programme *v.t.* programuodama
progress *n.* progresas
progress *v.i.* progresuoti
progressive *a.* progresyvus
prohibit *v.t.* drausti
prohibition *n.* draudimas
prohibitive *a.* draudžiamasis
prohibitory *a.* draudžiamas
project *n.* projektas
project *v.t.* projektuoti
projectile *n.* sviedinys
projectile *a* svaidomasis
projection *n.* projekcija
projector *n.* projektorius
proliferate *v.i.* plisti
proliferation *n.* paplitimas
prolific *a.* produktyvus
prologue *n.* prologas
prolong *v.t.* pailginti
prolongation *n.* prailginimas
prominence *n.* iškilimas
prominent *a.* iškilas
promise *n* pažadas
promise *v.t* žadėti
promising *a.* perspektyvus
promissory *a.* pasižadantis
promote *v.t.* paaukštinti
promotion *n.* paaukštinimas
prompt *a.* skubus
prompt *v.t.* skubinti
prompter *n.* sufleris
prone *a.* kniūbsčias
pronoun *n.* įvardis
pronounce *v.t.* tarti
pronunciation *n.* tarimas
proof *n.* įrodymas
proof *a* nepramušamas
prop *n.* ramstis
prop *v.t.* atremti
propaganda *n.* propaganda
propagandist *n.* propagandinis
propagate *v.t.* propaguoti
propagation *n.* propagavimas
propel *v.t.* varyti
proper *a.* prideramas
property *n.* nuosavybė
prophecy *n.* pranašystė
prophesy *v.t.* pranašauti
prophet *n.* pranašas
prophetic *a.* pranašiškas
proportion *n.* proporcija
proportion *v.t.* daryti proporcingą
proportional *a.* proporcinis
proportionate *a.* proporcingas
proposal *n.* pasipiršimas
propose *v.t.* pasipiršti
proposition *n.* pasiūlymas
propound *v.t.* pateikti svarstyti
proprietary *a.* patentuotas
proprietor *n.* savininkas
propriety *n.* padorumas
prorogue *v.t.* padaryti pertrauką svarstant klausimą
prosaic *a.* prozinis
prose *n.* proza
prosecute *v.t.* patraukti baudžiamojon atsakomybėn
prosecution *n.* patraukimas baudžiamojon atsakomybė
prosecutor *n.* kaltintojas
prosody *n.* prozodija
prospect *n.* perspektyva
prospective *a.* numatomas
prospsectus *n.* prospektas
prosper *v.i.* klestėti
prosperity *n.* klestėjimas
prosperous *a.* klestintis
prostitute *n.* prostitutė
prostitute *v.t.* parsidavinėti
prostitution *n.* prostitucija
prostrate *a.* paslikas
prostrate *v.t.* sugniuždyti
prostration *n.* prostracija

protagonist *n.* pagrindinis veikėjas
protect *v.t.* apsaugoti
protection *n.* apsauga
protective *a.* apsaugantis
protector *n.* saugiklis
protein *n.* proteinas
protest *n.* protestas
protest *v.i.* protestuoti
protestation *n.* protestavimas
prototype *n.* prototipas
proud *a.* besididžiuojantis
prove *v.t.* įrodyti
proverb *n.* priežodis
proverbial *a.* priežodinis
provide *v.i.* parūpinti
providence *n.* įžvalgumas
provident *a.* įžvalgus
providential *a.* likimo lemtas
province *n.* provincija
provincial *a.* provincialus
provincialism *n.* provincializmas
provision *n.* tiekimas
provisional *a.* laikinas
proviso *n.* išlyga
provocation *n.* provokacija
provocative *a.* provokacinis
provoke *v.t.* provokuoti
prowess *n.* meistriškumas
proximate *a.* artimiausias
proximity *n.* artumas
proxy *n.* įgaliojimas
prude *n.* davatka
prudence *n.* apdairumas
prudent *a.* išmintingas
prudential *a.* apsvarstytas
prune *v.t.* apgenėti
pry *v.i.* smalsauti
psalm *n.* psalmė
pseudonym *n.* pseudonimas
psyche *n.* psichika
psychiatrist *n.* psichiatras
psychiatry *n.* psichiatrija
psychic *a.* aiškiaregis
psychological *a.* psichologiškas
psychologist *n.* psichologas
psychology *n.* psichologija
psychopath *n.* psichopatas
psychosis *n.* psichozė
psychotherapy *n.* psichoterapija
puberty *n.* lytinis subrendimas
public *a.* viešas
public *n.* visuomenė
publication *n.* publikacija
publicity *n.* viešumas
publicize *v.t.* paskelbti
publish *v.t.* publikuoti
publisher *n.* leidykla
pudding *n.* pudingas
puddle *n.* balutė
puddle *v.t.* pliuškentis
puerile *a.* vaikiškas
puff *n.* gūsis
puff *v.i.* pūškuoti
pull *v.t.* traukti
pull *n.* traukimas
pulley *n.* skriemulys
pullover *n.* megztinis
pulp *n.* vaisiaus minkštimas
pulp *v.t.* pertrinti
pulpit *n.* sakykla
pulpy *a.* mėsingas
pulsate *v.i.* pulsuoti
pulsation *n.* pulsavimas
pulse *n.* pulsas
pulse *v.i.* pulsuoti
pulse *n* tempas
pump *n.* siurblys
pump *v.t.* pumpuoti
pumpkin *n.* moliūgas
pun *n.* kalambūras
pun *v.i.* sakyti kalambūrus
punch *n.* komposteris
punch *v.t.* komposteruoti

punctual *a.* tikslus
punctuality *n.* tikslumas
punctuate *v.t.* dėti skyrybos ženklus
punctuation *n.* skyryba
puncture *n.* pradurta skylė
puncture *v.t.* pradurti
pungency *n.* aštrumas
pungent *a.* aštrus
punish *v.t.* bausti
punishment *n.* bausmė
punitive *a.* baudžiamasis
puny *a.* menkas
pupil *n.* mokinys
puppet *n.* lėlė
puppy *n.* šuniukas
purblind *n. a.* nenuovokus
purchase *n.* pirkinys
purchase *v.t.* pirkti
pure *a* grynas
purgation *n.* nusivalymas
purgative *n.* laisvinamieji
purgative *a* laisvinantis
purgatory *n.* skaistykla
purge *n.* apvalymas
purification *n.* apsivalymas
purify *v.t.* apsivalyti
purist *n.* puristas
puritan *n.* puritonas
puritanical *a.* puritoniškas
purity *n.* grynumas
purple *adj./n.* purpuras
purport *n.* prasmė
purport *v.t.* teigti
purpose *n.* tikslas
purpose *v.t.* žadėti
purposely *adv.* sąmoningai
purr *n.* burzgimas
purr *v.i.* burgzti
purse *n.* piniginė
purse *v.t.* pasiglemžti
pursuance *n.* išpildymas
pursue *v.t.* siekti
pursuit *n.* siekimas
purview *n.* veikimo sritis
pus *n.* pūliai
push *v.t.* stumti
push *n.* pastūmėjimas
put *v.t.* dėti
puzzle *n.* galvosūkis
puzzle *v.t.* supainioti
pygmy *n.* pigmėjas, neūžauga
pyorrhoea *n.* paradantozė
pyramid *n.* piramidė
pyre *n.* laužas
python *n.* pitonas

Q

quack *v.i.* kvarksėti
quack *n* šundaktaris
quackery *n.* šundaktariavimas
quadrangle *n.* keturkampis
quadrangular *a.* keturkampis
quadrilateral *a. & n.* keturkampis
quadruped *n.* keturkojis
quadruple *a.* keturgubas
quadruple *v.t.* keturgubinti
quail *n.* putpelė
quaint *a.* neįprastas
quake *v.i.* drebėti
quake *n* drebėjimas
qualification *n.* kvalifikacija
qualify *v.i.* kvalifikuoti
qualitative *a.* kokybinis
quality *n.* kokybė
quandary *n.* kebli padėtis
quantitative *a.* kiekybinis
quantity *n.* kiekybė
quantum *n.* kvantas

quarrel *n.* priešgyniavimas
quarrel *v.i.* priešgyniauti
quarrelsome *a.* priešgynus
quarry *n.* karjeras
quarry *v.i.* skaldyti akmenis
quarter *n.* ketvirtis
quarter *v.t.* ketvirčiuoti
quarterly *a.* ketvirtinis
queen *n.* karalienė
queer *a.* negaluojantis
quell *v.t.* slopinti
quench *v.t.* malšinti
query *n.* paklausimas
query *v.t* paklausti
quest *n.* ieškojimas
quest *v.t.* ieškant
question *n.* klausimas
question *v.t.* klausti
questionable *a.* abejotinas
questionnaire *n.* klausimynas
queue *n.* vora
quibble *n.* priekabis
quibble *v.i.* priekabiauti
quick *a.* greitas
quick *n* gyvuonis
quicksand *n.* klampynė
quicksilver *n.* gyvsidabrinis
quiet *a.* tylus
quiet *n.* tyla
quiet *v.t.* tildyti
quilt *n.* dygsniuota antklodė
quinine *n.* chininas
quintessence *n.* kvintesencija
quit *v.t.* mesti
quite *adv.* gana
quiver *n.* tirtėjimas
quiver *v.i.* tirtėti
quixotic *a.* donkichotiškas
quiz *n.* viktorina
quiz *v.t.* apklausti
quorum *n.* kvorumas
quota *n.* kvota
quotation *n.* citavimas
quote *v.t.* cituoti
quotient *n.* koeficientas

R

rabbit *n.* triušis
rabies *n.* pasiutimas
race *n.* lenktynės
race *v.i* lenktyniauti
racial *a.* rasinis
racialism *n.* rasizmas
rack *v.t.* išvargintam
rack *n.* šoninė
racket *n.* raketė
radiance *n.* spinduliavimas
radiant *a.* spinduliuojantis
radiate *v.t.* spinduliuoti
radiation *n.* radiacija
radical *a.* radikalus
radio *n.* radijas
radio *v.t.* perduoti per radiją
radish *n.* ridikėlis
radium *n.* radis
radius *n.* spindulys
rag *n.* triukšmingi kasmetiniai studentų renginiai
rag *v.t.* apjuokti
rage *n.* įniršis
rage *v.i.* niršti
raid *n.* reidas
raid *v.t.* rengti reidą
rail *n.* bėgiai
rail *v.t.* plūstis
raling *n.* raliavimas
raillery *n.* geraširdiška pašaipa
railway *n.* geležinkelio linija
rain *v.i.* lyti
rain *n* lietus

rainy *a.* lietingas
raise *v.t.* pakelti
raisin *n.* razina
rally *v.t.* suburti
rally *n* sambūris
ram *n.* taranas
ram *v.t.* taranuoti
ramble *v.t.* keroti
ramble *n* klajojimas
rampage *v.i.* siautėti
rampage *n.* siautėjimas
rampant *a.* siaučiantis
rampart *n.* tikintis pakelti kainas
rancour *n.* pagieža
random *a.* atsitiktinis
range *v.t.* svyruoti tam tikrose ribose
range *n.* diapazonas
ranger *n.* vyresnioji skautė
rank *n.* rangas
rank *v.t.* priskirti kokiai kategorijai
rank *a* išsikerojęs
ransack *v.t.* apkraustyti
ransom *n.* išpirka
ransom *v.t.* išpirkti
rape *n.* žaginimas
rape *v.t.* žaginti
rapid *a.* spartus
rapidity *n.* sparta
rapier *n.* rapyra
rapport *n.* savitarpio santykis
rapt *a.* susižavėjęs
rapture *n.* susižavėjimas
rare *a.* retas
rascal *n.* šelmis
rash *a.* skubotas
rat *n.* žiurkė
rate *v.t.* įvertinti
rate *n.* įvertinimas
rather *adv.* verčiau
ratify *v.t.* ratifikuoti
ratio *n.* santykis
ration *n.* racionas
rational *a.* racionalus
rationale *n.* loginis pagrindas
rationality *n.* racionalumas
rationalize *v.t.* racionalizuoti
rattle *v.i.* barškėti
rattle *n* barškėjimas
ravage *n.* nuniokojimas
ravage *v.t.* nuniokoti
rave *v.i.* kliedėti
raven *n.* varnas
ravine *n.* siaurukalnė
raw *a.* neišviręs
ray *n.* raja
raze *v.t.* sunaikinti
razor *n.* skustuvas
reach *v.t.* pasiekti
react *v.i.* reaguoti
reaction *n.* reakcija
reactinary *a.* reakcinis
read *v.t.* skaityti
reader *n.* skaitovas
readily *adv.* be vargo
readiness *n.* nuovokumas
ready *a.* pasiruošęs
real *a.* realus
realism *n.* realizmas
realist *n.* realistas
realistic *a.* realistinis
reality *n.* realybė
realization *n.* įsisąmoninimas
realize *v.t.* įsisąmoninti
really *adv.* nejaugi
realm *a.* sritis
ream *n.* stopa
reap *v.t.* pjauti
reaper *n.* pjaunamoji
rear *n.* užpakalinė dalis
rear *v.t.* stoti piestu
reason *n.* priežastis
reason *v.i.* pagrįsti

reasonable *a.* protaujantis
reassure *v.t.* įtikinti nenuogąstauti
rebate *n.* permokos grąžinimas
rebel *v.i.* maištauti
rebel *n.* maištininkas
rebellion *n.* maištas
rebellious *a.* maištingas
rebirth *n.* atgimimas
rebound *v.i.* atšokti
rebound *n.* atšokimas
rebuff *n.* atkirtis
rebuff *v.t.* atkirsti
rebuke *v.t.* priekaištas
rebuke *n.* priekaištauti
recall *v.t.* atšaukti
recall *n.* atšaukimas
recede *v.i.* atsitraukti
receipt *n.* kvitas
receive *v.t.* gauti
receiver *n.* imtuvas
recent *a.* nesenas
recently *adv.* neseniai
reception *n.* priimamasis
receptive *a.* imlus
recess *n.* alkova
recession *n.* recesija
recipe *n.* receptas
recipient *n.* gavėjas
reciprocal *a.* abipusiškas
reciprocate *v.t.* atsimokėti tuo pačiu
recital *n.* rečitalis
recitation *n.* deklamavimas
recite *v.t.* deklamuoti
reckless *a.* nutrūktgalviškas
reckon *v.t.* manyti esant
reclaim *v.t.* reikalauti grąžinti
reclamation *n* melioracija
recluse *n.* atsiskyrėlis
recognition *n.* atpažinimas
recognize *v.t.* atpažininti
recoil *n.* atatranka
recoil *v.i.* atitrenkti
recollect *v.t.* atgaminti
recollection *n.* prisiminimas
recommend *v.t.* rekomenduoti
recommendation *n.* rekomendacija
recompense *v.t.* atlyginti
recompense *n.* atlygis
reconcile *v.t.* sutaikyti
reconciliation *n.* susitaikymas
record *v.t.* įrašyti
record *n.* įrašas
recorder *n.* grotuvas
recount *v.t.* smulkiai papasakoti
recoup *v.t.* atlyginti nuostolius
recourse *n.* pagalbos prašymas
recover *v.t.* atgauti
recovery *n.* susigrąžinimas
recreation *n.* rekreacija
recruit *n.* rekrūtas
recruit *v.t.* verbuoti
rectangle *n.* stačiakampis
rectangular *a.* stačiakampis
rectification *n.* rektifikacija
rectify *v.i.* rektifikuoti
rectum *n.* tiesioji žarna
recur *v.i.* pasikartoti
recurrence *n.* pasikartojimas
recurrent *a.* pasikartojantis
red *a.* raudonas
red *n.* raudona
redden *v.t.* rausti
reddish *a.* rausvas
redeem *v.t.* padengti
redemption *n.* padengimas
redouble *v.t.* padvigubinti
redress *v.t.* ištaisyti
redress *n* atitaisymas
reduce *v.t.* sumažinti
reduction *n.* redukcija
redundance *n.* perteklius

redundant *a.* perteklinis
reel *n.* ritė
reel *v.i.* vynioti
refer *v.t.* paminėti
referee *n.* arbitras
reference *n.* užuomina
referendum *n.* referendumas
refine *v.t.* rafinuoti
refinement *n.* rafinuotumas
refinery *n.* rafinavimo fabrikas
reflect *v.t.* atsispindėti
reflection *n.* atspindys
reflective *a.* mąslus
reflector *n.* atšvaitas
reflex *n.* refleksas
reflex *a* refleksinis
reflexive *a* sangrąžinis
reform *v.t.* reforma
reform *n.* reformuoti
Reformation *n.* reformacija
reformatory *n.* pataisos namai
reformatory *a* reformacinis
reformer *n.* reformatorius
refrain *v.i.* susilaikyti
refrain *n* refrenas
refresh *v.t.* atnaujinti
refreshment *n.* atsigaivinimas
refrigerate *v.t.* atšaldyti
refrigeration *n.* atšaldymas
refrigerator *n.* šaldytuvas
refuge *n.* prieglobstis
refugee *n.* pabėgėlis
refulgence *n.* blizgesys
refulgent *a.* blizgantis
refund *v.t.* grąžinti pinigus
refund *n.* grąžinimas pinigų
refusal *n.* atsisakymas
refuse *v.t.* atsisakyti
refuse *n.* atmatos
refutation *n.* paneigimas
refute *v.t.* paneigti
regal *a.* karališkas
regard *v.t.* gerbti
regard *n.* pagarbiai
regenerate *v.t.* regeneruoti
regeneration *n.* regeneracija
regicide *n.* karalžudys
regime *n.* režimas
regiment *n.* reglamentas ,
regiment *v.t.* reglamentuoti
region *n.* regionas
regional *a.* regioninis
register *n.* registras
register *v.t.* registruoti
registrar *n.* registratorius
registration *n.* registracija
registry *n.* registracijos biuras
regret *v.i.* gailėtis
regret *n* gailėjimasis
regular *a.* reguliarus
regularity *n.* reguliarumas
regulate *v.t.* reguliuoti
regulation *n.* reguliavimas
regulator *n.* reguliuotojas
rehabilitate *v.t.* reabilituoti
rehabilitation *n.* reabilitacija
rehearsal *n.* repeticija
rehearse *v.t.* repetuoti
reign *v.i.* karaliauti
reign *n* karaliavimas
reimburse *v.t.* atsiteisti
rein *n.* vadelės
rein *v.t.* vadelėti
reinforce *v.t.* sustiprinti
reinforcement *n.* pastiprinimas
reinstate *v.t.* atkurti
reinstatement *n.* sugrąžinimas
reiterate *v.t.* kartoti
reiteration *n.* pakartojimas
reject *v.t.* atmesti
rejection *n.* atmetimas
rejoice *v.i.* džiūgauti
rejoin *v.t.* suvienyti
rejoinder *n.* atsakymas į kritiką

rejuvenate *v.t.* atjaunėjęs
rejuvenation *n.* atjaunėjimas
relapse *v.i.* atkristi
relapse *n.* atkritimas
relate *v.t.* sietis
relation *n.* sąsaja
relative *a.* susiję̨s
relative *n.* giminaitis
relax *v.t.* atsipalaiduoti
relaxation *n.* relaksacija
relay *n.* estafetė
relay *v.t.* perduoti
release *v.t.* atpalaiduoti
release *n* atpalaidavimas
relent *v.i.* nusileisti
relentless *a.* nepalenkiamas
relevance *n.* relevantiškumas
relevant *a.* relevantiškas
reliable *a.* patikimas
reliance *n.* priklausomumas
relic *n.* reliktas
relief *n.* palengvėjimas
relieve *v.t.* palengvinti
religion *n.* religija
religious *a.* religinis
relinquish *v.t.* užduoti
relish *v.t.* gardžiuotis
relish *n* pasigardžiavimas
reluctance *n.* nenoras
reluctant *a.* nenorintis
rely *v.i.* pasikliauti
remain *v.i.* pasilikti
remainder *n.* likutis
remains *n.* likučiai
remand *v.t.* grąžinti kardomajam kalinimui
remand *n* kardomasis kalinimas
remark *n.* pastaba
remark *v.t.* pastebėti
remarkable *a.* pastebėtinas
remedial *a.* pataisinis
remedy *n.* pataisa
remedy *v.t* pasitaisyti
remember *v.t.* prisiminti
remembrance *n.* atminimas
remind *v.t.* priminti
reminder *n.* priminimas
reminiscence *n.* prisiminimai
reminiscent *a.* primenantis
remission *n.* remisija
remit *v.t.* pervesti
remittance *n.* perlaida
remorse *n.* gailėjimas
remote *a.* tolimas
removable *a.* kilnojamas
removal *n.* pašalinimas
remove *v.t.* pašalinti
remunerate *v.t.* atsilyginti
remuneration *n.* išlaidų atlyginimas
remunerative *a.* pelningas
renaissance *n.* renesansas
render *v.t.* teikti
rendezvous *n.* pasimatymas
renew *v.t.* atnaujinti
renewal *n.* atnaujinimas
renounce *v.t.* išsižadėti
renovate *v.t.* renovuoti
renovation *n.* renovacija
renown *n.* garbė
renowned *a.* seniai žinomas
rent *n.* nuoma
rent *v.t.* nuomoti
renunciation *n.* išsižadėjimas
repair *v.t.* taisyti
repair *n.* taisymas
raparable *a.* atitaisomas
repartee *n.* šmaikštus atsikirtimas
repatriate *v.t.* repatrijuoti
repatriate *n* repatrijantas
repatriation *n.* repatriacija
repay *v.t.* išmokėti
repayment *n.* išmokėjimas

repeal *v.t.* panaikinti
repeal *n* panaikinimas
repeat *v.t.* pakartoti
repel *v.t.* atstumti
repellent *a.* atstumtas
repellent *n* atstumtasis
repent *v.i.* apgailestauti
repentance *n.* atgaila
repentant *a.* atgailaujantis
repercussion *n.* atoveiksmis
repetition *n.* kartojimas
replace *v.t.* pamainyti
replacement *n.* pamainymas
replenish *v.t.* pripildyti
replete *a.* pripildytas
replica *n.* replika
reply *v.i.* atsakymas
reply *n* atsakyti
report *v.t.* pranešti
report *n.* pranešimas
reporter *n.* reporteris
repose *n.* poilsis
repose *v.i.* ilsėtis
repository *n.* sandelys
represent *v.t.* reprezentuoti
representation *n.* reprezentacija
representative *n.* reprezentantas
representative *a.* reprezentacinis
repress *v.t.* slopinti
repression *n.* slopinimas
reprimand *n.* papeikimas
reprimand *v.t.* papeikti
reprint *v.t.* perspausdinti
reprint *n.* pakartotinis leidimas
reproach *v.t.* priekaištauti
reproach *n.* priekaištas
reproduce *v.t.* reprodukuoti
reproduction *n* reprodukcija
reproductive *a.* reprodukcinis
reproof *n.* priekaištis
reptile *n.* roplys
republic *n.* respublika
republican *a.* respublikinis
republican *n* respublikonas
repudiate *v.t.* nepripažinti
repudiation *n.* nepripažinimas
repugnance *n.* pasibjaurėjimas
repugnant *a.* pasibjaurėtinas
repulse *v.t.* atstumti
repulse *n.* atstūmimas
repulsion *n.* stūma
repulsive *a.* atstumiantis
reputation *n.* reputacija
repute *v.t.* laikyti
repute *n.* bendroji nuomonė
request *v.t.* užklausti
request *n* užklausa
requiem *n.* requiem
require *v.t.* reikalauti
requirement *n.* reikalavimas
requisite *a.* reikalingas
requiste *n* rekvizitas
requisition *n.* rekvizicija
requisition *v.t.* rekvizuoti
requite *v.t.* gauti atpildą
rescue *v.t.* gelbėti
rescue *n* gelbėjimas
research *v.i.* tyrinėti
research *n* tyrinėjimai
resemblance *n.* panašumas
resemble *v.t.* panašėti
resent *v.t.* piktintis
resentment *n.* pasipiktinimas
reservation *n.* rezervacija
reserve *v.t.* rezervuoti
reservoir *n.* rezervuaras
reside *v.i.* gyventi
residence *n.* rezidencija
resident *a.* gyvenantis
resident *n* rezidentas
residual *a.* liekamasis
residue *n.* liekana
resign *v.t.* nutraukti
resignation *n.* pasitraukimas

resist *v.t.* priešintis
resistance *n.* pasipriešinimas
resistant *a.* rezistentas
resolute *a.* ryžtingas
resolution *n.* nutarimas
resolve *v.t.* nutarti
resonance *n.* rezonansas
resonant *a.* rezonansinis
resort *v.i.* griebtis
resort *n* poilsiavietė
resound *v.i.* skardėti
resource *n.* skardėjimas
resourceful *a.* išradingas
respect *v.t.* respektuoti
respect *n.* respektas
respectful *a.* pagarbus
respective *a.* atitinkamas
respiration *n.* respiracija
respire *v.i.* kvėpuoti
resplendent *a.* tviskantis
respond *v.i.* atsiliepti
respondent *n.* respondentas
response *n.* reagavimas
responsibility *n.* atsakomybė
responsible *a.* atsakingas
rest *v.i.* pasilsėti
rest *n* poilsis
restaurant *n.* restoranas
restive *a.* neramus
restoration *n.* restauracija
restore *v.t.* restauruoti
restrain *v.t.* užlaikyti
restrict *v.t.* apriboti
restriction *n.* apribojimas
restrictive *a.* apribojantis
result *v.i.* baigtis
result *n.* rezultatas
resume *v.t.* reziumuoti
resume *n.* reziumė
resumption *n.* atkūrimas
resurgence *n.* atgijimas
resurgent *a.* atgyjantis
retail *v.t.* mažmenomis prekiauti
retail *n.* mažmeninė prekyba
retail *adv.* mažmenomis
retail *a* mažmeninis
retailer *n.* mažmenininkas
retain *v.t.* pasilikti
retaliate *v.i.* atkeršyti
retaliation *n.* atkeršijimas
retard *v.t.* nevisprotis
retardation *n.* užlaikymas
retention *n.* išsaugojimas
retentive *a.* turintis gerą atmintį
reticence *n.* uždarumas
reticent *a.* užsidaręs
retina *n.* tinklainė
retinue *n.* palyda
retire *v.i.* atsistatydinti
retirement *n.* atsistatydinimas
retort *v.t.* atšauti
retort *n.* retorta
retouch *v.t.* retušas
retrace *v.t.* atsekti
retread *v.t.* perdirbti
retread *n.* perdirbinys
retreat *v.i.* neišlaikyti
retrench *v.t.* suvaržyti
retrenchment *n.* sąnaudų mažinimas
retrieve *v.t.* susigrąžinti
retrospect *n.* retrospektyviai
retrospection *n.* retrospektyva
retrospective *a.* retrospektyvus
return *v.i.* sugrįžti
return *n.* sugrįžimas
revel *v.i.* puotauti
revel *n.* puota
revelation *n.* reveliacija
reveller *n.* puotautojai
revelry *n.* puotavimas
revenge *v.t.* keršyti
revenge *n.* kerštas
revengeful *a.* kerštingas

revenue *n.* įplaukos
revere *v.t.* garbinti
reverence *n.* pagarbumas
reverend *a.* garbus
reverent *a.* gerbiantis
reverential *a.* pagarbus
reverie *n.* užsisvajojimas
reversal *n.* apvertimas
reverse *a.* atvirkščias
reverse *n* reversas
reverse *v.t.* apversti
reversible *a.* grįžtamasis
revert *v.i.* grįžti
review *v.t.* peržiūrėti
review *n* peržiūra
revise *v.t.* peržiūrėti
revision *n.* revizija
revival *n.* pagyvėjimas
revive *v.i.* pagyvėti
revocable *a.* atšaukiamas
revocation *n.* panaikinimas
revoke *v.t.* panaikinti
revolt *v.i.* sukilti
revolt *n.* sukilimas
revolution *n.* revoliucija
revolutionary *a.* revoliucinis
revolutionary *n* revoliucionierius
revolve *v.i.* sukti
revolver *n.* revolveris
reward *n.* apdovanojimas
reward *v.t.* apdovanoti
rhetoric *n.* retorika
rhetorical *a.* retorinis
rheumatic *a.* reumatinis
rheumatism *n.* reumatas
rhinoceros *n.* raganosis
rhyme *n.* rimas
rhyme *v.i.* rimuoti
rhymester *n.* eiliuotojas
rhythm *n.* ritmas
rhythmic *a.* ritmiškas
rib *n.* šonkaulis
ribbon *n.* kaspinas
rice *n.* ryžiai
rich *a.* turtingas
riches *n.* turtai
richness *a.* turtingumas
rick *n.* stirta
rickets *n.* rachitas
rickety *a.* rachitinis
rickshaw *n.* rikša
rid *v.t.* išvaduoti
riddle *n.* mįslė
riddle *v.i.* įminti
ride *v.t.* važiuoti
ride *n* važiavimas
rider *n.* jojikas
ridge *n.* kalvagūbris
ridicule *v.t.* apjuokti
ridicule *n.* apjuoka
ridiculous *a.* apjuoktinas
rifle *v.t.* išgriozdinti
rifle *n* šautuvas
rift *n.* riftas
right *a.* teisingas
right *adv* tinkamai
right *n* teisė
right *v.t.* atitaisyti
righteous *a.* teisingas
rigid *a.* nepalenkiamas
rigorous *a.* atšiaurus
rigour *n.* griežtumas
rim *n.* ratlankis
ring *n.* žiedas
ring *v.t.* skambinti
ringlet *n.* garbana
ringworm *n.* trichofilija
rinse *v.t.* išskalauti
riot *n.* riaušės
riot *v.t.* kelti riaušes
rip *v.t.* plėšyti
ripe *a* prinokęs
ripen *v.i.* bręsti
ripple *n.* ratilai

ripple *v.t.* raibuliuoti
rise *v.* pakilti
rise *n.* pakilimas
risk *v.t.* rizikuoti
risk *n.* rizika
risky *a.* rizikingas
rite *n.* apeigos
ritual *n.* ritualas
ritual *a.* ritualinis
rival *n.* varžovas
rival *v.t.* varžytis
rivalry *n.* varžybos
river *n.* upė
rivet *n.* kniedė
rivet *v.t.* kniedyti
rivulet *n.* upokšnis
road *n.* plentas
roam *v.i.* klaidžioti
roar *n.* riaumojimas
roar *v.i.* riaumoti
roast *v.t.* kepinti
roast *a* kepintas
roast *n* kepsnys
rob *v.t.* plėšikauti
robber *n.* plėšikas
robbery *n.* plėšikavimas
robe *n.* platus drabužis
robe *v.t.* apsisiausti
robot *n.* robotas
robust *a.* tvirtas
rock *v.t.* sudrebinti
rock *n.* uola
rocket *n.* raketa
rod *n.* virbas
rodent *n.* graužikas
roe *n.* ikrai
rogue *n.* šelmis
roguery *n.* šelmystė
roguish *a.* šelmiškas
role *n.* vaidmuo
roll *n.* ritinys
roll *v.i.* risti
roll-call *n.* vardinis sąrašas
roller *n.* volas
romance *n.* romantika
romantic *a.* romantiškas
romp *v.i.* išdykauti
romp *n.* išdykavimas
rood *n.* krucifiksas
roof *n.* stogas
roof *v.t.* stogti
rook *n.* kovarnis
rook *v.t.* apgavinėti
room *n.* kambarys
roomy *a.* erdvus
roost *n.* lakta
roost *v.i.* eiti tūpti
root *n.* šaknis
root *v.i.* šaknyti
rope *n.* virvė
rope *v.t.* rišti virve
rosary *n.* rožančius
rose *n.* rožė
roseate *a.* rožinis
rostrum *n.* tribūna
rosy *a.* rausvas
rot *n.* puvimas
rot *v.i.* pūti
rotary *a.* rotacinis
rotate *v.i.* suktis
rotation *n.* sukimasis
rote *n.* mokymasis atmintinai
rouble *n.* rublis
rough *a.* šiurkštus
round *a.* apskritimas
round *adv.* apskritas
round *n.* raundas
round *v.t.* apvalėti
rouse *v.i.* pažadinti
rout *v.t.* sutriuškinti
rout *n* sutriuškinimas
route *n.* maršrutas
routine *n.* rutina
routine *a* rutiniškas

rove *v.i.* klajoti
rover *n.* klajoklis
row *n.* eilė
row *v.t.* irkluoti
row *n* pasiirstymas
row *n.* vaidas
rowdy *a.* chuliganiškas
royal *a.* karališkas
royalist *n.* rojalistas
royalty *n.* karališkosios šeimos nariai
rub *v.t.* trinti
rub *n* trynimas
rubber *n.* trintukas
rubbish *n.* šiukšlės
rubble *n.* nuolaužos
ruby *n.* rubinas
rude *a.* neišsiauklėjęs
rudiment *n.* pagrindas
rudimentary *a.* rudimentinis
rue *v.t.* sielvartauti
rueful *a.* gailus
ruffian *n.* rauktinukas
ruffle *v.t.* raukti
rug *n.* vilnonis kilimas
rugged *a.* grublėtas
ruin *n.* griuvėsiai
ruin *v.t.* sugriūti
rule *n.* taisyklė
rule *v.t.* vyrauti
ruler *n.* liniuotė
ruling *a.* vyraujantis
rum *n.* romas
rum *a* neįprastas
rumble *v.i.* dundėti
rumble *n.* dundesys
ruminant *a.* atrajojantis
ruminant *n.* atrajotojas
ruminate *v.i.* atrajoti
rumination *n.* atrajojimas
rummage *v.i.* griozdinti
rummage *n* griozdynė
rummy *n.* ramsas
rumour *n.* paskala
rumour *v.t.* liežuvauti
run *v.i.* bėgti
run *n.* bėgimas
rung *n.* skersinis
runner *n.* bėgikas
rupee *n.* rupija
rupture *n.* lūžis
rupture *v.t.* laužyti
rural *a.* kaimo
ruse *n.* klasta
rush *n.* skubėjimas
rush *v.t.* skubėti
rush *n* vikšris
rust *n.* rūdys
rust *v.i* rūdyti
rustic *a.* kaimietiškas
rustic *n* kaimietis
rusticate *v.t.* laikinai pašalinti iš universiteto
rustication *n.* laikinas pašalinimas iš universiteto
rusticity *n.* laikinai pašalintas iš universiteto
rusty *a.* surūdijęs
rut *n.* ruja
ruthless *a.* beatodairiškas
rye *n.* rugiai

S

sabbath *n.* šabatas
sabotage *n.* sabotažas
sabotage *v.t.* sabotuoti
sabre *n.* kardas
sabre *v.t.* sužeisti kardu
saccharin *n.* sacharinas
saccharine *a.* cukrinis

sack *n.* maišas
sack *v.t.* išmesti iš darbo
sacrament *n.* sakramentas
sacred *a.* pašventintas
sacrifice *n.* atnašavimas
sacrifice *v.t.* atnašauti
sacrificial *a.* atnašaujamas
sacrilege *n.* šventvagystė
sacrilegious *a.* šventvagiškas
sacrosanct *a.* neliečiamas
sad *a.* liūdnas
sadden *v.t.* liūdinti
saddle *n.* balnas
saddle *v.t.* balnoti
sadism *n.* sadizmas
sadist *n.* sadistas
safe *a.* saugus
safe *n.* seifas
safeguard *n.* apsaugos priemonė
safety *n.* saugumas
saffron *n.* krokas
saffron *a* krokinis
sagacious *a.* įžvalgus
sagacity *n.* įžvalgumas
sage *n.* išminčius
sage *a.* išmintingas
sail *n.* burės
sail *v.i.* buriuoti
sailor *n.* jūrininkas
saint *n.* šventasis
saintly *a.* šventas
sake *n.* sakė
salable *a.* parduodamas
salad *n.* salotos
salary *n.* atlyginimas
sale *n.* pardavimas
salesman *n.* pardavėjas
salient *a.* ryškiausias
saline *a.* druskingas
salinity *n.* druskingumas
saliva *n.* seilės
sally *n.* protrūkis
sally *v.i.* išlėkti
saloon *n.* sedanas
salt *n.* druska
salt *v.t* sūdyti
salty *a.* sūrus
salutary *a.* gydomasis
salutation *n.* pasveikinimas
salute *v.t.* pasveikinti
salute *n* pagarbos atidavimas
salvage *n.* gelbėjimas
salvage *v.t.* gelbėtis
salvation *n.* išsigelbėjimas
same *a.* toks pat
sample *n.* mėginys
sample *v.t.* imti mėginį
sanatorium *n.* sanatorija
sanctification *n.* pašventinimas
sanctify *v.t.* pašventinti
sanction *n.* sankcija
sanction *v.t.* sankcionuoti
sanctity *n.* šventenybė
sanctuary *n.* prieglobstis
sand *n.* smėlis
sandal *n.* sandalas
sandalwood *n.* santalas
sandwich *n.* sumuštinis
sandwich *v.t.* įsprausti
sandy *a.* smėlingas
sane *a.* psichiškai sveikas
sanguine *a.* sangviniškas
sanitary *a.* sanitarinis
sanity *n.* normali psichinė būklė
sap *n.* sula
sap *v.t.* leisti sulą
sapling *n.* sodinukas
sapphire *n.* safyras
sarcasm *n.* sarkazmas
sarcastic *a.* sarkastiškas
sardonic *a.* sardoniškas
satan *n.* šėtonas
satchel *n.* knygų krepšys
satellite *n.* palydovas

satiable *a.* pasisotines
satiate *v.t.* sotintis
satiety *n.* sotumas
satire *n.* satyra
satirical *a.* satyrinis
satirist *n.* satyrikas
satirize *v.t.* pašiepti
satisfaction *n.* patenkinimas
satisfactory *a.* patenkinamas
satisfy *v.t.* patenkinti
saturate *v.t.* prisotinti
saturation *n.* prisotinimas
Saturday *n.* šeštadienis
sauce *n.* padažas
saucer *n.* lėkštutė
saunter *v.t.* vaikštinėti
savage *a.* nežmoniškas
savage *n* laukinis
savagery *n.* nežmoniškumas
save *v.t.* išsaugoti
save *prep* neskaitant
saviour *n.* Išganytojas
savour *n.* prieskonis
savour *v.t.* gardžiuotis
saw *n.* pjūklas
saw *v.t.* pjauti
say *v.t.* sakyti
say *n.* žodžio teisė
scabbard *n.* makštis
scabies *n.* niežai
scaffold *n.* pastoliai
scale *n.* skalė
scale *v.t.* matuoti
scalp *n* skalpas
scamper *v.i* kuldenti
scan *v.t.* skenuoti
scandal *n* skandalas
scandalize *v.t.* skandalinti
scant *a.* skurdus
scanty *a.* vos užtektinas
scapegoat *n.* atpirkimo ožys
scar *n* randas
scar *v.t.* randuoti
scarce *a.* nedažnas
scarcely *adv.* vos tik
scarcity *n.* stoka
scare *n.* išgąstis
scare *v.t.* išsigąsti
scarf *n.* šalikas
scatter *v.t.* išsklaidyti
scavenger *n.* maitėda
scene *n.* scena
scenery *n.* dekoracijos
scenic *a.* vaizdingas
scent *n.* kvepėjimas
scent *v.t.* iškvepinti
sceptic *n.* skeptikas
sceptical *a.* skeptiškas
scepticism *n.* skepticizmas
sceptre *n.* skeptras
schedule *n.* tvarkaraštis
schedule *v.t.* suplanuoti
scheme *n.* schema
scheme *v.i.* suregzti
schism *n.* schizma
scholar *n.* stipendininkas
scholarly *a.* mokslininko
scholarship *n.* stipendija
scholastic *a.* scholastinis
school *n.* mokykla
science *n.* mokslas
scientific *a.* mokslinis
scientist *n.* mokslo darbuotojas
scintillate *v.i.* kibirkščiuoti
scintillation *n.* kibirkščiavimas
scissors *n.* žirklės
scoff *n.* pajuoka
scoff *v.i.* pajuokti
scold *v.t.* barti
scooter *n.* paspirtukas
scope *n.* užmojis
scorch *v.t.* nudegti
score *n.* laimėtas taškas
score *v.t.* skaičiuoti taškus

scorer *n.* žaidėjas, įmušęs įvartį ar pelnęs tašką
scorn *n.* panieka
scorn *v.t.* paniekinti
scorpion *n.* skorpionas
Scot *n.* škotas
scotch *v.* padaryti galą
scotch *n.* škotiškas viskis
scot-free *a.* nenubaustas
scoundrel *n.* niekšas
scourge *n.* rykštė
scourge *v.t.* bausti
scout *n* skautas
scout *v.i* išžvalgyti
scowl *v.i.* rūsčiai žiūrėti
scowl *n.* rūsti mimika
scramble *v.i.* repečkoti
scramble *n* repečkojimas
scrap *n.* skutelis
scratch *n.* įdrėskimas
scratch *v.t.* įdrėskti
scrawl *v.t.* keverzoti
scrawl *n* keverzonė
scream *v.i.* rėkti
scream *n* riksmas
screen *n.* ekranas
screen *v.t.* demonstruoti ekrane
screw *n.* varžtas
screw *v.t.* įsukti
scribble *v.t.* terlioti
scribble *n.* terlionė
script *n.* scenarijus
scripture *n.* Šventraštis
scroll *n.* pergamentas
scrutinize *v.t.* kruopščiai apžiūrėti
scrutiny *n.* kruopštus apžiūrėjimas
scuffle *n.* peštynės
scuffle *v.i.* peštis
sculptor *n.* skulptorius
sculptural *a.* skulptūrinis
sculpture *n.* skulptūra
scythe *n.* dalgis
scythe *v.t.* pjauti dalgiu
sea *n.* jūra
seal *n.* ruonis
seal *n.* plomba
seal *v.t.* plombuoti
seam *n.* siūlė
seam *v.t.* atsiūlėti
seamy *a.* siūlėtas
search *n.* ieškojimas
search *v.t.* ieškoti
season *n.* sezonas
season *v.t.* pagardinti
seasonable *a.* atitinkantis sezoną
seasonal *a.* sezoninis
seat *n.* sėdynė
seat *v.t.* atsisėsti
secede *v.i.* pasitraukti
secession *n.* pasitraukimas
secessionist *n.* pasitraukęs
seclude *v.t.* atskirti
secluded *a.* atsiskyręs
seclusion *n.* atskyrimas
second *a.* antras
second *n* bakalauro laipsnis
second *v.t.* laikinai komandiruoti
secondary *a.* antrinis
seconder *n.* pritariantysis
secrecy *n.* slaptumas
secret *a.* paslaptingas
secret *n.* paslaptis
secretariat (e) *n.* sekretoriatas
secretary *n.* sekretorius
secrete *v.t.* atsiskirti
secretion *n.* sekrecija
secretive *a.* slapus
sect *n.* sekta
sectarian *a.* sektantinis
section *n.* sekcija
sector *n.* sektorius
secure *a.* patikimai saugojamas

secure *v.t.* išsirūpinti
security *n.* apsauga
sedate *a.* solidus
sedate *v.t.* nuraminti
sedative *a.* raminantis
sedative *n* raminantieji
sedentary *a.* sėdimas
sediment *n.* sedimentai
sedition *n.* kurstymas maištauti
seditious *a.* kurstantis maištauti
seduce *v.* suvedžioti
seduction *n.* suvedžiojimas
seductive *a.* suvedžiotas
see *v.t.* matyti
seed *n.* sėklos
seed *v.t.* sėti
seek *v.t.* siekti
seem *v.i.* rodytis
seemly *a.* padorus
seep *v.i.* smelktis
seer *n.* aiškiaregys
seethe *v.i.* kunkuliuoti
segment *n.* segmentas
segment *v.t.* segmentuoti
segregate *v.t.* segreguoti
segregation *n.* segregacija
seismic *a.* seisminis
seize *v.t.* pačiupti
seizure *n.* turto aprašas
seldom *adv.* nedažnai
select *v.t.* atsirinkti
select *a* rinktinis
selection *n.* atrinkimas
selective *a.* atrankus
self *n.* savasis aš
selfish *a.* savanaudiškas
selfless *a.* pasiaukojantis
sell *v.t.* parduoti
seller *n.* prekiautojas
semblance *n.* pavidalas
semen *n.* sėkla
semester *n.* semestras
seminal *a.* sėklinis
seminar *n.* seminaras
senate *n.* senatas
senator *n.* senatorius
senatorial *a.* senato
senatorial *a* senatoriškas
send *v.t.* siųsti
senile *a.* senatvinis
senility *n.* senatvė
senior *a.* vyresnis
senior *n.* vyresnysis
seniority *n.* vyresnumas
sensation *n.* sensacija
sensational *a.* sensacingas
sense *n.* jutimas
sense *v.t.* justi
senseless *a.* beprasmis
sensibility *n.* jautrumas
sensible *a.* sveiko proto
sensitive *a.* jautrus
sensual *a.* juslinis
sensualist *n.* geidulingas
sensuality *n.* geidulingumas
sensuous *a.* geismingas
sentence *n.* sakinys
sentence *v.t.* padaryti nuosprendį
sentience *n.* bausmė
sentient *a.* juslus
sentiment *n.* sentimentas
sentimental *a.* sentimentalus
sentinel *n.* sargyba
sentry *n.* sargybinis
separable *a.* atskiriamas
separate *v.t.* separuoti
separate *a.* separatinis
separation *n.* separacija
sepsis *n.* sepsis
September *n.* rugsėjis
septic *a.* septinis
sepulchre *n.* kapas
sepulture *n.* laidotuvės
sequel *n.* pasekmė

sequence *n.* sekvencija
sequester *v.t.* apriboti
serene *a.* romus
serenity *n.* romumas
serf *n.* baudžiauninkas
serge *n.* seržas
sergeant *n.* seržantas
serial *a.* serijinis
serial *n.* serijinis produktas
series *n.* serialas
serious *a* rimtas
sermon *n.* pamokslas
sermonize *v.i.* pamokslauti
serpent *n.* žaltys gundytojas
serpentine *a.* išsiraitęs
servant *n.* tarnas
serve *v.t.* tarnauti
serve *n.* padavimas
service *n.* aptarnavimas
service *v.t* aptarnauti
serviceable *a.* tinkamas vartoti
servile *a.* vergų
servility *n.* keliaklupsčiavimas
session *n.* sesija
set *v.t* sodinti
set *a* nustatytas
set *n* aibė
settle *v.i.* sureguliuoti
settlement *n.* sureguliavimas
settler *n.* naujakurys
seven *n.* septynetas
seven *a* septyni
seventeen *n., a* septyniolika
seventeenth *a.* septynioliktas
seventh *a.* septintas
seventieth *a.* septyniasdešimtas
seventy *n., a* septyniasdešimt
sever *v.t.* atskelti
several *a* keletas
severance *n.* nutraukimas
severe *a.* rūstus
severity *n.* rūstybė
sew *v.t.* siūti
sewage *n.* nuotekos
sewer *n* kanalizacinis vamzdis
sewerage *n.* kanalizacija
sex *n.* seksas
sexual *a.* seksualus
sexuality *n.* seksualumas
sexy *a.* erotiškas
shabby *a.* nudriskęs
shackle *n.* pančiai
shackle *v.t.* supančioti
shade *n.* paunksmė
shade *v.t.* užtemdyti
shadow *n.* šešėlis
shadow *v.t* užtamsinti
shadowy *a.* šešėlinis
shaft *n.* šachta
shake *v.i.* pakratyti
shake *n* pakratymas
shaky *a.* drebantis
shallow *a.* seklus
sham *v.i.* apsimesti
sham *n* apsimetimas
sham *a* apgavikas
shame *n.* gėda
shame *v.t.* gėdinti
shameful *a.* gėdingas
shameless *a.* begėdis
shampoo *n.* šampūnas
shampoo *v.t.* trinkti galvą
shanty *n.* lūšnelė
shape *n.* sudėjimas
shape *v.t* suteikti pavidalą
shapely *a.* gražiai sudėtas
share *n.* dalis
share *v.t.* dalintis
share *n* pajus
shark *n.* ryklys
sharp *a.* aštraus skonio
sharp *adv.* tiksliai
sharpen *v.t.* galąsti
sharpener *n.* galąstuvas

sharper *n.* kortočius
shatter *v.t.* subyrėti
shave *v.t.* skustis
shave *n* skutimasis
shawl *n.* skraistė
she *pron.* ji
sheaf *n.* pėdas
shear *v.t.* kirpti
shears *n. pl.* avikirpės žirklės
shed *v.t.* šertis
shed *n* stoginė
sheep *n.* avis
sheepish *a.* bailus
sheer *a.* grynas
sheet *n.* paklodė
sheet *v.t.* kloti
shelf *n.* šelfas
shell *n.* kriauklė
shell *v.t.* lukštenti
shelter *n.* pastogė
shelter *v.t.* suteikti pastogę
shelve *v.t.* dėti ant lentynos
shepherd *n.* piemuo
shield *n.* skydas
shield *v.t.* prisidengti
shift *v.t.* pasimainyti
shift *n* pamaina
shifty *a.* įtartinas
shilling *n.* šilingas
shilly-shally *v.i.* nesiryžti
shilly-shally *n.* nesiryžimas
shin *n.* blauzda
shine *v.i.* švytėti
shine *n* švytėjimas
shiny *a.* švytintis
ship *n.* laivas
ship *v.t.* gabenti laivu
shipment *n.* siuntimas
shire *n.* šairas
shirk *v.t.* išsisukinėti
shirker *n.* išsisukinėtojas
shirt *n.* marškiniai
shiver *n.* drebulys
shoal *n.* rėva
shoal *n* guotas
shock *n.* šokas
shock *v.t.* šokiruoti
shoe *n.* batai
shoe *v.t.* apsiauti
shoot *v.t.* šauti
shoot *n* filmavimas
shop *n.* parduotuvė
shop *v.i.* apsipirkti
shore *n.* krantas
short *a.* trumpas
short *adv.* trumpai
shortage *n.* stygius
shortcoming *n.* trūkumas
shorten *v.t.* trumpinti
shortly *adv.* neilgtrukus
shorts *n. pl.* šortai
shot *n.* šūvis
shoulder *n.* petys
shoulder *v.t.* stumdytis pečiais
shout *n.* šauksmas
shout *v.i.* šaukti
shove *v.t.* stumtelėti
shove *n.* stūmis
shovel *n.* semtuvas
shovel *v.t.* šiupeliuoti
show *v.t.* rodyti
show *n.* pristatymas
shower *n.* dušas
shower *v.t.* dušintis
shrew *n.* kirstukas
shrewd *a.* apsukrus
shriek *n.* klyksmas
shriek *v.i.* klykti
shrill *a.* šaižus
shrine *n.* šventovė
shrink *v.i* susitraukti
shrinkage *n.* susitraukimas
shroud *n.* apdangalas
shroud *v.t.* apsigobti

shrub *n.* krūmokšnis
shrug *v.t.* gūžtelėti
shrug *n* gūžtelėjimas
shudder *v.i.* šiurpti
shudder *n* šiurpas
shuffle *v.i.* maišyti
shuffle *n.* maišymas
shun *v.t.* šalintis
shunt *v.t.* pervaryti į kitą kelią
shut *v.t.* užverti
shutter *n.* langinė
shuttle *n.* maršrutinis
shuttle *v.t.* maršrutuoti
shuttlecock *n.* skraidukas
shy *a.* drovus
shy *v.i.* drovėtis
sick *a.* sergantis
sickle *n.* pjautuvas
sickly *a.* liguistas
sickness *n.* šleikštulys
side *n.* šonas
side *v.i.* palaikyti kieno nors pusę
siege *n.* apsiaustis
siesta *n.* siesta
sieve *n.* sietas
sieve *v.t.* sijoti
sift *v.t.* atsijoti
sigh *n.* atodūsis
sigh *v.i.* atsidusti
sight *n.* regėjimas
sight *v.t.* pamatyti
sightly *a.* išvaizdus
sign *n.* ženklas
sign *v.t.* pasirašyti
signal *n.* signalas
signal *a.* signalinis
signal *v.t.* signalizuoti
signatory *n.* signataras
signature *n.* parašas
significance *n.* reikšmingumas
significant *a.* reikšmingas
signification *n.* reikšmė
signify *v.t.* reikšti
silence *n.* tyla
silence *v.t.* tylėti
silencer *n.* duslintuvas
silent *a.* tylus
silhouette *n.* siluetas
silk *n.* šilkas
silken *a.* šilkinis
silky *a.* kaip šilkas
silly *a.* kvailutis
silt *n.* dumblas
silt *v.t.* uždumblėti
silver *n.* sidabras
silver *a* sidabrinis
silver *v.t.* sidabruoti
similar *a.* panašus
similarity *n.* panašumas
simile *n.* palyginimas
similitude *n.* panašumas
simmer *v.i.* virti ant lengvos ugnies
simple *a.* paprastas
simpleton *n.* mulkis
simplicity *n.* paprastumas
simplification *n.* supaprastinimas
simplify *v.t.* supaprastinti
simultaneous *a.* vienlaikis
sin *n.* nuodėmė
sin *v.i.* nusidėti
since *prep.* nuo
since *conj.* nuo to laiko, kai
since *adv.* nuo to laiko
sincere *a.* nuoširdus
sincerity *n.* nuoširdumas
sinful *a.* nuodėmingas
sing *v.i.* dainuoti
singe *v.t.* nusvilinti
singe *n* nusvilimas
singer *n.* dainininkas
single *a.* nevedęs
single *n.* viengungis
single *n.* singlas

singular *a.* vienintelis toks
singularity *n.* ypatumas
singularly *adv.* vienintelis
sinister *a.* bloga lemiantis
sink *v.i.* grimzti
sink *n* praustuvė
sinner *n.* nusidėjėlis
sinuous *a.* vingiuotas
sip *v.t.* gurkšnoti
sip *n.* gurkšnelis
sir *n.* ponas
siren *n.* sirena
sister *n.* sesuo
sisterhood *n.* seserybė
sisterly *a.* seseriškas
sit *v.i.* sėstis
site *n.* sklypas
situation *n.* situacija
six *n., a* šeši
sixteen *n., a.* šešiolika
sixteenth *a.* šešioliktas
sixth *a.* šeštas
sixtieth *a.* šešiasdešimtas
sixty *n., a.* šešiasdešimt
sizable *a.* didokas
size *n.* dydis
size *v.t.* rūšiuoti pagal dydį
sizzle *v.i.* čirškėti
sizzle *n.* čirškėjimas
skate *n.* pačiūža
skate *v.t.* čiuožti
skein *n.* sruoga
skeleton *n.* skeletas
sketch *n.* eskizas
sketch *v.t.* eskizuoti
sketchy *a.* schematiškas
skid *v.i.* šliuožti
skid *n* šliuožykla
skilful *a.* įgūdęs
skill *n.* įgūdis
skin *n.* oda
skin *v.t* nudirti
skip *v.i.* praleisti
skip *n* praleidimas
skipper *n.* škiperis
skirmish *n.* susirėmimas
skirmish *v.t.* susiremti
skirt *n.* sijonas
skirt *v.t.* būti pakraštyje
skit *n.* komiška scena
skull *n.* kaukolė
sky *n.* dangus
sky *v.t.* aukštai išmesti
slab *n.* plokštė
slack *a.* atlaisvintas
slacken *v.t.* atlaisvinti
slacks *n.* kelnės
slake *v.t.* numalšinti
slam *v.t.* užtrenkti
slam *n* užtrenkimas
slander *n.* šmeižtas
slander *v.t.* šmeižti
slanderous *a.* šmeižikiškas
slang *n.* žargonas
slant *v.t.* nuožulnėti
slant *n* nuožulnumas
slap *n.* antausis
slap *v.t.* duoti antausį
slash *v.t.* sumažinti
slash *n* pasvirasis brūkšnys
slate *v.* išpeikti
slattern *n.* šliundra
slatternly *a.* šliudriška
slaughter *n.* skerdynės
slaughter *v.t.* skersti
slave *n.* vergas
slave *v.i.* vergauti
slavery *n.* vergija
slavish *a.* vergiškas
slay *v.t.* užmušti
sleek *a.* glotnus
sleep *v.i.* miegoti
sleep *n.* miegas
sleeper *n.* miegantysis

sleepy *a.* mieguistas
sleeve *n* rankovė
sleight *n.* miklumas
slender *a.* laibas
slice *n.* gabalėlis
slice *v.t.* pjaustyti
slick *a* suglostytas
slide *v.i.* slydimas
slide *n* skaidrė
slight *a.* nežymus
slight *n.* niekinimas
slight *v.t.* nepaisyti
slim *a.* plonas
slim *v.i.* suplonėti
slime *n.* glitėsiai
slimy *a.* glitus
sling *n.* paraištė
slip *v.i.* paslysti
slip *n.* paslydimas
slipper *n.* šlepetė
slippery *a.* slidu
slipshod *a.* atsainus
slit *n.* praskiepas
slit *v.t.* prarėžti
slogan *n.* šūkis
slope *n.* nuolydis
slope *v.i.* nuožulniai leistis
sloth *n.* vangumas
slothful *a.* vangus
slough *n.* liūnas
slough *n.* išnara
slough *v.t.* išsinerti
slovenly *a.* apsileidęs
slow *a* lėtas
slow *v.i.* sulėtėti
slowly *adv.* lėtai
slowness *n.* lėtumas
sluggard *n.* lėtūnas
sluggish *a.* nerangus
sluice *n.* šliuzas
slum *n.* lūšna
slumber *v.i.* snausti
slumber *n.* snaudulys
slump *n.* nuosmukis
slump *v.i.* nusmukti
slur *n.* užgavimas
slush *n.* pliurza
slushy *a.* pažliugęs
slut *n.* apskretėlė
sly *a.* šėlmiškas
smack *n.* pakštelėjimas
smack *v.i.* pakštelėti
smack *n* pliaukšėjimas
smack *n.* čepsėjimas
smack *v.t.* čepsėti
small *a.* mažas
small *n* plonumas
smallness *n.* mažumas
smallpox *n.* raupai
smart *a.* puošnus
smart *v.i* kęsti
smart *n* nuoskauda
smash *v.t.* susidurti
smash *n* susidūrimas
smear *v.t.* šmeižti
smear *n.* šmeižtas
smell *n.* kvapas
smell *v.t.* kvepėti
smelt *v.t.* išlydyti
smile *n.* šypsena
smile *v.i.* šypsotis
smith *n.* kalvis
smock *n.* plaidinis
smog *n.* smogas
smoke *n.* rūkas
smoke *v.i.* rūkyti
smoky *a.* rūkstantis
smooth *a.* lygus
smooth *v.t.* lyginti
smother *v.t.* dusinti
smoulder *v.i.* rusenti
smug *a.* pasipūtęs
smuggle *v.t.* gabenti kontrabandą
smuggler *n.* kontrabandininkas

snack *n.* užkandis
snag *n.* kerplėša
snail *n.* sraigė
snake *n.* gyvatė
snake *v.i.* rangytis
snap *v.t.* triokšteleti
snap *n* snepas
snap *v.* spragsėti
snare *n.* žabangai
snare *v.t.* žabangioti
snarl *n.* urzgimas
snarl *v.i.* urgzti
snatch *v.t.* nušvilpti
snatch *n.* vagišius
sneak *v.i.* skųsti
sneak *n* skundeiva
sneer *v.i* pašiepti
sneer *n* pašiepimas
sneeze *v.i.* čiaudėti
sneeze *n* čiaudulys
sniff *v.i.* šnarpšti
sniff *n* šnarpštimas
snob *n.* snobas
snobbery *n.* snobizmas
snobbish *v* snobiškas
snore *v.i.* knarkti
snore *n* knarkimas
snort *v.i.* prunkšti
snort *n.* prunkštimas
snout *n.* knyslė
snow *n.* sniegas
snow *v.i.* snigti
snowy *a.* snieguotas
snub *v.t.* nepaisyti
snub *n.* nepaisymas
snuff *n.* uostomieji
snug *n.* kambarėlis
so *adv.* taigi
so *conj.* šitai
soak *v.t.* mirkyti
soak *n.* mirkymas
soap *n.* muilas
soap *v.t.* muiluoti
soapy *a.* muiluotas
soar *v.i.* pakilti
sob *v.i.* kūkčioti
sob *n* kūkčiojimas
sober *a.* blaivus
sobriety *n.* blaivumas
sociability *n.* visuomeniškumas
sociable *a.* visuomeniškas
social *n.* visuomeninis
socialism *n* socializmas
socialist *n,a* socialistas
society *n.* visuomenė
sociology *n.* sociologija
sock *n.* kojinė
socket *n.* kištukinis lizdas
sod *n.* žmogėkas
sodomite *n.* sodomitas
sodomy *n.* sodomija
sofa *n.* sofa
soft *n.* minkštas
soften *v.t.* suminkštinti
soil *n.* dirvožemis
soil *v.t.* išsipurvinti
sojourn *v.i.* laikinai apsigyventi
sojourn *n* laikinas apsigyvenimas
solace *v.t.* paguoda
solace *n.* paguosti
solar *a.* soliarinis
solder *n.* lydmetalis
solder *v.t.* lituoti
soldier *n.* kareivis
soldier *v.i.* tarnauti
sole *n.* puspadis
sole *v.t* kalti puspadžius
sole *a* jūros liežuvis
solemn *a.* iškilmingas
solemnity *n.* iškilmingumas
solemnize *v.t.* atlikti apeigas
solicit *v.t.* užkabinėti
solicitation *n.* užkabinėjimas
solicitor *n.* žemesnio rango advokatas

solicitous *a.* uolus
solicitude *n.* uolumas
solid *a.* solidus
solid *n* kietasis kūnas
solidarity *n.* solidarumas
soliloquy *n.* kalbėjimasis su savimi
solitary *a.* vienišas
solitude *n.* vienuma
solo *n* solo
solo *a.* solo
solo *adv.* solinis
soloist *n.* solistas
solubility *n.* tirpumas
soluble *a.* tirpus
solution *n.* tirpalas
solve *v.t.* išspręsti
solvency *n.* mokamasis pajėgumas
solvent *a.* mokus
solvent *n* tirpiklis
sombre *a.* niūrus
some *a.* koks nors
some *pron.* kai kas
somebody *pron.* kažkas
somebody *n.* kažkuo
somehow *adv.* kažkaip
someone *pron.* bent kas
somersault *n.* kūlvirstis
somersault *v.i.* virsti kūliais
something *pron.* šioks toks
something *adv.* šiek tiek
sometime *adv.* kažkada
sometimes *adv.* kartais
somewhat *adv.* kažkas panašaus
somewhere *adv.* kažkur
somnambulism *n.* somnambulizmas
somnambulist *n.* nakviša
somnolence *n.* patologinis mieguistumas
somnolent *n.* apsnūdęs
son *n.* sūnus
song *n.* daina
songster *n.* dainius
sonic *a.* garsinis
sonnet *n.* sonetas
sonority *n.* skambumas
soon *adv.* greit
soot *n.* suodžiai
soot *v.t.* išsisuodinti
soothe *v.t.* sušvelninti
sophism *n.* sofizmas
sophist *n.* sofistas
sophisticate *v.t.* sofistikuoti
sophisticated *a.* išprusęs
sophistication *n.* išprusimas
sorcerer *n.* burtininkas
sorcery *n.* burtai
sordid *a.* nuskaręs
sore *a.* skaudulingas
sore *n* skaudulys
sorrow *n.* sielvartas
sorrow *v.i.* sielvartauti
sorry *a.* apgailestaujantis
sort *n.* rūšis
sort *v.t* rūšiuoti
soul *n.* siela
sound *a.* garsas
sound *v.i.* skambėti
sound *a.* sveikas
soup *n.* sriuba
sour *a.* rūgštus
sour *v.t.* rūgti
source *n.* šaltinis
south *n.* pietų kryptis
south *n.* pietietis
south *adv* pietų
southerly *a.* pietinis
southern *a.* pietietiškas
souvenir *n.* suvenyras
sovereign *n.* suverenas
sovereign *a* suverenus
sovereignty *n.* suverenitetas

sow *v.t.* pasėti
sow *n.* paršavedė
space *n.* erdvė
space *v.t.* išdėstyti tarpais
spacious *a.* erdvus
spade *n.* kastuvas
spade *v.t.* kasti
span *n.* apimtis
span *v.t.* apimti
Spaniard *n.* ispanas
spaniel *n.* spanielis
Spanish *a.* ispaniškas
Spanish *n.* ispanų kalba
spanner *n.* veržliaraktis
spare *v.t.* būti atliekamam
spare *a* atsarginis
spare *n.* atsarginė dalis
spark *n.* kibirkštis
spark *v.i.* kibikrščiuoti
spark *n.* žiežirba
sparkle *v.i.* žiežirbuoti
sparkle *n.* blykčiojimas
sparrow *n.* žvirblis
sparse *a.* negausus
spasm *n.* spazmas
spasmodic *a.* spazminis
spate *n.* srautas
spatial *a.* erdvinis
spawn *n.* išpera
spawn *v.i.* neršti
speak *v.i.* kalbėti
speaker *n.* kalbėtojas
spear *n.* ietis
spear *v.t.* persmeigti
spearhead *n.* ietigalis
spearhead *v.t.* būti priešakyje
special *a.* specialus
specialist *n.* specialistas
speciality *n.* specialybė
specialization *n.* specializacija
specialize *v.i.* specializuotis
species *n.* veislė
specific *a.* specifinis
specification *n.* specifikacija
specify *v.t.* specifikuoti
specimen *n.* egzempliorius
speck *n.* dėmelė
spectacle *n.* reginys
spectacular *a.* įspūdingas reginys
spectator *n.* žiūrovas
spectre *n.* šmėkla
speculate *v.i.* spekuliuoti
speculation *n.* spekuliacija
speech *n.* kalba
speed *n.* greitis
speed *v.i.* lėkti
speedily *adv.* nepaliaujamai
speedy *a.* greitas
spell *n.* burtažodis
spell *v.t.* skaityti paraidžiui
spell *n* kerai
spend *v.t.* eikvoti
spendthrift *n.* eikvotojas
sperm *n.* sperma
sphere *n.* sfera
spherical *a.* sferinis
spice *n.* prieskoniai
spice *v.t.* prieskuoniuoti
spicy *a.* prieskoningas
spider *n.* voras
spike *n.* smaigalys
spike *v.t.* prismeigti
spill *v.i.* išsilieti
spill *n* išliejimas
spin *v.i.* suktis
spin *n.* sukimasis
spinach *n.* špinatas
spinal *a.* stuburo
spindle *n.* verpstas
spine *n.* stuburas
spinner *n.* ratlankis
spinster *n.* verpimo ratelis
spiral *n.* spiralė

spiral *a.* spiralinis
spirit *n.* dvasia
spirited *a.* sąmojingas
spiritual *a.* dvasiškas
spiritualism *n.* spiritizmas
spiritualist *n.* spiritistas
spirituality *n.* dvasingumas
spit *v.i.* nusispjauti
spit *n* nusispjovimas
spite *n.* erzinimas
spittle *n* seilė
spittoon *n.* spjaudyklė
splash *v.i.* taškytis
splash *n* taškymasis
spleen *n.* blužnis
splendid *a.* stulbinantis
splendour *n.* prašmatnumas
splinter *n.* skeveldra
splinter *v.t.* skilti
split *v.i.* skaldyti
split *n* skaldymas
spoil *v.t.* sušvinkti
spoil *n* švinkimas
spoke *n.* stipinas
spokesman *n.* kalbėtojas
sponge *n.* kempinė
sponge *v.t.* valyti kempine
sponsor *n.* rėmėjas
sponsor *v.t.* remti
spontaneity *n.* spontaniškumas
spontaneous *a.* spontaniškas
spoon *n.* šaukštelis
spoon *v.t.* maišyti šaukštu
spoonful *n.* pilnas šaukštas
sporadic *a.* sporadinis
sport *n.* sportas
sport *a.* sportinis
sportive *a.* žaismingas
sportsman *n.* sportininkas
spot *n.* dėmė
spot *v.t.* pamatyti
spotless *a.* nedėmėtas
spousal *n.* santuokinis
spouse *n.* sutuoktinis
spout *n.* čiurkšlė
spout *v.i.* čiurkšti
sprain *n.* sausgyslių patempimas
sprain *v.t.* patempti sausgysles
spray *n.* dulksna
spray *n* purškiklis
spray *v.t.* purkšti
spread *v.i.* paplisti
spread *n.* plitimas
spree *n.* šėlsmas
sprig *n.* žalia šakelė
sprightly *a.* žvitrus
spring *v.i.* pašokti
spring *n* pavasaris
sprinkle *v. t.* šlakstyti
sprint *v.i.* spustelėti
sprint *n* sprintas
sprout *v.i.* daiginti
sprout *n* daigas
spur *n.* pentinas
spur *v.t.* kirsti pentinu
spurious *a.* suklastotas
spurn *v.t.* paniekinti
spurt *v.i.* trykšti
spurt *n* trykšlė
sputnik *n.* sputnikas
sputum *n.* skrepliai
spy *n.* šnipas
spy *v.i.* šnipinėti
squad *n.* būrys
squadron *n.* eskadrilė
squalid *a.* apleistas
squalor *n.* skurdas
squander *v.t.* iššvaistyti
square *n.* skveras
square *a* kampuotas
square *v.t.* pakelti kvadratu
squash *v.t.* sutrinti
squash *n* vaisvandeniai
squat *v.i.* tupėti

squeak *v.i.* girgždėti
squeak *n.* girgždesys
squeeze *v.t.* suslėgti
squint *v.i.* žvairuoti
squint *n* žvairumas
squire *n.* pone
squirrel *n.* voverė
stab *v.t.* smeigimas
stab *n.* įsmeigti
stability *n.* stabilumas
stabilization *n.* stabilizacija
stabilize *v.t.* stabilizuoti
stable *a.* pastovus
stable *n* arklidė
stable *v.t.* uždaryti į arklidę
stadium *n.* stadionas
staff *n.* personalas
staff *v.t.* aprūpinti darbuotojais
stag *n.* elnias
stage *n.* scena
stage *v.t.* inscenizuoti
stagger *v.i.* kniūbčioti
stagger *n.* kniūbčiojimas
stagnant *a.* sustingęs
stagnate *v.i.* sustingti
stagnation *n.* sąstingis
staid *a.* orus
stain *n.* sutepimas
stain *v.t.* sutepti
stainless *a.* nesuteptas
stair *n.* laiptai
stake *n* statymas
stake *v.t.* statyti
stale *a.* nusivodėjęs
stale *v.t.* nusivodėti
stalemate *n.* patas
stalk *n.* lapkotis
stalk *v.i.* apstulbti
stalk *n* kojelė
stall *n.* prekystalis
stall *v.t.* vilkinti
stallion *n.* eržilas
stalwart *a.* augalotas
stalwart *n* ištikimas šalininkas
stamina *n.* ištvermė
stammer *v.i.* mikčioti
stammer *n* mikčiojimas
stamp *n.* štampas
stamp *v.i.* štampuoti
stampede *n.* paniškas bėgimas
stampede *v.i* paniškai bėgti
stand *v.i.* stovėti
stand *n.* stovėsena
standard *n.* standartas
standard *a* standartinis
standardization *n.* standartizacija
standardize *v.t.* standartizuoti
standing *n.* stovėjimas
standpoint *n.* požiūris
standstill *n.* sustojimas
stanza *n.* posmas
staple *n.* kabės
staple *a* sukabinti kabėmis
star *n.* žvaigždė
star *v.t.* būti žvaigžde
starch *n.* krakmolas
starch *v.t.* krakmolyti
stare *v.i.* spoksoti
stare *n.* spoksojimas
stark *a.* ryškus
stark *adv.* ryškiai
starry *a.* žvaigždėtas
start *v.t.* pradėti
start *n* pradžia
startle *v.t.* apstulbinti
starvation *n.* badavimas
starve *v.i.* badauti
state *n.* valstybė
state *v.t* įduoti
stateliness *n.* orumas
stately *a.* įspūdingas
statement *n.* išdėstymas
statesman *n.* valstybininkas

static *a.* statiškas
statics *n.* statika
station *n.* stotis
station *v.t.* atsistoti
stationary *a.* stacionarus
stationer *n.* kanceliarinių prekių parduotuvė
stationery *n.* kanceliarinės reikmenys
statistical *a.* statistinis
statistician *n.* statistikas
statistics *n.* statistika
statue *n.* statula
stature *n.* stuomuo
status *n.* statusas
statute *n.* statutas
statutory *a.* statutinis
staunch *a.* atsidavęs
stay *v.i.* pasilikti
stay *n* apsistojimas
steadfast *a.* nepajudinamas
steadiness *n.* pasikliautinumas
steady *a.* nuolatinis
steady *v.t.* nusistovėti
steal *v.i.* vogti
stealthily *adv.* vogčiomis
steam *n* garas
steam *v.i.* garuoti
steamer *n.* garintuvas
steed *n.* plieninis žirgas
steel *n.* plienas
steep *a.* status
steep *v.t.* pasinerti
steeple *n.* špilis
steer *v.t.* nuvairuoti
stellar *a.* žvaigždinis
stem *n.* stiebas
stem *v.i.* nuskabyti kotelius
stench *n.* dvokimas
stencil *n.* trafaretas
stencil *v.i.* daryti trafaretą
stenographer *n.* stenografas
stenography *n.* stenografija
step *n.* žingsnis
step *v.i.* žengti
steppe *n.* stepė
stereotype *n.* stereotipas
stereotype *v.t.* steriotipizuoti
stereotyped *a.* stereotipinis
sterile *a.* sterilus
sterility *n.* sterilumas
sterilization *n.* sterilizacija
sterilize *v.t.* sterilizuoti
sterling *a.* sterlingų
sterling *n.* sterlingas
stern *a.* reiklus
stern *n.* laivagalis
stethoscope *n.* stetoskopas
stew *n.* troškinta mėsa
stew *v.t.* troškinti
steward *n.* stiuardas
stick *n.* lazdelė
stick *v.t.* klijuoti
sticker *n.* atkaklus žmogus
stickler *n.* lipdukas
sticky *n.* lipus
stiff *n.* standus
stiffen *v.t.* standėti
stifle *v.t.* slopinti
stigma *n.* stigma
still *a.* tylus
still *adv.* vis dėlto
still *v.t.* tildyti
still *n.* distiliatorius
stillness *n.* tyluma
stilt *n.* kojūkai
stimulant *n.* stimuliantas
stimulate *v.t.* stimuliuoti
stimulus *n.* stimulas
sting *v.t.* įgelti
sting *n.* geluonis
stingy *a.* šykštus
stink *v.i.* smirdėti
stink *n* smarvė

stipend *n.* atlyginimas
stipulate *v.t.* sąlygoti
stipulation *n.* sąlygojimas
stir *v.i.* maišyti
stirrup *n.* balnakilpė
stitch *n.* dygsnis
stitch *v.t.* dygsniuoti
stock *n.* išteklius
stock *v.t.* sandėliuoti
stock *a.* turėti atsargų
stocking *n.* kojinė
stoic *n.* stoikas
stoke *v.t.* pakurstyti
stoker *n.* kūrykla
stomach *n.* skrandis
stomach *v.t.* virškinti
stone *n.* akmuo
stone *v.t.* mėtyti akmenimis
stony *a.* akmenuotas
stool *n.* taburetė
stoop *v.i.* kūprintis
stoop *n* susikūprinamas
stop *v.t.* sustoti
stop *n* sustojimas
stoppage *n* sustabdymas
storage *n.* sandėliavimas
store *n.* atsarga
store *v.t.* kaupti atsargas
storey *n.* aukštas
stork *n.* gandras
storm *n.* audra
storm *v.i.* siausti
stormy *a.* audringas
story *n.* apsakymas
stout *n.* stiprus porteris
stove *n.* krosnis
stow *v.t.* krauti
straggle *v.i.* atsilikti
straggler *n.* atsilikėlis
straight *a.* tiesus
straight *adv.* tiesiai
straighten *v.t.* tiesinti
straightforward *a.* tiesmukas
straightway *adv.* tiesiu taikymu
strain *v.t.* įtempti
strain *n* įtampa
strait *n.* sąsiauris
straiten *v.t.* suspausti
strand *v.i.* užplaukti ant seklumos
strand *n* pakrantė
strange *a.* keistas
stranger *n.* keistuolis
strangle *v.t.* smaugti
strangulation *n.* smaugimas
strap *n.* diržas
strap *v.t.* suveržti
strategem *n.* strategijas
strategic *a.* strateginis
strategist *n.* strategas
strategy *n.* strategija
stratum *n.* sluoksnis
straw *n.* šiaudas
strawberry *n.* žemuogė
stray *v.i.* paklysti
stray *a* paklydęs
stray *n* paklydėlis
stream *n.* srovė
stream *v.i.* sruvėti
streamer *n.* vimpelas
streamlet *n.* upokšnis
street *n.* gatvė
strength *n.* stiprumas
strengthen *v.t.* stiprinti
strenuous *a.* varginantis
stress *n.* stresas
stress *v.t* stresuoti
stretch *v.t.* tįsoti
stretch *n* tįsojimas
stretcher *n.* neštuvai
strew *v.t.* pribarstyti
strict *a.* griežtas
stricture *n.* striktūra
stride *v.i.* žingsniuoti

stride *n* žingsnis
strident *a.* rėksmingas
strife *n.* nesantaika
strike *v.t.* streikuoti
strike *n* streikas
striker *n.* streikuotojas
string *n.* virvelė
string *v.t.* užrišti
stringency *n.* stygius
stringent *a.* suvaržytas
strip *n.* rėžis
strip *v.t.* nuvilkti
stripe *n.* dryžis
stripe *v.t.* dryžuoti
strive *v.i.* stengtis
stroke *n.* insultas
stroke *v.t.* glostyti
stroke *n* glostymas
stroll *v.i.* pasivaikščioti
stroll *n* pasivaikščiojimas
strong *a.* stiprus
stronghold *n.* tvirtovė
structural *a.* struktūrinis
structure *n.* struktūra
struggle *v.i.* kovoti
struggle *n* kova
strumpet *n.* mergšė
strut *v.i.* vaikščioti pasipūtus
strut *n* statramstis
stub *n.* galiukas
stubble *n.* šeriai
stubborn *a.* atkaklus
stud *n.* eržilas
stud *v.t.* nusėti
student *n.* studijuojantysis
studio *n.* studija
studious *a.* stropus
study *v.i.* studijuoti
study *n.* studijavimas
stuff *n.* medžiaga
stuff *v.t.* prikimšti
stuffy *a.* užgultas
stumble *v.i.* užkliūti
stumble *n.* užkliuvimas
stump *n.* kelmas
stump *v.t* klibikščiuoti
stun *v.t.* apsvaiginti
stunt *v.t.* sustabdyti
stunt *n* kaskada
stupefy *v.t.* nustėrti
stupendous *a.* stulbinantis
stupid *a* bukas
stupidity *n.* bukagalviškumas
sturdy *a.* tvirtas
sty *n.* miežis (ant akies)
stye *n.* miežis (ant akies)
style *n.* stilius
subdue *v.t.* užvaldyti
subject *n.* dalykas
subject *a* pavaldus
subject *v.t.* pajungti
subjection *n.* pajungimas
subjective *a.* subjektyvus
subjudice *a.* nagrinėjama byla
subjugate *v.t.* pavergti
subjugation *n.* pavergimas
sublet *v.t.* pernuomoti
sublimate *v.t.* sublimuoti
sublime *a.* taurus
sublime *n* taurumas
sublimity *n.* pakilumas
submarine *n.* povandeninis laivas
submarine *a* povandeninis
submerge *v.i.* nugramzdinti
submission *n.* pasidavimas
submissive *a.* paklusnus
submit *v.t.* pateikti
subordinate *a.* subordinacinis
subordinate *n* pavaldinys
subordinate *v.t.* subordinuoti
subordination *n.* subordinacija
subscribe *v.t.* prenumeruoti
subscription *n.* prenumerata

subsequent *a.* paskesnis
subservience *n.* pataikavimas
subservient *a.* pataikaujantis
subside *v.i.* slūgti
subsidiary *a.* antrinis
subsidize *v.t.* subsidijuoti
subsidy *n.* subsidija
subsist *v.i.* pragyventi
subsistence *n.* pragyvenimas
substance *n.* substancija
substantial *a.* esminis
substantially *adv.* iš esmės
substantiate *v.t.* įroditi
substantiation *n.* įrodinėjimas
substitute *n.* pakaitalas
substitute *v.t.* pavaduoti
substitution *n.* pavadavimas
subterranean *a.* požeminis
subtle *a.* subtilus
subtlety *n.* subtilumas
subtract *v.t.* atimti
subtraction *n.* atimtis
suburb *n.* priemiestis
suburban *a.* priemiestinis
subversion *n.* perversmas
subversive *a.* perversmo
subvert *v.t.* nuversti
succeed *v.i.* pasisekti
success *n.* pasisekimas
successful *a* sėkmingas
succession *n.* eiliškumas
successive *a.* nuoseklus
successor *n.* įpėdinis
succour *n.* pagalba
succour *v.t.* pagelbėti
succumb *v.i.* nusileisti
such *a.* toks
such *pron.* toks
suck *v.t.* čiulpti
suck *n.* čiulpimas
suckle *v.t.* žįsti
sudden *a.* netikėtas
suddenly *adv.* netikėtai
sue *v.t.* pateikti ieškinį
suffer *v.t.* iškęsti
suffice *v.i.* pakakti
sufficiency *n.* pakankamumas
sufficient *a.* pakankamas
suffix *n.* priesaga
suffix *v.t.* pridėti priesagą
suffocate *v.t* užtrokšti
suffocation *n.* užtroškinimas
suffrage *n.* balsavimo teisė
sugar *n.* cukrus
sugar *v.t.* saldinti
suggest *v.t.* pasiūlyti
suggestion *n.* pasiūlymas
suggestive *a.* užsimenantis
suicidal *a.* savižudiškas
suicide *n.* savižudybė
suit *n.* kostiumas
suit *v.t.* atitikti
suitability *n.* tinkamumas
suitable *a.* tinkamas
suite *n.* palyda
suitor *n.* ieškovas
sullen *a.* paniuręs
sulphur *n.* siera
sulphuric *a.* sierinis
sultry *a.* temperamentingas
sum *n.* suma
sum *v.t.* sumuoti
summarily *adv.* be ilgų svarstymų
summarize *v.t.* apibendrinti
summary *n.* santrauka
summary *a* suvestinis
summer *n.* vasara
summit *n.* viršunė
summon *v.t.* sušaukti
summons *n.* šaukimas
sumptuous *a.* ištaigingas
sun *n.* saulė
sun *v.t.* kaitintis saulėje

Sunday *n.* sekmadienis
sunder *v.t.* suardyti
sundry *a.* visokeriopas
sunny *a.* saulėtas
sup *v.i.* siurbčioti
superabundance *n.* perteklius
superabundant *a.* pernelyg gausus
superb *a.* pagarsėjęs
superficial *a.* paviršutiniškas
superficiality *n.* paviršutiniškumas
superfine *a.* aukščiausios rūšies
superfluity *n.* perviršis
superfluous *a.* atliekamas
susperhuman *a.* antžmogiškas
superintend *v.t.* prižiūrėti
superintendence *n.* prižiūrėjimas
superintendent *n.* vyresnysis inspektorius
superior *a.* pranašesnis
superiority *n.* pranašumas
superlative *a.* aukščiausias
superlative *n.* superlatyvas
superman *n.* antžmogis
supernatural *a.* antgamtinis
supersede *v.t.* daryti nereikalingą
supersonic *a.* viršgarsinis
superstition *n.* prietaras
superstitious *a.* prietaringas
supertax *n.* pelno mokestis
supervise *v.t.* vadovauti
supervision *n.* vadovavimas
supervisor *n.* darbų vadovas
supper *n.* vakarienė
supple *a.* lankstus
supplement *n.* papildomas mokestis
supplement *v.t.* papildomas mokėti
supplementary *a.* papildomas
supplier *n.* tiekėjas
supply *v.t.* tiekti
supply *n* tiekimas
support *v.t.* palaikyti
support *n.* palaikymas
suppose *v.t.* numatyti
supposition *n.* numanymas
suppress *v.t.* užgniaužti
suppression *n.* užgniaužimas
supremacy *n.* viršenybė
supreme *a.* aukščiausias
surcharge *n.* papildoma rinkliava
surcharge *v.t.* imti papildomą rinkliavą
sure *a.* neabejotinas
surely *adv.* neabejotinai
surety *n.* laiduotojas
surf *n.* bangų mūša
surface *n.* paviršius
surface *v.i* staiga pasirodyti
surfeit *n.* persotinimas
surge *n.* antplūdis
surge *v.i.* staiga pakilti
surgeon *n.* chirurgas
surgery *n.* chirurgija
surmise *n.* spėliojimas
surmise *v.t.* spėlioti
surmount *v.t.* įveikti
surname *n.* pavardė
surpass *v.t.* pranokti
surplus *n.* perteklius
surprise *n.* siurprizas
surprise *v.t.* nustebinti
surrender *v.t.* pasiduoti
surrender *n* pasidavimas
surround *v.t.* apjuosti
surroundings *n.* aplinka
surtax *n.* pridėtinis mokestis
surveillance *n.* sekimas
survey *n.* ištyrimas
survey *v.t.* ištirti
survival *n.* išlikimas

survive *v.i.* išlikti
suspect *v.t.* įtarti
suspect *a.* įtariamas
suspect *n* įtariamasis
suspend *v.t.* suspenduoti
suspense *n.* nežinia
suspension *n.* suspendavimas
suspicion *n.* įtarimas
suspicious *a.* įtartinas
sustain *v.t.* išlaikyti
sustenance *n.* mityba
swagger *v.i.* pasipūsti
swagger *n* pasipūtimas
swallow *v.t.* ryti
swallow *n.* rijimas
swallow *n.* gurkšnis
swamp *n.* klampynė
swamp *v.t.* užlieti
swan *n.* gulbė
swarm *n.* spiečius
swarm *v.i.* spiesti
swarthy *a.* tamsaus gymio
sway *v.i.* siūbuoti
sway *n* siūbavimas
swear *v.t.* prisiekti
sweat *n.* prakaitas
sweat *v.i.* prakaituoti
sweater *n.* megztinis
sweep *v.i.* šluoti
sweep *n.* šlavimas
sweeper *n.* centro gynėjas
sweet *a.* saldus
sweet *n* saldumynas
sweeten *v.t.* saldinti
sweetmeat *n.* saldumynai
sweetness *n.* saldumas
swell *v.i.* brinkti
swell *n* brinkimas
swift *a.* čiurlys
swim *v.i.* plaukti
swim *n* plaukimas
swimmer *n.* plaukikas
swindle *v.t.* sukčiauti
swindle *n.* sukčiavimas
swindler *n.* sukčius
swine *n.* kiaulė
swing *v.i.* siūbuoti
swing *n* siūbavimas
Swiss *n.* šveicaras
Swiss *a* šveicariškas
switch *n.* perjungiklis
switch *v.t.* perjungti
swoon *n.* alpimas
swoon *v.i* apalpti
swoop *v.i.* staigiai kristi
swoop *n* staigus kritimas
sword *n.* kalavijas
sycamore *n.* sikomoras
sycophancy *n.* padlaižiavimas
sycophant *n.* padlaižys
syllabic *n.* skiemeninis
syllable *n.* skiemuo
syllabus *n.* mokymo programa
sylph *n.* silfidė
sylvan *a.* miškinis
symbol *n.* simbolis
symbolic *a.* simbolinis
symbolism *n.* simbolizmas
symbolize *v.t.* simbolizuoti
symmetrical *a.* simetriškas
symmetry *n.* simetrija
sympathetic *a.* prijaučiantis
sympathize *v.i.* prijausti
sympathy *n.* simpatija
symphony *n.* simfonija
symposium *n.* simpoziumas
symptom *n.* simptomas
symptomatic *a.* simptominis
synonym *n.* sinonimas
synonymous *a.* sinoniminis
synopsis *n.* trumpa apžvalga
syntax *n.* sintaksė
synthesis *n.* sintezė
synthetic *a.* sintetinis

synthetic *n* sintetika
syringe *n.* švirkštas
syringe *v.t.* įšvirkšti
syrup *n.* sirupas
system *n.* sistema
systematic *a.* sisteminis
systematize *v.t.* sisteminti

T

table *n.* stalas
table *v.t.* siūlyti
tablet *n.* tabletė
taboo *n.* tabu
taboo *a* neliečiamas
taboo *v.t.* paskelbti tabu
tabular *a.* lentelinis
tabulate *v.t.* sutraukti į lentelę
tabulation *n.* lentelių sudarymas
tabulator *n.* tabuliatorius
tacit *a.* neišreikštas
taciturn *a.* nekalbus
tackle *n.* reikmenys
tackle *v.t.* spręsti
tact *n.* taktas
tactful *a.* taktiškas
tactician *n.* taktikas
tactics *n.* taktika
tactile *a.* lytėjimo
tag *n.* žymė
tag *v.t.* žymėti
tail *n.* uodega
tailor *n.* siuvėjas
tailor *v.t.* siuvėjauti
taint *n.* gedimas
taint *v.t.* gesti
take *v.t* imti
tale *n.* pasaka
talent *n.* talentas
talisman *n.* talismanas
talk *v.i.* kalbėti
talk *n* kalbėjimas
talkative *a.* kalbus
tall *a.* aukštas
tallow *n.* lajus
tally *n.* skaičiavimo vienetas
tally *v.t.* atitikti
tamarind *n.* tamarindas
tame *a.* prijaukintas
tame *v.t.* prijaukinti
tamper *v.i.* suklastoti
tan *v.i.* įdegti
tan *n.* įdegis
tangent *n.* tangentas
tangible *a.* apčiuopiamas
tangle *n.* raizginys
tangle *v.t.* raizgyti
tank *n.* tankas
tanker *n.* tanklaivis
tanner *n.* odadirbys
tannery *n.* odų raugykla
tantalize *v.t.* kentėti Tantalo kančias
tantamount *a.* lygiavertis
tap *n.* čiaupas
tap *v.t.* įtaisyti čiaupą
tape *n.* kasetė
tape *v.t* įrašyti į magnetofono juostą
taper *v.i.* smailėti
taper *n* smailėjimas
tapestry *n.* gobelenas
tar *n.* derva
tar *v.t.* dervuoti
target *n.* tikslas
tariff *n.* tarifas
tarnish *v.t.* nebeblizgėti
task *n.* užduotis
task *v.t.* užduoti
taste *n.* skonis
taste *v.t.* ragauti

tasteful *a.* skoningas
tasty *a.* skanus
tatter *n.* skarmalai
tatter *v.t* nudiskęs
tattoo *n.* tatuiruotė
tattoo *v.i.* tatuiruoti
taunt *v.t.* pajuokti
taunt *n* pajuoka
tavern *n.* taverna
tax *n.* mokestis
tax *v.t.* apmokestinti
taxable *a.* apmokestinamas
taxation *n.* apmokestinimas
taxi *n.* taksi
taxi *v.i.* važiuoti taksi
tea *n* arbata
teach *v.t.* mokytojauti
teacher *n.* mokytojas
teak *n.* tikmedis
team *n.* komanda
tear *v.t.* įplyšti
tear *n.* įplyšimas
tear *n.* ašara
tearful *a.* ašaringas
tease *v.t.* erzinti
teat *n.* spenys
technical *a.* techninis
technicality *n.* techninės smulkmenos
technician *n.* technikas
technique *n.* technika
technological *a.* technologinis
technologist *n.* technologas
technology *n.* technologija
tedious *a.* nuobodus
tedium *n.* nuobodybė
teem *v.i.* pliaupti
teenager *n.* paauglys
teens *n. pl.* paauglystė
teethe *v.i.* kaltis
teetotal *a.* abstinentas
teetotaller *n.* blaivininkas
telecast *n.* televizijos laida
telecast *v.t.* rodyti per televiziją
telecommunications *n.* telekomunikacijos
telegram *n.* telegrama
telegraph *n.* telegrafas
telegraph *v.t.* telegrafuoti
telegraphic *a.* telegrafinis
telegraphist *n.* telegrafistas
telegraphy *n.* telegrafija
telepathic *a.* telepatiškas
telepathist *n.* telepatas
telepathy *n.* telepatija
telephone *n.* telefonas
telephone *v.t.* skambinti telefonu
telescope *n.* teleskopas
telescopic *a.* teleskopinis
televise *v.t.* transliuoti per televiziją
television *n.* televizija
tell *v.t.* papasakoti
teller *n.* pasakotojas
temper *n.* būdas
temper *v.t.* grūdintis
temperament *n.* temperamentas
temperamental *a.* temperamentingas
temperance *n.* saikingumas
temperate *a.* saikingas
temperature *n.* temperatūra
tempest *n.* audra
tempestuous *a.* audringas
temple *n.* šventykla
temple *n* smilkinys
temporal *a.* pasaulietiškas
temporary *a.* laikinas
tempt *v.t.* vilioti
temptation *n.* viliojimas
tempter *n.* viliokas
ten *n., a* dešimt
tenable *a.* išlaikomas
tenacious *a.* atsilaikantis

tenacity *n.* tvirtumas
tenancy *n.* nuomojimas
tenant *n.* nuomininkas
tend *v.i.* turėti tendenciją
tendency *n.* tendencija
tender *n* tenderis
tender *v.t.* pareikšti
tender *n* paraiška
tender *a* meilus
tenet *n.* pradmuo
tennis *n.* tenisas
tense *n.* laiko forma
tense *a.* įtemptas
tension *n.* įtempimas
tent *n.* palapinė
tentative *a.* bandomasis
tenure *n.* valdymo teisė
term *n.* terminas
term *v.t.* terminuoti
terminable *a.* terminuojamas
terminal *a.* terminuotas
terminal *n* terminalas
terminate *v.t.* terminuoti
termination *n.* nutraukimas
terminological *a.* terminologinis
terminology *n.* terminologija
terminus *n.* galinė stotelė
terrace *n.* terasa
terrible *a.* pasibaisėtinas
terrier *n.* terjeras
terrific *a.* siaubingas
terrify *v.t.* įbauginti
territorial *a.* teritorinis
territory *n.* teritorija
terror *n.* teroras
terrorism *n.* terorizmas
terrorist *n.* teroristas
terrorize *v.t.* terorizuoti
terse *a.* glaustas
test *v.t.* testuoti
test *n* testas
testament *n.* testamentas
testicle *n.* sėklidė
testify *v.i.* liudyti
testimonial *n.* atsiliepimas
testimony *n.* liudijimas
tete-a-tete *n.* akis į akį
tether *n.* pasaitas
tether *v.t.* pažaboti
text *n.* tekstas
textile *a.* tekstilinis
textile *n* tekstilė
textual *n.* tekstinis
texture *n.* tekstūra
thank *v.t.* dėkoti
thanks *n.* dėkui!
thankful *a.* dėkingas
thankless *a.* nedėkingas
that *a.* toks
that *dem. pron.* anas
that *rel. pron.* taip
that *adv.* štai
that *conj.* tam, kad
thatch *n.* šiaudai
thatch *v.t.* dengti šiaudais
thaw *v.i* atidrėkti
thaw *n* atodrėkis
theatre *n.* teatras
theatrical *a.* teatrinis
theft *n.* vagystė
their *a.* jų
theirs *pron.* jų
theism *n.* teizmas
theist *n.* teiztas
them *pron.* juos
thematic *a.* teminis
theme *n.* tema
then *adv.* tuomet
then *a* tuometinis
thence *adv.* iš ten
theocracy *n.* teokratija
theologian *n.* teologas
theological *a.* teologinis
theology *n.* teologija

theorem *n.* teorema
theoretical *a.* teorinis
theorist *n.* teoretikas
theorize *v.i.* teorizuoti
theory *n.* teorija
therapy *n.* terapija
there *adv.* antai
thereabouts *adv.* maždaug
thereafter *adv.* nuo šiol ir po to
thereby *adv.* tuo būdu
therefore *adv.* užtat
thermal *a.* terminis
thermometer *n.* termometras
thermos (flask) *n.* termosas
thesis *n.* baigiamasis darbas
thick *a.* drūtas
thick *n.* tirštumas
thick *adv.* tirštai
thicken *v.i.* tirštinti
thicket *n.* tankmė
thief *n.* vagis
thigh *n.* šlaunis
thimble *n.* antpirštis
thin *a.* plonas
thin *v.t.* plonėti
thing *n.* daiktas
think *v.t.* galvoti
thinker *n.* mąstytojas
third *a.* trečias
third *n.* trečdalis
thirdly *adv.* trečia
thirst *n.* troškulys
thirst *v.i.* trokšti
thirsty *a.* ištroškęs
thirteen *n.* trylika
thirteen *a* trylika
thirteenth *a.* tryliktas
thirtieth *a.* trisdešimtas
thirtieth *n* trisdešimtoji dalis
thirty *n.* trisdešimt
thirty *a* trisdešimt
thistle *n.* usnis
thither *adv.* į tą pusę
thorn *n.* dyglys
thorny *a.* dygliuotas
thorough *a* kruopštus
thoroughfare *n.* pravažiavimas
though *conj.* kad ir
though *adv.* vis dėlto
thought *n* mintis
thoughtful *a.* susimąstęs
thousand *n.* tūkstantis
thousand *a* tūkstantis
thrall *n.* baudžiauninkas
thralldom *n.* nelaisvė
thrash *v.t.* peštis
thread *n.* siūlas
thread *v.t* verti siūlą
threadbare *a.* apsitrynęs
threat *n.* grasinimas
threaten *v.t.* grasinti
three *n.* trys
three *a* trys
thresh *v.t.* kulti
thresher *n.* kuliamoji
threshold *n.* slenkstis
thrice *adv.* triskart
thrift *n.* taupumas
thrifty *a.* taupus
thrill *n.* jaudulys
thrill *v.t.* jaudintis
thrive *v.i.* vešėti
throat *n.* gerklė
throaty *a.* gerklinis
throb *v.i.* tvinkčioti
throb *n.* tvinkčiojimas
throe *n.* mėšlungis
throne *n.* sostas
throne *v.t.* užimti sostą
throng *n.* spūstis
throng *v.t.* užsplūsti
throttle *n.* droselis
throttle *v.t.* smaugti
through *prep.* pro

through *adv.* kiaurai
through *a* tiesioginis
throughout *adv.* kiaurai
throughout *prep.* per visą
throw *v.t.* mesti
throw *n.* mėtymas
thrust *v.t.* primesti
thrust *n* trauka
thud *n.* bumbtelėjimas
thud *v.i.* bumbtelėti
thug *n.* mušeika
thumb *n.* nykštys
thumb *v.t.* vartyti
thump *n.* stuklelėjimas
thump *v.t.* stuktelėti
thunder *n.* griaustinis
thunder *v.i.* griaudėti
thunderous *a.* griausmingas
Thursday *n.* ketvirtadienis
thus *adv.* taigi
thwart *v.t.* sukliudyti
tiara *n.* tiara
tick *n.* varnelė
tick *v.i.* žymėti varnele
ticket *n.* bilietas
tickle *v.t.* kutenti
ticklish *a.* bijantis kutenimo
tidal *a.* potvynio
tide *n.* potvynis ir atoslūgis
tidings *n. pl.* naujienos
tidiness *n.* tvarka
tidy *a.* sutvarkytas
tidy *v.t.* sutvarkyti
tie *v.t.* surišti
tie *n* kaklaraištis
tier *n.* pakopa
tiger *n.* tigras
tight *a.* ankštas
tighten *v.t.* aptempti
tigress *n.* tigrė
tile *n.* koklis
tile *v.t.* iškloti kokliais
till *prep.* ligi
till *n. conj.* kol
till *v.t.* išdirbti
tilt *v.i.* pakreipti
tilt *n.* pakrypimas
timber *n.* mediena
time *n.* laikas
time *v.t.* parinkti laiką
timely *a.* savalaikis
timid *a.* bailus
timidity *n.* bailumas
timorous *a.* baikštus
tin *n.* alavas
tin *a.* alavinis
tincture *n.* tinktūra
tincture *v.t.* suteikti spalvą
tinge *n.* atspalvis
tinge *v.t.* suteikti atspalvį
tinker *n.* krapštymasis
tinsel *n.* blizgučiai
tint *n.* atspalvis
tint *v.t.* paspalvinti
tiny *a.* mažytis
tip *n.* patarimas
tip *v.t.* pakreipti
tip *n.* arbatpinigiai
tip *v.t.* duoti arbatpinigių
tip *n.* sąšlavynas
tip *v.t.* pilti
tipsy *a.* išgėręs
tirade *n.* tirada
tire *v.t.* nuvarginti
tiresome *a.* nuvarginantis
tissue *n.* popierinė nosinaitė
titanic *a.* titaniškas
tithe *n.* dešimtinė
title *n.* pavadinimas
titular *a.* nominalus
toad *n.* rupūžė
toast *n.* skrebučiai
toast *v.t.* skrudinti
tobacco *n.* tabakas

today *adv.* šiandien
today *n.* šiandiena
toe *n.* kojos pirštas
toe *v.t.* išsilenkti
toffee *n.* irisas
toga *n.* toga
together *adv.* kartu
toil *n.* triūsas
toil *v.i.* triūsti
toilet *n.* tualetas
toils *n. pl.* triūsai
token *n.* ženklas
tolerable *a.* pakenčiamas
tolerance *n.* tolerancija
tolerant *a.* tolerantiškas
tolerate *v.t.* toleruoti
toleration *n.* toleravimas
toll *n.* rinkliava
toll *n* skambinimas varpais
toll *v.t.* skambinti varpais
tomato *n.* pomidoras
tomb *n.* kapas
tomboy *n.* padauža
tomcat *n.* katinas
tome *n.* tomas
tomorrow *n.* rytojus
tomorrow *adv.* rytoj
ton *n.* tona
tone *n.* tonas
tone *v.t.* tonizuoti
tongs *n. pl.* žnyplės
tongue *n.* liežuvis
tonic *a.* tonizuojantis
tonic *n.* tonizuojanti priemonė
tonight *n.* ši naktis
tonight *adv.* šiąnakt
tonne *n.* metrinė tona
tonsil *n.* tonzilė
tonsure *n.* tonzūra
too *adv.* pernelyg
tool *n.* įrankis
tooth *n.* dantis
toothache *n.* dantų skausmas
toothsome *a.* malonaus skonio
top *n.* viršūnė
top *v.t.* viršyti
top *n.* viršus
topaz *n.* topazas
topic *n.* tema
topical *a.* aktualus
topographer *n.* topografas
topographical *a.* topografinis
topography *n.* topografija
topple *v.i.* nuvirsti
topsy-turvy *a.* apverstas aukštyn kojomis
topsy-turvy *v.t.* apversti aukštyn kojomis
torch *n.* deglas
torment *n.* kankynė
torment *v.t.* kankintis
tornado *n.* tornadas
torpedo *n.* torpeda
torpedo *v.t.* torpeduoti
torrent *n.* tėkmė
torrential *a.* sraunus
torrid *a.* slogus
tortoise *n.* sausumos vėžlys
tortuous *a.* vingrus
torture *n.* kankinimas
torture *v.t.* kankinti
toss *v.t.* mėtyti
toss *n* metimas
total *a.* totalus
total *n.* iš viso
total *v.t.* sudaryti
totality *n.* visuma
touch *v.t.* lytėti
touch *n* lytejimas
touchy *a.* įžeidus
tough *a.* užkietėjęs
toughen *v.t.* kietėti
tour *n.* turnė
tour *v.i.* gastroliuoti

tourism *n.* turizmas
tourist *n.* turistas
tournament *n.* turnyras
towards *prep.* link
towel *n.* rankšluostis
towel *v.t.* šluostytis
tower *n.* bokštas
tower *v.i.* būti iškilusiam
town *n.* miestelis
township *a.* seniūnija
toy *n.* žaislas
toy *v.i.* sukinėti rankose
trace *n.* pėdsakas
trace *v.t.* susekti
traceable *a.* susekamas
track *n.* trekas
track *v.t.* pasekti
tract *n.* traktas
tract *n.* traktatas
traction *n.* trakcija
tractor *n.* traktorius
trade *n.* prekyba
trade *v.i* prekiauti
trader *n.* biržos verteiva
tradesman *n.* prekybininkas
tradition *n.* tradicija
traditional *a.* tradicinis
traffic *n.* eismas
traffic *v.i.* stumdyti
tragedian *n.* tragikas
tragedy *n.* tragedija
tragic *a.* tragiškas
trail *n.* takelis
trail *v.t.* sekti pėdomis
trailer *n.* vagonėlis
train *n.* traukinys
train *v.t.* mokyti
trainee *n.* praktikantas
training *n.* rengimas
trait *n.* savybė
traitor *n.* išdavikas
tram *n.* tramvajus
trample *v.t.* mindžioti
trance *n.* transas
tranquil *a.* ramus
tranquility *n.* ramuma
tranquillize *v.t.* nusiraminti
transact *v.t.* susitarti
transaction *n.* transakcija
transcend *v.t.* peržengti ribas
transcendent *a.* viršijimas
transcribe *v.t.* transkribuoti
transcription *n.* transkripcija
transfer *n.* perleidimas
transfer *v.t.* perleisti
transferable *a.* perleidžiamas
transfiguration *n.* Kristaus atsimainymas
transfigure *v.t.* pasikeisti
transform *v.* transformuoti
transformation *n.* transformacija
transgress *v.t.* prasižengti
transgression *n.* prasižengimas
transit *n.* tranzitas
transition *n.* pereiga
transitive *n.* tranzityvinis
transitory *n.* praeinamas
translate *v.t.* versti
translation *n.* vertimas
transmigration *n.* persikėlimas
transmission *n.* transmisija
transmit *v.t.* siųsti
transmitter *n.* siųstuvas
transparent *a.* permatomas
transplant *v.t.* persodinti
transport *v.t.* transportuoti
transport *n.* transportas
transportation *n.* transportavimas
trap *n.* spąstai
trap *v.t.* spęsti spąstus
trash *n.* šiukšlės
travel *v.i.* keliauti
travel *n* keliavimas

traveller *n.* keliautojas
tray *n.* padėklas
treacherous *a.* klastingas
treachery *n.* klasta
tread *v.t.* praminti
tread *n* protektorius
treason *n.* išdavimas
treasure *n.* lobis
treasure *v.t.* branginti
treasurer *n.* iždininkas
treasury *n.* iždas
treat *v.t.* elgtis
treat *n* vaišiningumas
treatise *n.* mokslinis straipsnis
treatment *n.* elgimasis
treaty *n.* susitarimas
tree *n.* medis
trek *v.i.* keliauti ilgą nuotolį
trek *n.* ilgas kelias
tremble *v.i.* drebėti
tremendous *a.* galingas
tremor *n.* požeminis smūgis
trench *n.* tranšėja
trench *v.t.* įsirėžti
trend *n.* kryptis
trespass *v.i.* peržengti
trespass *n.* peržengimas
trial *n.* išbandymas
triangle *n.* trikampis
triangular *a.* trikampis
tribal *a.* genties
tribe *n.* gentis
tribulation *n.* vargas
tribunal *n.* tribunolas
tributary *n.* intakas
tributary *a.* intakinis
trick *n* pokštas
trick *v.t.* pokštauti
trickery *n.* gudrybės
trickle *v.i.* sruventi
trickster *n.* apgavikas
tricky *a.* suktas
tricolour *a.* trispalvis
tricolour *n* trispalvė
tricycle *n.* triratukas
trifle *n.* mažmožis
trifle *v.i* lengvabūdiškai elgtis
trigger *n.* gaidukas
trim *a.* išpuoselėtas
trim *n* sukirpimas
trim *v.t.* apkarpyti
trinity *n.* trejybė
trio *n.* trio
trip *v.t.* parpulti
trip *n.* kelionė
tripartite *a.* trišalis
triple *a.* trigubas
triple *v.t.,* trigubinti
triplicate *a.* trigubas
triplicate *n* triplikatas
triplicate *v.t.* daryti triplikatinį
triplication *n.* trigubinimas
tripod *n.* trikojis
triumph *n.* triumfas
triumph *v.i.* triumfuoti
triumphal *a.* triumfinis
triumphant *a.* triumfuojantis
trivial *a.* trivialus
troop *n.* raitelių būrys
troop *v.i* buriuotis
trooper *n.* raitelis
trophy *n.* trofėjus
tropic *n.* tropikai
tropical *a.* tropinis
trot *v.i.* risnoti
trot *n* risčia
trouble *n.* bėda
trouble *v.t.* trikdyti
troublesome *a.* varginantis
troupe *n.* trupė
trousers *n. pl* kelnės
trowel *n.* kelnė
truce *n.* paliaubos
truck *n.* vagonėlis

true *a.* tikras
trump *n.* koziris
trump *v.t.* kirsti koziriu
trumpet *n.* trimitas
trumpet *v.i.* trimituoti
trunk *n.* bagažinė
trust *n.* patikėjimas
trust *v.t* patikėti
trustee *n.* patikėtinis
trustful *a.* patiklus
trustworthy *a.* vertas pasitikėjimo
trusty *n.* patikimas
truth *n.* tiesa
truthful *a.* teisingas
try *v.i.* pabandyti
try *n* pabandymas
trying *a.* sekinantis
tryst *n.* pasimatymo vieta
tub *n.* vonia
tube *n.* vamzdis
tuberculosis *n.* tuberkuliozė
tubular *a.* vamzdinis
tug *v.t.* suspurdėti
tuition *n.* mokestis už mokslą
tumble *v.i.* virsti
tumble *n.* virtimas
tumbler *n.* vartytuvas
tumour *n.* auglys
tumult *n.* smarkus susijaudinimas
tumultuous *a.* triukšmingas
tune *n.* darna
tune *v.t.* suderinti
tunnel *n.* tunelis
tunnel *v.i.* kasti tunelį
turban *n.* turbanas
turbine *n.* turbina
turbulence *n.* turbulencija
turbulent *a.* turbulencinis
turf *n.* velėna
turkey *n.* kalakutas
turmeric *n.* ciberžolė
turmoil *n.* maišatis
turn *v.i.* pasukti
turn *n* pasukimas
turner *n.* tekintojas
turnip *n.* ropė
turpentine *n.* terpentinas
turtle *n.* jūrų vėžlys
tusk *n.* iltis
tussle *n.* grumtynės
tussle *v.i.* grumtis
tutor *n.* kuratorius
tutorial *a.* kuruojantis
tutorial *n.* kuravimas
twelfth *a.* dvyliktas
twelfth *n.* dvyliktoji dalis
twelve *n.* dvylika
twelve *n.* dvylika
twentieth *a.* dvidešimtas
twentieth *n* dvidešimtoji dalis
twenty *a.* dvidešimt
twenty *n* dvidešimt
twice *adv.* dveja tiek
twig *n.* šakelė
twilight *n* prieblanda
twin *n.* dvyniai
twin *a* dvynas
twinkle *v.i.* žiburiuoti
twinkle *n.* žiburiukas
twist *v.t.* susukti
twist *n.* tvistas
twitter *n.* čiulbėjimas
twitter *v.i.* čiulbėti
two *n.* dvejetas
two *a.* du
twofold *a.* dvilypis
type *n.* tipas
type *v.t.* rinkti klaviatūra
typhoid *n.* vidurių šiltinė
typhoon *n.* taifūnas
typhus *n.* šiltinė
typical *a.* tipiškas

typify *v.t.* tipizuoti
typist *n.* mašininkas
tyranny *n.* tironija
tyrant *n.* tironas
tyre *n.* padanga

U

udder *n.* tešmuo
uglify *v.t.* bjauroti
ugliness *n.* bjaurumas
ugly *a.* bjaurus
ulcer *n.* opa
ulcerous *a.* išopėjęs
ulterior *a.* užslėptas
ultimate *a.* galutinis
ultimately *adv.* galiausiai
ultimatum *n.* ultimatumas
umbrella *n.* skėtis
umpire *n.* nešališkas arbitras
umpire *v.t.,* teisėjauti
unable *a.* neprieinamas
unanimity *n.* vienbalsiškumas
unanimous *a.* vienbalsis
unaware *a.* nenujaučiantis
unawares *adv.* netyčia
unburden *v.t.* atverti širdį
uncanny *a.* labai keistas
uncertain *a.* abejojantis
uncle *n.* dėdė
uncouth *a.* netašytas
under *prep.* po
under *adv* į apačią
under *a* žemesnis
undercurrent *n.* požeminė srovė
underdog *n* nugalėtoji pusė
undergo *v.t.* pergyventi
undergraduate *n.* paskutinio kurso studentas
underhand *a.* užkulisinis
underline *v.t.* pabraukti
undermine *v.t.* pakenkt
underneath *adv.* apatinis
underneath *prep.* gilumoje
understand *v.t.* suprasti
undertake *v.t.* apsiimti
undertone *n.* pustonis
underwear *n.* apatiniai
underworld *n.* požeminis pasaulis
undo *v.t.* anuliuoti
undue *a.* perdėtas
undulate *v.i.* banguotis
undulation *n.* bangavimas
unearth *v.t.* išknisti
uneasy *a.* nelengvas
unfair *a* nesąžiningas
unfold *v.t.* išskleisti
unfortunate *a.* nelaimėlis
ungainly *a.* nerangus
unhappy *a.* nelaimingas
unification *n.* vienijimas
union *n.* sąjunga
unionist *n.* sąjungininkas
unique *a.* unikalus
unison *n.* unisonas
unit *n.* vienetas
unite *v.t.* vienytis
unity *n.* vienybė
universal *a.* universalus
universality *n.* universalumas
universe *n.* visata
university *n.* universitetas
unjust *a.* neteisėtas
unless *conj.* jei ne
unlike *a* nepanašus
unlike *prep* skirtingai nuo
unlikely *prep* nepanašu
unmanned *a.* nepilotuojamas
unmannerly *a* storžieviškas
unprincipled *a.* neprincipingas

unreliable *a.* nepatikimas
unrest *n* neramumai
unruly *a.* nepaklusnus
unsettle *v.t.* kelti nerimą
unsheathe *v.t.* apnuoginti
until *prep.* ligi
until *conj* kol
untoward *a.* nepageidaujamas
unwell *a.* negaluojantis
unwittingly *adv.* nesąmoningai
up *adv.* aukštyn
up *prep.* aukštyn
upbraid *v.t* prikaišioti
upheaval *n.* poslinkis
uphold *v.t* palaikyti
upkeep *n* išlaikymas
uplift *v.t.* pakėlti
uplift *n* pakėlimas
upon *prep* ant
upper *a.* aukštupio
upright *a.* stačiomis
uprising *n.* pakilimas
uproar *n.* didelis pasipiktinimas
uproarious *a.* siautulingas
uproot *v.t.* rauti su šaknimis
upset *v.t.* nuliūsti
upshot *n.* išdava
upstart *n.* iškilėlis
up-to-date *a.* naujausias
upward *a.* kylantis į viršų
upwards *adv.* į viršų
urban *a.* miestiškas
urbane *a.* mandagus
urbanity *n.* mandagumas
urchin *n.* gatvės vaikas
urge *v.t* raginti
urge *n* veržimasis
urgency *n.* primygtinumas
urgent *a.* neatidėtinas
urinal *n.* pisuaras
urinary *a.* šlapimo
urinate *v.i.* šlapintis
urination *n.* šlapinimasis
urine *n.* šlapimas
urn *n* urna
usage *n.* vartosena
use *n.* naudojimasis
use *v.t.* naudotis
useful *a.* naudingas
usher *n.* tvarkos prižiūrėtojas
usher *v.t.* nulydėti
usual *a.* įprastas
usually *adv.* įprastai
usurer *n.* lupikautojas
usurp *v.t.* uzurpuoti
usurpation *n.* uzurpacija
usury *n.* lupikavimas
utensil *n.* rakandas
uterus *n.* gimda
utilitarian *a.* utilitarinis
utility *n.* naudingumas
utilization *n.* utilizacija
utilize *v.t.* utilizuoti
utmost *a.* didžiausias
utmost *n* visa, kas įmanoma
utopia *n .* utopija
utopian *a.* utopinis
utter *v.t.* pratarti
utter *a.* didžiam
utterance *n.* pasisakymas
utterly *adv.* visiškai

V

vacancy *n.* laisva vieta
vacant *a.* laisvas
vacate *v.t.* atlaisvinti
vacation *n.* atostogos
vaccinate *v.t.* skiepyti
vaccination *n.* skiepijimas
vaccinator *n.* skiepitojas

vaccine *n.* skiepai
vacillate *v.i.* svyruoti
vacuum *n.* vakuumas
vagabond *n.* bastūnas
vagabond *a* bastūniškas
vagary *n.* įnoris
vagina *n.* vagina
vague *a.* neaiškus
vagueness *n.* neaiškumas
vain *a.* bergždžias
vainglorious *a.* tuščiagarbis
vainglory *n.* tuštybė
vainly *adv.* bergždžiai
vale *n.* slėnis
valiant *a.* karžygiškas
valid *a.* galiojantis
validate *v.t.* paskelbti galiojančiu
validity *n.* galiojimas
valley *n.* klonis
valour *n.* karžygiškumas
valuable *a.* vertingas
valuation *n.* įvertinimas
value *n.* vertė
value *v.t.* įvertinti
valve *n.* ventilis
van *n.* furgonas
vanish *v.i.* išnykti
vanity *n.* tuštybė
vanquish *v.t.* nugalėti
vaporize *v.t.* garinti
vaporous *a.* garinis
vapour *n.* garas
variable *a.* kintamas
variance *n.* variantiškumas
variation *n.* variacija
varied *a.* varijuojantis
variety *n.* įvairovė
various *a.* įvairus
varnish *n.* impregnantas
varnish *v.t.* impregnuoti
vary *v.t.* varijuoti
vasectomy *n.* vazektomija
vaseline *n.* vazelinas
vast *a.* neaprėpiamas
vault *n.* rūsys
vault *n.* banko saugykla
vault *v.i.* voltižiruoti
vegetable *n.* daržovė
vegetable *a.* augalinis
vegetarian *n.* vegetaras
vegetarian *a* vegetariškas
vegetation *n.* augmenija
vehemence *n.* smarkumas
vehement *a.* smarkus
vehicle *n.* transporto priemonė
vehicular *a.* automobilių
veil *n.* šydas
veil *v.t.* uždengti šydu
vein *n.* vena
velocity *n.* greitis
velvet *n.* aksomas
velvety *a.* aksominis
venal *a.* parsidavėliškas
venality *n.* parsidavėliškumas
vendor *n.* pardavėjas
venerable *a.* garbusis
venerate *v.t.* didžiai gerbti
veneration *n.* didi pagarba
vengeance *n.* kerštas
venial *a.* dovanotina
venom *n.* pagieža
venomous *a.* pagiežingas
vent *n.* ventiliacijos anga
ventilate *v.t.* ventiliuoti
ventilation *n.* ventiliacija
ventilator *n.* ventiliatorius
venture *n.* rizikingas žingsnis
venture *v.t.* rizikuoti
venturesome *a.* linkęs rizikuoti
venturous *a.* nuotykingas
venue *n.* susitikimo vieta
veracity *n.* tikrumas
verandah *n.* veranda
verb *n.* veiksmažodis

verbal *a.* žodinis
verbally *adv.* žodžiu
verbatim *a.* pažodinis
verbatim *adv.* pažodžiui
verbose *a.* daugiažodis
verbosity *n.* daugiažodžiavimas
verdant *a.* žaliuojantis
verdict *n.* verdiktas
verge *n.* riba
verification *n.* patikrinimas
verify *v.t.* patikrinti
verisimilitude *n.* tikroviškumas
veritable *a.* tikras
vermillion *n.* cinoberis
vermillion *a.* cinoberinis
vernacular *n.* čionykštis
vernacular *a.* čionykštis
vernal *a.* pavasarinis
versatile *a.* visapusiškas
versatility *n.* visapusiškumas
verse *n.* eilėraštis
versed *a.* išmanantis
versification *n.* eilėdara
versify *v.t.* eiliuoti
version *n.* versija
versus *prep.* prieš
vertical *a.* vertikalus
verve *n.* raiškumas
very *a.* labai
vessel *n.* laivas
vest *n.* berankoviai apatiniai marškiniai
vest *v.t.* suteikti
vestige *n.* likutis
vestment *n.* arnotas
veteran *n.* veteranas
veteran *a.* veteraninis
veterinary *a.* veterinarinis
veto *n.* veto
veto *v.t.* vetuoti
vex *v.t.* nervinti
vexation *n* susinervinimas
via *prep.* via
viable *a.* gyvybingas
vial *n.* buteliukas
vibrate *v.i.* vibruoti
vibration *n.* vibracija
vicar *n.* vikaras
vicarious *a.* svetimas
vice *n.* yda
viceroy *n.* karalius vietininkas
vice-versa *adv.* atvirkščiai
vicinity *n.* apylinkė
vicious *a.* aršus
vicissitude *n.* kaitaliojimasis
victim *n.* auka
victimize *v.t.* persekioti
victor *n.* nugalėtojas
victorious *a.* pergalingas
victory *n.* pergalė
victuals *n. pl* atsargos
vie *v.i.* lenktyniauti
view *n.* požiūris
view *v.t.* apžiūrėti
vigil *n.* vigilija
vigilance *n.* budrumas
vigilant *a.* budrus
vigorous *a.* veiklus
vile *a.* niekšiškas
vilify *v.t.* apjuodinti
villa *n.* vila
village *n.* kaimas
villager *n.* kaimietis
villain *n.* piktadarys
vindicate *v.t.* išteisinti
vindication *n.* pateisinimas
vine *n.* vynmedis
vinegar *n.* actas
vintage *n.* aukščiausios markės vynas
violate *v.t.* pažeisti
violation *n.* pažeidimas
violence *n.* smurtas
violent *a.* smurtinis

violet *n.* našlaitė
violin *n.* smuikas
violinist *n.* smuikininkas
virgin *n.* mergelė
virgin *a.* nekaltas
virginity *n.* nekaltybė
virile *a.* vyro
virility *n.* suvyriškėjimas
virtual *a.* virtualus
virtue *n.* dorybė
virtuous *a.* dorybingas
virulence *n.* tulžingumas
virulent *a.* tulžingas
virus *n.* virusas
visage *n.* veidas
visibility *n.* matomumas
visible *a.* matomas
vision *n.* vizija
visionary *a.* aiškiai įsivaizduojantis
visionary *n.* aiškiaregys
visit *n.* vizitas
visit *v.t.* viituoti
visitor *n.* lankytojas
vista *n.* ateities vaizdas
visual *a.* vaizdinis
visualize *v.t.* vizualizuoti
vital *a.* gyvybingas
vitality *n.* gyvybingumas
vitalize *v.t.* atgaivinti
vitamin *n.* vitaminas
vitiate *v.t.* niekais paversti
vivacious *a.* nuotaikingas
vivacity *n.* gyvumas
viva-voce *adv.* viva voce
viva-voce *a* sakytinis
viva-voce *n* viva voce
vivid *a.* laki
vixen *n.* lapė
vocabulary *n.* žodynėlis
vocal *a.* vokalinis
vocalist *n.* vokalistas
vocation *n.* pašaukimas
vogue *n.* mada
voice *n.* balsas
voice *v.t.* ištarti balsu
void *a.* negaliojantis
void *v.t.* panaikinti
void *n.* tuštuma
volcanic *a.* vulkaninis
volcano *n.* ugnikalnis
volition *n.* valia
volley *n.* salvė
volley *v.t* šaudyti salves
volt *n.* voltas
voltage *n.* įtampa
volume *n.* apimtis
voluminous *a.* didelės apimties
voluntarily *adv.* savanoriškai
voluntary *a.* savanoriškas
volunteer *n.* savanoris
volunteer *v.t.* savonoriauti
voluptuary *n.* gašlūnas
voluptuous *a.* gašlus
vomit *v.t.* vemti
vomit *n* vėmalai
voracious *a.* ėdrus
votary *n.* išpažinėjas
vote *n.* balsavimas
vote *v.i.* balsuoti
voter *n.* balsuotojas
vouch *v.i.* užtikrinti
voucher *n.* čekis
vouchsafe *v.t.* teiktis
vow *n.* įžadas
vow *v.t.* duoti įžadą
vowel *n.* balsė
voyage *n.* kelionė
voyage *v.i.* keliauti
voyager *n.* keliautojas
vulgar *a.* vulgarus
vulgarity *n.* vulgarumas
vulnerable *a.* pažeidžiamas
vulture *n.* grifas

W

wade *v.i.* braidyti
waddle *v.i.* krypuoti
waft *v.t.* sklisti
waft *n* atsklidęs garsas
wag *v.i.* kraipyti
wag *n* kraipymas
wage *v.t.* kovoti
wage *n.* darbo užmokestis
wager *n.* pastatyta suma
wager *v.i.* eiti lažybų
wagon *n.* platforminis prekinis vagonas
wail *v.i.* aimanuoti
wail *n* aimana
wain *n.* vežimas
waist *n.* talija
waistband *n.* juosmuo
waistcoat *n.* liemenė
wait *v.i.* laukti
wait *n.* laukimas
waiter *n.* padavėjas
waitress *n.* padavėja
waive *v.t.* atleisti nuo įsipareigojimo
wake *v.t.* budinti
wake *n* budynės
wake *n* bangavimas
wakeful *a.* budintis
walk *v.i.* eiti
walk *n* ėjimas
wall *n.* siena
wall *v.t.* užmūryti
wallet *n.* piniginė
wallop *v.t.* smarkiai smogti
wallow *v.i.* mėgautis
walnut *n.* graikinis riešutas
walrus *n.* jūrų vėplys
wan *a.* išblyškęs
wand *n.* burtų lazdelė
wander *v.i.* klajoti
wane *v.i.* dilti
wane *n* delčia
want *v.t.* reikėti
want *n* reikmė
wanton *a.* be priežasties
war *n.* karas
war *v.i.* kariauti
warble *v.i.* treleliuoti
warble *n* trelė
warbler *n.* paukštis giesmininkas
ward *n.* globotinis
ward *v.t.* globoti
warden *n.* prižiūrėtojas
warder *n.* kalėjimo prižiūrėtojas
wardrobe *n.* drabužių spinta
wardship *n.* globa
ware *n.* dirbiniai
warehouse *v.t* sandėlis
warfare *n.* kariavimas
warlike *a.* karingas
warm *a.* šiltas
warm *v.t.* šildyti
warmth *n.* šiluma
warn *v.t.* įspėti
warning *n.* įspėjimas
warrant *n.* rašytinis nurodymas
warrant *v.t.* laiduoti
warrantee *n.* garantuotasis
warrantor *n.* laiduotojas
warranty *n.* sutartinė garantija
warren *n.* triušidė
warrior *n.* kariautojas
wart *n.* karpa
wary *a.* apdairus
wash *v.t.* plauti
wash *n* plovimas
washable *a.* plaunamas
washer *n.* plovėjas
wasp *n.* vapsva
waspish *a.* piktas kaip širšė

wassail *n.* išgerti į kieno nors sveikatą
wastage *n.* natūralieji nuostoliai
waste *a.* atliekamas
waste *n.* atliekos
waste *v.t.* švaistyti
wasteful *a.* švaistantis
watch *v.t.* žiūrėti
watch *n.* laikrodis
watchful *a.* budrus
watchword *n.* šūkis
water *n.* vanduo
water *v.t.* palaistyti
waterfall *n.* krioklys
water-melon *n.* arbūzas
waterproof *a.* atsparus vandeniui
waterproof *n* neperšlampamas apsiaustas
waterproof *v.t.* neperšlapti
watertight *a.* nepraleidžiantis vandens
watery *a.* vandeniuotas
watt *n.* vatas
wave *n.* mojavimas
wave *v.t.* mojuoti
waver *v.i.* dvejoti
wax *n.* vaškas
wax *v.t.* vaškuoti
way *n.* kelias
wayfarer *n.* keliautojas pėsčiomis
waylay *v.t.* tykoti
wayward *a.* aikštingas
weak *a.* silpnas
weaken *v.t. & i* silpninti
weakling *n.* silpnavalis žmogus
weakness *n.* silpnumas
weal *n.* randas
wealth *n.* turtai
wealthy *a.* pasiturintis
wean *v.t.* junkyti
weapon *n.* ginklas
wear *v.t.* dėvėti
weary *a.* nuvargęs
weary *v.t. & i* varginti
weary *a.* varginantis
weary *v.t.* nuvargintas
weather *n* oras (atmosferos sąlygos)
weather *v.t.* patirti orų poveikį (medienai, moliui)
weave *v.t.* austi
weaver *n.* audėjas
web *n.* voratinklis
webby *a.* tinklėtas
wed *v.t.* tuoktis
wedding *n.* santuoka
wedge *n.* pleištas
wedge *v.t.* pleištuoti
wedlock *n.* santuokinis
Wednesday *n.* trečiadienis
weed *n.* piktžolė
weed *v.t.* ravėti
week *n.* savaitė
weekly *a.* savaitinis
weekly *adv.* kartą per savaitę
weekly *n.* savaitraštis
weep *v.i.* verkti
weevil *n.* verkimas
weigh *v.t.* sverti
weight *n.* svoris
weightage *n.* dažniausiai
weighty *a.* svarus
weir *n.* vandens slenkstis
weird *a.* keistas
welcome *a.* laukiamas
welcome *n* pasveikinimas
welcome *v.t* pasveikinti (svečią)
weld *v.t.* suvirinti
weld *n* suvirinimas
welfare *n.* gerovė
well *a.* sveikas
well *adv.* gerai

well *n.* vietos advokatams
well *v.i.* kauptis (jausmai)
wellignton *n.* Velingtonas
well-known *a.* gerai žinomas
well-read *a.* apsiskaitęs
well-timed *a.* gerai apgalvotas
well-to-do *a.* gerai gyvenantis
welt *n.* randas
welter *n.* maišatis
wen *n.* riebalinis navikas
wench *n.* kaimietė
west *n.* vakarai
west *a.* vakarinis
west *adv.* į vakarus
westerly *a.* vakarų
westerly *adv.* vakaris
western *a.* vakarietiškas
wet *a.* šlapias
wet *v.t.* šlapti
wetness *n.* šlapumas
whack *v.t.* tvoti
whale *n.* banginis
wharfage *n.* prieplaukos mokestis
what *a.* koks
what *pron.* kas?
what *interj.* kiek
whatever *pron.* bet koks
wheat *n.* kviečiai
wheedle *v.t.* išgauti meilikavimu
wheel *n.* ratas
wheel *v.t.* skrajoti ratu
whelm *v.t.* užplūsti
whelp *n.* žvėries jauniklis
when *adv.* kada
when *conj.* kai
whence *adv.* iš kur
whenever *adv. conj* kai tik
where *adv.* kur
where *conj.* kur
whereabouts *adv.* kurioje vietoje?
whereas *conj.* tuo tarpu kai
whereat *conj.* į kurį
wherein *adv.* kame?
whereupon *conj.* po to, kai
wherever *adv.* kur tik
whet *v.t.* sužadinti
whether *conj.* ar
which *pron.* kuris
which *a* kuris
whichever *pron* bet kuris
whiff *n.* dvelksmas
while *n.* laiko tarpas
while *conj.* kol
while *v.t.* praleisti laiką
whim *n.* įnoris
whimper *v.i.* šniurkščioti
whimsical *a.* įnoringas
whine *v.i.* švilpimas
whine *n* švilpti
whip *v.t.* čaižyti
whip *n.* rimbas
whipcord *n.* suktinė virvelė
whirr *n.* dūzgimas
whirl *n.i.* sukimasis
whirl *n* sūkurys
whirligig *n.* vilkelis
whirlpool *n.* vandens sūkurys
whirlwind *n.* sūkurys
whisk *v.t.* išplakti
whisk *n* plaktuvas
whisker *n.* katės ūsai
whisky *n.* viskis
whisper *v.t.* šnabždėtis
whisper *n* šnabždesys
whistle *v.i.* švilpauti
whistle *n* švilpesys
white *a.* baltas
white *n* baltasis
whiten *v.t.* balinti
whitewash *n.* kalkės
whitewash *v.t.* bandyti teisinti
whither *adv.* kur

whitish *a.* balzganas
whittle *v.t.* drožinėti
whiz *v.i.* zvimbti
who *pron.* kas
whoever *pron.* bet kas
whole *a.* visas
whole *n* visuma
whole-hearted *a.* nuoširdus
wholesale *n.* didmeninė prekyba
wholesale *a* didmeninis
wholesale *adv.* urmu
wholesaler *n.* didmenininkas
wholesome *a.* naudingas sveikatai
wholly *adv.* visiškai
whom *pron.* kurį
whore *n.* paleistuvė
whose *pron.* kieno?
why *adv.* kodėl
wick *n.* dagtis
wicked *a.* nedoras
wicker *n.* vytelės
wicket *n.* kriketo varteliai
wide *a.* platus
wide *adv.* plačiai
widen *v.t.* platinti kelią
widespread *a.* plačiai paplitęs
widow *n.* našlė
widow *v.t.* našlauti
widower *n.* našlys
width *n.* plotis
wield *v.t.* mokėti valdyti įrankį
wife *n.* žmona
wig *n.* perukas
wight *n.* mažius
wigwam *n.* vigvamas
wild *a.* laukinis
wilderness *n.* tyrlaukis
wile *n.* gudrybės
will *n.* valia
will *v.t.* norėti
willing *a.* noriai darantis
willingness *n.* noras ką nors atlikti
willow *n.* karklas
wily *a.* klastingas
wimble *n.* grąžtas
wimple *n.* vienuolės galvos apdangalas
win *v.t.* laimėti
win *n* laimėjimas
wince *v.i.* raukytis
winch *n.* kėlimo gervė
wind *n.* vėjas
wind *v.t.* vingiuoti
wind *v.t.* prisukti
windbag *n.* tuščiakalbis
winder *n.* suktukas
windlass *v.t.* suktuvas
windmill *n.* vėjo malūnas
window *n.* langas
windy *a.* vėjuotas
wine *n.* vynas
wing *n.* sparnas
wink *v.i.* mirktelėti
wink *n* mirktelėjimas
winner *n.* nugalėtojas
winnow *v.t.* vėtyti
winsome *a.* žavus
winter *n.* žiema
winter *v.i* žiemoti
wintry *a.* žieminis
wipe *v.t.* šluostyti
wipe *n.* šluostymas
wire *n.* laidas
wire *v.t.* prijungti laidą
wireless *a.* bevielis
wireless *n* bevielis
wiring *n.* elektros laidų instaliacija
wisdom *n.* išmintis
wisdom-tooth *n.* protinis dantis
wise *a.* išmintingas
wish *n.* noras

wish *v.t.* trokšti
wishful *a.* trokštantis
wisp *n.* sruogelė
wistful *a.* liūdnai susimąstęs
wit *n.* šmaikštuolis
witch *n.* ragana
witchcraft *n.* raganystė
witchery *n.* kerėjimas
with *prep.* su
withal *adv.* be to
withdraw *v.t.* ištraukti
withdrawal *n.* išėmimas
withe *n.* karklas
wither *v.i.* nuvysti
withhold *v.t.* sulaikyti
within *prep.* verčiama vietininku
within *adv.* viduje
within *prep.* neperžengiant ribų
without *prep.* be
without *adv.* ne-
without *n* be
withstand *v.t.* atlaikyti
witless *a.* nesupratingas
witness *n.* liudytojas
witness *v.i.* liudyti
witticism *n.* sąmojis
witty *a.* sąmojingas
wizard *n.* burtininkas
wobble *v.i* svirduliuoti
woe *n.* sielvartas
woebegone *a.* sielvarto prislėgtas
woeful *a.* sielvartingas
wolf *n.* vilkas
woman *n.* moteris
womanhood *n.* moterystė
womanish *n.* bobiškas
womanise *v.t.* mergišiauti
womb *n.* gimda
wonder *n* nuostaba
wonder *v.i.* norėti žinoti
wonderful *a.* nuostabus
wondrous *a.* stebuklingas
wont *a.* įpratęs
wont *n* įprotis
wonted *a.* papratęs
woo *v.t.* patraukti į savo pusę
wood *n.* mediena
woods *n. pl.* giria
wooden *a.* medinis
woodland *n.* miškinga vietovė
woof *n.* lojimas
wool *n.* vilna
woollen *a.* vilnonis
woollen *n* vilnonas
word *n.* žodis
word *v.t* parinkti žodžius
wordy *a.* daugiažodis
work *n.* darbas
work *v.t.* dirbti
workable *a.* įvykdomas
workaday *a.* šiokiadieninis
worker *n.* darbininkas
workman *n.* darbininkas
workmanship *n.* nagingumas
workshop *n.* dirbtuvės
worldling *n.* žemės vaikas
worldly *a.* pasaulietiškas
worm *n.* kirmėlė
wormwood *n.* kartusis kietis
worn *a.* susidėvėjęs
worry *n.* nerimas
worry *v.i.* nerimauti
worsen *v.t.* blogėti
worship *n.* gerbimas
worship *v.t.* gerbti
worshipper *n.* gerbėjas
worst *n.* blogiausia padėtis
worst *a* blogiausias
worst *adv.* blogiausiai
worsted *n.* šukuotinis
worth *n.* vertė
worth *a* vertas
worthless *a.* bevertis
worthy *a.* deramas

would-be *a.* būsimas
wound *n.* žaizda
wound *v.t.* sužeisti
wrack *n.* išmesti į krantą jūros dumbliai
wraith *n.* šmėkla
wrangle *v.i.* kivirčytis
wrangle *n.* kivirčas
wrap *v.t.* įvynioti
wrap *n* įvynioklis
wrapper *n.* vyniojamasis popierius
wrath *n.* rūstybė
wreath *n.* vainikas
wreathe *v.t.* apvainikuoti
wreck *n.* sudužimas į skeveldras
wreck *v.t.* sudužti į skeveldras
wreckage *n.* skeveldra
wrecker *n.* techninės pagalbos automobilis
wren *n.* karetaitė
wrench *n.* veržliaraktis
wrench *v.t.* išsukti
wrest *v.t.* išplėšti
wrestle *v.i.* eiti imtynių
wrestler *n.* imtynininkas
wretch *n.* vargšas
wretched *a.* vargšas
wrick *n* kūgis
wriggle *v.i.* rangytis
wriggle *n* gręžimas
wring *v.t* gręžti
wrinkle *n.* raukšlė
wrinkle *v.t.* raukšlėtis
wrist *n.* riešas
writ *n.* raštiškas įsakymas
write *v.t.* rašyti
writer *n.* rašytojas
writhe *v.i.* raitytis
wrong *a.* neteisingas
wrong *adv.* neteisingai
wrong *v.t.* skriausti
wrongful *a.* neteisingas
wry *a.* iškreiptas (aiškinimas)

X

xerox *n.* kseroksas
xerox *v.t.* padaryti kopiją
Xmas *n.* Kalėdos
x-ray *n.* rentgeno spinduliai
x-ray *a.* rentgeno
x-ray *v.t.* peršviesti rentgeno spinduliais
xylophagous *a.* kirvarpis
xylophilus *a.* pušinis verpikas
xylophone *n.* ksilofonas

Y

yacht *n.* jachta
yacht *v.i* jachtuoti
yak *n.* tauzijimas
yap *v.i.* kiauksėti
yap *n* kiauksėjimas
yard *n.* jardas
yarn *n.* siūlai
yawn *v.i.* žiovauti
yawn *n.* žiovulys
year *n.* metai
yearly *a.* metinis
yearly *adv.* kartą per metus
yearn *v.i.* ilgėtis
yearning *n.* ilgesys
yeast *n.* mielės
yell *v.i.* šaukti
yell *n* šauksmas
yellow *a.* geltonas

yellow *n* geltona spalva
yellow *v.t.* gelsti
yellowish *a.* gelsvas
Yen *n.* jena
yeoman *n.* raštininkas
yes *adv.* taip
yesterday *n.* vakarykštė diena
yesterday *adv.* vakar
yet *adv.* vis dar
yet *conj.* vis dėlto
yield *v.t.* pelnyti
yield *n* pelningumas
yoke *n.* jungas
yoke *v.t.* kinkyti į jungą
yolk *n.* trynys
younger *a.* jaunesnis
younger *adv.* jauniau
young *a.* jaunas
young *n* jaunimas
youngster *n.* jaunuolis
youth *n.* jaunystė
youthful *a.* jaunatviškas

Z

zany *a.* paikas
zeal *n.* atsidavimas
zealot *n.* atsidavęs šalininkas
zealous *a.* atsidavęs
zebra *n.* zebras
zenith *n.* zenitas
zephyr *n.* zefyras
zero *n.* nulis
zest *n.* citrinos žievelė
zigzag *n.* zigzagas
zigzag *a.* zigzaninis
zigzag *v.i.* zigzaguoti
zinc *n.* cinkas
zip *n.* užtrauktukas
zip *v.t.* užtraukti
zodiac *n* Zodiakas
zonal *a.* zoninis
zone *n.* zona
zoo *n.* zoologijos sodas
zoological *a.* zoologinis
zoologist *n.* zoologas
zoology *n.* zoologija
zoom *n.* mastelis
zoom *v.i.* keisti vaizdo mastelį

LITHUANIAN - ENGLISH

A

abatija *n* abbey
abejingas *a* listless
abejingas *a* nonchalant
abejingumas *n* nonchalance
abejojantis *a* uncertain
abejonė *n* doubt
abejoti *v* doubt
abejotinas *a* questionable
aberacija *n* aberrance
abipusis *a* mutual
abipusiškas *a* reciprocal
aborigenai *n* aborigines
aborigenas *n* aboriginal
abortas *n* abortion
abrikosas *n* apricot
absoliutus *a* absolute
absolventas *n* alumna
absolventų išleistuvės *n* convocation
absorbuoti *v* absorb
abstinentas *n* teetotal
abstrahuoti *v* abstract
abstrakcija *n* abstraction
abstrakti sąvoka *n* abstract
abstraktus *a* abstract
absurdas *n* absurdity
absurdiškas *n* absurd
abu *pron* both
abu *a* both
abu *conj* both
achromatinis *a* achromatic
actas *n* vinegar
adaptacija *n* adaptation
adaptuotis *v* adapt
adata *n* needle
adekvatumas *n* adequacy
adekvatus *a* adequate
administracija *a* administration
administracinis *n* administrative
administratorius *n* administrator
administruoti *v* administer
admirolas *n* admiral
adresas *n* address
adresatas *n* addressee
adresuoti *v* address
adventas *n* advent
advokatas *n* advocate
advokatas *n* counsel
aerodromas *n* aerodrome
aeronautika *n* aeronautics
aforizmas *n* aphorism
agentas *n* agent
agentūra *n* agency
agitacija *n* agitation
agituoti *v* agitate
agnus *n* agnus
agonija *n* agony
agonistas *n* agonist
agorafobija *n* agoraphobia
agrarinis *a* agrarian
agrastas *n* gooseberry
agresija *n* aggression
agresorius *n* aggressor
agresyvus *a* aggressive
agrokultūrinis *a* agricultural
agronomija *n* agronomy
agurkas *n* cucumber
aibė *n* set
aidas *n* echo
aidėti *v* echo
aikštingas *a* wayward
aiktelėjimas *n* gasp
aiktelėti *v* gasp
aimana *n* moan
aimana *n* wail
aimanuoti *v* moan
aimanuoti *v* wail
airiškas *a* Irish
airių kalba *n* Irish
aiškiai *adv* clearly

aiškiai įsivaizduojantis *a* visionary
aiškiaregis *a* psychic
aiškiaregys *n* seer
aiškiaregys *n* visionary
aiškinti *v* ascribe
aiškumas *n* clarity
aiškus *a* clear
aistra *n* passion
aistringas *a* passionate
aitvaras *n* kite
akademija *n* academy
akademinis *a* academic
akceleracija *n* acceleration
akcentuoti *v* emphasize
akcizas *n* excise
akies obuolys *n* eyeball
akimirksnio *a* instantaneous
akimirksnis *n* instant
akimirksniu *adv* instantly
akinimas *n* glare
akinti *v* glare
akiplėšiškas *a* impertinent
akiplėšiškas *a* insolent
akiplėšiškumas *n* impertinence
akiplėšiškumas *n* insolence
akis *n* eye
akis į akį *adv* tete-a-tete
akių *a* ocular
akių *a* optic
akių prausiklis *n* eyewash
akivaizda *n* presence
akivaizdus *a* apparent
akivaizdus *a* evident
akivaizdus *a* manifest
akivaizdus *a* obvious
akivaizdžiai parodyti *v* manifest
akla meilė *n* infatuation
aklai įsimylėjęs *adv* infatuate
aklas *a* blind
aklavietė *n* deadlock
aklavietė *n* impasse
aklimatizuotis *v* acclimatise
aklumas *n* ablepsy
aklumas *n* blindness
akmeninis kapas *n* cist
akmenuotas *a* stony
akmuo *n* stone
akompanavimas *n* accompaniment
akompanuoti *v* accompany
akordas *n* chord
akras *n* acre
akredituoti *v* accredit
akrobatas *n* acrobat
aksesuarai *n* accessory
aksomas *n* velvet
aksominis *a* velvety
aktas *n* act
aktorė *n* actress
aktorius *n* actor
aktualus *a* topical
aktyvinti *v* activate
aktyvumas *n* activity
aktyvus *a* active
akustika *n* acoustics
akustinis *a* acoustic
akvariumas *n* aquarium
akvedukas *n* aqueduct
alaus actas *n* alegar
alaus bokalas *n* jar
alaus darykla *n* brewery
alavas *n* tin
alavinis *a* tin
Albionas *n* Albion
albumas *n* album
albuminas *n* albumen
alchemija *n* alchemy
alegorija *n* allegory
alegorinis *a* allegorical
alergija *n* allergy
alfa *n* alpha
alfabetas *n* alphabet
alfabetinis *a* alphabetical

algebra *n* algebra
aliarmas *n* alarm
aliarmuoti *v* alarm
alibi *n* alibi
aligatorius *n* alligator
alikvotas *n* aliquot
alimentai *n* alimony
aliteracija *n* alliteration
aliteruoti *v* alliterate
aliuminis *a* aluminium
aliuminuoti *v* alluminate
aliuzija *n* allusion
aliuzinis *a* allusive
aljansas *n* alliance
alkanas *adv* hungry
alkis *n* hunger
alkoholinis gėrimas *n* liquor
alkoholis *n* alcohol
alkova *n* recess
alkūnė *n* elbow
almanachas *n* almanac
alpimas *n* swoon
alpinistas *n* alpinist
alpinistas *n* mountaineer
alpstantis *adv* faint
alpti *v* faint
altas *n* alto
alternatyva *n* alternative
alternatyvus *a* alternative
altimetras *n* altimeter
altorius *n* altar
alus *n* ale
alus *n* beer
alyva *n* lilac
alyvos *n* olive
amalgama *n* amalgam
amaro čiulptukas *n* cornicle
amatas *n* craft
amatas *n* handicraft
amatininkas *n* artisan
amatininkas *n* craftsman
amaurozė *n* amaurosis
ambasada *n* embassy
ambasadorius *n* ambassador
amberitis *n* amberite
ambicija *n* ambition
ambicingas *a* ambitious
ambulatorinis *a* ambulant
ambulatorinis ligonis *n* outpatient
amen *interj.* amen
amenorėja *n* amenorrhoea
amfibinis *a* amphibious
amfiteatras *n* amphitheatre
amnestija *n* amnesty
amnezija *n* amnesia
amoralumas *n* immorality
amoralus *a* amoral
amoralus *a* immoral
amperas *n* ampere
amplifikacija *n* amplification
amuletas *n* amulet
amunicija *n* ammunition
amunicija *n* munitions
amžinai *adv* forever
amžinai žalias *a* evergreen
amžinas *a* eternal
amžinas *a* perpetual
amžininkas *n* contemporary
amžinumas *n* eternity
amžius *n* age
anabaptizmas *n* anabaptism
anachronizmas *n* anachronism
anadema *n* anadem
anakardis *n* anticardium
anaklizis *n* anaclisis
analinis *a* anal
analitikas *n* analyst
analitinis *a* analytical
analizė *n* analysis
analizuoti *v* analyse
analogija *n* analogy
analogiškas *a* analogous
anamnezė *n* anamnesis

anamorfozinis *a* anamorphous
ananasas *n* pineapple
anapus *prep* beyond
anapus *prep* beyond
anarchija *n* anarchy
anarchistas *n* anarchist
anarchizmas *n* anarchism
anas *pron* other
anas *pron* that
anatomija *n* anatomy
androfagas *n* androphagi
anekdotas *n* anecdote
aneksija *n* annexation
aneksuoti *v* annex
anemija *n* anaemia
anemometras *n* anemometer
anestezija *n* anaesthesia
anestezinis *a* anaesthetic
angelas *n* angel
angina *n* angina
anglis *n* carbon
anglų kalba *n* English
anglys *n* coal
animacija *n* animation
animacinis *a* animate
animacinis filmas *n* cartoon
animuoti *v* animate
anksčiau *prep* afore
anksčiau *prep* before
anksčiau negu *prep* before
ankštas *a* tight
anksti *adv* early
ankštinis pipiras *n* capsicum
ankštis *n* pod
ankstumas *n* precedence
ankstus *a* early
ankstyva vaikystė *n* infancy
ankstyvesnis *a* former
anomalija *n* anomaly
anomalus *a* anomalous
anoniminis *a* anonymous
anonimiškumas *n* anonymity
anonsas *n* announcement
anonsuoti *v* announce
ant *prep* on
ant *prep* upon
ant vandens *prep* afloat
antacidas *n* antacid
antagonistas *n* antagonist
antagonizmas *n* antagonism
antai *prep* there
antakių suraukimas *n* frown
antarktinis *a* antarctic
antausis *n* slap
antena *n* aerial
antgamtinis *a* supernatural
antifonija *n* antiphony
antika *n* antiquity
antikinis *a* antique
antikvaras *n* antiquarian
antikvarinis *a* antiquarian
antikvarinių daiktų žinovas *n* antiquary
antilopė *n* antelope
antinomija *n* antinomy
antipatija *n* antipathy
antipodai *n* antipodes
antis *n* duck
antiseptikas *n* antiseptic
antiseptinis *a* antiseptic
antiteizmas *n* antitheism
antitezė *n* antithesis
antologija *n* anthology
antonimas *n* antonym
antpirštis *n* thimble
antplūdis *n* onrush
antplūdis *n* surge
antrankiai *n* handcuff
antrankovis *n* armlet
antras *a* second
antraštė *n* heading
antrinis *a* secondary
antrinis *a* subsidiary
antropoidas *n* anthropoid

antsnukis *n* muzzle
antstolis *n* bailiff
antžmogis *n* superman
antžmogiškas *a* susperhuman
anuliuoti *v* annul
anuliuoti *v* undo
anyžių sėklos *n* aniseed
apakinimas *n* dazzle
apakinti *v* dazzle
apalpti *v* swoon
aparatas *n* apparatus
apaštalas *n* apostle
apatija *n* apathy
apatiniai *n* underwear
apatiniai moteriški marškiniai *n* petticoat
apatinio *a* nether
apatinis *a* underneath
apčiuopiamas *adv* tangible
apdairumas *n* prudence
apdairus *a* cautious
apdairus *a* circumspect
apdairus *a* wary
apdangalas *n* cozy
apdangalas *n* shroud
apdaras *n* attire
apdaras *n* garb
apdengimas *n* coating
apdovanojimas *n* award
apdovanojimas *n* reward
apdovanotas *adv* gifted
apdovanoti *v* award
apdovanoti *v* endow
apdovanoti *v* reward
apdraudimas *n* insurance
apdrausti *v* insure
apeiginis *a* ceremonial
apeigos *n* rite
apėjimas *n* bypass
apeliuojančioji pusė *n* appellant
apelsinas *n* orange
apendicitas *n* appendicitis
apendiksas *n* appendix
apendiksas *n* appendix
apertūra *n* aperture
apetitas *n* appetite
apgadinimas *n* damage
apgadinti *v* damage
apgailestaujantis *adv* sorry
apgailestauti *v* repent
apgailėtinas *a* abject
apgailėtinas *a* deplorable
apgailėtinas *a* lamentable
apgailėtinas *a* pathetic
apgamas *n* mole
apgaulė *n* deception
apgauti *v* deceive
apgavikas *n* fraud
apgavikas *n* sham
apgavikas *n* trickster
apgavikiškas *a* fraudulent
apgavimas *n* guile
apgavinėti *v* rook
apgenėti *v* prune
apginklavimas *n* armament
apginkluoti *v* arm
apgulti *v* besiege
apgyvendinimas *n* accommodation
apgyventi *v* inhabit
apgyventi *v* people
apibendrinti *v* summarize
apiberti *v* hail
apibrėžimas *n* definition
apibrėžtas *adv* definite
apibrėžti *v* define
apibūdinimas *n* description
apibūdinti *v* describe
apie *prep* about
apimti *v* encompass
apimti *v* overwhelm
apimti *v* span
apimtis *n* span
apimtis *n* volume

apipelėjęs *adv* mouldy
apiplėšti *v* bereave
apjuodinti *v* vilify
apjuoka *n* ridicule
apjuokti *v* rag
apjuokti *v* ridicule
apjuoktinas *adv* ridiculous
apjuosti *v* gird
apjuosti *v* surround
apkabinimas *n* embrace
apkabinti *v* embrace
apkalbėti *v* calumniate
apkalta *n* impeachment
apkalti lentomis *v* plank
apkaltinti *v* impeach
apkarpyti *v* trim
apkartinti *v* embitter
apkasas *n* blindage
apklausa *n* inquest
apklausa *n* poll
apklausti *v* poll
apklausti *v* quiz
apkraustyti *v* ransack
apkrauti *v* burden
apkrovimas *n* burden
apkurtinti *v* bemuse
aplaidumas *n* misconduct
aplaidumas *n* negligence
aplaidus *v* negligent
aplaidus darbas *n* malpractice
apleistas *adv* forlorn
apleistas *adv* squalid
aplenkti *v* outrun
aplenkti *v* overtake
aplink *prep* around
aplink *prep* around
aplinka *n* environment
aplinka *n* milieu
aplinka *n* surroundings
aplinkybės *n* circumstance
apmąstyti *v* mull
apmąstyti *v* ponder
apmaudas *n* displeasure
apmaudi klaida *n* blunder
apmesti *v* draft
apmokėjimas *n* payment
apmokestinamas *n* taxable
apmokestinimas *n* levy
apmokestinimas *n* taxation
apmokestintas *adv* due
apmokestinti *v* levy
apmokestinti *v* tax
apmokėti *v* pay
apmokėtinas *adv* payable
apmokymas *n* instruction
apmokyti *v* instruct
apmušti plokštėmis *v* panel
apnėja *n* apnoea
apnikti *v* obsess
apnuoginti *v* denude
apnuoginti *v* unsheathe
apologas *n* apologue
apostrofas *n* apostrophe
apoteozė *n* apotheosis
aprašomasis *adv* descriptive
aprengti *v* attire
aprengti *v* clothe
apribojantis *adv* restrictive
apribojimai *n* bound
apribojimas *n* confinement
apribojimas *n* limitation
apribojimas *n* restriction
apriboti *v* confine
apriboti *v* restrict
apriboti *v* sequester
aprobacija *n* approbation
aprobuoti *v* approbate
aprūpinti darbuotojais *v* staff
apsakymas *n* story
apšaudyti *v* belabour
apsauga *n* preservation
apsauga *n* protection
apsauga *n* security
apsaugantis *adv* protective

apsauginė priemonė *n* preservative
apsauginiai akiniai *n* goggles
apsauginis *a* preservative
apsaugos priemonė *n* safeguard
apsaugoti *v* protect
apseilėti *v* beslaver
apsiaustas *n* cloak
apsiaustas *n* mantel
apsiausti *v* mantle
apsiaustis *n* siege
apsiauti *v* shoe
apsigauti *v* delude
apsigobti *v* shroud
apsigyventi *v* house
apsiimti *v* undertake
apsikeisti *v* interchange
apsikeitimas *n* interchange
apsileidęs *adv* slovenly
apsimesti *v* feign
apsimesti *v* pretend
apsimesti *v* sham
apsimetimas *n* pretence
apsimetimas *n* sham
apsiniaukęs *adv* overcast
apsipirkti *v* shop
apsirengimas *n* dressing
apsirengti *v* apparel
apsirengti *v* dress
apsirijėlis *n* glutton
apsirijimas *n* gluttony
apsisaugoti *v* hedge
apsišaukėlis *n* impostor
apsišaukimas *n* imposture
apsisiausti *v* robe
apsiskaičiavimas *n* miscalculation
apsiskaičiuoti *v* miscalculate
apsiskaitęs *adv* well-read
apsistojimas *n* stay
apsistoti *v* dwell
apsitrynęs *adv* threadbare
apsivalymas *n* purification
apsivalyti *v* purify
apsiversti *v* capsize
apskaičiavimas *n* computation
apskaičiavimas *n* estimate
apskaičiuoti *v* compute
apskaičiuoti *v* estimate
apskaičiuoti vidurkį *v* average
apskretėlė *n* slut
apskritai *adv* generally
apskritas *a* circular
apskritas *a* round
apskritimas *n* circle
apskritimas *n* round
apšmeižti *v* libel
apsnūdęs *adv* somnolent
apstatymas *n* furniture
apstatyti baldais *v* furnish
apstulbimas *n* astonishment
apstulbinti *v* astonish
apstulbinti *v* startle
apstulbti *v* stalk
apstus *a* abundant
apstus *a* ample
apstus *a* numerous
apsukrus *a* artful
apsukrus *a* shrewd
apsunkinantis *adv* burdensome
apsunkinantis *adv* inconvenient
apsunkinimas *n* aggravation
apsunkinti *v* aggravate
apsupti *v* encircle
apsupti *v* mob
apsupti grioviu *v* moat
apsvaigęs *adv* giddy
apsvaigimas *n* daze
apsvaiginti *v* daze
apsvaiginti *v* stun
apsvarstytas *adv* prudential
apšviesti *v* enlighten
aptarnauti *v* cater
aptarnauti *v* service

aptarnavimas *n* service
aptemdyti *v* blear
aptempti *v* tighten
aptvaras *n* cote
aptvaras *n* enclosure
aptverti *v* enclose
apvaikščioti *v* commit
apvainikuoti *v* wreathe
apvalėti *v* round
apvalkalas *n* casing
apvalymas *n* purge
apvažiavimas *n* circuit
apverstas aukštyn kojomis *a* topsy-turvy
apversti *v* invert
apversti *v* reverse
apversti aukštyn kojomis *v* topsy-turvy
apvertimas *n* reversal
apybraiža *n* outline
apykaklė *n* collar
apylinkė *n* vicinity
apynasris *n* bridle
apyrankė *n* bangle
apyrankė *n* bracelet
apytikris *n* approximate
apžiūrėti *v* view
apžvalga *n* digest
ar *conj* whether
arbata *n* tea
arbatpinigiai *n* tip
arbitras *n* arbiter
arbitras *n* arbitrator
arbitras *n* referee
arbitražas *n* arbitration
arbūzas *n* water-melon
archajiškas *a* archaic
architektas *n* architect
architektūra *n* architecture
archyvai *n* archives
areka *n* areca
arena *n* arena
areštas *n* arrest
areštuoti *v* arrest
arfa *n* harp
argumentas *n* argument
argumentuoti *v* argue
ariamas *adv* arable
aristofaninis *a* aristophanic
aristokratas *n* aristocrat
aristokratija *n* aristocracy
aritmetika *n* arithmetic
aritmetinis *a* arithmetical
arka *n* arch
arkada *n* arcade
arkangelas *n* archangel
arkivyskupas *n* archbishop
arklėkas *n* nag
arkliavagis *n* abactor
arkliavagystė *n* abaction
arklidė *n* stable
arkliukas *n* hobby-horse
arklys *n* horse
Arktis *n* Arctic
armada *n* armada
armatūra *n* armature
armija *n* army
arnotas *n* vestment
arogancija *n* arrogance
arogantiškas *a* arrogant
arsenalas *n* arsenal
arsenikas *n* arsenic
aršus *a* vicious
artėjantis *adv* forthcoming
artėjimas *n* approach
arterija *n* artery
artėti *v* approach
artėti *v* near
arti *adv* near
arti *adv* nigh
arti *adv* plough
arti *adv* nigh
artikuliuotas *a* articulate
artilerija *n* artillery

artimas *a* close
artimas *a* near
artimiausias *a* proximate
artišokas *n* artichoke
artistas *n* artist
artistinis *a* artistic
artojas *n* ploughman
artritas *n* arthritis
artumas *n* proximity
aš *pron* I
aš pats *pron* myself
ašara *n* tear
ašaringas *a* tearful
asbestas *n* asbestos
asibiliuoti *v* assibilate
asilas *n* donkey
asimiliacija *n* assimilation
asimiliuoti *v* assimilate
ašis *n* axis
ašis *n* axle
asistentas *n* assistant
asistuoti *v* assist
asketas *n* ascetic
asketiškas *a* ascetic
asmeninis *a* personal
asmens sargybinis *n* bodyguard
asmenuoti *v* conjugate
asmenybė *n* personality
ašmenys *n* blade
asmuo *n* person
asmuo, gaunantis kasmetinę rentą *n* annuitant
asmuo, užimantis postą *n* incumbent
asociacija *n* association
asocijuotas *a* associate
asocijuotis *v* associate
ąsotis *n* jug
ąsotis *n* pitcher
aspektas *n* aspect
aspiracija *n* aspiration
aspirantas *n* aspirant
asteriskas *n* asterisk
asterizmas *n* asterism
asteroidas *n* asteroid
astma *n* asthma
aštraus skonio *a* sharp
astrologas *n* astrologer
astrologija *n* astrology
astronautas *n* astronaut
astronomas *n* astronomer
astronomija *n* astronomy
aštrumas *n* pungency
aštrus *a* pungent
aštuoni *n* eight
aštuoniasdešimt *n* eighty
aštuoniasdešimtmetis *n* octogenarian
aštuoniasdešimtmetis *n* octogenarian
aštuoniolika *n* eighteen
aštuonkampis *n* octagon
aštuonkampis *n* octangular
ataiskiata *n* account
ataka *n* attack
atakuoti *v* attack
atašė *n* attache
atatranka *n* recoil
atbaidyti *v* discourage
atbukėlis *n* dunce
atbukinti *v* dull
atbulai *adv* backward
ateistas *v* atheist
ateiti *v* come
ateities vaizdas *n* vista
ateitis *n* future
ateizmas *n* atheism
atėmimas *n* forfeiture
atėmus *v* less
atestuoti *v* certify
atgaila *n* repentance
atgailaujantis *adv* repentant
atgaivinti *v* vitalize
atgal *adv* back

atgalinė data *n* antedate
atgalinis *a* backward
atgaminti *v* recollect
atgauti *v* recover
atgijimas *n* resurgence
atgimimas *n* rebirth
atgyjantis *a* resurgent
atgyvėti *v* brighten
atidarymas *n* opening
atidaryti *v* open
atidėjimas *n* postponement
atidėliojimas *n* procrastination
atidėlioti *v* procrastinate
atidėti *v* delay
atidrėkti *v* thaw
atidus *a* mindful
atidus skaitymas *n* perusal
atidžiai perskaityti *v* peruse
atimti *v* deprive
atimti *v* subtract
atimti drąsą *v* dishearten
atimti pilietines teises *v* attaint
atimti valdymą *v* oust
atimtis *n* subtraction
atitaisomas *a* raparable
atitaisymas *n* amends
atitaisymas *n* redress
atitaisyti *n* right
atitikimas *n* accord
atitikimas *n* conformity
atitikimas *n* conformity
atitikti *v* accord
atitikti *v* suit
atitikti *v* tally
atitinkamai *adv* accordingly
atitinkamas *a* respective
atitinkantis sezoną *a* seasonable
atitrenkti *v* recoil
atjaunėjęs *a* rejuvenate
atjaunėjimas *n* rejuvenation
atjungti *v* disconnect
atkakliai dirbti *v* persevere
atkakliai laikytis *v* persist
atkaklumas *n* perseverance
atkaklumas *n* persistence
atkaklus *a* arduous
atkaklus *a* persistent
atkaklus *a* stubborn
atkaklus žmogus *n* sticker
atkalbėti *v* dehort
atkalbinti *v* dissuade
atkeršijimas *n* retaliation
atkeršyti *v* retaliate
atkirsti *v* rebuff
atkirtis *a* rebuff
atkristi *v* relapse
atkritimas *n* relapse
atkūrimas *n* resumption
atkurti *v* reinstate
atlaidumas *n* lenience, leniency
atlaidus *a* lenient
atlaikyti *v* withstand
atlaisvintas *a* slack
atlaisvinti *v* slacken
atlaisvinti *v* vacate
atlasas *n* atlas
atleidimas *n* dismissal
atleidimas *n* pardon
atleistas *a* exempt
atleisti *v* absolve
atleisti *v* assoil
atleisti *v* dismiss
atleisti *v* exempt
atleisti *v* pardon
atleisti nuo įsipareigojimo *v* waive
atleistinas *a* pardonable
atletas *n* athlete
atletika *n* athletics
atletiškas *a* athletic
atliekamas *a* adscititious
atliekamas *a* superfluous
atliekamas *a* waste
atliekos *n* garbage

atliekos *n* waste
atlikėjas *n* performer
atlikimas *n* accomplishment
atlikimas *n* acting
atliktas *a* accomplished
atlikti *v* accomplish
atlikti apeigas *v* solemnize
atlikti auditą *v* audit
atlyginimas *n* indemnity
atlyginimas *n* salary
atlyginimas *n* stipend
atlyginti *v* recompense
atlyginti nuostolius *v* recoup
atlygis *n* recompense
atmatos *n* refuse
atmesti *v* reject
atmetimas *n* conge
atmetimas *n* rejection
atminimas *n* remembrance
atminimo dovana *n* keepsake
atminimo ženklas *n* memento
atmintinas *a* memorable
atmintis *n* memory
atmosfera *n* atmosphere
atmušimas *n* parry
atmušti *v* parry
atnašaujamas *a* sacrificial
atnašauti *v* sacrifice
atnašavimas *n* sacrifice
atnaujinimas *n* accrementition
atnaujinimas *n* renewal
atnaujinti *v* innovate
atnaujinti *v* refresh
atnaujinti *v* renew
atnešti *v* bring
atnešti *v* fetch
atodrėkis *n* thaw
atodūsis *n* sigh
atolas *n* atoll
atomas *n* atom
atominis *a* atomic
atoslūgis *n* ebb
atostogos *n* vacation
atoveiksmis *n* repercussion
atpalaidavimas *n* release
atpalaiduoti *v* release
atpasakojimas *n* narration
atpasakoti *v* narrate
atpažinimas *n* recognition
atpažininti *v* recognize
atpirkimas *n* atonement
atpirkimo ožys *n* scapegoat
atpirkti *v* atone
atplyšimas *n* abruption
atpratinimas *n* ablactation
atpratinti *v* ablactate
atradimas *n* discovery
atrajojantis *a* ruminant
atrajojimas *n* rumination
atrajoti *v* ruminate
atrajotojas *n* ruminant
atrankus *a* selective
atrasti *v* discover
atremti *v* counter
atremti *v* prop
atrinkimas *n* selection
atsainumas *n* laxity
atsainus *a* lax
atsainus *a* slipshod
atsakingas *a* responsible
atsakomas *a* answerable
atsakomybė *n* responsibility
atsakymas *n* answer
atsakymas *n* reply
atsakymas į kritiką *n* rejoinder
atsakyti *v* answer
atsakyti *v* reply
atšaldymas *n* refrigeration
atšaldyti *v* refrigerate
atsarga *n* store
atsarginė dalis *n* spare
atsarginis *a* spare
atsargos *n* victuals
atsargumo priemonės *n*

precaution
atsargus *a* careful
atšaukiamas *a* revocable
atšaukimas *n* cancellation
atšaukimas *n* recall
atšaukti *v* cancel
atšaukti *v* recall
atšaukti įsakymą *v* countermand
atšauti *v* retort
atseikėti *v* mete
atsekti *v* retrace
atšiaurus *a* rigorous
atsidavėlis *n* devotee
atsidavęs *adv* staunch
atsidavęs *adv* zealous
atsidavęs šalininkas *n* zealot
atsidavimas *n* devotion
atsidavimas *n* fidelity
atsidavimas *n* zeal
atsidėkojimas *n* gratuity
atsiduoti *v* indulge
atsidusti *v* sigh
atsieiti *v* cost
atsigaivinimas *n* refreshment
atsigręžti *v* face
atsijoti *v* sift
atsikratimas *n* discharge
atsikratyti *v* discharge
atsikratyti *v* dispose
atsilaikantis *a* tenacious
atsiliepimas *n* testimonial
atsiliepti *v* respond
atsilikėlis *n* laggard
atsilikėlis *n* straggler
atsilikti *v* lag
atsilikti *v* straggle
atsilyginti *v* remunerate
atsimokėti tuo pačiu *v* reciprocate
atsipalaiduoti *v* relax
atsiprašymas *n* apology
atsiprašyti *v* apologize
atsirasti *v* appear
atsirasti *v* emerge
atsirinkti *v* select
atsirišti *v* loosen
atsišakojimas *n* offshoot
atsisakymas *n* abdication
atsisakymas *n* refusal
atsisakyti *v* abdicate
atsisakyti *v* forgo
atsisakyti *v* refuse
atsišaukimas *n* appeal
atsišaukti *v* appeal
atsisėsti *v* seat
atsiskaitymas grynaisiais *n* cash
atsiskaityti *v* account
atsiskirti *v* secrete
atsiskyrėlis *n* hermit
atsiskyrėlis *n* recluse
atsiskyręs *a* secluded
atsišlieti *v* lean
atsispindėti *v* reflect
atsistatydinimas *n* retirement
atsistatydinti *v* retire
atsistoti *v* station
atsisveikinimas *n* adieu
atsisveikinimas *n* farewell
atsiteisti *v* reimburse
atsitikimas *n* happening
atsitikti *v* befall
atsitikti *v* happen
atsitiktinis *a* accidental
atsitiktinis *a* advantageous
atsitiktinis *a* casual
atsitiktinis *a* haphazard
atsitiktinis *a* random
atsitiktinumas *n* accident
atsitraukti *v* recede
atsiūlėti *v* seam
atsižadėti *v* forsake
atskaitingas *a* accountable
atskelti *v* sever
atskirai *adv* apart

atskiriamas *a* separable
atskirti *v* detach
atskirti *v* seclude
atskleisti *v* disclose
atskleisti *v* divulge
atsklidęs garsas *n* waft
atskyrimas *n* detachment
atskyrimas *n* seclusion
atslūgti *v* ebb
atšokimas *n* rebound
atšokti *v* rebound
atspalvis *n* tinge
atspalvis *n* tint
atsparus vandeniui *a* waterproof
atspindėti *v* mirror
atspindys *n* reflection
atstovauti *v* advocate
atstumas myliomis *n* mileage
atstumiantis *a* repulsive
atstūmimas *n* repulse
atstumtas *a* outcast
atstumtas *a* repellent
atstumtasis *n* outcast
atstumtasis *n* repellent
atstumti *v* repel
atstumti *v* repulse
atšvaitas *n* reflector
atsvara *n* offset
atsverti *v* offset
atvaizdas *n* effigy
atvaizdas *n* image
atvaizdas *n* picture
atvaizdavimas *n* portrayal
atvaizdavuoti *v* portray
atvejis *n* case
atverti širdį *v* unburden
atvirai *adv* openly
atviras *a* candid
atviras *a* frank
atviras *a* open
atviras *a* outright
atvirkščiai *adv* vice-versa
atvirkščias *a* reverse
atvirumas *n* candour
atvykimas *n* arrival
atvykti *v* arrive
audėjas *n* weaver
audicinis *a* auditive
audinė *n* mink
audinys *n* cloth
audinys *n* fabric
auditas *n* audit
auditorija *n* auditorium
auditorius *n* auditor
audra *n* storm
audra *n* tempest
audringai sveikinti *v* acclaim
audringas *a* stormy
audringas *a* tempestuous
audringas sveikinimas *n* acclaim
augalas *n* plant
augaliniai klijai *n* mucilage
augalinis *a* vegetable
augalotas *a* husky
augalotas *a* stalwart
augimas *n* growth
augintinis *n* pet
augintojas *n* grower
auglys *n* tumour
augmenija *n* vegetation
augti *v* grow
auka *n* victim
aukcionas *n* auction
auklėjimas *n* nurture
auklėti *v* nurture
aukojimas *n* donation
aukojimas *n* oblation
aukoti *v* donate
auksakalys *n* goldsmith
auksas *n* gold
aukščiausias *a* superlative
aukščiausias *a* supreme
aukščiausias taškas *n* apex
aukščiausios rūšies vynas *n* vintage

aukščiausios rūšies *a* superfine
auksinis *a* golden
aukštai *a* aloft
aukštai išmesti *v* sky
aukštas *a* high
aukštas *n* storey
aukštas *a* tall
aukštinti *v* heighten
aukštis *n* height
aukštis virš jūros lygio *n* altitude
aukštupio *a* upper
aukštyn *prep* up
aukštyn *prep* up
aurora *n* aurora
ausėtas *a* auriform
aušintuvas *n* cooler
ausis *n* ear
aušra *n* dawn
austi *v* weave
aušti *v* dawn
austrė *n* oyster
ausų krapštukai *n* aurilave
ausų siera *n* cerumen
autentiškas *a* authentic
autobiografija *n* autobiography
autobusas *n* bus
autografas *n* autograph
autokratas *n* autocrat
autokratija *n* autocracy
autokratinis *a* autocratic
automatinis *a* automatic
automobilis *n* automobile
automobilis *n* car
automobilistas *n* motorist
automobilių *a* vehicular
autonominis *a* autonomous
autoritetas *n* authority
autoritetingas *a* authoritative
autorius *n* author
autorizuoti *v* authorize
autostrada *n* highway
autsaideris *n* outsider
avarija *n* crash
aveniu *n* avenue
aviacija *n* aviation
aviatorius *n* aviator
aviena *n* mutton
avikirpės žirklės *n* shears
avilys *n* alveary
avilys *n* hive
Avinas *n* Aries
avis *n* ewe
avis *n* sheep
aviža *n* oat
azartas *n* ardour
azotas *n* nitrogen
ąžuolas *n* oak

B

babuinas *n* baboon
badauti *v* starve
badavimas *n* starvation
badmetis *n* famine
badmintonas *n* badminton
bagažas *n* baggage
bagažas *n* luggage
bagažinė *n* trunk
baigiamasis *a* final
baigiamasis darbas *n* thesis
baigti *v* end
baigti universitetą *v* graduate
baigtinis *a* finite
baigtis *v* outcome
baigtis *n* result
baikštus *a* timorous
bailumas *n* cowardice
bailumas *n* timidity
bailus *a* sheepish
bailus *a* timid
bailys *n* coward

baimė *n* fear
bakalauro laipsnis *n* second
bakalejininkas *n* grocer
bakalėjos krautuvė *n* grocery
baklažanas *n* brinjal
bakstelėjimas *n* poke
bakstelti *v* poke
baktericidas *n* germicide
bakterija *n* bacteria
baladė *n* ballad
balandis *n* dove
balandis *n* pigeon
balansas *n* balance
balansuoti *v* balance
baldakimas *n* canopy
baletas *n* ballet
balinti *v* bleach
balinti *v* whiten
balionas *n* balloon
balkonas *n* balcony
balnakilpė *n* stirrup
balnas *n* saddle
balnoti *v* saddle
balsas *n* voice
balsavimas *n* ballot
balsavimas *n* vote
balsavimo teisė *n* suffrage
balsė *n* vowel
balsiai *n* aloud
balsuoti *v* ballot
balsuoti *v* vote
balsuotojas *n* voter
baltas *a* white
baltasis *n* white
balutė *n* puddle
balzamas *n* balm
balzamas *n* balsam
balzamuoti *v* embalm
balzganas *n* whitish
bam bam
bambėti *v* maunder
bamblys *n* node
bambukas *n* bamboo
bamperis *n* bumper
banalus *a* banal
bananas *n* banana
banda *n* herd
banditas *n* bandit
banditas *n* dacoit
banditizmas *n* dacoity
bandomasis *a* tentative
bandomasis laikotarpis *n* probation
bandymas *n* probe
bandyti *v* probe
bandyti teisinti *v* whitewash
bandža *n* banjo
bangavimas *n* undulation
bangavimas *n* wake
banginio ūsas *n* baleen
banginis *n* whale
bangų mūša *n* surf
banguotis *v* undulate
banketas *n* banquet
bankininkas *n* banker
banko saugykla *n* vault
bankrotas *n* bankruptcy
bankrutavęs asmuo *n* bankrupt
bantamų veislės vištos *n* bantam
barakas *n* barrack
baras *n* bar
baratrija *n* barratry
barbaras *n* barbarian
barbariškas *a* barbarian
barbariškas *a* barbarous
barbariškumas *n* barbarity
barbarizmas *n* barbarism
bardas *n* bard
barelis *n* barrel
barikada *n* barricade
baristeris *n* barrister
barjeras *n* barrier
barometras *n* barometer
barškėjimas *n* rattle

barškėti *v* rattle
barsukas *n* badger
barti *v* scold
bartis *v* bicker
bartonas *n* barton
barža *n* barge
barzda *n* beard
bastūnas *n* loafer
bastūnas *n* vagabond
bastūniškas *a* vagabond
bastytis *v* loaf
batai *n* shoe
batalionas *n* battalion
baterija *n* battery
batuta *n* baton
baubti *v* bellow
bauda *n* fine
baudžiamasis *a* penal
baudžiamasis *n* punitive
baudžiamasis nusižengimas *n* misdemeanour
baudžiauninkas *n* serf
baudžiauninkas *n* thrall
baudžiava *n* bondage
bauginti *v* cow
bausmė *n* forfeit
bausmė *n* punishment
bausmė *n* sentience
bausti *v* fine
bausti *v* punish
bausti *v* scourge
baustinas *a* culpable
bazė *n* base
bazė *n* basis
bazilikas *n* basil
bazinis *a* basal
bazinis *a* basic
bažnyčia *n* church
bazuotis *v* base
be *prep* besides
be *prep* but
be *prep* without
be *prep* without
be ilgų svarstymų *a* summarily
be numerio *a* numberless
be pinigų *a* penniless
be priežasties *a* wanton
be to *prep* besides
be to *prep* withal
be turinio *a* blank
be vargo *a* readily
beasmenis *a* impersonal
beatodairiškas *a* indiscriminate
beatodairiškas *a* ruthless
bebaimis *a* dauntless
bebaimis *n* interpid
bebaimiškumas *n* intrepidity
bebras *n* beaver
becentris *a* acentric
bėda *n* trouble
bėdos *n* ill
bedvasis *a* lifeless
begalinis *a* infinite
begalvis *a* acephalous
begalvis *a* acephalus
begalybė *n* infinity
begėdis *n* shameless
bėgiai *n* rail
bėgikas *n* runner
bėgimas *n* run
bėgioti *v* jog
bėgti *v* run
bejausmis *a* callous
bejėgis *a* helpless
bekraštis *a* immense
bekraštybė *n* immensity
belaisvis *n* captive
belsti *v* knock
belsti *v* palpitate
belytis *a* neuter
bendraamžis *a* peer
bendras *a* general
bendras *a* overall
bendrašaknis *n* cognate

bendravardis *n* namesake
bendražygis *n* associate
bendrininkas *n* accomplice
bendrininkas *n* participant
bendrininkauti *v* participate
bendrininkavimas *n* participation
bendroji nuomonė *n* repute
bendruomenė *n* community
beneficija *n* benefice
benefisas *n* benefit
bengalinis fikusas *n* banyan
bent kas *pron* someone
benzinas *n* petrol
beprasmis *a* nonsensical
beprasmis *a* senseless
beprotis *a* lunatic
beprotiškai džiaugsmingas *a* overjoyed
beprotiškas *a* crazy
beprotiškas *a* lunatic
beprotybė *n* lunacy
berankoviai apatiniai marškiniai *n* vest
beraštis *a* illiterate
bereikšmis *a* meaningless
bergždumas *n* futility
bergždžiai *adv* vainly
bergždžias *a* barren
bergždžias *a* futile
bergždžias *a* vain
beribis *a* limitless
berniukas *n* boy
bernystė *n* boyhood
beržas *n* birch
besididžiuojantis *adv* proud
besimeldžiantysis *n* prayer
beskonis *a* insipid
bet *conj* but
bet kas *pron* whoever
bet kokiu būdu *adv* anyhow
bet koks *adv* whatever
bet kuris *adv* whichever
betelis *n* betel
betonas *n* concrete
betoninis *a* concrete
betonuoti *v* concrete
beveidiškumas *n* anonymity
beveik *adv* almost
beveik *adv* nearly
bevertis *a* worthless
bevielis *a* wireless
bevielis *n* wireless
beviltiškas *a* hopeless
beždžionė *n* ape
beždžionė *n* monkey
beždžioniaujantis *a* apish
beždžioniauti *v* ape
biaudžiavos *n* adscript
biauna *n* edge
Biblija *n* bible
bibliografas *n* bibliographer
bibliografija *n* bibliography
biblioteka *n* library
bibliotekininkas *n* librarian
bicepsas *n* biceps
bičių avilys *n* beehive
bičiulis *n* fellow
bičiulis *n* pal
bidonas *n* chum
bijantis *a* fearful
bijantis kutenimo *a* ticklish
bijoti *v* fear
bilietas *n* ticket
bimbimas *n* hum
bimbti *v* hum
biografas *n* biographer
biografija *n* biography
biologas *n* biologist
biologija *n* biology
bioskopas *n* bioscope
biržos verteiva *n* trader
biseksualus *a* bisexual
biskvitas *n* biscuit
bitas *n* bit

bitė *n* bee
bitininkystė *n* apiculture
bitynas *n* apiary
biudžetas *n* budget
biuletenis *n* bulletin
biuras *n* bureau
biuras *n* office
biurokratas *n* bureaucrat
biurokratija *n* bureaucracy
bizonas *n* bison
bjaurėjimasis *n* abhorrence
bjaurėtis *v* abhor
bjauroti *v* uglify
bjaurumas *n* ugliness
bjaurus *a* awful
bjaurus *a* foul
bjaurus *a* hideous
bjaurus *a* ugly
bjaurybė *n* faggot
blaivininkas *n* teetotaller
blaivumas *n* sobriety
blaivus *a* sober
blakė *n* bug
blakstiena *n* eyelash
blaustis *v* dim
blausus *a* dim
blausus *a* lacklustre
blauzda *n* shin
blefas *n* bluff
blefuoti *n* bluff
bliauti *v* bleat
bliauti *v* bray
bliksėjimas *n* flicker
bliksėti *v* flicker
bliovimas *n* bleat
bliovimas *n* bray
blizgantis *a* brilliant
blizgantis *a* refulgent
blizgėjimas *n* glitter
blizgesys *n* brilliance
blizgesys *n* gloss
blizgesys *n* refulgence
blizgėti *v* glitter
blizgučiai *n* tinsel
blizgus *a* glossy
bloga lemiantis *a* sinister
bloga reputacija *n* notoriety
blogai *a* badly
blogai dirbti *v* dabble
blogai elgtis *v* misbehave
blogai elgtis *v* mistreat
blogas *a* bad
blogas *a* evil
blogas elgesys *n* mal-treatment
blogas elgesys *n* misbehaviour
blogas valdymas *n* misrule
blogas vardas *n* disrepute
blogėti *v* worsen
blogiausia padėtis *n* worst
blogiausiai *a* worst
blogiausias *a* worst
blogis *n* evil
blokada *n* blockade
blokas *n* bloc
blokas *n* block
blokuoti *v* block
blusa *n* flea
blužnis *n* spleen
blykčiojimas *n* sparkle
blyškus *a* pale
bobiškas *a* womanish
boikotas *n* boycott
boikotuoti *v* boycott
bokalas *n* mug
boksas *n* boxing
bokštas *n* tower
bomba *n* bomb
bombardavimas *n* bombardment
bombarduoti *v* bombard
bombonešis *n* bomber
bombuoti *v* bomb
bosas *n* bass
bosas *n* boss
botagas *n* lash

botaguoti *v* lash
botanika *n* botany
botas *n* boot
braidyti *v* wade
Brailio raštas *n* braille
branda *n* maturity
branduolinis *a* nuclear
branduolys *n* kernel
branduolys *n* nucleus
brandus *a* mature
brangakmenis *n* jewel
brangenybė *n* gem
brangenybių dėžutė *n* casket
branginti *v* treasure
brangus *a* costly
brangus *a* dear
brangus *a* expensive
brangus *a* precious
brangusis *n* darling
brendis *n* brandy
bręsti *v* mature
bręsti *v* ripen
brevijorius *n* breviary
brėžinys *n* plot
briauna *n* brim
bridžiai *n* breeches
brigada *n* brigade
brigadininkas *n* brigadier
brinkimas *n* swell
brinkti *v* swell
britiškas *a* british
brizas *n* breeze
brokatas *n* brocade
brokolis *n* broccoli
brolija *n* confraternity
brolis *n* brother
broliškas *a* fraternal
broliškumas *n* fraternity
brolybė *n* brotherhood
brolžudys *n* fratricide
bronza *n* bronze
brošiūra *n* brochure
brūkšnys *n* dash
brūkštelėjimas *n* jot
brūkštelėti *v* jot
bruožas *n* attribute
bruožas *n* feature
brutalus *a* brutal
bruzgėti *v* bustle
bučinys *n* kiss
bučiuoti *v* kiss
būda *n* kennel
būdas *n* clue
būdas *n* mode
būdas *n* temper
būdelė *n* booth
būdingas *a* inherent
būdingas *a* intrinsic
budinti *v* awake
budinti *v* wake
budintis *v* wakeful
budrumas *n* alertness
budrumas *n* vigilance
budrus *a* alert
budrus *a* vigilant
budrus *a* watchful
būdvardis *n* adjective
budynės *n* wake
būgnas *n* drum
būgnyti *v* drum
buhalterija *n* book-keeper
buivolas *n* buffalo
bukagalvis *n* blockhead
bukagalvis *n* jerk
bukagalviškumas *n* stupidity
bukaglvis *n* loggerhead
bukas *a* beech
bukas *a* blunt
bukas *a* dull
bukas *a* obtuse
bukas *a* stupid
buldogas *n* bulldog
buliaus akis *n* bull's eye
bulius *n* bull

bulvė *n* potato
bumbtelėjimas *n* thud
bumbtelėti *v* thud
bunkeris *n* bunker
burbulas *n* bubble
burės *n* sail
burgzti *v* purr
buriuoti *v* sail
buriuotis *v* troop
būriuotis *v* flock
burkavimas *n* coo
burkuoti *v* coo
burna *n* mouth
burtai *n* sorcery
burtažodis *n* spell
burti *v* conjure
burtininkas *n* necromancer
burtininkas *n* sorcerer
burtininkas *n* wizard
burtų lazdelė *n* wand
būrys *n* platoon
būrys *n* squad
burzgimas *n* purr
būsimas *a* future
būsimas *a* would-be
butas *n* apartment
butas *n* flat
būtasis *a* past
butelis *n* bottle
buteliukas *n* phial
buteliukas *n* vial
būtent *adv* namely
būti *v* be
būti apsirengusiam *v* garb
būti arbitru *v* arbitrate
būti atliekamam *v* spare
būti dosniam *v* lavish
būti iškilusiam *v* tower
būti ką bedarančiam *v* be
būti lygiam *v* equal
būti naudingam *v* avail
būti nubaustam *v* forfeit
būti nuomonės *v* consider
būti nuomonės *v* deem
būti nusistačiusiam prieš *v* oppose
būti pakraštyje *v* skirt
būti palankiam *v* auspicate
būti paleistam už užstatą *v* bail
būti paliktam keblioje padėtyje *v* maroon
būti pasekme *v* ensue
būti pranašesniu *v* advantage
būti preliudija *v* prelude
būti priešakyje *v* spearhead
būti priežastimi *v* cause
būti priklausomam *v* addict
būti sąjungininku *v* ally
būti skolingam *v* owe
būti susijusiam *v* pertain
būti traukiamam *v* gravitate
būti žvaigžde *v* star
būtinas *a* necessary
būtinas *a* needful
būtiniausi daiktai *n* necessary
būtinumas *n* must
būtinybė *n* necessity
būtis *n* entity
buveinė *n* abode
buveinė *n* dwelling
buveinė *n* habitation
buveinė *n* lodging
buvimas *n* being
byla *n* file
bylinėjimasis *n* litigation
bylinėtis *v* litigate
bylininkas *n* litigant
byloti *v* militate

C

čaižyti *v* whip
čekis *n* cheque
čekis *n* voucher
celibatas *n* celibacy
cementas *n* cement
cementuoti *v* cement
čempionas *n* champion
centas *n* cent
centras *n* center
centras *n* centre
centrinė krašto dalis *n* midland
centrinis *a* central
centro gynėjas *n* sweeper
cenzorius *n* censer
cenzorius *n* censor
cenzūra *n* censorship
cenzūruoti *v* censor
čepsėjimas *n* smack
čepsėti *v* munch
čepsėti *v* smack
cerebrinis *a* cerebral
ceremonija *n* ceremony
ceremonijų tvarkdarys *n* beadle
ceremoningas *a* ceremonious
česnakas *n* garlic
chaosas *n* chaos
chaotiškas *a* chaotic
charakteris *n* character
chartija *n* charter
chemija *n* chemistry
chemikalai *n* chemical
chemikas *n* chemist
cheminis *a* chemical
chininas *n* quinine
chiromantas *n* palmist
chiromantija *n* palmistry
chirurgas *n* surgeon
chirurgija *n* surgery
chloras *n* chlorine
chloroformas *n* chloroform
cholera *n* cholera
choras *n* choir
chromas *n* chrome
chroniškas *a* chronic
chronografas *n* chronograph
chronologija *n* chronology
chuliganas *n* hooligan
chuliganiškas *a* rowdy
čia *prep* here
čiaudėti *v* sneeze
čiaudulys *n* sneeze
čiaupas *n* tap
čiauškėjimas *n* prattle
čiauškėti *v* prattle
ciberžolė *n* curcuma
ciberžolė *n* turmeric
ciferblatas *n* dial
cigaras *n* cigar
cigaretė *n* cigarette
ciklas *n* cycle
ciklinis *a* cyclic
ciklonas *n* cyclone
čili *n* chilli
cilindras *n* cylinder
cinamonas *n* cinnamon
cinikas *n* cynic
cinkas *n* zinc
cinoberinis *a* vermillion
cinoberis *n* cinnabar
cinoberis *n* vermillion
čionai *prep* hereabouts
čionykštis *a* vernacular
čionykštis *a* vernacular
cirkas *n* circus
čirkšti *v* chirp
cirkuliacija *n* circulation
cirkuliaras *n* circular
cirkuliuoti *v* circulate
čirškėjimas *n* sizzle
čirškėti *v* sizzle

čirškimas *n* chirp
citadelė *n* citadel
citavimas *n* quotation
citrina *n* lemon
citrininis *a* citric
citrinos žievelė *n* zest
cituoti *v* cite
cituoti *v* quote
čiulbėjimas *n* twitter
čiulbėti *v* twitter
čiulpimas *n* suck
čiulpti *v* suck
čiuožti *v* skate
čiuptuvas *n* antennae
čiurkšlė *n* jet
čiurkšlė *n* spout
čiurkšti *v* spout
čiurlenti *v* babble
čiurlys *n* swift
civilinė teisė *n* civics
civilinis *a* civil
civilis *n* civilian
civilizacija *n* civilization
civilizuoti *v* civilize
cukrinis *a* saccharine
cukrus *n* sugar
cypti *v* cheep

D

dabar *adv* now
dabar *adv* presently
dabartinis *a* present
dabartis *n* present
dagtis *n* wick
daigas *n* sprout
daiginti *v* germinate
daiginti *v* sprout
daiktas *n* item
daiktas *n* thing
daiktavardis *n* noun
dailidė *n* carpenter
dailidės amatas *n* carpentry
dailutis *a* dainty
daina *n* song
dainininkas *n* singer
dainius *n* songster
dainuoti *v* sing
dalelė *n* particle
dalgis *n* scythe
dalinis *v* partial
dalintis *v* partake
dalintis *v* share
dalis *n* part
dalis *n* piece
dalis *n* share
dalykas *n* matter
dalykas *n* subject
dalyti pusiau *v* bisect
dalyti pusiau *v* halve
dama *n* dame
dangiškas *a* celestial
dangiškas *a* heavenly
dangtis *n* cover
dangtis *n* lid
dangus *n* sky
danielius *n* doe
dantenos *n* gum
dantis *n* tooth
dantų skausmas *n* toothache
dar *part* else
dar *part* else
dar daugiau *adv* moreover
darbas *n* job
darbas *n* work
darbdavys *n* employer
darbingas *a* industrious
darbininkas *n* worker
darbininkas *n* workman
darbo užmokestis *n* wage
darbotvarkė *n* agenda

darbų vadovas *n* supervisor
darbuotojas *n* employee
darna *n* tune
daryti *v* do
daryti alų *v* brew
daryti gumulus *v* lump
daryti įspūdį *v* impress
daryti išvadą *v* conclude
daryti išvadą *v* infer
daryti įtūpstą *v* lunge
daryti neaiškų *v* obscure
daryti nepajėgų *v* disable
daryti nereikalingą *v* supersede
daryti pažangą *v* advance
daryti proporcingą *v* proportion
daryti spaudimą *v* pressurize
daryti trafaretą *v* stencil
daryti triplikatinį *v* triplicate
daryti užuominą *v* allude
daržinė *n* barn
daržovė *n* vegetable
data *n* date
datuoti *v* date
daug *a* much
daug kartų *adv* often
daugelis *pron* many
daugeriopas *a* multiform
daugiakalbis *a* polyglot2
daugiakojis *a* multiped
daugiametis *a* perennial
daugiametis augalas *n* perennial
daugiaplanis *a* manifold
daugiašalis *a* multilateral
daugiau *adv* more
daugiau *adv* over
daugiausia *adv* most
daugiavaisis *a* multiparous
daugiažodis *a* verbose
daugiažodis *a* wordy
daugiažodžiavimas *n* verbosity
dauginamasis *n* multiplicand
dauginti *v* multiply
daugiskaitiškumas *n* plurality
daugkartinis *a* multiplex
dauguma *n* majority
dauguma *n* most
dauguma *n* multitude
daugyba *n* multiplication
daugybė *n* lot
daugybinis *a* multiple
dausos *n* heaven
daužyti *v* pound
davatka *n* prude
davatkiškas *a* pious
dažai *n* paint
dažas *n* dye
dažnai *adv* oft
dažnai pasitaikantis *a* common
dažnai vykstantis *a* frequent
dažniausiai *adv* weightage
dažnumas *n* frequency
dažymo lazdelė *n* maulstick
dažyti *v* paint
debatai *n* debate
debesis *n* cloud
debesuota *a* cloudy
debetas *n* debit
debetuoti *v* debit
debilumas *n* debility
decilijonas *n* decillion
dėdė *n* uncle
dedikacija *n* dedication
dedikuoti *v* dedicate
defektas *n* defect
deficitas *n* deficit
defliacija *n* deflation
degalai *n* fuel
degimo krosnis *n* kiln
deglas *n* torch
degraduoti *v* degrade
degti *v* burn
degtukas *n* match
deguonis *n* oxygen
degus *a* inflammable

deimantas *n* diamond
deistas *n* deist
deivė *n* goddess
deja! *adv* alas
dejonė *n* groan
dejonė *n* lament
dejuoti *v* groan
dejuoti *v* lament
dekada *n* decade
dekadentiškas *a* decadent
dekanas *n* dean
dėkingas *a* grateful
dėkingas *a* thankful
dėkingumas *n* gratitude
deklamavimas *n* recitation
deklamuoti *v* recite
deklaracija *n* declaration
deklaruoti *v* declare
dekoracija *n* decoration
dekoracijos *n* scenery
dekoruoti *v* decorate
dėkoti *v* thank
dekrementas *n* decrement
dekretas *n* decree
dekretuoti *v* decree
dėkui! *adv* thanks
dėl *prep* for
delčia *n* wane
delegacija *n* delegation
delegatas *n* delegate
deleguoti *v* delegate
delikatumas *n* nicety
delikatus *a* delicate
delikatus *a* nice
delnas *n* palm
delta *n* delta
demarkacija *n* demarcation
demaskuoti *v* expose
dėmė *n* spot
dėmelė *n* speck
demeredžas *n* demurrage
dėmesingas *a* attentive
dėmesingas *a* considerate
dėmesingumas *n* consideration
dėmesys *n* attention
demokratija *n* democracy
demokratiškas *a* democratic
demonas *n* demon
demonetizuoti *v* demonetize
demonstruoti *v* demonstrate
demonstruoti ekrane *v* screen
demoralizuoti *v* demoralize
demostracija *n* demonstration
Dengė karštinė *n* dengue
dengti *v* cover
dengti šiaudais *v* thatch
denis *n* deck
departamentas *n* department
depas *n* depot
deponuoti *v* deposit
deportuoti *v* deport
depozitas *n* deposit
depresija *n* depression
depresuoti *v* depress
deputacija *n* deputation
deputatas *n* deputy
deramai *adv* duly
deramas *a* appropriate
deramas *a* becoming
deramas *a* worthy
derėtis *v* bargain
derėtis *v* haggle
derlingas *a* fertile
derlingumas *n* fertility
derlius *n* harvest
derva *n* pitch
derva *n* tar
dervuotas *a* cerated
dervuoti *v* pitch
dervuoti *v* tar
derybininkas *n* negotiator
derybos *n* bargain
derybos *n* negotiation
derybos *n* parley

dešimt *adv* ten
dešimtainis *a* decimal
dešimtinė *n* tithe
dešimtmetį *n* decennary
desperatiškas *a* desperate
despotas *n* despot
dėstyti *v* lecture
dėstytojas *n* preceptor
detalė *n* detail
detalizuotas *a* elaborate
detalizuoti *v* detail
detalizuoti *v* elaborate
detalus *a* explicit
detektyvas *n* detective
detektyvinis *a* detective
dėti *v* put
dėti ant lentynos *v* shelve
dėti grindis *v* floor
dėti į krepšį *v* bag
dėti skyrybos ženklus *v* punctuate
dėti taškus *v* dot
dėvėti *v* wear
devintas *a* ninth
devyni *n* nine
devyniasdešimt *n* ninety
devyniasdešimtas *a* ninetieth
devyniolika *n* nineteen
devynioliktas *a* nineteenth
dėžė *n* box
diabetas *n* diabetes
diagnozė *n* diagnosis
diagnozuoti *v* diagnose
diagrama *n* diagram
diakonas *n* deacon
dialogas *n* dialogue
diametras *n* diameter
diapazonas *n* range
diarėja *n* diarrhoea
didaktinis *a* didactic
didelė baimė *n* dread
didelės apimties *a* voluminous
didelio numerio *a* outsize
didelis *a* big
didelis *a* large
didelis pasipiktinimas *n* uproar
didelis rūpestis *n* preoccupation
didelis skausmas *n* anguish
Didenybė *n* Highness
didenybė *n* majesty
didi pagarba *n* veneration
didikas *n* nobleman
didingas *a* august
didingas *a* magnificent
didingas *a* majestic
didingas pastatas *n* edifice
didinti *v* magnify
didmeninė prekyba *n* wholesale
didmenininkas *n* wholesaler
didmeninis *a* wholesale
didmenos *n* gross
didokas *a* sizable
didumas *n* magnitude
didysis *a* great
didžiadvasis *a* generous
didžiadvasiškas *a* magnanimous
didžiadvasiškumas *n* generosity
didžiadvasiškumas *n* magnanimity
didžiai gerbti *v* venerate
didžiam *a* utter
didžiausias *a* utmost
didžioji dalis *n* bulk
didžioji dalis *n* most
didžioji raidė *n* caption
didžiulė nelaimė *n* calamity
didžiulis *a* enormous
didžiuotis *v* pride
diena *n* day
dieninis spektaklis *n* matinee
dienoraštis *n* diary
dienraštis *n* daily
dieta *n* diet
dievaitis *n* idol

dievas *n* god
dievinimas *n* adoration
dievinti *v* adore
dieviškas *a* divine
dieviškumas *n* divinity
dieviškumas *n* godhead
dievo rykštė *n* plague
dievobaimingas *a* godly
dievybė *n* deity
dikcija *n* diction
diktas *n* dictum
diktatorius *n* dictator
diktavimas *n* dictation
diktuoti *v* dictate
diktuoti greitį *v* pace
dilbis *n* forearm
dildė *n* file
dildyti *v* file
dilema *n* dilemma
dilgelė *n* nettle
dilti *v* wane
dimensija *n* dimension
dinama *n* dynamo
dinamika *n* dynamics
dinaminis *a* dynamic
dinamitas *n* dynamite
dinastija *n* dynasty
dingimas *n* disappearance
dingti *v* disappear
diplomas *n* diploma
diplomatas *n* diplomat
diplomatija *n* diplomacy
diplomatinis *a* diplomatic
diplomuotasis *a* graduate
dirbantis darbą pagal vienetinį apmokėjimą *n* jobbery
dirbiniai *n* ware
dirbti *v* work
dirbtinis *a* artificial
dirbtinis *a* factious
dirbtuvės *n* workshop
direktorius *n* director
direktorius *n* principal
dirgiklis *n* irritant
dirginantis *a* irritant
dirginti *v* irritate
dirglus *a* irritable
dirva *n* ground
dirvožemis *n* soil
diržas *n* belt
diržas *n* strap
dirželis *n* curb
disciplina *n* discipline
diskas *n* disc
diskomfortas *n* discomfort
diskretiškumas *n* discretion
diskriminacija *n* discrimination
diskriminuoti *v* discriminate
diskursas *n* discourse
diskutuoti *v* debate
diskutuoti *v* discuss
diskvalifikacija *n* disqualification
diskvalifikuoti *v* disqualify
dispozicija *n* disposal
disputas *n* dispute
disputuoti *v* dispute
distancija *n* distance
distiliatorius *n* still
distiliuoti *v* distil
divizija *n* division
dizainas *n* design
dizenterija *n* dysentery
dogma *n* dogma
dogmatiškas *n* dogmatic
dokas *n* dock
doktorantas *n* doctorate
doktrina *n* doctrine
dokumentas *n* document
doleris *n* dollar
domenas *n* domain
domicilis *n* domicile
dominavimas *n* domination
dominija *n* dominion
dominuojantis *a* dominant

dominuoti *v* dominate
donkichotiškas *a* quixotic
donoras *n* donor
dorybė *n* virtue
dorybingas *a* virtuous
dosnumas *n* largesse
dosnus *a* bountiful
dosnus *a* lavish
dosnus *a* munificent
dovana *n* gift
dovanojimas *n* condonation
dovanoti *v* forgive
dovanotina *a* venial
dozė *n* dose
drabužiai *n* apparel
drabužiai *n* clothing
drabužinė *n* closet
drabužis *n* garment
drabužių spinta *n* wardrobe
drakonas *n* dragon
drama *n* drama
dramatiškas *a* dramatic
dramaturgas *n* dramatist
dramblio kaulas *n* ivory
dramblių varovas *n* mahout
dramblys *n* elephant
drąsa *n* bravery
drąsa *n* daring
drąsinti *v* encourage
draskyti *v* lacerate
drastiškas *a* drastic
drąsumas *n* hardihood
drąsus *a* brave
drąsus *a* daring
draudimas *n* prohibition
draudžiamas *a* illicit
draudžiamas *a* prohibitory
draudžiamasis *n* prohibitive
draugas *n* comrade
draugas *n* friend
draugingas *a* affable
draugingas *a* amicable
draugužis *n* mate
draugystė *n* amity
drausti *v* prohibit
drebantis *a* shaky
drebėjimas *n* quake
drebėti *v* quake
drebėti *v* tremble
drebulys *n* ague
drebulys *n* shiver
drėgmė *n* damp
drėgnas *a* damp
drėgnas *a* humid
drėgnas *a* moist
drėgnas ir šaltas *a* dank
drėgnumas *n* humidity
drėgnumas *n* moisture
drėkinimas *n* irrigate
drėkinimas *n* irrigation
drėkinti *v* damp
drėkinti *v* moisten
drenažas *n* drainage
drenuoti *v* drain
driežas *n* lizard
drįsti *v* hazard
drobė *n* canvas
droselis *n* throttle
drovėtis *v* shy
drovus *a* shy
drožinėti *v* whittle
drugelis *n* butterfly
drungnas *a* lukewarm
druska *n* salt
druskingas *a* saline
druskingumas *n* salinity
drūtas *a* thick
drybsoti *v* loll
drybsoti *v* lounge
dryžis *n* stripe
dryžuoti *a* stripe
du *adv* two
dualinis *a* dual
dublikatas *n* duplicate

dublikuotas *a* duplicate
dubliuoti *v* duplicate
dubuo *n* basin
dūdelė *n* pipe
dūdmaišis *n* bagpipe
dūduoti *v* pipe
dugnas *n* bottom
dujinis *a* aeriform
dujos *n* gas
dūkimas *n* frolic
dukra *n* daughter
dukterėčia *n* niece
dūkti *v* frolic
dūlėjimas *n* decay
dūlėti *v* decay
dulkė *n* mote
dulkės *n* dust
dulkėti *v* dust
dulksna *n* drizzle
dulksna *n* spray
dulksnoti *v* drizzle
dumblas *n* silt
dumplės *n* bellows
dumti *v* dash
dūmtraukis *n* chimney
dundesys *n* rumble
dundėti *v* rumble
dunksoti *v* loom
duobė *n* pit
duobėtas *a* bumpy
duona *n* bread
duoninis *a* breaden
duoti *v* give
duoti antausį *v* slap
duoti arbatpinigių *v* tip
duoti įžadą *v* vow
duoti pagrindą *v* occasion
duoti pradžią *v* originate
duoti suprasti *v* imply
duoti vaistų *v* physic
dūrimas *n* prick
durklas *n* dagger
durpynas *n* moor
dūrti *v* prick
durtuvas *n* bayonet
durys *n* door
dušas *n* shower
dušimtmetinis *a* bicentenary
dusinti *v* smother
dušintis *v* shower
duslinti *v* muffle
duslintuvas *n* muffler
duslintuvas *n* silencer
duženos *n* breakage
dūzgimas *n* whirr
dūžis *n* beat
dvaras *n* manorial
dvasia *n* spirit
dvasinė būsena *n* morale
dvasingumas *n* spirituality
dvasininkas *n* priest
dvasininkė *n* priestess
dvasininkija *n* clergy
dvasininkystė *n* priesthood
dvasiškas *a* spiritual
dveja tiek *adv* twice
dvejetas *n* two
dvejoti *v* waver
dvelksmas *n* fragrance
dvelksmas *n* whiff
dvi- *a* bi
dvi savaitės *n* fort-night
dviašis *n* biaxial
dvidešimt *n* twenty
dvidešimt *n* twenty
dvidešimtas *a* twentieth
dvidešimtoji dalis *n* twentieth
dvigubas *a* double
dvigubas kiekis *n* double
dvigubinti *v* double
dvikalbis *n* bilingual
dvikampis *a* biangular
dvikojis gyvūnas *n* biped
dvikova *n* duel

dvilypis *a* twofold
dvimetis *a* biennial
dvinaris *a* binary
dvipatystė *n* bigamy
dviporkojis *a* millipede
dviprasmiškas *a* ambiguous
dviprasmiškas *a* equivocal
dviprasmiškumas *n* ambiguity
dviraidis *a* biliteral
dviratininkas *n* cyclist
dviratis *n* bicycle
dvitaškis *n* colon
dviveidiškumas *n* duplicity
dvokimas *n* stench
dvylika *n* twelve
dvylika *n* twelve
dvyliktas *a* twelfth
dvyliktoji dalis *n* twelfth
dvynas *a* twin
dvyniai *n* twin
dydis *n* size
dygimas *n* germination
dygliuotas *a* thorny
dyglys *n* thorn
dygsnis *n* stitch
dygsniuota antklodė *n* quilt
dygsniuoti *v* stitch
dykas *a* idle
dykinėjimas *n* idleness
dykinėti *v* dawdle
dykinėtojas *n* idler
dykuma *n* desert
džentelmenas *n* gentleman
džentriai *n* gentry
džersis *n* jersey
džiaugsmas *n* joy
džiaugsmas *n* mirth
džiaugsminga giesmė *n* carol
džiaugsmingai sveikinti *v* cheer
džiaugsmingas *a* joyful, joyous
džiaugsmingas *a* mirthful
džiaugsmingas *a* cheerful
džiaugsmingas sveikinimas *n* cheer
dzingsėjimas *n* clink
džinsas *n* jean
džiovinti *v* dry
džiūgaujantis *a* jubilant
džiūgauti *v* exult
džiūgauti *v* rejoice
džiūgavimas *n* jubilation
džiugiai šypsotis *v* beam
džiunglės *n* jungle
džiutas *n* jute

E

ėdamas *a* eatable
ėdrus *a* voracious
ėduonies *a* carious
ėdžios *n* manger
efektas *n* effect
efektyvumas *n* efficacy
efektyvus *a* effective
ego *n* ego
egotizmas *n* egotism
egzaminas *n* examination
egzamino išlaikymas *n* pass
egzaminuojamasis *n* examinee
egzaminuoti *v* examine
egzaminuotojas *n* examiner
egzekucija *n* execution
egzekutorius *n* executioner
egzempliorius *n* specimen
egzistavimas *n* existence
egzistuoti *v* exist
eiga *n* current
eikvojimas *n* consumption
eikvoti *v* spend
eikvotojas *n* spendthrift
eilė *n* row

eilėdara *n* versification
eilėraštis *n* verse
eiliakalys *n* poetaster
eiliškumas *n* succession
eiliuoti *v* versify
eiliuotojas *n* rhymester
einamasis *a* current
eisena *n* gait
eismas *n* traffic
eiti *v* go
eiti *v* walk
eiti imtynių *v* wrestle
eiti lažybų *v* wager
eiti pirmyn *v* antecede
eiti tūpti *v* roost
eiti vorele *v* file
ėjimas *n* walk
ekonomika *n* economics
ekonomika *n* economy
ekonominis *a* economic
ekonomiškas *a* economical
ekranas *n* screen
ekscelencija *n* excellency
ekskomunikuoti *v* excommunicate
ekskursija *n* excursion
ekspansija *n* expansion
ekspedicija *n* expedition
eksperimentas *n* experiment
ekspertas *n* expert
eksploatuoti *v* exploit
eksponatas *n* exhibit
eksponentė *n* exponent
eksponuoti *v* exhibit
eksportas *n* export
eksportuoti *v* export
ekspresas *n* express
ekspresija *n* expression
ekspresyvus *v* expressive
ekstra *n* extra
ekstraktas *n* extract
ekstraordinarus *a* extraordinary
ekstravagancija *n* extravagance
ekstravagantiškas *a* extravagant
ekstremalus *a* extreme
ekstremistas *n* extremist
ekstrymas *n* extreme
ekvivalentiškas *a* equivalent
elastiškas *a* elastic
elegancija *n* elegance
elegantiškas *a* elegant
elegija *n* elegy
elektoratas *n* electorate
elektra *n* electricity
elektrifikuoti *v* electrify
elektrinis *v* electric
elektros laidų instaliacija *n* wiring
elementarus *a* elementary
elementas *n* element
elfas *n* elf
elgesys *n* behaviour
elgeta *n* beggar
elgimasis *n* treatment
elgtis *v* act
elgtis *v* behave
elgtis *v* treat
eliminacija *n* elimination
eliminuoti *v* eliminate
elnias *n* deer
elnias *n* stag
elnio ragai *n* antler
elokvencija *n* eloquence
emalis *n* enamel
emancipacija *n* emancipation
emblema *n* emblem
embrionas *n* embryo
emfatinis *a* emphatic
emfazė *n* emphasis
eminencija *n* eminance
emisaras *n* emissary
emocija *n* emotion
emocionalus *a* emotional
enciklopedija *n* encyclopaedia

energija *n* energy
energingas *a* energetic
engėjas *n* oppressor
engėjiškas *a* oppressive
engimas *n* oppression
engti *v* oppress
entomologija *n* entomology
entuziastingas *a* enthusiastic
entuziazmas *n* enthusiasm
epas *n* epic
epidemija *n* epidemic
epigrama *n* epigram
epilepsija *n* epilepsy
epilogas *n* epilogue
epitafija *n* epitaph
epizodas *n* episode
epocha *n* epoch
era *n* era
erdvė *n* space
erdvinis *a* spatial
erdvumas *n* capacity
erdvus *a* airy
erdvus *a* capacious
erdvus *a* roomy
erdvus *a* spacious
erekcija *n* erection
erelis *n* eagle
ėriukas *n* lamb
ėriukėlis *n* lambkin
erkė *n* mite
erotinis *a* erotic
erotiškas *a* sexy
erozija *n* erosion
eržilas *n* stallion
eržilas *n* stud
erzinimas *n* spite
erzinti *v* tease
esantis prieš *a* opposite
esė *n* essay
eseistas *n* essayist
esencija *n* essence
esencinis *a* essential
eskadrilė *n* squadron
eskizas *n* sketch
eskizuoti *v* sketch
esmė *n* gist
esminis *a* substantial
estafetė *n* relay
estetika *n* aesthetics
estetinis *a* aesthetic
esu *v* am
etapas *n* lap
eteris *n* ether
etika *n* ethics
etiketas *n* etiquette
etiketė *n* label
etiketo pažeidimas *n* impropriety
etimologija *n* etymology
etinis *a* ethical
eunuchas *n* eunuch
evakuacija *n* evacuation
evakuoti *v* evacuate
evangelija *n* gospel
evoliucija *n* evolution
evoliucionuoti *v* evolve
ex-parte *adv* ex-parte
ex-parte *adv* ex-parte
ežeras *n* lake

F

fabrikas *n* factory
fabrikavimas *n* fabrication
fabrikuoti *v* fabricate
fajetonas *n* chaise
faksimilė *n* facsimile
faktas *n* fact
faktorius *n* factor
fakultetas *n* faculty
familiarus *a* familiar
fanas *n* fan

fanatikas *n* fanatic
fanatiškas *a* fanatic
fanatiškas šalininkas *n* bigot
fanatizmas *n* bigotry
fantomas *n* phantom
farsas *n* farce
fasadas *n* facade
fasetė *n* facet
fatališkas *a* fatal
fauna *n* fauna
favoritas *n* favourite
fazė *n* phase
federacija *n* federation
federalinis *a* federal
fėja *n* fairy
fenomenalus *a* phenomenal
fenomenas *n* phenomenon
feodalas *n* feud
feodalinis *a* feudal
fermentacija *n* fermentation
fermentas *n* ferment
fermentuotis *v* ferment
ferula *n* asafoetida
festivalinis *a* festive
festivalis *n* festival
fiasko *n* fiasco
figa *n* fig
figura *n* figure
figuruoti *v* figure
fiktyvus *a* fictitious
filantropas *n* philanthropist
filantropija *n* philanthropy
filantropinis *a* philanthropic
filmas *n* film
filmavimas *n* shoot
filmuoti *v* film
filologas *n* philologist
filologija *n* philology
filologinis *a* philological
filosofas *n* philosopher
filosofija *n* philosophy
filosofinis *a* philosophical
filtras *n* filter
filtruoti *v* filter
finansai *n* finance
finansininkas *n* financier
finansinis *a* financial
finansuoti *v* finance
finišas *n* finish
finišuoti *v* finish
firma *n* firm
firminis ženklas *n* brand
fisharmonija *n* harmonium
fiskalinis *a* fiscal
fistulė *n* fistula
fizika *n* physics
fizikas *n* physicist
fizinis *a* physical
fizionomija *n* physiognomy
flanelė *n* flannel
fleita *n* flute
flirtas *n* flirt
flirtuoti *v* flirt
flora *n* flora
floristas *n* florist
flotilė *n* fleet
fokusuoti *v* focus
fonas *n* background
fondas *n* fund
fonetika *n* phonetics
fonetinis *a* phonetic
fontanas *n* fountain
forma *n* form
forma *n* mould
formalus *a* formal
formatas *n* format
formavimas *n* formation
forminis *a* former
formulė *n* formula
formuluoti *v* formulate
formuoti *v* form
fortas *n* fort
fortūna *n* fortune
forumas *n* forum

fosfatas *n* phosphate
fosforas *n* phosphorus
fosilija *n* fossil
fotoaparatas *n* camera
fotografas *n* photographer
fotografavimas *n* photography
fotografija *n* photograph
fotografinis *a* photographic
fotografuoti *v* photograph
fragmentas *n* fragment
frakcija *n* faction
frančizė *n* franchise
frazė *n* phrase
frazeologija *n* phraseology
frazuoti *v* phrase
freska *n* mural
frigidiškas *a* frigid
frivoliškas *a* frivolous
frustracija *n* frustration
fui *adv* fie
fundamentalus *a* fundamental
funkcija *n* function
funkcionierius *n* functionary
funkcionuoti *v* function
furgonas *n* van
furija *n* fury
furlongas *n* furlong

G

gabalėlis *n* slice
gabaliukas *n* morsel
gabenti kontrabandą *v* smuggle
gabenti laivu *v* ship
gabumas *n* aptitude
gadinti darbą *v* botch
gaidukas *n* trigger
gaidys *n* cock
gailėjimas *n* remorse
gailėjimasis *n* regret
gailestingas *a* merciful
gailestingumas *n* mercy
gailestis *n* pity
gailėtis *v* regret
gailumas *n* poignacy
gailus *a* poignant
gailus *a* rueful
gairė *n* milestone
galaktika *n* galaxy
galantas *n* gallant
galantiškas *a* chivalrous
galantiškas *a* gallant
galantiškumas *n* chivalry
galantiškumas *n* gallantry
galąsti *v* sharpen
galąstuvas *n* sharpener
galbūt *mod* may
galerija *n* gallery
galėti *v* can
galia *n* power
galiausiai *adv* lastly
galiausiai *adv* ultimately
galimas *a* liable
galimas *a* possible
galimas dalykas *n* perhaps
galimumas *n* capability
galimybė *n* possibility
galinė stotelė *n* terminus
galingai *a* mighty
galingas *a* powerful
galingas *a* tremendous
galintis *a* able
galintis *a* capable
galiojantis *a* valid
galiojimas *n* validity
galiojimo laikas *n* expiry
galiojimo sustabdymas *n* abeyance
galiukas *n* stub
galonas *n* gallon
galų gale *adv* eventually

galūnė *n* limb
galutinis *a* ultimate
galutinis tikslas *n* destination
galva *n* head
galvanizuoti *v* galvanize
galvijai *n* cattle
galvos skausmas *n* headache
galvosūkis *n* conundrum
galvosūkis *n* puzzle
galvoti *v* think
galvotrūkčiais *n* pell-mell
galybė *n* might
gaminti *v* make
gaminti *v* manufacture
gaminti *v* produce
gamintojas *n* maker
gamintojas *n* manufacturer
gaminys *n* make
gamta *n* nature
gamtininkas *n* naturalist
gamyba *n* manufacture
gana *adv* quite
gana garsus *a* audible
gandai *n* bruit
gandas *n* canard
gandras *n* stork
ganėtinai *a* pretty
gangsteris *n* gangster
ganykla *n* pasture
ganytis *v* agist
ganytis *v* graze
ganytis *v* pasture
ganytojiškas *a* pastoral
garantija *n* guarantee
garantuotasis *a* warrantee
garantuoti *v* guarantee
garas *n* steam
garas *n* vapour
garažas *n* garage
garbana *n* lock
garbana *n* ringlet
garbanotumas *n* curl
garbė *n* renown
garbės *a* honorary
garbingas *a* honourable
garbinti *v* revere
garbus *a* reverend
garbusis *a* venerable
gardus *a* delicious
gardus *a* palatable
gardžiuotis *v* relish
gardžiuotis *v* savour
gargždas *n* pebble
garinis *a* vaporous
garinti *v* vaporize
garintuvas *n* steamer
garsas *n* sound
garsenybė *n* celebrity
garsinis *a* sonic
garstyčios *n* mustard
garsus *a* loud
garsus raginimas *n* clarion
garuoti *v* steam
gašlumas *n* coprology
gašlūnas *n* voluptuary
gašlus *a* lascivious
gašlus *a* voluptuous
gastroliuoti *v* tour
gatvė *n* street
gatvės prekiautojas *n* hawker
gatvės vaikas *n* urchin
gaubas *n* envelope
gaublys *n* globe
gaubti *v* envelop
gaubtinė žarna *n* colon
gaubtuvas *n* bonnet
gaudyti *v* net
gauja *n* gang
gausa *n* plenty
gausiai *adv* galore
gausiai turėti *v* abound
gausumas *n* profusion
gausus *a* full
gausus *a* profuse

gauti *v* get
gauti *v* receive
gauti atpildą *v* requite
gavėjas *n* recipient
gazuotas *a* gassy
gebenė *n* ivy
gėda *n* shame
gedėti *v* mourn
gedimas *n* breakdown
gedimas *n* taint
gėdingas *a* shameful
gėdinti *v* shame
gedulas *n* mourning
gedulingas *a* mournful
gegutė *n* cuckoo
gegužė *n* May
geidulingas *a* fervent
geidulingas *a* sensualist
geidulingumas *n* sensuality
geidžiantis *a* appetent
geismas *n* lust
geismingas *a* lustful
geismingas *a* sensuous
geisti *v* covet
geisti *v* hanker
gėjiškas *a* gay
gėla *n* ache
gelbėjimas *n* rescue
gelbėjimas *n* salvage
gelbėti *v* rescue
gelbėtis *v* salvage
gėlė *n* flower
gėlėtas *a* flowery
geležinkelio linija *n* railway
geležis *n* iron
gelsti *v* yellow
gelsvas *a* yellowish
gelsvasis narcizas *n* daffodil
gelta *n* jaundice
gelti *v* ache
geltona spalva *n* yellow
geltonas *a* yellow
geluonis *n* sting
gembė *n* ancon
generatorius *n* generator
generuoti *v* generate
genėti *v* lop
genijus *n* genius
genties *a* tribal
gentis *n* tribe
geografas *n* geographer
geografija *n* geography
geografinis *a* geographical
geologas *n* geologist
geologija *n* geology
geologinis *a* geological
geometrija *n* geometry
geometrinis *a* geometrical
gerai *adv* well
gerai *adv* fine
gerai apgalvotas *a* well-timed
gerai gyvenantis *a* well-to-do
gerai žinomas *a* famous
gerai žinomas *a* well-known
geranoriškas *a* benevolent
geranoriškumas *n* benevolence
geranoriškumas *n* goodwill
geras *a* good
geras vardas *n* honour
geraširdis *a* amiable
geraširdiška pašaipa *n* raillery
geraširdiškai pajuokauti *v* banter
geraširdiškas pajuokavimas *n* banter
geraširdiškumas *n* amiability
gerbėjas *n* worshipper
gerbiantis *a* reverent
gerbimas *n* worship
gerbti *v* esteem
gerbti *v* regard
gerbti *v* worship
gėrėjimasis *n* admiration
geresnis *a* better

gėrėtis *v* admire
gėrėtis *v* delight
geriau *adv* better
gėrimas *n* beverage
gėrimas *n* drink
gerinimas *n* amelioration
gerinimas *n* betterment
gerinti *v* ameliorate
gerinti *v* better
gerinti *v* meliorate
gėris *n* good
gerklė *n* throat
gerklinis *a* throaty
gerovė *n* affluence
gerovė *n* welfare
gerti *v* drink
gerumas *n* goodness
gerundijus *n* gerund
gervė *n* crane
gesinti *v* extinguish
gestas *n* gesture
gesti *v* taint
gibonas *n* gibbon
giedoti *v* crow
gigantas *n* giant
gigantiškas *a* gigantic
gildija *n* guild
gilė *n* acorn
giliausias *a* inmost
gilumas *n* profundity
gilumoje *adv* underneath
gilus *a* deep
gilus *a* profound
gimda *n* uterus
gimda *n* womb
gimdymas *n* birth
gimęs *a* born
gimęs turtingas *a* born rich
giminaičiai *n* kin
giminaitis *n* relative
giminingas *a* akin
giminystė *n* kinship
giminystės linija *n* parentage
gimnastas *n* gymnast
gimnastika *n* gymnastics
gimnastinis *a* gymnastic
gimnazija *n* gymnasium
gimtasis *a* native
ginamasis *a* defensive
ginčas *n* moot
ginklas *n* weapon
ginklų sandėlis *n* armoury
ginti *v* defend
giraitė *n* coppice
girdėti *v* hear
girgždėjimas *n* creak
girgždesys *n* squeak
girgždėti *v* creak
girgždėti *v* squeak
giria *n* woods
girlianda *n* festoon
girlianda *n* garland
girtis *v* boast
girtis *v* brag
girtuokliauti *v* booze
girtuoklis *n* bibber
girtuoklis *n* drunkard
gitara *n* guitar
glamonėti *v* caress
glamžyti *v* crimple
glaukoma *n* glaucoma
glaustas *a* brief
glaustas *a* concise
glaustas *a* terse
glazūra *n* glaze
glazūruoti *v* glaze
gleivės *n* mucus
gleivėtas *a* mucous
glicerinas *n* glycerine
glitėsiai *n* slime
glitus *a* slimy
gliukozė *n* glucose
globa *n* wardship
globalinis *a* global

globoti *v* ward
globotinis *n* ward
glostymas *n* stroke
glostyti *v* pet
glostyti *v* stroke
glotnus *n* sleek
glūdėti *v* consist
gniaužtai *n* grip
gniaužti *v* grip
gniuždyti *v* frustrate
gnybtas *n* clamp
gnybti *v* nip
gobelenas *n* tapestry
gobšumas *n* avarice
gobšumas *n* greed
gobšus *a* avid
gobšus *a* greedy
gobtuvas *n* hood
godžiai *a* avidly
gofravimas *n* crimp
golfas *n* golf
gomurinis *a* guttural
gomurinis *a* palatal
gomurys *n* palate
gongas *n* gong
gorila *n* gorilla
goržetė *n* necklet
grabalioti *v* grope
grabinėti *v* fumble
gracija *n* grace
gradacija *n* gradation
grafas *n* graph
grafienė *n* countess
grafinis *a* graphic
grafystė *n* county
Graikija *n* Greek
graikinis riešutas *n* walnut
graikiškas *a* Greek
gramas *n* gramme
gramatika *n* grammar
gramatikas *n* grammarian
gramofonas *n* gramophone
granata *n* grenade
grandinė *n* chain
grandiozinis *n* grand
grasinimas *n* threat
grasinti *v* threaten
graudus *a* pitiful
graužatis *n* compunction
graužikas *n* rodent
graviruoti *v* engrave
gravitacija *n* gravitation
grąžas *n* auger
gražiai sudėtas *a* shapely
grąžinimas pinigų *n* refund
gražinti *v* beautify
grąžinti kardomajam kalinimui *v* remand
grąžinti pinigus *v* refund
grąžtas *n* drill
grąžtas *n* wimble
gražumas *n* prettiness
gražuolė *n* belle
gražus *a* beautiful
gražus *a* pretty
greit *adv* soon
greitai *adv* fast
greitai gendantis *a* perishable
greitas *a* fast
greitas *a* quick
greitas *a* speedy
greitis *a* speed
greitis *a* velocity
greitosios pagalbos automobilis *n* ambulance
grėsmė *n* menace
grėsmingas *a* baleful
grėsti *v* endanger
grėsti *v* menace
gretimas *a* adjacent
gretimas *a* next
gretinti *v* parallel
gręžimas *n* wriggle
gręžti *v* drill

gręžti *v* wring
griaudėti *v* crump
griaudėti *v* thunder
griausmingas *a* thunderous
griaustinis *n* thunder
griebti *v* grab
griebtis *v* resort
griežtai kritikuoti *v* castigate
griežtai laikytis *v* adhere
griežtas *a* strict
griežtas laikymasis *n* adherence
griežtos disciplinos šalininkas *n* martinet
griežtumas *n* rigour
grifas *n* vulture
grimzti *v* sink
grindinys *n* pavement
grindys *n* floor
griovelis *n* groove
griovys *n* ditch
griovys *n* moat
griozdinti *v* rummage
griozdiškas *a* bulky
griozdiškas *a* clumsy
griozdynė *n* rummage
gripas *n* influenza
grįsti *v* pave
griuvėsiai *n* ruin
grįžtamasis *a* reversible
grįžti *v* revert
grobis *n* booty
grobis *n* loot
grobis *n* prey
grobstymas *n* plunder
grobstyti *v* depredate
grobstyti *v* plunder
grobti *v* loot
grobti *v* prey
grotelės *n* grate
groteskinis *a* grotesque
groti fleita *v* flute
grotuvas *n* recorder
grožinė literatūra *n* fiction
grožis *n* beauty
grublėtas *n* rugged
grubus *a* crude
grūdas *n* grain
grūdintis *v* temper
grumstas *n* clod
grumtis *v* combat
grumtis *v* grapple
grumtis *v* tussle
grumtynės *n* combat
grumtynės *n* grapple
grumtynės *n* melee
grumtynės *n* tussle
gruntas *n* primer
gruodis *n* december
grupė *n* group
grupuoti *v* group
grūstis *n* jam
grūstis *n* jam
grūstuvė *n* mortar
grybas *n* mushroom
grybelis *n* fungus
grynas *a* pure
grynas *a* sheer
grynaveislis gyvulys *n* pedigree
grynieji *n* cash
grynumas *n* purity
grynuolis *n* nugget
gubernatorius *n* governor
gudobelė *n* hawthorn
gudrybės *n* trickery
gudrybės *n* wile
gulbė *n* swan
guldyti *v* lay
gulėti *v* lie
gulimo metas *n* bed-time
gultas *n* berth
gultas *n* bunk
gumulas *n* lump
gumulėlis *n* clot
guolis *n* bearing

guosti *v* comfort
guotas *n* shoal
gurkšnelis *n* sip
gurkšnelis alkoholinio gėrimo *n* dram
gurkšnis *n* gulp
gurkšnis *n* swallow
gurkšnoti *v* sip
gūsis *n* puff
guvernantė *n* governess
guvumas *n* agility
guvus *a* agile
gūžtelėjimas *n* shrug
gūžtelėti *v* shrug
gūžtis *v* cringe
gūžys *n* craw
gvajava *n* guava
gvazdikas *n* pink
gvazdikėliai *n* clove
gydomasis *a* curative
gydomasis *a* medicinal
gydomasis *a* salutary
gydymas *n* cure
gydyti *v* cure
gydytojas *n* doctor
gydytojas *n* physician
gylis *n* depth
gynyba *n* defence
gyrimas *n* boast
gyrimas *n* laud
gyrimasis *n* brag
gyslainė *n* choroid
gyslotis *n* plantain
gyvas *a* alive
gyvas *a* live
gyvatė *n* snake
gyvatvorė *n* hedge
gyvenamas *a* habitable
gyvenamas *a* inhabitable
gyvenamasis *a* living
gyvenantis *a* resident
gyvenimas *n* life
gyventi *v* live
gyventi *v* reside
gyventi kartu *v* cohabit
gyventojas *n* inhabitant
gyvenvietė *n* habitat
gyvsidabrinis *a* quicksilver
gyvsidabris *n* mercury
gyvulys *n* brute
gyvumas *n* vivacity
gyvūnas *n* animal
gyvūnų prieglauda *n* coverlet
gyvuonis *n* quick
gyvybingas *a* lively
gyvybingas *a* viable
gyvybingas *a* vital
gyvybingumas *n* vitality

H

harmonija *n* harmony
harmoningas *a* harmonious
herkuliškas *a* herculean
heroizmas *n* heroism
herojė *n* heroine
herojiškas *a* heroic
herojus *n* hero
hibridas *n* hybrid
hibridinis *a* hybrid
hiena *n* hyaena, hyena
hierarchija *n* hierarchy
higiena *n* hygiene
higieniškas *a* hygienic
himnas *n* anthem
himnas *n* hymn
hiperbolė *n* hyperbole
hipnotizmas *n* hypnotism
hipnotizuoti *v* hypnotize
hipoteka *n* mortgage

hipotekos skolininkas *n* mortgator
hipotekos sutartis *n* mortagagee
hipotetinis *a* hypothetical
hipotezė *n* hypothesis
hobis *n* hobby
holokaustas *n* holocaust
homeopatas *n* homoeopath
homeopatija *n* homeopathy
homogeninis *a* homogeneous
honoraras *n* honorarium
horizontas *n* horizon
humaniškas *a* humane
humaniškumas *n* humanity
humanitarinis *a* humanitarian
humoras *n* humour
humoristas *n* humorist
humoristinis *a* humorous

I

į *prep* in
į *prep* into
į apačią *prep* under
į gabalus *prep* asunder
į kurį *prep* whereat
į priekį *prep* forward
į tą pusę *prep* thither
į vakarus *prep* west
į viršų *prep* upwards
įamžinti *v* immortalize
įamžinti *v* perpetuate
įasmeninti *v* personify
įbauginimas *n* intimidation
įbauginti *v* daunt
įbauginti *v* intimidate
įbauginti *v* terrify
idealas *n* ideal
idealistas *n* idealist
idealistinis *a* idealistic
idealizmas *n* idealism
idealizuoti *v* idealize
idealus *a* ideal
įdegis *n* tan
įdegti *v* tan
idėja *n* idea
įdėmiai žiūrėti *v* gaze
įdėmus žvilgsnis *n* gaze
identifikacija *n* indentification
identifikuoti *v* identify
identiškas *a* identical
idioma *n* idiom
idiomatinis *a* idiomatic
idiotas *n* idiot
idiotija *n* ideocy
idiotiškas *a* idiotic
įdomus *a* interesting
įdrėskimas *n* scratch
įdrėskti *v* scratch
įduba *n* cavity
įduoti *v* state
įeiti *v* enter
įėjimas *n* entrance
ieškant *adv* quest
ieškojimas *n* quest
ieškojimas *n* search
ieškoti *v* search
ieškoti priekabių *v* bully
ieškovas *n* claimant
ieškovas *n* plaintiff
ieškovas *n* suitor
ietigalis *n* spearhead
ietininkas *n* lancer
ietis *n* javelin
ietis *n* lance
ietis *n* spear
įgalinti *v* enable
įgaliojimas *n* commission
įgaliojimas *n* proxy
įgaliotasis asmuo *n* attorney
įgalioti *v* depute

įgalioti *v* empower
įgaliotinis *n* assignee
įgaubtas *a* concave
įgelti *v* sting
įgijimas *n* attainment
įgijimas *n* gain
įgimtas *a* innate
ignoruoti *v* ignore
įgūdęs *a* skilful
įgūdis *n* skill
įgyti *v* attain
įgyti *v* gain
įgyti *v* obtain
įgyvendinti *v* implement
įkainoti *v* assess
įkainoti *v* price
įkaitas *v* hostage
įkalbėjimas *n* persuasion
įkalbėti *v* persuade
įkalinti *v* imprison
įkaltis *n* evidence
įkandimas *n* bite
įkarštis *n* alacrity
įkarštis *n* keenness
įkasti *v* bite
įkaušęs *a* jolly
įkeisti *v* mortgage
iki gyvos galvos *adv* lifelong
iki pasimatymo *int* bye-bye
įklijuoti *v* paste
įklimpti *v* bog
įklimpti į liūną *v* mire
ikrai *n* roe
įkūnijimas *n* embodiment
įkūnijimas *n* incarnation
įkūnytas *adv* incarnate
įkūnyti *v* embody
įkūnyti *v* incarnate
įkurdinti *v* populate
įkūrėjas *n* founder
įkūrimas *n* foundation
įkurti *v* found
įkvėpimas *n* inspiration
įkvėpti *v* breathe
įkvėpti *v* inhale
įkvėpti *v* inspire
įkyri mintis *n* obsession
įkyrus *a* officious
įlaiduoti *v* groove
įlanka *n* bay
įlanka *n* gulf
įlankėlė *n* bight
įlankėlė *n* creek
įlašinti *v* instil
įleidimas *n* admission
įleisti *v* admit
ilgaamžiškumas *n* longevity
ilgai *adv* long
ilganosis *a* nosey
ilgas *a* long
ilgas kelias *n* trek
ilgėjimasis *n* longing
ilgesys *n* yearning
ilgėtis *v* long
ilgėtis *v* yearn
ilgi ir tiesūs *v* lank
ilgis *n* length
ilguma *n* longitude
iliuminacijos *n* illumination
iliuminuoti *v* illuminate
iliustracija *n* illustration
iliustruotas *a* pictorical
iliustruoti *v* illustrate
iliuzija *n* illusion
ilsėtis *v* repose
iltis *n* tusk
įmanomas *a* feasible
įmantrus *a* bizarre
imatrikuliavimas *n* matriculation
imatrikuliuoti *v* matriculate
imbieras *n* ginger
įmerkimas *n* immersion
įmerkti *v* immerse
imigracija *n* immigration

imigrantas *n* immigrant
imigruoti *v* immigrate
įminti *v* riddle
imitacija *n* imitation
imitatorius *n* imitator
imituoti *v* imitate
imlus *a* receptive
įmoka *n* fee
įmoka *n* instalment
įmova *n* nipple
imperatorė *n* empress
imperatorius *n* emperor
imperatyvinis *a* mandatory
imperatyvus *a* imperative
imperializmas *n* imperialism
imperija *n* empire
imperinis *a* imperial
implicitinis *a* implicit
implikacija *n* implication
implikuoti *v* implicate
importas *n* import
importuoti *v* import
impotencija *n* impotence
impotentiškas *a* impotent
impozantiškas *a* imposing
impregnantas *n* varnish
impregnuoti *v* varnish
impulsas *n* impulse
impulsyvus *a* impulsive
imti *v* take
imti interviu *v* interview
imti mėginį *v* sample
imti papildomą rinkliavą *v* surcharge
imti paskolą *v* loan
imtuvas *n* receiver
imtynininkas *n* wrestler
imuninis *a* immune
imunitetas *n* immunity
imunizuoti *v* immunize
inauguracija *n* inauguration
inauguracinis *a* inaugural
incidentas *n* incident
indai *n* crockery
indai *n* dish
indauja *n* cupboard
indeksas *n* index
indiferentiškas *a* indifferent
indiferentiškumas *n* indifference
indigo *n* indigo
Indijos *n* Indian
indikatorius *n* indicator
individualizmas *n* individualism
individualumas *n* individuality
individualus *a* individual
indukcija *n* induction
indukuoti *v* induct
industrinis *v* industrial
inercija *n* inertia
inertinis *a* inert
infantilus *a* infantile
infliacija *n* inflation
informacija *n* information
informatorius *n* informer
informatyvus *a* informative
informuoti *v* inform
ingredientas *n* ingredient
inicialai *n* initial
iniciatyva *n* initiative
įnikęs *a* intent
įniršis *n* rage
įnirtinga ataka *n* onslaught
įnirtingas *a* furious
injekcija *n* injection
inkaras *n* anchor
inkaravimo įtaisai *n* anchorage
inkorporacija *n* incorporation
inkorporacinis *a* incorporate
inkorporuoti *v* incorporate
inkriminuoti *v* incriminate
inkstas *n* kidney
inkštiras *n* acne
inokuliavimas *n* inoculation
inokuliuoti *v* inoculate

įnoringas *a* whimsical
įnoris *n* vagary
įnoris *n* whim
inovacija *n* innovation
inscenizuoti *v* stage
insekticidas *n* insecticide
inspekcija *n* inspection
inspekcija *n* inspector
inspektuoti *v* inspect
instaliacija *n* installation
instancija *n* instance
instinktas *n* instinct
instinktyvus *a* instinctive
instinktyvus potraukis *n* appetite
institucija *n* institution
institutas *n* institute
instruktorius *n* instructor
instrumentalistas *n* instrumentalist
instrumentas *n* instrument
instrumentinis *a* instrumental
insultas *n* stroke
intakas *n* tributary
intakinis *a* tributary
integralinis *a* integral
integralumas *n* integrity
intelektas *n* intellect
intelektualas *n* intellectual
intelektualumas *n* intelligence
intelektualus *a* intellectual
inteligentija *n* intelligentsia
intencija *n* intention
intensyvėti *v* intensify
intensyvumas *n* intensity
intensyvus *v* intense
intensyvus *v* intensive
interesas *n* interest
interjeras *n* interior
interjerinis *a* interior
interliudija *n* interlude
internacionalinis *a* international
internuoti *v* intern
interpretatorius *n* interpreter
interpretuoti *v* interpret
intervalas *n* interval
interviu *n* interview
intriga *n* intrigue
intriguoti *v* intrigue
intuicija *n* intuition
intuityvus *a* intuitive
intymumas *n* intimacy
intymus *a* intimate
invalidas *n* invalid
invazija *n* invasion
investavimas *n* investment
investuoti *v* invest
inžinierius *n* engineer
įpainioti *v* entangle
įpakuoti *v* crate
įpareigojimas *n* obligation
įpareigoti *v* oblige
įpėdinis *n* heir
įpėdinis *n* successor
įplaukos *n* revenue
įplyšimas *n* tear
įplyšti *v* tear
įprastai *n* usually
įprastas *a* ordinarily
įprastas *a* usual
įprasti *v* habituate
įpratęs *a* wont
įprotis *n* habit
įprotis *n* wont
įpulti *v* lapse
ir *conj* and
ir taip toliau *conj* etcetera
ir vėl *conj* anon
ir... ne *conj* nor
įranga *n* outfit
įranga *n* paraphernalia
įrankis *n* tool
įrašas *n* entry
įrašas *n* inscription
įrašas *n* record

įrašyti *v* inscribe
įrašyti *v* record
įrašyti į magnetofono juostą *v* tape
įrengimas *n* equipment
įrenginys *n* facility
įrengti *v* equip
įrengti *v* outfit
irgi *conj* either
irisas *n* toffee
įrišimas *n* binding
įrišti *v* bind
irklas *n* oar
irklas *n* paddle
irkluoti *v* row
irkluotojas *n* oarsman
įrodinėjimas *n* substantiation
įrodyti *v* substantiate
įrodymas *n* proof
įrodyti *v* confute
įrodyti *v* prove
ironija *n* irony
ironiškas *a* ironical
irštva *n* lair
irzlumas *n* petulance
irzlus *a* petulant
iš *prep* from
iš anksto *adv* beforehand
iš anksto apgalvoti *v* premeditate
iš anksto nulemti *v* predetermine
iš anksto paruoštas *v* pat
iš anksto pasiruošti pulti *v* forearm
iš esmės *adv* substantially
iš išorės *adv* outside
iš kur *adv* whence
iš motinos pusės *adv* maternal
iš naujo *adv* afresh
iš naujo *adv* anew
iš ten *prep* thence
iš tikrųjų *adv* indeed
iš viso *adv* altogether
iš viso *adv* total
išaiškinimas *n* clarification
išaiškinti *v* clarify
įsakmus *a* magisterial
išangė *n* anus
išankstinis apgalvojimas *n* premeditation
išankstinis nusistatymas *n* prejudice
išankstinis žinojimas *n* foreknowledge
išaugimas *n* increase
išaugti *v* increase
išaugti *v* outgrow
išaukštinti *v* enthrone
išbaigimas *n* completion
išbaigtas *a* complete
išbaigti *v* complete
išbalansuoti *v* out-balance
išbalti *v* blanch
išbandymas *n* trial
išbandyti savo jėgas *v* pit
išblankti *v* fade
išblykšti *v* pale
išblyškęs *a* wan
išbraukti *v* efface
išcentrinis *a* centrifugal
išdaiga *n* prank
išdaigos *n* mischief
išdava *n* upshot
išdavikas *n* traitor
išdavimas *n* treason
išdavystė *n* betrayal
išdavystė *n* perfidy
išdėstymas *n* statement
išdėstyti tarpais *v* space
išdidus *a* lofty
išdirbti *v* till
išdrįsti *v* dare
išdrožti *v* carve
išduoti *v* betray
išdykauti *v* romp

išdykavimas *n* romp
išdykėlė *n* minx
išdykęs *a* mischievous
išdykęs *a* naughty
išdžiovinti *v* parch
išeiti *v* front
išeiti į pensiją *v* pension
išėjęs iš mados *a* outmoded
išėjimas *n* exit
išėmimas *n* withdrawal
išgalėti *v* afford
išgalvojimas *n* concoction
išgalvojimas *n* fancy
išgalvotas *a* fantastic
išgalvoti *v* concoct
išgalvoti *v* fancy
Išganytojas *n* saviour
išgaruoti *v* evaporate
išgąsdinti *v* frighten
išgąstis *n* fright
išgąstis *n* scare
išgauti meilikavimu *v* wheedle
išgėręs *a* tipsy
išgerti į kieno nors sveikatą *v* wassail
išgirti *v* exalt
išgriozdinti *v* rifle
išgydomas *a* curable
išgydyti *v* heal
įsibrauti *v* intrude
įsibrauti *v* hack
įsibrovimas *n* intrusion
įsidarbinti *v* employ
įsidėti į kišenę *v* pocket
įsigijimas *v* acquest
įsigilinti *v* fathom
įsigilinti *v* pore
įsigyjamas *a* obtainable
įsikarščiavęs *a* alacrious
įsikišimas *n* interference
įsikišimas *n* intervention
įsikišti *v* interfere
įsikišti *v* intervene
įsilaužėlis *n* burglar
įsilaužimas *n* burglary
išilgai *adv* along
įsiliepsnojimas *n* inflammation
įsiliepsnoti *v* inflame
įsimintinas *a* momentous
išimtinai *a* entirely
išimtinis *n* exclusive
išimtis *n* exception
įsimylėjusio *a* amorous
įsipainioti *v* involve
įsipainioti *v* meddle
įsirėžti *v* trench
įsisąmoninimas *n* realization
įsisąmoninti *v* realize
įsisenėjęs *a* ingrained
įsiskolinęs *a* indebted
įsiskolinimai *n* liability
įsiskolinimas *n* arrears
įsiskolinimas *n* debt
įsiteikimas *n* insinuation
įsiteikti *v* insinuate
įsiterpimas *n* interjection
įsiterpti *v* interrupt
įsitikinimas *n* conviction
įsitvėrus laikytis *v* cling
įsiutinti *v* incense
įsiutinti *v* infuriate
įsivaizdavimas *n* delusion
įsivaizduotas *a* imaginary
įsivaizduoti *v* conceive
įsivaizduoti *v* imagine
išjuoka *n* lampoon
išjuokti *v* lampoon
iškabinti *v* post
iškaisvinti *v* manumit
įskaitantis *a* inclusive
įskaitomai *a* legibly
įskaitomas *a* legible
įskaitomumas *n* leghorn
iškalba *n* oratory

iškalbingas *a* eloquent
iškamuotas *a* laborious
iškelti *v* hoist
iškęsti *a* bear
iškęsti *a* suffer
iškilas *a* prominent
iškilėlis *n* upstart
iškilimas *n* prominence
iškilmingas *a* solemn
iškilmingumas *n* pageantry
iškilmingumas *n* solemnity
iškišti *v* flog
iškloti *v* line
iškloti kokliais *v* tile
išknisti *v* unearth
iškraipytas *a* corrupt
iškraipyti *v* corrupt
iškraipyti prasmę *v* mangle
iškraustymas *n* eviction
iškraustyti *v* evict
iškreiptas *a* perverse
iškreiptas (aiškinimas) *a* wry
iškreipti *v* distort
iškreipti *v* misrepresent
iškreipti *v* pervert
iškrypimas *n* perversion
iškvepinti *v* scent
iškviesti garsiai skelbiant pavardę *v* page
iškyla *n* picnic
iškylauti *v* picnic
iškyšulys *n* mull
išlaidos *n* cost
išlaidos *n* expenditure
išlaidos *n* expense
išlaidų atlyginimas *n* remuneration
išlaidumas *n* prodigality
išlaidus *a* prodigal
išlaidus *a* profligate
išlaikomas *a* tenable
išlaikymas *n* upkeep
išlaikyti *v* sustain
išlaikyti egzaminą *v* pass
išlaikyti pusiausvyrą *v* poise
išlaipinti *v* land
išlaisvinimas *n* manumission
išlavinimas *n* acquisition
išleisti *v* expend
išleisti *v* issue
išlėkti *v* sally
išliejimas *n* spill
išlieti *v* pour
išlikimas *n* survival
išlikti *v* survive
išlipti *v* alight
išlydyti *v* smelt
išlyga *n* proviso
išlyginti *v* even
išlyginti *v* level
išmalda *n* alms
išmanantis *a* adept
išmanantis *a* conversant
išmanantis *a* versed
išmarginimas *n* mottle
išmatavimas *n* measurement
išmatuojamas *a* measurable
įsmeigti *v* stab
išmesti *v* discard
išmesti į krantą jūros dumbliai *v* wrack
išmesti iš darbo *v* sack
išminčius *n* sage
išmintingas *a* prudent
išmintingas *a* sage
išmintingas *a* wise
išmintis *n* wisdom
išmokėjimas *n* repayment
išmokėti *v* repay
išmonė *n* artifice
išmušti duobę *v* blast
išnaikinti *v* abrogate
išnaikinti *v* decimate
išnaikinti *v* eradicate

išnara *n* slough
išnuomojamas žemės sklypelis *n* allotment
išnuomojimas *n* lease
išnykti *v* vanish
išopėjęs *a* ulcerous
išorė *n* outside
išorinis *a* external
išorinis *a* outer
išorinis *a* outward
išoriškai *adv* outwardly
ispanas *n* Spaniard
ispaniškas *a* Spanish
ispanų kalba *n* Spanish
įspaudas *n* imprint
įspausti *v* imprint
išpažinėjas *n* votary
išpažinti *v* confess
išpažinti *v* profess
išpažintis *n* confession
išpeikti *v* slate
įspėjamasis *a* monitory
įspėjamasis *a* precautionary
įspėjimas *n* caution
įspėjimas *n* warning
išpera *n* spawn
išperkamas *a* bailable
įspėti *v* caution
įspėti *v* forewarn
įspėti *v* warn
išpildymas *n* pursuance
išpirka *n* ransom
išpirkti *v* ransom
išplakti *v* whisk
išplaukiantis *a* consequent
išplepėti *v* blab
išplėsti *v* expand
išplėšti *v* wrest
išpranašauti *v* foretell
įsprausti *v* sandwich
išprovokuoti *v* instigate
išprusęs *a* sophisticated
išprusimas *n* sophistication
įspūdinga *a* impressive
įspūdingas *a* stately
įspūdingas reginys *n* spectacular
įspūdis *n* impression
išpuikęs *a* haughty
išpuoselėtas *a* trim
išpuošti *v* deck
išpūsta kaina *n* overcharge
išpūsti *v* exaggerate
išpūsti *v* overcharge
išpūtimas *n* exaggeration
išradėjas *n* inventor
išradimas *n* invention
išradingas *a* inventive
išradingas *a* resourceful
išrasti *a* devise
išrasti *a* invent
išrašyti *v* prescribe
išreikšti *v* express
išrikiuoti kovos tvarka *v* array
išrinkti *v* elect
išsaugojimas *n* retention
išsaugoti *v* keep
išsaugoti *v* preserve
išsaugoti *v* save
išsekti *v* exhaust
išsibudinęs *a* awake
išsidažyti *v* dye
išsigandęs *a* afraid
išsigąsti *v* scare
išsigelbėjimas *n* salvation
išsikamavęs *a* haggard
išsikerojęs *a* rank
išsilenkti *v* toe
išsilieti *v* spill
išsinerti *v* slough
išsinuomoti *v* lease
išsipasakoti *v* confide
išsipurvinti *v* soil
išsiraitęs *a* serpentine
išsirūpinti *v* secure

išsiskirti *v* divorce
išsisukimas *n* dodge
išsisukinėjantis *a* elusive
išsisukinėjimas *n* elusion
išsisukinėti *v* shirk
išsisukinėtojas *n* shirker
išsisukti *v* dodge
išsisuodinti *v* soot
išsivadavimas *n* liberation
išsiveržimas *n* eruption
išsiveržti *v* erupt
išsižadėjimas *n* renunciation
išsižadėti *v* forswear
išsižadėti *v* renounce
išsižiojęs *a* agape
išskaičiuoti *v* enumerate
išskaityti *v* deduct
išskalauti *v* rinse
išskirti *v* distinguish
išskirti *v* except
išskirti pieno *v* lactate
išsklaidyti *v* disperse
išsklaidyti *v* scatter
išskleisti *v* unfold
išskyrus *adv* except
išspręsti *v* solve
išstumti *n* eject
iššūkis *n* challenge
išsukti *v* wrench
iššvaistyti *v* squander
įstabus *a* gorgeous
ištaigingas *a* sumptuous
ištaisyti *v* redress
ištarti balsu *v* voice
įstatai *n* bylaw, bye-law
įstatymas *n* law
įstatyminis *a* legislative
įstatyminis *a* legitimate
įstatymo neginamas asmuo *n* outlaw
įstatymų leidėjas *n* legislator
įstatymų leidimas *n* legislation
įstatymų leidžiamasis organas *n* legislature
įsteigimas *n* establishment
įsteigti *v* establish
išteisinimas *n* acquittal
išteisinti *v* acquit
išteisinti *v* vindicate
ištekliu s *n* stock
isterija *n* hysteria
isterinis *a* hysterical
ištikimas šalininkas *n* stalwart
ištikimybė *n* allegiance
ištirti *v* inquire
ištirti *v* survey
ištisas *adv* entire
ištižęs *a* indolent
istorija *n* history
istorikas *n* historian
istorinis *a* historic
istoriškas *a* historical
ištraukti *v* extract
ištraukti *v* withdraw
ištrėmimas *n* banishment
ištrėmimas *n* exile
ištremti *v* exile
ištremti *v* ostracize
ištrinti *v* delete
ištrinti *v* erase
įstrižas *a* oblique
ištroškęs *adv* athirst
ištroškęs *adv* thirsty
ištvermė *n* stamina
ištvermingas *a* hardy
ištvermingumas *n* endurance
ištverti *v* endure
ištvirkelis *n* debauchee
ištvirkimas *n* debauchery
ištyrimas *n* survey
ištyrinėti *v* investigate
išugdymas *n* acquirement
išugdyti *v* acquire
įsukti *v* screw

išvados *n* conclusion
išvados darymas *n* inference
išvaduoti *v* liberate
išvaduoti *v* rid
išvaduotojas *n* liberator
išvaizdus *a* handsome
išvaizdus *a* sightly
išvalymas *n* clearance
išvalyti *v* cleanse
išvargintam *a* rack
išvarymas *n* expulsion
išvaryti *v* expel
išvarža *n* hernia
išvengimas *n* evasion
išvengti *v* avert
išvengti *v* evade
išvestis *n* output
išvien *adv* jointly
išvietė *n* latrine
išvietė *n* lavatory
įšvirkšti *v* inject
įšvirkšti *v* syringe
išvyka *n* outing
išvykimas *n* departure
išvykti *v* decamp
išvykti *v* depart
išvykti *v* leave
išvysti *v* behold
išžvalgyti *v* scout
įtaiga *n* mesmerism
įtaigauti *v* conglutinat
įtaigauti *v* mesmerize
įtaigus *a* forceful
įtaisas *n* device
įtaisyti čiaupą *v* tap
įtakingas *a* influential
įtakoti *v* inflict
italų *n* Italian
italų kalba *n* Italian
įtampa *n* strain
įtampa *n* voltage
įtariamas *a* suspect
įtariamasis *n* suspect
įtarimas *n* suspicion
įtarti *v* suspect
įtartinas *a* shifty
įtartinas *a* suspicious
įteigimas *n* infusion
įteigti *v* inculcate
įteikti *v* infuse
įteikti peticiją *v* petition
įtekėjimas *n* influx
įtempimas *n* tension
įtemptas *a* tense
įtempti *v* strain
įterpimas *n* insertion
įterpinys *n* parenthesis
įterpti *v* add
įterpti *v* insert
įtikimas *n* credible
įtikinamas *a* cogent
įtikinamas *a* conclusive
įtikinėti *v* coax
įtikinti *v* convince
įtikinti nenuogąstauti *v* reassure
įtraukimas *n* inclusion
įtraukti *v* include
įtrūkimas *n* cleft
įtrūkimas *n* crack
įtrūkimas *n* fissure
įtrūkti *v* crack
įtūpstas *a* lunge
įtūžęs *a* irate
įtūžis *n* ire
įtvaras *n* brace
įvaikinimas *n* adoption
įvaikinti *v* adopt
įvairiarūšis *a* miscellaneous
įvairovė *n* miscellany
įvairovė *n* multiplicity
įvairovė *n* variety
įvairus *a* diverse
įvairus *a* multifarious
įvairus *a* various

įvaldyti *v* master
įvardis *n* pronoun
įvartis *n* goal
įvaryti baimės *v* overawe
įvedimas *v* imposition
įveikti *v* cope
įveikti *v* overcome
įveikti *v* surmount
įvertinimas *n* estimation
įvertinimas *n* grade
įvertinimas *n* rate
įvertinimas *n* valuation
įvertinti *v* appraise
įvertinti *v* evaluate
įvertinti *v* grade
įvertinti *v* rate
įvertinti *v* value
įvestis *n* input
įvilioti *v* entrap
įvykdomas *a* practicable
įvykdomas *a* workable
įvykdomumas *n* practicability
įvykdyti mirties bausmę *v* execute
įvykis *n* occurrence
įvykti *v* occur
įvynioklis *n* wrap
įvynioti *v* wrap
įžadas *n* vow
įžanginis *a* introductory
iždas *n* treasury
iždininkas *n* treasurer
įžeidimas *n* affront
įžeidimas *n* hurt
įžeidimas *n* insult
įžeidus *a* touchy
įžeidžiantis *a* offensive
įžeisti *v* affront
įžeisti *v* hurt
įžeisti *v* insult
įžeisti *v* mortify
įžnybti *v* pinch
izobarė *n* isobar
izoliacija *n* insulation
izoliacija *n* isolation
izoliatorius *n* insulator
izoliuoti *v* insulate
izoliuoti *v* isolate
įžvalgumas *n* acumen
įžvalgumas *n* insight
įžvalgumas *n* providence
įžvalgumas *n* sagacity
įžvalgus *a* provident
įžvalgus *a* sagacious
įžymiausias *a* foremost
įžymus *a* eminent
įžymus *a* notable
įžymybė *n* notability

J

ją *pron* her
jachta *n* yacht
jachtuoti *v* yacht
jardas *n* yard
jau *adv* already
jaučiokas *n* bullock
jaudintis *v* thrill
jaudulys *n* thrill
jaukiai įsitaisyti *v* nestle
jaukus *a* cosier
jaukus *a* cosy
jaunas *a* young
jaunasis *n* bridegroom
jaunatviškas *a* youthful
jaunesnis *a* junior
jaunesnis *a* younger
jaunesnysis *n* junior
jauniau *a* younger
jaunikis *n* groom
jauniklis *n* cub
jaunimas *n* young

jaunoji *n* bride
jaunuolis *n* youngster
jaunuoliškas *a* juvenile
jaunystė *n* youth
jausmas *n* feeling
jausti *v* feel
jausti pagarbą *v* honour
jausti pagiežą *v* grudge
jautiena *n* beef
jautis *n* ox
jautrumas *n* sensibility
jautrus *a* sensitive
javai *n* corn
javainis *n* cereal
jazminas *n* jasmine, jessamine
jėga *n* force
jėga įveikti *v* overpower
jei *conj* if
jei ne *conj* unless
jena *n* Yen
ji *pron* she
jį *pron* him
jis *pron* he
jo *pron* his
jojamasis arklys *n* mount
jojikas *n* rider
jos *pron* her
jų *pron* their
jų *pron* theirs
jubiliejus *n* jubilee
judėjimas *n* movement
judesys *n* motion
judėti *v* move
judrus kaip gyvsidabris *a* mercurial
jungas *n* yoke
jungiamasis *a* compound
junginė *n* conjunctiva
junginys *n* compound
jungti *v* compound
jungtinis *a* conjunct
jungtis *n* bond
jungtuvės *n* nuptials
junkyti *v* wean
juntamas *a* palpable
juodadarbis *n* labourer
juodadarbis *n* menial
juodas *a* black
juodinti *v* asperse
juodinti *v* blacken
juodmedis *n* ebony
juodulys *n* blot
juokas *n* laugh
juokaujamas *a* jocular
juokauti *v* joke
juokdarys *n* antic
juokdarys *n* buffoon
juokdarys *n* joker
juokelis *n* joke
juokingas *a* laughable
juoktis *v* laugh
juos *pron* them
juosmuo *n* loin
juosmuo *n* waistband
juosta *n* girdle
juosti *v* girdle
Jupiteris *n* jupiter
jūra *n* sea
jūreivystės *n* nautic(al)
jūrininkas *n* mariner
jūrininkas *n* sailor
jūrinis *a* marine
jurisdikcija *n* jurisdiction
jurisprudencija *n* jurisprudence
jūros liežuvis *n* sole
jūrsieksnis *n* fathom
jūrų vėplys *n* walrus
jūrų vėžlys *n* turtle
juslinis *a* sensual
juslus *a* sentient
justi *v* sense
jutimas *n* sense
juvelyras *n* jeweller
juvelyriniai dirbiniai *n* jewellery

K

kabaretas *n* cabaret
kabelis *n* cable
kabės *n* staple
kabinėtis *v* cavil
kabinti *v* hang
kablelis *n* comma
kablys *n* hook
kačiukas *n* kitten
kad ir *conj* though
kad... *conj* lest
kada *adv* when
kada nors *adv* ever
kadaise *a* formerly
kadangi *adv* because
kadetas *n* cadet
kadmis *n* cadmium
kadrai *n* personnel
kai *conj* as
kai *conj* when
kai *conj* now
kai kas *pron* some
kai tik *conj* whenever
kailiai *n* fur
kaimas *n* village
kaimelis *n* hamlet
kaimenė *n* flock
kaimietė *n* wench
kaimietis *n* rustic
kaimietis *n* villager
kaimietiškas *a* rustic
kaimo *a* rural
kaimynas *n* neighbour
kaimyniškas *a* neighbourly
kaimynystė *n* neighbourhood
kaina *n* fare
kaina *n* price
Kainas *n* cain
kainos siūlymas *n* bid
kainos siūlytojas *n* bidder
kaip *conj* how
kaip *conj* like
kaip antai *adv* as
kaip įprasta *adv* ordinary
kaip rūmų *adv* palatial
kaip šilkas *adv* silky
kairė *n* left
kairinis smūgis atgalia ranka *n* backhand
kairysis *a* left
kairysis *a* leftist
kaišioti nosį *v* nuzzle
kaitaliojimasis *n* vicissitude
kaitalioti *v* alternate
kaitintis saulėje *v* sun
kaitra *n* heat
kaitrinti *v* heat
kaitrus *a* ardent
kajutė *n* cabin
kaklaraištis *n* tie
kaklas *n* neck
kakta *n* brow
kakta *n* forehead
kaktusas *n* cactus
kalafioras *n* cauliflower
kalakutas *n* turkey
kalambūras *n* pun
kalavijas *n* sword
kalba *n* language
kalba *n* speech
kalbėjimas talk
kalbėjimasis su savimi *n* soliloquy
kalbėsena *n* parlance
kalbėti *v* speak
kalbėti *v* talk
kalbėtojas *n* speaker
kalbėtojas *n* spokesman
kalbininkas *n* linguist
kalbinis *a* linguistic
kalbos mišinys *n* lingua franca

kalbotyra *n* linguistics
kalbus *a* talkative
kalcis *n* calcium
kalė *n* bitch
Kalėdos *n* Christmas
Kalėdos *n* Xmas
kalėjimas *n* jail
kalėjimas *n* prison
kalėjimo prižiūrėtojas *n* jailer
kalėjimo prižiūrėtojas *n* warder
kalendorius *n* calendar
kalendra *n* coriander
kaligrafija *n* calligraphy
kalinys *n* inmate
kalinys *n* prisoner
kalis *n* potassium
kalkės *n* lime
kalkės *n* whitewash
kalkinti *v* lime
kalnakasys *n* pitman
kalnas *n* mountain
kalno viršūnė *n* alp
kalorija *n* calorie
kaltas *a* guilty
kaltė *n* blame
kaltė *n* fault
kaltė *n* guilt
kaltelis *n* chisel
kalti *v* chisel
kalti *v* hammer
kalti lentomis *v* board
kalti puspadžius *v* sole
kaltinamasis *n* accused
kaltinamasis *n* defendant
kaltinamasis aktas *n* indictment
kaltinimas *n* accusation
kaltininkas *n* culprit
kaltinti *v* accuse
kaltinti *v* blame
kaltintojas *n* prosecutor
kaltis *v* teethe
kalva *n* hill
kalva *n* mound
kalvagūbris *n* ridge
kalvis *n* blacksmith
kalvis *n* smith
kambarėlis *n* snug
kambarinė *n* maid
kambarys *n* room
kame *conj* wherein
kamera *n* chamber
kamerheras *n* chamberlain
kamletas *n* camlet
kampanija *n* campaign
kampanija *n* crusade
kamparas *n* camphor
kampas *n* corner
kampelis *n* angle
kampuotas *a* angular
kampuotas *a* square
kamštis *n* cork
kamštukas *n* gag
kamuolys *n* ball
kamuoti *v* bedevil
kamuotis *v* agonize
kamuotis *v* languish
kanalas *n* canal
kanalas *n* channel
kanalizacija *n* sewerage
kanalizacinis vamzdis *n* sewer
kanapė *n* hemp
kanceliarija *n* chancery
kanceliarinės reikmenys *n* stationery
kanceliarinių prekių parduotuvė *n* stationer
kančia *n* martyrdom
kancleris *n* chancellor
kandi pastaba *n* barb
kandidatas *n* candidate
kandumas *n* acrimony
kankinimas *n* torture
kankinti *v* torture
kankintis *v* torment

kankinys *n* martyr
kankynė *n* torment
kanonada *n* cannonade
kanonas *n* canon
kanopa *n* hoof
kantonas *n* canton
kantrus *a* patient
kantrybė *n* patience
kapas *n* grave
kapas *n* sepulchre
kapas *n* tomb
kapinės *n* cemetery
kapitalistas *a* capitalist
kapitonas *n* captain
kapitono laipsnis *n* captaincy
kapituliuoti *v* capitulate
kaplys *n* mattock
kapoti *v* chop
kaprizas *n* caprice
kaprizingas *a* capricious
kapšas *n* pouch
kapsulinis *a* capsular
karaliaus žmona *n* consort
karaliauti *v* reign
karaliavimas *n* reign
karalienė *n* queen
karališkas *a* regal
karališkas *a* royal
karališkosios šeimos nariai *n* royalty
karalius *n* king
karalius vietininkas *n* viceroy
karalystė *n* kingdom
karalžudys *n* regicide
karas *n* war
karatas *n* carat
karavanas *n* caravan
karbidas *n* carbide
karčiai *n* manes
kardamonas *n* cardamom
kardas *n* sabre
kardinalus *a* cardinal
kardinolas *n* cardinal
kardomasis kalinimas *n* remand
kareivinės *n* cantonment
kareivis *n* soldier
karetaitė *n* wren
kariaujanti šalis *n* belligerent
kariaujantis *a* belligerent
kariauti *v* war
kariautojas *n* warrior
kariavimas *n* warfare
karieta *n* barouche
karikatūra *n* caricature
karingai *a* military
karingas *a* bellicose
karingas *a* warlike
karingumas *n* belligerency
karinio jūrų laivyno *n* naval
karinis *a* martial
karinis jūrų laivynas *n* navy
kariuomenė *n* military
karjera *n* career
karjeras *n* quarry
karklas *n* willow
karklas *n* withe
karlas *n* carl
karnavalas *n* carnival
karoliukas *n* bead
karpa *n* wart
karstas *n* coffin
karštas *a* hot
karštinė *n* fever
karsto neštuvai *n* bier
karstytis *v* clamber
karta *n* generation
kartą per metus *adv* yearly
kartą per savaitę *adv* weekly
kartą visiems laikams *adv* outright
kartais *adv* sometimes
kartis *n* mane
kartojimas *n* repetition
kartonas *n* cardboard

kartoninė dėžė *n* carton
kartoti *v* reiterate
kartu *pron* together
kartus *a* bitter
kartusis kietis *n* wormwood
kartuvės *n* gallows
karūna *n* crown
karūnavimas *n* coronation
karūnėlė *n* coronet
karūnuoti *v* crown
karvė *n* cow
karvidė *n* byre
karžygiškas *n* valiant
karžygiškumas *n* valour
kas *pron* who
kas du mėnesiai *adv* bimonthly
kas dvi savaitės *adv* bi-weekly
kas mėnesį *adv* monthly
kas nors *pron* any
kas nors panašaus *adv* like
kas? *pron* what
kasdien *adv* daily
kasdieninis *a* mundane
kasdienis *a* daily
kasdieniškas *a* commonplace
kasėjas *n* miner
kasetė *n* cassette
kasetė *n* tape
kasinėjimas *n* dig
kasinėjimas *n* excavation
kasinėti *v* dig
kasinėti *v* excavate
kasininkas *n* cashier
kaskada *n* cascade
kaskada *n* stunt
kasmetinė renta *n* annuity
kąsnis *n* mouthful
kaspinas *n* ribbon
kasta *n* caste
kasti *v* spade
kasti tunelį *v* tunnel
kaštonas *n* chestnut
kaštoninė spalva *n* maroon
kaštoninis *a* maroon
kastruoti *v* geld
kastuvas *n* spade
kasykla *n* mine
katalikiškas *a* catholic
katalogas *n* catalogue
katalogas *n* directory
katarakta *n* cataract
katė *n* cat
katedra *n* cathedral
katedra *n* minster
kategorija *n* category
kategoriškas *a* categorical
katės ūsai *n* whisker
katilas *n* boiler
katinas *n* tomcat
kauburys *n* hillock
kaukė *n* mask
kaukolė *n* skull
kaulas *n* bone
kaulėti *v* ossify
kauliukas *n* dice
kaupimas *n* accumulation
kaupti *v* accumulate
kaupti *v* amass
kaupti *v* gather
kaupti atsargas *v* store
kauptis *v* aggregate
kauptis (jausmai) *v* well
kaustinis *n* caustic
kautis *v* battle
kautis dvikovoje *v* duel
kava *n* coffee
kavalerija *n* cavalry
kavalierius *n* chevalier
kaverna *n* cavern
kavinė *n* cafe
kažkada *adv* sometime
kažkaip *adv* somehow
kažkas *pron* one
kažkas *pron* somebody

kažkas panašaus *n* somewhat
kažkiek *adv* aught
kažkuo *pron* somebody
kažkur *adv* somewhere
kebli padėtis *n* predicament
kebli padėtis *n* quandary
kėblinti *v* plod
keblumai *n* pitfall
kečupas *n* ketchup
kėdė *n* chair
kedras *n* cedar
keikimasis *n* curse
keiksmai *n* invective
keiktis *v* curse
keistas *a* odd
keistas *a* strange
keistas *a* weird
keisti *v* change
keisti vaizdo mastelį *v* zoom
keistumas *n* oddity
keistuolis *n* stranger
keitimas *n* change
kėkštas *n* jay
keleivis *n* passenger
keletas *n* few
keletas *n* several
keliaklupsčiavimas *n* servility
keliantis baimę *a* dread
keliaraištis *n* garter
kelias *n* way
kelias pylimu *n* causeway
keliauti *v* journey
keliauti *v* travel
keliauti *v* voyage
keliauti ilgą nuotolį *v* trek
keliautojas *n* traveller
keliautojas *n* voyager
keliautojas pėsčiomis *n* wayfarer
keliavimas *n* travel
kėliklis *n* jack
kėlimo gervė *n* winch
kelionė *n* journey
kelionė *n* trip
kelionė *n* voyage
kelionė laivu *n* cruise
kelionės kaštai *n* cartage
kelis *n* knee
kelmas *n* stump
kelnė *n* trowel
kelnės *n* slacks
kelnės *n* trousers
keltas *n* ferry
kelti antagonizmą *v* antagonize
kelti maištą *v* mutiny
kelti nerimą *v* unsettle
kelti pavojų *v* peril
kelti riaušes *v* riot
kelti sąmyšį *v* perturb
kelti siaubą *v* horrify
kempinė *n* sponge
kėnis *n* fir
kenkėjas *n* pest
kenksmingas *a* pernicious
kentėti *v* perish
kentėti Tantalo kančias *v* tantalize
kepalas *n* loaf
kepėjas *n* baker
kepenys *n* liver
kepintas *a* roast
kepinti *v* roast
kepsnys *n* roast
kepti *v* bake
kepuraitė *n* coif
kepurė *n* cap
kepykla *n* bakery
kerai *n* spell
keramika *n* ceramics
kerėjimas *n* witchery
keroti *v* ramble
kerplėša *n* snag
kerštas *n* revenge
kerštas *n* vengeance
kerštingas *a* revengeful

keršyti *v* avenge
keršyti *v* revenge
kėsintis *v* encroach
kęsti *v* smart
ketera *n* crest
ketinimas *n* intent
ketinti *v* intend
keturgubas *n* quadruple
keturgubinti *v* quadruple
keturi *n* four
keturiasdešimt *n* forty
keturiolika *n* fourteen
keturkampis *a* quadrangle
keturkampis *a* quadrangular
keturkampis *a* quadrilateral
keturkojis *a* quadruped
ketus *n* cast-iron
ketvirčiuoti *v* quarter
ketvirtadienis *n* Thursday
ketvirtinė *a* crotchet
ketvirtinis *a* quarterly
ketvirtis *n* quarter
keverzonė *n* scrawl
keverzoti *v* scrawl
kiauksėjimas *n* yap
kiauksėti *v* yap
kiaulė *n* pig
kiaulė *n* swine
kiauliena *n* pork
kiaulpienė *n* dandelion
kiaulytė (lig.) *n* mumps
kiaunė *n* marten
kiaurai *adv* through
kiaurai *adv* throughout
kiaušidė *n* ovary
kiaušinis *n* egg
kibikrščiuoti *v* spark
kibiras *n* bucket
kibirkščiavimas *n* scintillation
kibirkščiuoti *v* scintillate
kibirkštis *n* spark
kiek *adv* what
kiek nors *adv* any
kiekvienas *pron* each
kiekvienas *pron* each
kiekvienas *pron* every
kiekybė *n* quantity
kiekybinis *a* quantitative
kiemas *n* courtyard
kieno? *adv* whose
kietas *a* firm
kietas *a* hard
kietasis kūnas *n* solid
kietėti *v* harden
kietėti *v* toughen
kikeniti *v* chuckle
kikenti *v* giggle
kildinti *v* derive
kilimas *n* carpet
kilmė *n* nativity
kilmė *n* origin
kilmės linija *n* lineage
kilmingas *a* noble
kilnojamas *a* movable
kilnojamas *a* removable
kilnojamasis turtas *n* movables
kilnumas *n* nobility
kilnus *a* noble
kilpa *n* loop
kilpa *n* noose
kilpelė *n* eyelet
kimšti *v* cram
kinas *n* cinema
kinas *n* movies
kinkyti *v* harness
kinkyti į jungą *v* yoke
kintamas *a* alternate
kintamas *a* natant
kintamas *a* variable
kiparisas *n* cypress
kiras *n* gull
kirčiuoti *v* accent
kirmėlė *n* worm
kirpčiai *n* fringe

kirpėjas *n* barber
kirpimas *n* cut
kirpti *v* cut
kirpti *v* shear
kirsti *v* cross
kirsti *v* hew
kirsti koziriu *v* trump
kirsti pentinu *v* spur
kirstukas *n* shrew
kirtis *n* accent
kirvarpis *n* xylophagous
kirvelis *n* hatchet
kirvis *n* axe
kišenė *n* pocket
kiškis *n* hare
kištukinis lizdas *n* socket
kitaip *adv* alias
kitaip *adv* otherwise
kitais atžvilgiais *adv* otherwise
kitame puslapyje *adv* overleaf
kitas *pron* another
kitas *pron* next
kitas *pron* other
kiuvetė *n* cuvette
kivirčas *n* wrangle
kivirčijimasis *n* altercation
kivirčytis *v* brangle
kivirčytis *v* wrangle
klaida *n* default
klaida *n* error
klaida *n* mistake
klaidinga nuomonė *n* misbelief
klaidingai išspausdinti *v* misprint
klaidingai nukreipti *v* misdirect
klaidingas *a* erroneous
klaidingas *a* false
klaidingas nukreipimas *n* misdirection
klaidžioti *v* roam
klajojimas *n* ramble
klajoklis *n* rover
klajoti *v* rove
klajoti *v* wander
klampynė *n* quicksand
klampynė *n* swamp
klasė *n* class
klasifikacija *n* classification
klasifikuoti *v* classify
klasika *n* classic
klasikinis *a* classical
klasiškas *a* classic
klasta *n* ruse
klasta *n* treachery
klastingas *a* crafty
klastingas *a* treacherous
klastingas *a* wily
klastojimas *n* forgery
klastotė *n* adulteration
klastoti *v* adulterate
klastoti *v* counterfeit
klastotojas *n* counterfeiter
klauptis *v* kneel
klausiamas *a* interrogative
klausiamasis *a* interrogative
klausimas *n* question
klausimynas *n* questionnaire
klausti *v* ask
klausti *v* question
klausyti *v* listen
klausytojai *n* audience
klausytojas *n* listener
klegesys *n* clamour
klegesys *n* hubbub
klegėti *v* clamour
klegėti *v* gabble
klerikalinis *a* clerical
klerkas *n* clerk
klestėjimas *n* heyday
klestėjimas *n* prosperity
klestėti *v* flourish
klestėti *v* prosper
klestintis *a* prosperous
klibikščiuoti *v* stump

kliedėti *v* rave
klientas *n* client
klientas *n* customer
klifas *n* cliff
klijai *n* glue
klijai paukščiams gaudyti *n* birdlime
klijuoti *v* stick
klijuoti etiketę *v* label
klimaksas *n* climax
klimatas *n* climate
klinika *n* clinic
kliudyti *v* handicap
kliūtis *n* hurdle
kliūtis *n* obstacle
kliuvinys *n* handicap
klonis *n* dale
klonis *n* valley
kloti *v* sheet
klounas *n* clown
klubas *n* club
klubas *n* hip
klusnumas *n* obedience
klusnus *a* obedient
klyksmas *n* shriek
klykti *v* shriek
klysti *v* err
knarkimas *n* snore
knarkti *v* snore
kniedė *n* rivet
kniedyti *v* rivet
kniūbčiojimas *n* stagger
kniūbčioti *v* stagger
kniūbsčias *a* prone
knyga *n* book
knyginis *a* bookish
knygų žiurkė *n* book-worm
knygų krepšys *n* satchel
knygų pardavėjas *n* book-seller
knyslė *n* snout
ko nors *pron* over
koalicija *n* coalition
kobaltas *n* cobalt
kobra *n* cobra
kodas *n* code
kodėl *adv* why
koedukacija *n* co-education
koeficientas *n* coefficient
koeficientas *n* quotient
koegzistencija *n* co-existence
koegzistuoti *v* co-exist
koherentinis *a* coherent
koiras *n* coir
koja *n* leg
kojelė *n* stalk
kojinė *n* sock
kojinė *n* stocking
kojos papuošalas *n* anklet
kojos pirštas *n* toe
kojūkai *n* stilt
kokainas *n* cocaine
kokanizuoti *v* coke
koklis *n* tile
kokosas *n* coconut
koks *adv* what
koks nors *adv* some
koktus *a* obnoxious
kokybė *n* quality
kokybinis *a* qualitative
kol *adv* pending
kol *adv* till
kol *adv* until
kol *adv* while
koledžas *n* college
kolega *n* colleague
kolega *n* counterpart
kolekcija *n* collection
kolekcionuoti *v* collect
kolektorius *n* collector
kolektyvinis *a* collective
kolektyvinis *a* communal
koloboravimas *n* collaboration
koloboruoti *v* collaborate
kolona *n* column

kolonija *n* colony
kolonijinis *a* colonial
koma *n* coma
komanda *n* command
komanda *n* team
komanduoti *v* command
kombinacija *n* combination
kombinuoti *v* combine
komediantas *n* comedian
komedija *n* comedy
komendantas *n* commandant
komendantas *n* commander
komendanto valanda *n* curfew
komentaras *n* commentary
komentatorius *n* commentator
komentavimas *n* comment
komentuoti *v* comment
komercija *n* commerce
komercinis *a* commercial
kometa *n* comet
komfortabilus *a* comfortable
komfortas *n* comfort
komiksas *n* comic
komisaras *n* commissioner
komiška scena *n* skit
komiškas *a* comic
komiškas *a* comical
komitetas *n* committee
kompaktiškas *a* compact
kompanija *n* company
kompanionas *n* companion
kompanionas *n* co-partner
kompasas *n* compass
kompensacija *n* compensation
kompensuoti *v* compensate
kompetencija *n* competence
kompetentingas *a* competent
kompiliuoti *v* compile
kompleksas *n* complex
kompleksinis *a* complex
komplektuoti *v* complement
komplikacija *n* complication
komplikuoti *v* complicate
komplimentas *n* compliment
komponavimas *n* composition
komponuoti *v* compose
kompostas *n* compost
komposteris *n* punch
komposteruoti *v* punch
kompromisas *n* compromise
kompromituoti *v* compromise
komuna *n* commune
komunikacija *n* communication
komunikatas *n* communiqué
komunikuoti *v* communicate
komunizmas *n* communism
koncentracija *n* concentration
koncentruoti *v* concentrate
koncepcija *n* conception
konceptas *n* concept
koncertas *n* concert
koncesija *n* concession
kondensuotis *v* condense
konditerija *n* confectionery
konditeris *n* confectioner
konduktorius *n* conductor
konfidencialumas *n* confidence
konfidencialus *a* confidential
konfiskavimas *n* confiscation
konfiskuoti *v* confiscate
konfliktas *n* conflict
konfliktuoti *v* conflict
konfrontacija *n* confrontation
kongresas *n* congress
konjunktūra *n* conjuncture
konjunktūra *n* juncture
konkurencija *n* competition
konkursas *n* contest
konkuruojantis *a* competitive
konsensas *n* consensus
konservai *n* preserve
konservatorius *n* conservative
konservatyvus *a* conservative
konservuoti *v* can

konservuoti *v* conserve
konsistencija *n* consistence,-cy
konsolidacija *n* consolidation
konsoliduotis *v* consolidate
konsonansas *n* consonance
konspektas *n* conspectus
konspektas *n* precis
konspiracija *n* conspiracy
konspiratorius *n* conspirator
konstitucija *n* constitution
konstrukcija *n* construction
konsultacija *n* consultation
konsultuoti *v* consult
konsultuoti *v* counsel
kontaktas *n* contact
kontaktuoti *v* contact
kontinentas *n* continent
kontinentinis *a* continental
kontra *adv* contra
kontrabandininkas *n* smuggler
kontracepcija *n* contraception
kontrakaltinimas *n* countercharge
kontraktas *n* contract
kontrasignuoti *v* countersign
kontrastas *n* contrast
kontrastuoti *v* contrast
kontraversija *n* controversy
kontrolė *n* control
kontrolierius *n* controller
kontroliuoti *v* control
kontūras *n* contour
kontūzyti *v* contuse
konvencija *n* convention
konversija *n* conversion
konvertas *n* convert
konvertuoti *v* convert
kooperacija *n* co-operation
kooperatyvinis *a* co-operative
kooperuotis *v* co-operate
koordinacijos *n* co-ordination
koordinacinis *a* co-ordinate
koordinuoti *v* co-ordinate
kopija *n* copy
kopijuoti *v* copy
kopimas *n* climb
koplyčia *n* chapel
kopti *v* climb
kopuliuoti *v* copulate
kopūstgalvis *n* cabbage
koralas *n* coral
koreguoti *v* correct
korekcija *n* correction
koreliacija *n* correlation
koreliuoti *v* correlate
korespondencija *n* correspondence
korespondencija *n* mail
korespondentas *n* correspondent
koridorius *n* corridor
Korintas *n* Corinth
kormoranas *n* cormorant
kornetas *n* cornet
korozinis *a* corrosive
korporacija *n* corporation
korporacinis *a* corporate
korpusas *n* corps
kortelė *n* card
kortočius *n* sharper
korupcija *n* corruption
košė *n* mush
košė *n* porridge
kosėti *v* cough
košmaras *n* nightmare
kosmetika *n* cosmetics
kosmetinis *a* cosmetic
kosminis *a* cosmic
kostiumas *n* costume
kostiumas *n* suit
kosulys *n* cough
kotedžas *n* cottage
kova *n* fight
kova *n* struggle
kovarnis *a* rook

kovingas *a* militant
kovojančioji pusė *n* combatant
kovojantis *a* combatant
kovoti *v* champion
kovoti *v* fight
kovoti *v* struggle
kovoti *v* wage
kovotojas *n* militant
koziris *n* trump
krabas *n* crab
kraipymas *n* wag
kraipyti *v* wag
kraitis *n* dowry
krakmolas *n* starch
krakmolyti *v* starch
kramsnojimas *n* nibble
kramsnoti *v* nibble
kramtyti *v* chew
kramtyti *v* masticate
krankimas *n* croak
kranksėjimas *n* caw
kranksėti *v* caw
krantas *n* shore
krante *n* ashore
krapštymasis *n* tinker
krašto gilumoje *n* inland
kraštovaizdis *n* landscape
kraujas *n* blood
kraujo praliejimas *n* bloodshed
kraujuoti *v* bleed
kraustymasis *n* move
krauti *v* lade
krauti *v* load
krauti *v* stow
kreatūra *n* creature
kreditorius *n* creditor
kreiseris *n* cruiser
kreivė *n* curve
kreivinti *v* curve
krekeris *n* cracker
kremacija *n* cremation
kremas *n* cream
kremuoti *v* cremate
krepšys *n* bag
krepšys *n* basket
krešėti *v* clot
kriauklė *n* conch
kriauklė *n* shell
kriaušė *n* pear
kriketas *n* cricket
kriketo varteliai *n* wicket
krikščionis *n* Christian
krikščioniškas *a* Christian
krikščionybė *n* Christendom
krikščionybė *n* Christianity
krikštas *n* baptism
krikštatėviai *n* godown
krikštyti *v* baptize
kriminalinis *a* criminal
krintantis į akis *a* conspicuous
krioklys *n* waterfall
kriptografija *n* cryptography
kristalas *n* crystal
Kristaus atsimainymas *n* transfiguration
Kristus *n* Christ
kriterijus *n* criterion
kritika *n* criticism
kritikas *n* critic
kritikuoti *v* criticize
kritimas *n* downfall
kritinis *a* critical
kritiška padėtis *n* emergency
kriuksėjimas *n* grunt
kriuksėti *v* grunt
krizė *n* crisis
krokas *n* saffron
krokinis *a* saffron
krokodilas *n* crocodile
kronika *n* chronicle
kronšteinas *n* corbel
krosnis *n* furnace
krosnis *n* stove
krosus *n* croesus

krovimas *n* load
kroviniai *n* freight
krovinys *n* cargo
krucifiksas *n* rood
krūmas *n* bush
krūminis *n* molar
krūminis dantis *n* molar
krūmokšnis *n* shrub
krumplys *n* cog
kruopščiai apžiūrėti *v* scrutinize
kruopščiai paruoštas *v* laboured
kruopštumas *n* accuracy
kruopštus *a* accurate
kruopštus *a* thorough
kruopštus apžiūrėjimas *n* scrutiny
kruša *n* hail
krūtinė *n* breast
krūtinės ląsta *n* chest
krūtų *a* mammary
krūva *n* heap
kruvinas *a* bloody
krūvoje *n* aheap
kryptis *n* direction
kryptis *n* trend
krypuoti *v* waddle
kryžiuoti *v* cross
kseroksas *n* xerox
ksilofonas *n* xylophone
kubas *n* cube
kubinis *a* cubiform
kubiškas *a* cubical
kudakuoti *v* cackle
kūdikis *n* baby
kūgis *n* cone
kūgis *n* wrick
kuilys *n* boar
kūjis *n* maul
kūkčiojimas *n* sob
kūkčioti *v* sob
kuklumas *n* modesty
kuklus *a* frugal
kuklus *a* lowly
kuklus *a* modest
kukurūzai *n* maize
kuldenti *v* scamper
kuliamoji *n* thresher
kulka *n* bullet
kulkšnis *n* ankle
kulnas *n* heel
kultas *n* cult
kulti *v* thresh
kultivuoti *v* cultivate
kultūra *n* culture
kultūrinis *a* cultural
kuluarai *n* lobby
kūlvirstis *n* somersault
kumelė *n* mare
kumštinė pirštinė *n* mitten
kumštis *n* fist
kūnas *n* body
kunigaikštis *n* duke
kūniška *a* corporal
kūniškas *a* bodily
kunkuliuoti *v* seethe
kupė *n* compartment
Kupidonas *n* Cupid
kupinas *a* fraught
kupletas *n* couplet
kupolas *n* dome
kuponas *n* coupon
kupra *n* hunch
kupranugaris *n* camel
kūprintis *v* stoop
kur *adv* where
kur *adv* where
kur *adv* whither
kur tik *adv* wherever
kuratorius *n* tutor
kuravimas *n* tutorial
kurčias *a* deaf
kūrėjas *n* creator
kurį *adv* whom
kurį laiką *adv* awhile

kūrimas *n* creation
kurioje vietoje? *adv* whereabouts
kuris *pron* as
kuris *pron* which
kuris *pron* which
kurjeris *n* courier
kurpalis *n* last
kursas *n* course
kurstantis maištauti *a* seditious
kurstymas *n* abetment
kurstymas maištauti *n* sedition
kurstyti *v* abet
kurstyti *v* foment
kurstyti *v* incite
kursyvas *n* italics
kurtas *n* greyhound
kurti *v* create
kurtizanė *n* courtesan
kurtjė *n* courtier
kuruojantis *n* tutorial
kūrybingas *n* creative
kūrykla *n* stoker
kutenti *v* tickle
kvadratūrinis potvynis ir atoslūgis *n* neap
kvailas *a* crass
kvailas *a* foolish
kvailinti *v* dement
kvailokas *a* mawkish
kvailutis *n* silly
kvailys *n* fool
kvailys *n* moron
kvailystė *n* folly
kvalifikacija *n* qualification
kvalifikuoti *v* qualify
kvanka *n* burk
kvantas *n* quantum
kvapas *n* breath
kvapas *n* odour
kvapas *n* smell
kvapnus *a* fragrant
kvarksėti *v* quack
kvatojimas *n* laughter
kvepalai *n* perfume
kvepėjimas *n* scent
kvepėti *v* smell
kvepinti *v* perfume
kvėpuoti *v* respire
kviečiai *n* wheat
kvintesencija *n* quintessence
kvitas *n* receipt
kvorumas *n* quorum
kvosti *v* interrogate
kvota *n* quota
kvotimas *a* interrogation
kylantis į viršų *a* upward
kyšis *n* bribe
kyšulys *n* cape

L

labai *adv* much
labai *adv* very
labai bijoti *v* dread
labai keistas *a* uncanny
labai linksmas *a* hilarious
labai paprastas *a* austere
labai sudominti *v* engross
labai trokštantis *a* keen
labdara *n* charity
labdaringas *a* charitable
labdaringumas *n* benefaction
labdaros vaistinė *n* dispensary
labiau *adv* more
labirintas *n* labyrinth
laboratorija *n* laboratory
lagūna *n* lagoon
laibas *a* slender
laida *n* issue
laidas *n* wire
laidojimas *n* burial

laidoti *v* bury
laidotuvės *n* funeral
laidotuvės *n* sepulture
laidotuvininkas *n* mourner
laiduoti *v* warrant
laiduotojas *n* surety
laiduotojas *n* warrantor
laikas *n* time
laikinai apsigyventi *v* sojourn
laikinai komandiruoti *v* second
laikinai pašalintas iš universiteto *v* rusticity
laikinai pašalinti iš universiteto *v* rusticate
laikinas *a* provisional
laikinas *a* temporary
laikinas apsigyvenimas *n* sojourn
laikinas pašalinimas iš universiteto *n* rustication
laikinas valdytojas *n* occupier
laiko forma *n* tense
laiko tarpas *n* interim
laiko tarpas *n* while
laikrodis *n* clock
laikrodis *n* watch
laikymas *n* hold
laikymasis *n* compliance
laikysena *n* posture
laikyti *v* hold
laikyti *v* repute
laikytis *v* comply
laimė *n* happiness
laimė *n* luck
laimei *adv* luckily
laimėjimas *n* lucre
laimėjimas *n* win
laimėtas taškas *n* score
laimėti *v* win
laimikis *n* kill
laimingas *a* happy
laimingas *a* lucky
laiminti *v* bless
laipsnis *n* degree
laipsniškas *a* gradual
laiptai *n* stair
laiškanešys *n* postman
laiškas *n* missive
laisva vieta *n* vacancy
laisvalaikio *a* leisure
laisvalaikis *n* leisure
laisvas *a* free
laisvas *a* vacant
laisvė *n* freedom
laisvė *n* liberty
laisvinamieji *n* laxative
laisvinamieji *n* purgative
laisvinantis *a* laxative
laisvinantis *a* purgative
laisvinti *v* free
laivagalis *n* stern
laivas *n* ship
laivas *n* vessel
laivybinis *a* navigable
laivybos *a* maritime
laižymas *n* lick
laižyti *v* lick
laižytis *v* groom
lajus *a* tallow
laki *a* vivid
lakios vaizduotės *adv* imaginative
lakoniškas *a* laconic
lakštas *n* plate
lakštingala *n* nightingale
lakta *n* perch
lakta *n* roost
laktometras *n* lactometer
laktozė *n* lactose
lakūno kabina *n* cock-pit
lama *n* lama
laminuoti *v* laminate
lancetas *n* lancet
landa *n* manhole
landynė *n* den

langas *n* window
langinė *n* shutter
lango stiklas *n* pane
lanka *n* meadow
lankas *n* bow
lankininkas *n* archer
lankstėti *v* limber
lankstinukas *n* booklet
lankstinukas *n* pamphlet
lankstumas *n* limber
lankstus *a* flexible
lankstus *a* supple
lankymas *n* attendance
lankyti *v* attend
lankytojas *n* visitor
lapas *n* leaf
lapė *n* fox
lapė *n* vixen
lapelis *n* leaflet
lapija *n* foliage
lapinė *n* bower
lapkotis *n* stalk
lapkritis *n* November
lapuotas *a* leafy
lašas *n* drop
lašėti *v* drop
lašiniai *n* bacon
lašiniai *n* lard
ląstelė *n* cell
ląstelinis *a* cellular
latakas *n* furrow
latakas *n* gutter
latentinis *a* latent
lauk *adv* out
laukan *adv* outwards
laukas *n* field
lauke *adv* outdoor
laukiamas *a* welcome
laukimas *n* wait
laukinis *a* savage
laukinis *a* wild
laukti *v* await
laukti *v* bide
laukti *v* wait
laukys *n* coot
laurai *n* laurel
laureatas *n* laureate
laureatinis *a* laureate
laužas *n* bonfire
laužas *n* pyre
laužti *v* break
laužyti *v* rupture
lava *n* lava
lavintis *v* exercise
lavonas *n* corpse
lavoninė *n* mortuary
lazda *n* bat
lazdelė *n* stick
lažintis *v* bet
lažybos *n* bet
ledas *n* ice
ledi *n* lady
ledinis *a* icy
ledinukas *n* comfit
ledinukas *n* lollipop
ledkalnis *n* iceberg
ledynas *n* glacier
legalizuoti *v* legalize
legalumas *n* legality
legalus *a* legal
legenda *n* legend
legendinis *a* legendary
legendinis žirgas *n* bayard
legionas *n* legion
legionierius *n* legionary
leidimas *n* allowance
leidimas *n* consent
leidimas *n* edition
leidimas *n* leave
leidimas *n* permit
leidimas įeiti *n* admittance
leidykla *n* publisher
leisti *v* allow
leisti *v* consent

leisti *v* let
leisti *v* permit
leisti įstatymą *v* legislate
leisti sulą *v* sap
leistinas *a* permissible
leitenantas *n* lieutenant
leksikografija *n* lexicography
leksikonas *n* lexicon
lėkštas *a* bland
lėkštė *n* plate
lėkštutė *n* saucer
lėkti *v* motor
lėkti *v* speed
lektorius *n* lecturer
lėktuvas *n* aeroplane
lėktuvas *n* plane
lėktuve *n* aboard
lėlė *n* doll
lėlė *n* puppet
lelija *n* lily
lemiamas *a* crucial
lempa *n* lamp
lemputė *n* bulb
lemti *v* doom
lemtingas *a* dire
lemtis *n* doom
lemtis *n* predestination
lengvabūdiškai elgtis *a* trifle
lengvabūdiškumas *n* flippancy
lengvai *adv* lightly
lengvai formuojamas *v* malleable
lengvai įveikiamas *v* facile
lengvas *a* easy
lengvas ir plonas *a* flimsy
lengvinti *v* ease
lengvinti *v* facilitate
lengvumas *n* ease
lenktynės *n* race
lenktyniauti *v* race
lenktyniauti *v* vie
lenta *n* board
lenta *n* plank
lentelinis *n* tabular
lentelių sudarymas *n* tabulation
lentjuostė *n* lath
leopardas *n* leopard
lepinti *v* pamper
lepteleti *v* blurt
lęšis *n* lens
lęšis *n* lentil
lėtai *adv* slowly
letalinis *a* lethal
letargija *n* lethargy
letarginis *a* lethargic
lėtas *a* slow
letena *n* paw
letena su nagais *n* claw
lėtumas *n* slowness
lėtūnas *n* sluggard
levanda *n* lavender
liapsusas *n* lapse
liaudis *n* populace
liauka *n* gland
liaupsinimas *n* adulation
liaupsinti *v* extol
liautis *v* cease
liberališkumas *n* liberality
liberalizmas *n* liberalism
liberalus *a* liberal
licencija *n* licence
licenzijatas *n* licensee
licenzijuoti *v* license
liejykla *n* foundry
liekamasis *a* residual
liekana *n* residue
liemenė *n* bodice
liemenė *n* waistcoat
liemuo *n* midriff
liepa *n* lime
liepsna *n* blaze
liepsna *n* flame
liepsnojantis *a* ablaze
liepsnojantis *a* aflame

liepsnojantis *a* fiery
liepsnoti *v* blaze
liepsnoti *v* flame
liesti pirštais *v* finger
liesumas *n* lean
lietingas *a* rainy
lietus *n* rain
liežuvauti *v* rumour
liežuvinis *a* lingual
liežuvis *n* tongue
liftas *n* lift
liga *n* disease
liga *n* illness
ligi *adv* till
ligi *adv* until
ligi šiol *adv* hitherto
ligoninė *n* hospital
ligonis *n* patient
ligotas *a* morbid
liguistas *a* sickly
liguistumas *n* morbidity
likimas *n* destiny
likimas *n* fate
likimo lemtas *n* providential
liktarna *n* lantern
likti našlaičiu *v* orphan
likučiai *n* remains
likutis *n* remainder
likutis *n* vestige
likvidacija *n* liquidation
likviduoti *v* liquidate
limitas *n* limit
limituoti *v* limit
limonadas *n* lemonade
linčiuoti *v* lynch
linija *n* line
lininis audinys *n* linen
liniuotė *n* ruler
link *adv* towards
linkęs rizikuoti *a* venturesome
linksmas *a* jovial
linksmas *a* merry
linksmumas *n* hilarity
linksmumas *n* joviality
linksmybė *n* gaiety
linksmybė *n* merriment
linksmybės *n* jollity
linktelėjimas *n* nod
liokajus *a* lackey
lipdukas *n* stickler
lipdyti *v* mould
lipni medžiaga *n* adhesion
lipus *a* sticky
literatas *n* litterateur
literatūra *n* literature
literatūrinis *a* literary
litras *n* litre
lituoti *v* solder
liturginis *a* liturgical
liucerna *n* lucerne
liudijimas *n* testimony
liūdinti *v* sadden
liūdnai pagarsėjęs *a* infamous
liūdnai pagarsėjęs *a* notorious
liūdnai susimąstęs *a* wistful
liūdnas *a* sad
liudyti *v* attest
liudyti *v* testify
liudyti *v* witness
liudytojas *n* deponent
liudytojas *n* witness
liūnas *a* mire
liūnas *a* slough
Liūtas *n* Leo
liūtas *n* lion
liūtė *n* lioness
liūtis *n* downpour
liūtiškas *a* leonine
liutnia *n* lute
livrėja *n* livery
lizdas *n* nest
lobis *n* treasure
logaritmas *n* logarithim
logika *n* logic

logikas *n* logician
loginis *a* logical
loginis pagrindas *a* rationale
lojalistas *n* loyalist
lojalumas *n* loyalty
lojalus *a* loyal
lojimas *n* woof
lokacija *n* location
lokalizuoti *v* localize
lokomotyvas *n* locomotive
lokys *n* bear
lopas *n* patch
lopšinė *n* lullaby
lopšys *n* cradle
lopyti *n* patch
lordas *n* lord
lošėjas *n* gambler
lošimas *n* gamble
losjonas *n* lotion
lošti *v* gamble
loterija *n* lottery
lotosas *n* lotus
lova *n* bed
lovoje *n* abed
lubos *n* ceiling
lubrikantas *n* lubricant
lukštenti *v* shell
luošas *n* lame
luošinti *v* lame
luošys *n* cripple
lūpa *n* lip
lupikautojas *n* usurer
lupikavimas *n* usury
lūpinis *a* labial
lupti *v* peel
lūšna *n* slum
lūšnelė *n* hut
lūšnelė *n* shanty
lūženos *n* debris
lūžis *n* fracture
lūžis *n* rupture
lūžti *v* fracture
lyderiavimas *n* leadership
lyderis *n* leader
lydinys *n* alloy
lydmetalis *n* solder
lydymas *n* fusion
lyga *n* league
lygiagretainis *n* parallelogram
lygiagretus *a* parallel
lygiakraštis *a* equilateral
lygiavertis *a* equal
lygiavertis *a* tantamount
lygiavimas *n* alignment
lyginamasis *a* comparative
lyginimas *a* comparison
lyginti *v* compare
lyginti *v* iron
lyginti *v* smooth
lygiosios *n* draw
lygis *n* level
lygiuoti *n* align
lygtinai atleisti nuo laisvės atėmimo bausmės *v* parole
lygtinis atleidimas nuo laisvės atėmimo bausmės prieš terminą *n* parole
lygtis *n* equation
lyguma *n* plain
lygus *a* equal
lygus *a* level
lygus *a* smooth
lygybė *n* equality
lyra *n* lyre
lyrika *n* lyric
lyrikas *n* lyricist
lyrinis *a* lyric
lyriškas *a* lyrical
lytejimas *n* touch
lytėjimo *a* tactile
lytėti *v* touch
lyti *v* rain
lytinis subrendimas *n* puberty
lytis *n* gender

M

mačas *n* match
mada *n* fashion
mada *n* vogue
madingas *a* fashionable
magas *n* magician
magiškas *a* magical
magistratas *n* magistrate
magistratūra *n* magistracy
magnatas *n* magnate
magnetas *n* loadstone
magnetas *n* magnet
magnetinis *a* magnetic
magnetizmas *n* magnetism
mailius *n* fry
mainai *n* exchange
mainyti *v* barter
mainyti *v* exchange
maišas *n* sack
maišatis *n* turmoil
maišatis *n* welter
maistas *n* aliment
maistas *n* food
maištas *n* mutiny
maištas *n* rebellion
maištaujantis *a* mutinous
maištauti *v* rebel
maistingas *a* nutritious
maištingas *a* rebellious
maištininkas *n* rebel
maistinis *a* nutritive
maišyklė *n* compounder
maišymas *n* shuffle
maišyti *v* mix
maišyti *v* shuffle
maišyti *v* stir
maišyti šaukštu *v* spoon
maitėda *n* scavenger
maitinimas *n* feed
maitinimo tinklas *n* main
maitinti *v* feed
maitinti *v* nourish
majoras *n* major
makleris *n* broker
makleris *n* jobber
maksima *n* maxim
maksimalizuoti *v* maximize
maksimalus *a* maximum
maksimumas *n* maximum
makštis *n* scabbard
maldauti *v* beg
maldauti *v* entreat
maldauti *v* plead
maldavimas *n* entreaty
maldavimas *n* plea
maliarija *n* malaria
malonaus skonio *a* toothsome
malonėkite *adv* pleasantly
maloniai *a* kindly
maloniai *a* pleasantly
maloningas *a* gracious
malonumas *n* pleasure
malonus *a* pleasant
malonus laiko leidimas *n* pastime
malšinti *v* quench
malti *v* mill
malūnas *n* mill
malūnėlis *n* grinder
malūnininkas *n* miller
malvasija *n* malmsey
mama *n* mamma
mama *n* mum
mamona *n* mammon
mamutas *n* mammoth
mamutiškas *a* mammoth
mamytė *n* mummy
mana *n* manna
mandagumas *n* pliteness
mandagumas *n* urbanity
mandagus *a* polite

mandagus *a* urbane
mandatas *n* mandate
manekenas *n* mannequin
manęs *pron* me
manevras *n* manoeuvre
manevruoti *v* manoeuvre
manganas *n* manganese
mangas *n* mango
mangusta *n* mongoose
maniakas *n* maniac
maniera *n* manner
manieringas *a* mannerly
manieringumas *n* mannerism
manifestacija *n* manifestation
manifestas *n* manifesto
manija *n* mania
manikiūras *n* manicure
manilinis cigaras *n* cheroot
manipuliacija *n* manipulation
manipuliuoti *v* manipulate
mano *pron* mine
mano *pron* my
manufaktūros pirklys *n* draper
manymas *n* presumption
manyti *v* presume
manyti esant *v* reckon
maranta *n* arrowroot
maras *n* pestilence
maratonas *n* marathon
margarinas *n* margarine
margas *a* motley
marinatas *n* pickle
marinuoti *v* condite
marinuoti *v* pickle
marionetė *n* marionette
markė *n* mark
marmeladas *n* marmalade
marmuras *n* marble
marodieriauti *v* maraud
marodierius *n* marauder
maršalas *n* marshal
Marsas *n* Mars
maršas *n* march
marškiniai *n* shirt
maršrutas *n* route
maršrutinis *a* shuttle
maršrutuoti *v* shuttle
masalas *n* bait
masažas *n* massage
masažistas *n* masseur
masažuoti *v* massage
masė *n* mass
mašininkas *n* typist
masinti *v* bait
maskaradas *n* masquerade
maskvietis *n* muscovite
mąslus *a* meditative
mąslus *a* reflective
mastas *n* gauge
mastelis *n* zoom
masturbuotis *v* masturbate
mąstytojas *n* thinker
masyvas *n* array
masyvus *a* massive
masyvus *a* massy
matadoras *n* matador
matas *n* measure
matė puodelis *n* gourd
matematika *n* mathematics
matematikas *n* mathematician
matematinis *a* mathematical
materializmas *n* materialism
materializuoti *v* materialize
materialus *a* material
matomas *a* visible
matomumas *n* visibility
matracas *n* mattress
matriarchatė *n* matriarch
matrica *n* matrix
matuoti *v* measure
matuoti *v* scale
matyti *v* see
maudytis *v* bathe
mauzoliejus *n* mausoleum

mažai *adv* little
mažai žinomas *a* obscure
mažas *a* little
mažas *a* small
maždaug *adv* about
maždaug *adv* thereabouts
mažesnis *a* less
mažesnis *a* lesser
mažesnysis *n* less
mažėti *v* dwindle
mazgas *n* knot
mažiau *adv* less
mažiausiai *a* least
mažiausias *a* least
mažinti *v* diminish
mažius *n* wight
mažmeninė prekyba *n* retail
mažmenininkas *n* retailer
mažmeninis *a* retail
mažmenomis *a* retail
mažmenomis prekiauti *v* retail
mažmožis *n* trifle
mažuma *n* minority
mažumas *n* smallness
mažytis *a* minuscule
mažytis *a* tiny
mečetė *n* mosque
mechanika *n* mechanics
mechanikas *n* mechanic
mechaninis *a* mechanical
mechanizmas *n* mechanism
medalininkas *n* medallist
medalionas *n* locket
medalis *n* medal
medaus korys *n* honeycomb
medaus mėnuo *n* honeymoon
medianinis *a* median
medicina *n* medicine
medicininis *a* medical
mediena *n* timber
mediena *n* wood
medikamentas *n* medicament
medikas *n* medico
medinis *a* wooden
medis *n* tree
meditacija *n* mediation
medituoti *v* meditate
mediumas *n* medium
medus *n* honey
medvilnė *n* cotton
medžiaga *n* material
medžiaga *n* stuff
medžioklė *n* hunt
medžioti *v* hunt
medžiotojas *n* hunter
medžiotojas *n* huntsman
megafonas *n* megaphone
megalitas *n* megalith
megalitinis *a* megalithic
mėgautis *v* enjoy
mėgautis *v* wallow
mėgavimasis *n* enjoyment
mėgėjas *n* amateur
mėgėjas *n* buff
mėginti *v* essay
mėginys *n* sample
mėgstama vieta *n* haunt
mėgstamas *a* favourite
mėgstantis *a* fond
megzti *v* knit
megztinis *n* pullover
megztinis *n* sweater
meilė *n* love
meilės *a* amatory
meilės ryšiai *n* amour
meilės žvilgsnis *n* ogle
meilikauti *v* flatter
meilikavimas *n* flattery
meilumas *n* endearment
meilus *a* lovely
meilus *a* tender
meilužė *n* mistress
meilužis *n* lover
meilužis *n* paramour

meistras *n* foreman
meistras *n* master
meistriškas *a* masterly
meistriškumas *n* excellence
meistriškumas *n* mastery
meistriškumas *n* prowess
melagingai liudyti *v* perjure
melagingas *a* mendacious
melagingas liudijimas *n* perjury
melagis *n* liar
melancholija *n* melancholia
melancholija *n* melancholy
melancholiškai *a* melancholy
melancholiškas *a* melancholic
melas *n* lie
melasa *n* molasses
meldimas *n* invocation
melionas *n* melon
melioracija *n* reclamation
melodija *n* melody
melodingas *a* melodious
melodrama *n* melodrama
melodramatiškas *a* melodramatic
melsti *v* implore
melstis *v* pray
meluoti *v* lie
mėlyna *n* blue
mėlynas *a* blue
mėlynė *n* bruise
melžiama *a* milch
melžti *v* milk
membrana *n* membrane
memorandumas *n* memorandum
memorialas *n* memorial
memorialinis *a* memorial
memuarai *n* memoir
menas *n* art
mėnesinės *n* menses
mėnesinis *a* monthly
meningitas *n* meningitis
meniu *n* menu
menka alga *n* pittance
menkas *a* feeble
menkas *a* meagre
menkas *a* negligible
menkas *a* puny
menopauzė *n* menopause
mėnraštis *n* monthly
menstruacijos *n* menstruation
menstruacinis *a* menstrual
mentalitetas *n* mentality
mentorius *n* mentor
mėnulis *n* moon
mėnuliškas *a* lunar
mėnuo *n* month
menzūra *n* beaker
meras *n* mayor
mergaitė *n* girl
mergaitiškas *a* girlish
mergelė *n* virgin
mergelis *n* marl
merginimas *n* courtship
mergišiauti *v* womanise
mergiškas *a* maiden
mergšė *n* strumpet
merserizuoti *v* mercerise
mėsa *n* flesh
mėsa *n* meat
mesijas *n* messiah
mėsingas *a* pulpy
meškerioti *v* angle
mėšlas *n* manure
mėšlas *n* muck
mėšlungis *n* throe
mesti *v* quit
mesti *v* throw
mesti iššūkį *v* challenge
mėta *n* mint
metabolizmas *n* metabolism
metafizika *n* metaphysics
metafizinis *a* metaphysical
metafora *n* metaphor
metai *n* year
metalas *n* metal

metalinis *a* metallic
metalinis galiukas *n* nib
metalinis kibiras *n* pail
metalurgija *n* metallurgy
metamorfozė *n* metamorphosis
meteoras *n* meteor
meteorinis *a* meteoric
meteorologas *n* meteorologist
meteorologija *n* meteorology
metimas *n* toss
metinis *a* annual
metinis *a* yearly
metmenys *n* draft
metodas *n* method
metodiškas *a* methodical
metras *n* metre
metraščiai *n* annals
metraštininkas *n* annalist
metrinė tona *n* tonne
metrinis *a* metric
metrinis *a* metrical
metropolinis *n* metropolitan
metropolis *n* metropolis
metropolitas *n* metropolitan
mėtymas *n* throw
mėtyti *v* toss
mėtyti akmenimis *v* stone
mezoninas *n* mezzanine
miaukimas *n* mew
miaukti *v* mew
midus *n* mead
miegantis *a* asleep
miegantysis *n* sleeper
miegas *n* sleep
miegoti *v* sleep
mieguistas *a* sleepy
mielas *a* kind
mielas *a* lovable
mielasis *n* babe
mielės *n* yeast
mieloji *a* lass
miestas *n* city
miestelis *n* town
miestiškas *a* urban
miežis *n* barley
miežis (ant akies) *n* sty
miežis (ant akies) *n* stye
migdolas *n* almond
migla *n* blur
migla *n* mist
miglelė *n* haze
miglotas *a* hazy
miglotas *a* misty
migracija *n* migration
migrantas *n* migrant
migrena *n* migraine
migruoti *v* migrate
mikčiojimas *n* stammer
mikčioti *v* stammer
miklumas *n* sleight
miklus *a* deft
miklus *a* nimble
mikrobangų krosnelė *n* microwave
mikrobas *n* germ
mikrofilmas *n* microfilm
mikrofonas *n* microphone
mikrologija *n* micrology
mikrometras *n* micrometer
mikroskopas *n* microscope
mikroskopinis *a* microscopic
mikstūra *n* mixture
milicija *n* militia
milijardas *n* billion
milijonas *n* million
milijonierius *n* millionaire
miltai *n* flour
miltinis *a* mealy
milžiniškas *a* huge
milžiniškas *a* mountainous
mimas *n* mummer
mimezis *n* mimesis
mimika *n* mime
mina *n* countenance

minaretas *n* minaret
mindžioti *v* trample
minėjimas *n* commemoration
mineralas *n* mineral
mineralinis *a* mineral
mineralogas *n* mineralogist
mineralogija *n* mineralogy
minėti *v* commemorate
minia *n* crowd
minia *n* mob
miniatiūra *n* miniature
miniatiūrinis *a* midget
miniatiūrinis *a* miniature
minimalus *a* minimal
minimalus *a* minimum
minimizuoti *v* minimize
minimumas *n* minimum
minios *n* horde
ministerija *n* ministry
ministras *n* minister
ministrų kabinetas *n* cabinet
minkštas *a* soft
minkyti *v* knavery
minoras *n* minor
minorinis *a* minor
minti pedalus *v* pedal
mintis *n* thought
minus *adv* minus
minusas *n* minus
minutė *n* minute
miozė *n* myosis
mira *n* myrrh
miražas *n* mirage
miręs *adv* dead
miriadai *n* myriad
mirkčioti *v* blink
mirktelėjimas *n* wink
mirktelėti *v* wink
mirkymas *n* soak
mirkyti *v* soak
mirštantis *a* moribund
mirta *n* myrtle
mirti *v* decease
mirti *v* die
mirtinas *a* alamort
mirtinas *a* deadly
mirtinas *a* mortal
mirtingasis *n* mortal
mirtingumas *n* mortality
mirtis *n* death
mirtis *n* decease
misija *n* mission
mišinys *n* blend
mišinys *n* hotchpotch
misionierius *n* missionary
miškas *n* forest
miškinga vietovė *n* woodland
miškininkas *a* forester
miškininkystė *n* forestry
miškinis *a* sylvan
mįslė *n* enigma
mįslė *n* riddle
mišrūnas *n* mongrel
misticizmas *n* mysticism
mistifikuoti *v* mystify
mistika *n* mystic
mistinis *a* mystic
mitas *n* myth
mitinis *a* mythical
mitologija *n* mythology
mitologinis *a* mythological
mitra *n* mitre
mitridatai *n* mithridate
mityba *n* nourishment
mityba *n* nutrition
mityba *n* sustenance
mizantropas *n* misanthrope
mobilizuoti *v* mobilize
mobilumas *n* mobility
mobilus *a* mobile
modalumas *n* modality
modelis *n* model
modeliuoti *v* model
moderacija *n* moderation

moderninti *v* modernize
modernizacija *n* modernity
modernus *a* modern
moderuoti *v* moderate
modifikacijas *n* modification
modifikuoti *v* modify
moduliuoti *v* modulate
mojavimas *n* wave
mojuoti *v* wave
mokamasis pajėgumas *n* solvency
mokestis *n* charge
mokestis *n* tax
mokestis už mokslą *n* tuition
mokėti valdyti įrankį *v* wield
mokinys *n* disciple
mokinys *n* learner
mokinys *n* pupil
mokslas *n* science
mokslininko *a* scholarly
mokslinis *a* scientific
mokslinis straipsnis *n* treatise
mokslo darbuotojas *n* scientist
mokus *a* solvent
mokykla *n* school
mokymasis *n* learning
mokymasis atmintinai *n* rote
mokymo planas *n* curriculum
mokymo programa *n* syllabus
mokytas *a* learned
mokyti *v* train
mokytis *v* learn
mokytojas *n* teacher
mokytojauti *v* teach
molekulė *n* molecule
molekulinis *a* molecular
molis *n* argil
molis *n* clay
moliūgas *n* pumpkin
momentalus *n* momentary
momentas *n* moment
monarchas *n* monarch
monarchija *n* monarchy
moneta *n* coin
monetų kalykla *n* coinage
monitorius *n* monitor
monodija *n* monody
monogamija *n* monogamy
monogaminis *a* monogynous
monografija *n* monograph
monograma *n* monogram
monoklis *n* monocle
monokuliaras *n* monocular
monolatrija *n* monolatry
monolitas *n* monolith
monologas *n* monologue
monopolija *n* monopoly
monopolistas *n* monopolist
monopolizuoti *v* monopolize
monoteistinis *v* monotheist
monotonija *n* monotony
monotoniškas *a* monotonous
montuoti *v* mount
montuotojas *n* fitter
monumentas *n* monument
monumentinis *a* monumental
moralas *n* moral
moralė *n* morality
moralinis *a* moral
moralistas *n* moralist
moralizuoti *v* moralize
morfinas *n* morphia
morgas *n* morgue
morgonatinis *a* morganatic
morka *n* carrot
motelis *n* motel
moteris *n* female
moteris *n* woman
moteriška *a* female
moteriškas *a* feminine
moteriškos skrybėlaitės *n* millinery
moteriškų skrybėlaičių modeliuotoja *n* milliner

moterystė *n* matrimony
moterystė *n* womanhood
moti *n* motion
motina *n* mother
motiniškai globoti *v* mother
motiniškas *a* matricidal
motiniškas *a* motherlike
motiniškas *a* motherly
motinystė *n* maternity
motinystė *n* motherhood
motinžudystė *n* matricide
motoras *n* motor
motyvacija *n* motivation
motyvas *n* motif
motyvas *n* motive
motyvuoti *v* motivate
mozaika *n* mosaic
muilas *n* soap
muiluotas *a* soapy
muiluoti *v* soap
mūkti *v* moo
mula *n* mullah
mulas *n* mule
mulatas *n* mulatto
mulkinti *v* gull
mulkinti *v* hoodwink
mulkis *n* simpleton
mumija *n* mummy
mūrininkas *n* mason
mūrininkystė *n* masonry
murmėti *v* mope
murmėti *v* mutter
musė *n* fly
mušeika *n* thug
mušėjas *n* batsman
mūšis *n* battle
muškieta *n* musket
muškietininkas *n* musketeer
muskusas *n* musk
muslinas *n* muslin
musonas *n* monsoon
mustangas *n* mustang
mušti *v* beat
mušti lazda *v* bat
mušti lazda *v* cane
muštuvė *n* churn
mūsų *pron* our
mutacija *n* mutation
mūza *n* muse
muziejus *n* museum
muzika *n* music
muzikas *n* musician
muzikinis *a* musical
mykimas *n* low
mykti *v* low
mylėti *v* love
mylia *n* mile
mylimasis *n* beloved
mylimasis *n* darling
mylintis *a* loving
myluoti *v* cocker
myluoti *v* fondle

N

nabobas *n* nabob
nacionalinis savitumas *n* nationality
nacionalistas *n* nationalist
nacionalizacija *n* nationalization
nacionalizmas *n* nationalism
nacionalizuoti *v* nationalize
nadyras *n* nadir
nafta *n* oil
nafta *n* petroleum
nagingumas *n* workmanship
nagrinėjama byla *n* subjudice
nagrinėjamas *a* pending
naikinimas *n* annihilation
naikinimas *n* destruction
naikinti *v* annihilate

naikinti *v* destroy
nailonas *n* nylon
naivumas *n* naivete
naivumas *n* naivety
naivus *a* naive
naktį *a* anigh
naktį *a* nightly
naktinis *a* nocturnal
naktinukai *n* nightie
naktis *n* night
nakviša *n* somnambulist
nakvynės namai *n* hostel
namai *n* home
namas *n* house
namelis *n* lodge
naminis paukštis *n* fowl
namų *a* domestic
namų darbininkas *n* domestic
narcisizmas *n* narcissism
narcizas *n* narcissus
nardymas *n* dive
nardyti *v* dive
narkomanas *n* addict
narkotikas *n* drug
narkotikas *n* narcotic
narkozė *n* narcosis
narsa *n* courage
narsa *n* mettle
narsumas *n* boldness
narsus *a* courageous
narsus *a* mettlesome
naršyti *v* browse
narvas *n* cage
narys *n* member
narystė *n* membership
našlaičių namai *n* orphanage
našlaitė *n* violet
našlaitis *n* orphan
našlauti *v* widow
našlė *n* widow
našlys *n* widower
natalinis *a* natal
natūralieji nuostoliai *n* wastage
natūralizuoti *v* naturalize
natūralus *a* natural
natūriniai mainai *n* barter
naudai *a* behalf
naudingas *a* useful
naudingas sveikatai *a* wholesome
naudingumas *n* utility
naudojimasis *n* use
naudotis *v* use
naujakurys *n* settler
naujas *a* new
naujas *a* novel
naujausias *a* up-to-date
naujienos *n* news
naujienos *n* tidings
naujokas *n* novice
naujovė *n* novelty
nava *n* nave
navigacija *n* navigation
navigatorius *n* navigator
ne *adv* no
ne *adv* no
ne *adv* not
ne- *adv* without
nė kiek *adv* none
neabejojantis *a* certain
neabejotinai *a* certainly
neabejotinai *a* surely
neabejotinas *a* sure
neabejotinas dalykas *n* certainty
neaiški užuomina *n* inkling
neaiškumas *n* vagueness
neaiškus *a* indistinct
neaiškus *a* vague
neapčiuopiamas *a* intangible
neapgalvotai *adv* headlong
neapgalvotas *a* injudicious
neapibrėžtas *a* indefinite
neapkęsti *v* despise
neapkęsti *v* hate

neapmokėtas *a* outstanding
neaprėpiamas *a* vast
neapsakomas *a* indescribable
neapsižiūrėjimas *n* oversight
neapsižiūrėti *v* overlook
neapykanta *n* hate
neargumentuotas *n* baseless
neatidėliojamas *n* instant
neatidėliotinas *a* immediate
neatidėtinas *a* urgent
neatmenamas *a* immemorial
neatsargus *a* careless
neatskiriamas *a* inseparable
nebaudžiamumas *n* impunity
nebeblizgėti *v* tarnish
nebekontroliuoti *v* decontrol
nebetaikomas *a* obsolete
nebrangus *a* inexpensive
nebūtis *n* nonentity
nebuvimas *n* absence
nebylus *a* dumb
nebylus *a* mute
nebylys *a* mute
nedalijamas *a* indivisible
nedalyvauti *v* absent
nedažnai *adv* seldom
nedažnas *adv* scarce
nedėkingas *a* thankless
nedėkingumas *n* ingratitude
nedelsiant *adv* forthwith
nedėmesingas *a* inattentive
nedėmėtas *a* spotless
nedirbtinis *a* artless
nedisciplinuotumas *n* indiscipline
nediskretiškas *a* indiscreet
nedoras *a* wicked
nedrąsus *a* bashful
neefektyvus *a* ineffective
neformalus *a* informal
negailestingas *a* merciless
negailestingas *a* pitiless
negalavimas *n* ailment
negalėjimas *n* inability
negalia *n* disability
negalininkinis *a* intransitive
negaliojantis *a* inoperative
negaliojantis *a* void
negaluojantis *a* indisposed
negaluojantis *a* queer
negaluojantis *a* unwell
negaluoti *v* ail
negalvojantis *a* mindless
negarbė *n* dishonour
negatyvas *a* negative
negausus *a* sparse
negerai *a* amiss
negerovė *n* malady
neginčijamas *a* indisputable
negirdimas *a* inaudible
negras *n* negro
negras *n* nigger
negrė *n* negress
negrynas *a* impure
negyvas *a* inanimate
nei...nei *adv* neither
neįdomus *a* humdrum
neįgalus *a* disabled
neįgalus *a* invalid
neįgalusis *n* invalid
neigiamas *a* minus
neigiamas *a* negative
neigiamas atsakymas *n* no
neigimas *n* negation
neigti *v* negative
neįgyvendinamas *a* impracticable
neilgtrukus *a* shortly
neįmanomas *a* impossible
neįmantrus *a* chaste
neįprastas *a* quaint
neįprastas *a* rum
neišauklėtas *a* churl
neišauklėtas *a* discourteous
neišdegti *a* misfire

neišgydomas *a* incurable
neįskaitomas *a* illegible
neįskaitomumas *n* illegibility
neišlaikyti *v* retreat
neišmatuojamas *a* immeasurable
neišmatuojamas *a* measureless
neišmintingas *a* imprudent
neišmintingumas *n* imprudence
neišreikštas *a* tacit
neišsiauklėjęs *a* rude
neišsprendžiamas *a* insoluble
neišvengiamas *a* imminent
neišvengiamas *a* inevitable
neišviręs *a* raw
neįtikėtinas *a* incredible
neįtraukti *v* exclude
neįveikiamas *a* insurmountable
neįvertinamas *a* invaluable
neįvertinti *v* misjudge
neįžengiamas *a* impenetrable
nejaugi *adv* really
nejautra *n* insensibility
nejautrus *a* insensible
nejudantis *a* motionless
nekalbus *a* taciturn
nekaltas *a* innocent
nekaltas *a* virgin
nekaltumas *n* innocence
nekaltybė *n* virginity
nekantrumas *n* impatience
nekantrus *a* eager
nekantrus *a* impatient
nekenčiamas *a* accursed
nekintamumas *n* permanence
nekintantis *a* constant
neklaidingas *a* infallible
nekompetentingas *a* incompetent
nekompetentingas valdymas *n* mal administration
nekorektiškas *a* incorrect
nekrologas *n* obituary
nekropolis *n* necropolis
nektaras *n* nectar
nekuklumas *n* immodesty
nekuklus *a* immodest
nelaimė *n* mischance
nelaimėlis *n* unfortunate
nelaimingas *a* luckless
nelaimingas *a* unhappy
nelaimingas atsitikimas *n* misadventure
nelaisvė *n* captivity
nelaisvė *n* thralldom
nelankstus *a* inflexible
nelegalus *a* illegal
neleistinas *a* inadmissible
nelengvas *a* uneasy
neliečiamas *a* sacrosanct
neliečiamas *a* taboo
nelinkęs *a* loath
nelogiškas *a* illogical
nelojalus *a* disloyal
nelygi santuoka *n* misalliance
nemandagus *a* impolite
nematerialus *a* immaterial
nematomas *a* invisible
nemėgimas *n* dislike
nemėgti *v* dislike
Nemezidė *n* Nemesis
nemirtingas *a* immortal
nemirtingumas *n* immortality
nemokamai *a* gratis
nemokšiškas *a* ignorant
nemokšiškumas *n* ignorance
nemokumas *n* insolvency
nemokus *a* insolvent
nenauda *n* disadvantage
nenaudėlis *n* miscreant
nendrė *n* cane
nenoras *n* reluctance
nenorintis *a* reluctant
nenormalus *a* abnormal
nenubaustas *a* scot-free
nenugalimas *a* invincible

nenujaučiantis *a* unaware
nenumatymas *n* contingency
nenuoširdumas *n* insincerity
nenuoširdus *a* insincere
nenuovokus *a* purblind
nenusiteikęs *a* averse
nenusiteikimas *n* aversion
neolitinis *a* neolithic
neonas *n* neon
nepaaiškinamas *a* inexplicable
nepabaigiamas *a* interminable
nepadorumas *n* indecency
nepadorus *a* indecent
nepadorus *a* nasty
nepagarba *n* disrespect
nepageidaujamas *a* untoward
nepaisant to *adv* nonetheless
nepaisantis *a* inconsiderate
nepaisymas *n* disregard
nepaisymas *n* snub
nepaisyti *v* disregard
nepaisyti *v* slight
nepaisyti *v* snub
nepajudinamas *a* immovable
nepajudinamas *a* steadfast
nepakaltinamas *a* irresponsible
nepakankamas *a* insufficient
nepakankamumas *n* paucity
nepakartojamas *a* inimitable
nepakeičiamas *a* indispensable
nepakeliamas *a* insupportable
nepakenčiamas *a* despicable
nepakenčiamas *a* intolerable
nepaklusnumas *n* insubordination
nepaklusnus *a* insubordinate
nepaklusnus *a* unruly
nepaklusti *v* disobey
nepalanki padėtis *n* adversity
nepalankus *a* inauspicious
nepalaužiamas *a* adamant
nepalaužiamumas *n* adamant
nepalenkiamas *a* relentless
nepalenkiamas *a* rigid
nepaliaujamai *adv* speedily
nepaliaujamas *a* ceaseless
nepaliestas *a* intact
nepalyginamas *a* incomparable
nepanašu *adv* unlikely
nepanašus *a* dissimilar
nepanašus *a* unlike
nepaneigiamas *a* irrefutable
nepaperkamas *a* incorruptible
nepaprastai *a* highly
nepasiekti *v* elude
nepasisekimas *n* failure
nepasisekimas *n* mishap
nepasisekti *v* fail
nepasitenkinimas *n* complaint
nepasitenkinimas *n* discontent
nepasitenkinimas *n* dissatisfaction
nepasitikėjimas *n* distrust
nepasitikėjimas *n* mistrust
nepasitikėti *v* distrust
nepasitikėti *v* mistrust
nepasotinamas *a* insatiable
nepastovios nuotaikos *a* moody
nepastovus *a* fickle
nepataikymas *n* miss
nepataikyti *v* miss
nepataisomas *a* incorrigible
nepataisomas *a* irrecoverable
nepateisinamas *a* indefensible
nepatenkintas *a* malcontent
nepatenkintas žmogus *n* malcontent
nepatenkinti *v* dissatisfy
nepatikimas *a* unreliable
nepatogus *a* awkward
nepatyręs *a* callow
nepatyrimas *n* inexperience
nepavykęs *a* abortive
nepermaldaujamas *a* inexorable

nepermatomas *a* opaque
nepermatomumas *n* opacity
neperšlampamas apsiaustas *n* waterproof
neperšlapti *v* waterproof
neperžengiant ribų *v* within
nepiktybinis *a* benign
nepiktybiškai *adv* benignly
nepilnas *a* incomplete
nepilnavertis *a* inferior
nepilnavertiškumas *n* inferiority
nepilotuojamas *a* unmanned
nepotizmas *n* nepotism
nepraeinamas *a* impassable
nepraktiškumas *n* impracticability
nepraleidžiantis vandens *a* watertight
nepramušamas *a* proof
nepribrendęs *a* immature
neprieinamas *a* unable
nepriekaištingas *a* perfect
nepriklausomas *a* independent
nepriklausomas *a* irrespective
Nepriklausomybė *n* independence
neprileisti *v* debar
neprilygstamas *a* matchless
neprilygstamas *a* nonpareil
neprilygstamas žmogus *n* nonpareil
neprincipingas *a* unprincipled
nepripažinimas *n* repudiation
nepripažinti *v* repudiate
neprisijungimas *n* non-alignment
neprisipažinti *v* deny
neprisitaikymas *n* mal adjustment
nepritaikomas *a* inapplicable
nepritapėlis *n* misfit
nepritarimas *n* disapproval
nepritarti *v* disapprove
nepriteklius *n* privation
neprivalomas *a* optional
Neptūnas *n* Neptune
neracionalus *a* irrational
neramumai *n* disorder
neramumai *n* unrest
neramus *a* restive
nerangus *a* sluggish
nerangus *a* ungainly
neraštingumas *n* illiteracy
nereguliarumas *n* irregularity
nereguliarus *a* irregular
nereikalingas *a* needless
nereikšmingas *a* insignificant
nereikšmingumas *n* insignificance
nerelevantiškas *a* irrelevant
nerimas *n* anxiety
nerimas *n* disquiet
nerimas *n* malaise
nerimas *n* worry
nerimauti *v* worry
nėriniai *n* lace
nėriniuotas *a* lacy
nerišlus *a* incoherent
neritmingas *a* fitful
neršti *v* spawn
nervas *n* nerve
nervinimasis *n* fuss
nervinti *v* vex
nervintis *v* fuss
neryžtingas *a* hesitant
neryžtingumas *n* hesitation
nešališkas *a* equitable
nešališkas *a* impartial
nešališkas arbitras *n* umpire
nešališkumas *n* impartiality
nesąmonės *n* cobbler
nesąmoningai *adv* unwittingly
nesantaika *n* discord
nesantaika *n* strife
nesantis *a* absent

nesantuokinis *a* illegitimate
nesantuokinis gyvenimas *n* concubinage
nesaugumas *n* insecurity
nesaugus *a* insecure
nesavalaikis *a* inopportune
nesąžiningai *a* malafide
nesąžiningas *a* dishonest
nesąžiningas *a* malafide
nesąžiningas *a* unfair
nesąžiningumas *n* dishonesty
nėščia *a* pregnant
nesėkmė *n* misfortune
nesenas *a* recent
neseniai *a* recently
nesiderinti *v* mismatch
nešikas *n* carrier
nesilaikymas *n* breach
nesiliaujantis *a* everlasting
nešiojamas sostas *n* palanquin
nesirūpinimas *n* neglect
nesirūpinti *v* neglect
nesiryžimas *n* shilly-shally
nesiryžti *v* hesitate
nesiryžti *v* shilly-shally
nesitveriantis *a* agog
nesivaldyti *v* amuck
neskaitant *adv* save
neskoningas *a* gaudy
neskoningumas *n* insipidity
neskubant *adv* leisurely
neskubus *a* leisurely
nestabilumas *n* instability
nestabilus *a* install
nestatiškas *a* astatic
nešti *v* carry
nešti pelną *v* profit
nėštumas *n* pregnancy
neštuvai *n* stretcher
nesubrendimas *n* immaturity
nesugebantis *a* incapable
nesugebėjimas *n* incapacity
nesugyvenamas *a* disagreeable
nesuklastotas *a* genuine
nesulaužomas *a* inviolable
nesupratingas *a* witless
nesusiprasti *v* misunderstand
nesusipratimas *n* misunderstanding
nesuskaičiuojamas *a* countless
nesuskaičiuojamas *a* incalculable
nesuskaitomas *a* innumerable
nesuskaitomas *a* myriad
nesutaikomas *a* irreconcilable
nesutarimas *n* contention
nesuteptas *a* stainless
nesutikimas *n* disagreement
nesutikti *v* disagree
nesutramdomas *a* indomitable
nešvankumas *n* obscenity
nešvankus *a* lewd
nešvankus *a* obscene
nešvarūs turtai *n* pelf
nesveikas *a* crook
nesvetingas *a* inhospitable
net jei *adv* although
netaktas *n* indiscretion
netašytas *a* uncouth
neteisėtai pasisavinti *v* misappropriate
neteisėtas *a* lawless
neteisėtas *a* unjust
neteisėtas pasisavinimas *n* misappropriation
neteisingai *a* wrong
neteisingai aiškinti *v* misconstrue
neteisingai ar ne tuo vardu vadinti *v* miscall
neteisingai manyti *v* misconceive
neteisingai suprasti *v* misapprehend
neteisingas *a* wrong
neteisingas *a* wrongful
neteisingas manymas *n*

misconception
neteisingas supratimas *n* misapprehension
neteisingas termino vartojimas *n* misnomer
neteisybė *n* injustice
netektis *n* bereavement
netgi *adv* even
netiesioginis *a* indirect
netikėta laimė *n* godsend
netikėtai *adv* suddenly
netikėtai susitikti *v* encounter
netikėtas *a* sudden
netikėtas susitikimas *n* encounter
netikras *a* bastard
netikras *a* bogus
netikslus *a* inaccurate
netikslus *a* inexact
neto *n* net
netobulas *a* imperfect
netobulumas *n* imperfection
netolerantiškas *a* intolerant
netolerantiškumas *n* intolerance
neturintis *a* devoid
neturintis lygių *a* peerless
netvarka *n* mess
netvirtas *a* frail
netyčia *adv* unawares
netyčia nugirsti *v* overhear
neūkiškumas *n* mismanagement
neurologas *n* neurologist
neurologija *n* neurology
neurozė *n* neurosis
neutralizuoti *v* counteract
neutralizuoti *v* neutralize
neutralus *a* neutral
neutronas *n* neutron
neūžauga *n* dwarf
neužslėptas *a* overt
nevaisingas *a* acarpous
nevedęs *a* single
neveiklumas *n* inaction
neveiklus *a* inactive
nevidonas *n* fiend
neviltis *n* despair
nevirškinamas *a* indigestible
nevirškinimas *n* indigestion
nevisprotis *n* retard
nežinia *n* suspense
nežinojimas *n* nescience
nežinomybė *n* obscurity
nežiūrint *v* notwithstanding
nežiūrint *v* notwithstanding
nežiūrint *v* notwithstanding
nežmoniškas *a* inhuman
nežmoniškas *a* savage
nežmoniškumas *n* savagery
nežūstantis *a* imperishable
nežymiai *a* minutely
nežymimasis artikelis *n* a
nežymimasis artikelis *n* an
nežymus *a* slight
niekada *adv* never
niekai *n* nonsense
niekais paversti *v* vitiate
niekam vertas *a* paltry
niekas *n* nobody
niekas *n* none
niekas *n* nothing
niekatroji giminė *n* neuter
niekingas *a* ignoble
niekingas *a* nefarious
niekinimas *n* defiance
niekinimas *n* slight
nieko *n* nothing
niekšas *n* scoundrel
niekšiškas *a* vile
niekšybė *n* meanness
niekur *adv* nowhere
niežai *n* scabies
niežėjimas *n* itch
niežėti *v* itch
nihilizmas *n* nihilism
nikelis *n* nickel

nikotinas *n* nicotine
nimbas *n* nimbus
nimfa *n* nymph
niršti *v* enrage
niršti *v* rage
niršus *a* fierce
niša *n* niche
niuansas *n* nuance
niurnėjimas *n* murmur
niurnėti *v* grumble
niurnėti *v* murmur
niūrus *a* gloomy
niūrus *a* morose
niūrus *a* sombre
niurzglys *n* misery
Nojaus arka *n* ark
nomadas *n* nomad
nomadiškas *a* nomadic
nomenklatūra *n* nomenclature
nominacija *n* nomination
nominalinis *a* nominal
nominalus *a* titular
nominantas *n* nominee
nominuoti *v* nominate
noras *n* wish
noras ką nors atlikti *n* willingness
norėti *v* will
norėti žinoti *v* wonder
noriai darantis *a* willing
norma *n* norm
normali psichinė būklė *n* sanity
normalizuoti *v* normalize
normalumas *n* normalcy
normalus *a* normal
nors ir *adv* albeit
nosinė *n* handkerchief
nosinis *a* nasal
nosinis garsas *n* nasal
nosis *n* nose
nostalgija *n* nostalgia
notacija *n* notation
notaras *n* notary
notifikacija *n* notification
notifikuoti *v* notify
novatorius *n* innovator
nubausti *v* penalize
nubėgusi akis *n* ladder
nubrėžti bendrais bruožais *v* outline
nudegimas *n* burn
nudegti *v* scorch
nudengti *v* bare
nudėti *v* misplace
nudirti *v* skin
nudiskęs *a* tatter
nudistas *n* nude`
nudriskęs *a* shabby
nugabenti *v* consign
nugabenti *v* consign
nugalėti *v* vanquish
nugalėtojas *n* victor
nugalėtojas *n* winner
nugalėtoji pusė *n* underdog
nugara *n* back
nugramzdinti *v* submerge
nujausti *v* anticipate
nujautimas *n* anticipation
nujautimas *n* premonition
nukalti *v* forge
nukalti *v* mint
nukelti *v* postpone
nukentėjusysis *n* casualty
nukirsti galvą *v* behead
nukloti *v* bestrew
nukreiptas į šiaurę *a* northerly
nukreiptas tolyn *a* outward
nukreipti *v* deflect
nukreipti *v* direct
nukreipti *v* divert
nukrypimas *n* aside
nukrypimas *n* deviation
nukrypti *v* deviate
nuleisti *v* lower

nulenkimas *n* inclination
nulenkti *v* incline
nulinis *a* null
nulis *n* nil
nulis *n* nought
nulis *n* zero
nuliūsti *v* upset
nulupti *v* fleece
nulydėti *v* usher
numalšinti *v* slake
numalšinti, grąžinti taikos padėtį *v* pacify
numanymas *n* conjecture
numanymas *n* supposition
numanyti *v* conjecture
numanyti *v* presuppose
numatomas *a* prospective
numatymas *n* forethought
numatymas *n* prediction
numatymas *n* prescience
numatyti *v* foresee
numatyti *v* predict
numatyti *v* suppose
numeris *n* number
numeruoti *v* number
nuneigimas *n* abnegation
nuneigti *v* abnegate
nuneigti *v* disprove
nuniokojimas *n* havoc
nuniokojimas *n* ravage
nuniokoti *v* ravage
nuo *prep* since
nuo šiol *prep* henceforth
nuo šiol *prep* henceforward
nuo šiol ir po to *prep* thereafter
nuo to laiko *prep* since
nuo to laiko, kai *prep* since
nuobauda *n* penalty
nuoboda *n* bore
nuobodus *a* tedious
nuobodybė *n* tedium
nuobodžiauti *v* bore
nuodai *n* poison
nuodėmė *n* sin
nuodėmingas *a* sinful
nuodingas *a* noxious
nuodingas *a* poisonous
nuodugni apžiūra *n* overhaul
nuodugniai apžiūrėti *v* overhaul
nuodyti *v* poison
nuogas *a* naked
nuogas *a* nude
nuogąstaujantis *a* apprehensive
nuogąstauti *v* misgive
nuogąstavimas *n* apprehension
nuogąstavimas *n* misgiving
nuogirdos *n* hearsay
nuogumas *n* nudity
nuolaida *n* discount
nuolaidžiaujantis *a* indulgent
nuolaidžiavimas *n* connivance
nuolaidžiavimas *n* indulgence
nuolankumas *n* humility
nuolankus *a* meek
nuolankus prašytojas *n* pleader
nuolat zyzti *v* nag
nuolatinis *a* abiding
nuolatinis *a* continual
nuolatinis *a* steady
nuolaužos *n* rubble
nuolydis *n* slope
nuoma *n* rent
nuomininkas *n* lessee
nuomininkas *n* tenant
nuomojimas *n* tenancy
nuomonė *n* opinion
nuomoti *v* rent
nuopelnas *n* merit
nuopuolis *n* fall
nuopuolis *n* plunge
nuosaikus *a* moderate
nuošaliai *a* aloof
nuosavas *a* own
nuosavybė *n* belongings

nuosavybė *n* property
nuosavybės dokumentas *n* muniment
nuosavybės teisė *n* ownership
nuosekliai *adv* consecutively
nuoseklus *a* consecutive
nuoseklus *a* successive
nuoširdumas *n* sincerity
nuoširdus *a* earnest
nuoširdus *a* sincere
nuoširdus *a* whole-hearted
nuoskauda *n* grievance
nuoskauda *n* smart
nuosmukis *n* decline
nuosmukis *n* slump
nuosprendis *n* judgement
nuostaba *n* amazement
nuostaba *n* wonder
nuostabus *a* wonderful
nuostata *n* attitude
nuotaika *n* mood
nuotaikingas *a* convivial
nuotaikingas *a* vivacious
nuotėkis *n* leakage
nuotekos *n* sewage
nuotrauka *n* photo
nuotykingas *a* adventurous
nuotykingas *a* venturous
nuotykis *n* adventure
nuovada *n* nick
nuovokumas *n* readiness
nuovokus *a* perceptive
nuožmus *a* ferocious
nuožulnėti *v* slant
nuožulniai leistis *v* slope
nuožulnumas *n* slant
nuožulnus *a* declivous
nupiešti *v* draw
nuplėšti garbę *v* dishonour
nupulti *v* fall
nupulti *v* plunge
nuraminimas *n* consolation
nuraminti *v* appease
nuraminti *v* console
nuraminti *v* sedate
nurodantis *a* indicative
nurodymai *n* guidance
nurodymas *n* indication
nurungti *v* outdo
nuryti *v* down
nusausinimas *n* arefaction
nusėti *v* stud
nusidėjėlis *n* sinner
nusidėti *v* sin
nusidriekti *v* extend
nusiginklavimas *n* disarmament
nusiginkluoti *v* disarm
nusigręžti *v* backslide
nusikaltėlis *n* criminal
nusikaltimas *n* crime
nusileidimas *n* descent
nusileisti *v* avale
nusileisti *v* descend
nusileisti *v* relent
nusileisti *v* succumb
nusilenkimas *n* bow
nusilenkimas *n* obeisance
nusilenkti *v* bow
nusimanantis *a* conversant
nusiminimas *a* dejection
nusiminti *v* deject
nusipelnęs *a* meritorious
nusipelnyti *v* deserve
nusipelnyti *v* merit
nusiraminti *v* tranquillize
nusispjauti *v* spit
nusispjovimas *n* spit
nusistovėti *v* steady
nusivalymas *n* purgation
nusivilti *v* beguile
nusivilti *v* despair
nusivilti *v* disappoint
nusivodėjęs *a* stale
nusivodėti *v* stale

nusižeminęs *a* humble
nusižeminimas *n* lowliness
nusižeminti *v* debase
nusižengimas *n* offence
nusižengti *v* offend
nuskabyti kotelius *n* stem
nuskaręs *a* sordid
nuskurdinti *v* impoverish
nuslėpti *v* conceal
nuslopinti *v* muzzle
nusmukti *v* decline
nusmukti *v* slump
nuspėjimas *n* forecast
nuspėti *v* forecast
nuspėti *v* portend
nuspręsti *v* decide
nustatytas *a* set
nustatyti *v* ascertain
nustatyti kainą *v* charge
nustatyti padėtį *v* locate
nustebinti *v* amaze
nustebinti *v* surprise
nustelbti *v* overshadow
nustėrti *v* stupefy
nustoti *v* abandon
nustoti galioti *v* expire
nušviesti *v* elucidate
nusvilimas *n* singe
nusvilinti *v* singe
nušvilpti *v* snatch
nutarimas *n* resolution
nutarti *v* enact
nutarti *v* resolve
nuteikti *v* bias
nuteistasis *n* convict
nuteisti *v* convict
nutekėjimas *n* leak
nutekėti *v* leak
nutilti *v* hush
nutirpęs *a* numb
nutolęs *a* distant
nutraukimas *n* interruption
nutraukimas *n* severance
nutraukimas *n* termination
nutraukti *v* abort
nutraukti *v* derail
nutraukti *v* discontinue
nutraukti *v* resign
nutrūktgalvis *n* breakneck
nutrūktgalviškas *a* reckless
nutukimas *n* obesity
nutūpimas *n* landing
nuvairuoti *v* steer
nuvargęs *a* weary
nuvargimas *n* fatigue
nuvarginantis *a* tiresome
nuvargintas *a* weary
nuvarginti *v* tire
nuvargti *v* fatigue
nuversti *v* depose
nuversti *v* overthrow
nuversti *v* subvert
nuversti nuo sosto *v* dethrone
nuvertėti *v* depreciate
nuvertimas *n* overthrow
nuvilkti *v* strip
nuvirsti *v* topple
nuvysti *v* wither
nužudymas *n* homicide
nužudyti *v* assassinate
nužudyti *v* kill
nykštys *n* thumb

O

oazė *n* oasis
objektas *n* object
objektyvas *n* objective
objektyvus *a* objective
obliuoti *v* plane
oblius *n* plane

observatorija *n* observatory
obstrukcinis *a* obstructive
obuolys *n* apple
oda *n* cutis
oda *n* leather
oda *n* skin
odadirbys *n* tanner
odė *n* ode
odiozinis *a* odious
odontologas *n* dentist
odų raugykla *n* tannery
oficialiai *a* officially
oficialus *a* official
oficialus asmuo *n* official
okianinis *a* oceanic
oktava *n* octave
okulistas *n* oculist
okultinis *a* occult
okupacija *n* occupation
okupantas *n* occupant
okupuoti *v* occupy
ola *n* cave
oligarchija *n* oligarchy
olimpiada *n* Olympiad
omaras *n* lobster
omega *n* omega
omletas *n* omelette
onomatopėja *n* onomatopoeia
opa *n* ulcer
opalas *n* opal
opera *n* opera
operacija *n* operation
operatorius *n* operator
operuoti *v* operate
opiumas *n* opium
oponentas *n* opponent
oportunizmas *n* opportunism
opozicija *n* opposition
optikas *n* optician
optimalus *a* optimum
optimistas *n* optimist
optimistinis *a* optimistic
optimizmas *n* optimism
optimumas *n* optimum
optuoti *v* opt
oracija *n* oration
orakulas *n* oracle
oralinis *a* oral
oranžinis *a* orange
oras *n* air
oras (atmosferos sąlygos) *n* weather
oratoriškas *a* oratorical
oratorius *n* orator
orbita *n* orbit
organas *n* organ
organinis *a* organic
organizacija *n* organization
organizmas *n* organism
organizuoti *v* organize
orientuoti *v* orient
orientuotis *v* orientate
originalas *n* original
originalumas *n* originality
originalus *a* original
orkaitė *n* oven
orkestras *n* orchestra
orkestrinis *a* orchestral
orlaivis *n* aircraft
ornamentas *n* ornament
ornamentika *n* ornamentation
ornamentinis *a* ornamental
ornamentuoti *v* ornament
oro *a* aerial
ortodoksija *n* orthodoxy
ortodoksinis *a* orthodox
orumas *n* stateliness
orus *a* staid
ovacija *n* ovation
ovacijos *n* acclamation
ovalas *n* oval
ovalus *n* oval
Ožiaragis *n* Capricorn
ožys *n* goat

P

paaiškinimas *n* explanation
paaiškinti *v* explain
paaugliškas *a* adolescent
paauglys *n* teenager
paauglystė *n* adolescence
paauglystė *n* teens
paaukšti *v* dignity
paaukštinimas *n* dais
paaukštinimas *n* promotion
paaukštinti *v* dignify
paaukštinti *v* promote
paauksuotas *a* gilt
paauksuoti *v* gild
pabaiga *n* end
pabaisa *n* monster
pabandymas *n* try
pabandyti *v* try
pabarti *v* chide
pabėgėlis *n* fugitive
pabėgėlis *n* refugee
pabėgęs *a* fugitive
pabėgimas *n* escape
pabėgti *v* escape
pabėgti *v* flee
pabėgti iš namų *v* elope
pabraukti *v* underline
pabūklai *n* ordnance
pačiupti *v* seize
pačiūža *n* skate
padalijimas *n* partition
padanga *n* tyre
padargai *n* implement
padarinys *n* consequence
padaryti galą *v* scotch
padaryti kopiją *v* xerox
padaryti nuosprendį *v* sentence
padaryti pertrauką svarstant klausimą *v* prorogue
padauža *n* tomboy
padavėja *n* waitress
padavėjas *n* waiter
padavimas *n* innings
padavimas *n* serve
padažas *n* sauce
padegimas *n* arson
padėklas *n* pad
padėklas *n* tray
padengimas *n* redemption
padengti *v* redeem
padėti galvą *v* pillow
padėti inicialus *v* initial
padėtis *n* lay
padėtis *n* locus
padidėjimas *n* increment
padidinimas *n* augmentation
padidinti *v* augment
padidinti *v* enlarge
padienis darbininkas *n* coolie
padieniui *adv* adays
padlaižiavimas *n* sycophancy
padlaižys *n* sycophant
padorumas *n* decency
padorumas *n* decorum
padorumas *n* propriety
padorus *a* decent
padorus *a* seemly
padovanoti *v* present
paduoti *v* hand
padvigubinti *v* redouble
paėmimas į nelaisvę *n* capture
pagal *adv* after
pagalba *n* aid
pagalba *n* help
pagalba *n* succour
pagalbininkas *n* auxiliary
pagalbininkas *n* helpmate
pagalbinis *a* auxiliary
pagalbos prašymas *n* recourse
pagalvė *n* pillow
pagalvėlė *n* cushion

pagaminti *v* beget
pagarba *n* esteem
pagarbi baimė *n* awe
pagarbiai *adv* regard
pagarbos atidavimas *n* salute
pagarbumas *n* courtesy
pagarbumas *n* reverence
pagarbus *a* courteous
pagarbus *a* respectful
pagarbus *a* reverential
pagardinti *v* season
pagarsėjęs *adv* superb
pagauti *v* catch
pagauti *v* nab
pagavimas *n* catch
pageidaujamas *n* desirable
pageidautinas *a* eligible
pageidavimas *n* appetence
pagelbėti *v* aid
pagelbėti *v* help
pagelbėti *v* succour
pagerbimas *n* homage
pagerbti *v* grace
pagerinimas *n* improvement
pagerinti *v* improve
pagieža *n* grudge
pagieža *n* malice
pagieža *n* rancour
pagieža *n* venom
pagiežingas *a* malicious
pagiežingas *a* malignant
pagiežingas *a* venomous
pagiežingumas *n* malignancy
pagirti *v* praise
pagirtinas *a* commendable
pagirtinas *a* creditable
pagirtinas *a* laudable
pagirtinas *a* praiseworthy
pagoda *n* pagoda
pagreitinti *v* accelerate
pagriebimas *n* clutch
pagrindas *n* mount
pagrindas *n* occasion
pagrindas *n* rudiment
pagrindinis *a* main
pagrindinis *a* major
pagrindinis ramstis *n* mainstay
pagrindinis veikėjas *n* protagonist
pagrįsti *v* reason
pagrobimas *n* abduction
pagrobti *v* abduct
pagrobti *v* kidnap
paguoda *n* solace
paguosti *v* solace
pagyrimas *n* praise
pagyvėjimas *n* revival
pagyvenęs *adv* elderly
pagyvėti *v* revive
pagyvinti *v* enliven
paiilgas *a* oblong
paikas *a* asinine
paikas *a* zany
pailgėti *v* lengthen
pailginti *v* prolong
paimtas į nelaisvę *a* captive
paimti į nelaisvę *v* capture
painiava *n* bungle
painiava *n* muddle
painioti *v* muddle
painus *a* intricate
paisantis *a* observant
paisymas *n* heed
paisymas *n* observance
paisyti *v* heed
pajamos *n* income
pajamos *n* proceeds
pajungimas *n* subjection
pajungti *v* subject
pajuoka *n* scoff
pajuoka *n* taunt
pajuokti *v* scoff
pajuokti *v* taunt
pajūris *n* offing

pajus *n* share
pakaitalas *n* substitute
pakakti *v* suffice
pakalikas *n* henchman
pakalikas *n* minion
pakankamai *adv* enough
pakankamai *adv* fairly
pakankamas *a* enough
pakankamas *a* sufficient
pakankamumas *n* sufficiency
pakartojimas *n* reiteration
pakartoti *v* repeat
pakartotinis leidimas *n* reprint
pakauškaulio didžioji anga *n* basial
pakeisti *v* alter
pakeisti *v* displace
pakeitimas *n* alteration
pakelimas *n* boost
pakėlimas *n* elevation
pakėlimas *n* uplift
pakelti *v* boost
pakelti *v* elevate
pakelti *v* lift
pakelti *v* raise
pakėlti *v* uplift
pakelti kėlikliu *v* jack
pakelti kvadratu *v* square
pakelti svertu *v* lever
pakenčiamas *a* endurable
pakenčiamas *a* tolerable
pakenkt *v* undermine
pakenkti *v* harm
pakepinti *v* fry
paketas *n* pack
paketas, apvali sumelė *n* packet
pakilimas *n* ascent
pakilimas *n* rise
pakilimas *n* uprising
pakilti *v* rise
pakilti *v* soar
pakilumas *n* sublimity
pakinktai *n* harness
paklaikęs *a* frantic
paklausimas *n* query
paklausti *v* query
paklodė *n* sheet
paklotė *n* mat
paklusnus *a* submissive
paklusti *v* obey
paklydėlis *n* stray
paklydęs *a* stray
paklydimas *n* fallacy
paklysti *v* astray
paklysti *v* stray
pakopa *n* tier
pakrantė *n* coast
pakrantė *n* strand
pakrantės *n* littoral
pakraštys *n* outskirts
pakratymas *n* shake
pakratyti *v* shake
pakrauti laivą *v* embark
pakreipti *v* tilt
pakreipti *v* tip
pakrypimas *n* tilt
pakštelėjimas *n* peck
pakštelėjimas *n* smack
pakštelėti *v* peck
pakštelėti *v* smack
pakuotė *n* packing
pakuoti *v* encase
pakuoti *v* pack
pakurstyti *v* stoke
pakurti *v* kindle
pakviesti *v* invite
pakvietimas *n* invitation
palaidas *a* loose
palaidinukė *n* blouse
palaidūnas *n* libertine
palaikymas *n* advocacy
palaikymas *n* support
palaikyti *v* further
palaikyti *v* support

palaikyti *v* uphold
palaikyti kieno nors pusę *v* side
palaima *n* bliss
palaima *n* boon
palaima *n* felicity
palaiminimas *n* benison
palaistyti *v* water
palanki nuomonė *n* approval
palankiai veikti *v* favour
palankumas *n* auspice
palankus *a* auspicious
palankus *a* beneficial
palankus *a* congenial
palankus *a* favourable
palankus *a* opportune
palapinė *n* tent
palei *adv* by
paleidimas *n* launch
paleisti *v* launch
paleisti *v* loose
paleistuvė *n* whore
palengvėjimas *n* relief
palengvinimas *n* alleviation
palengvinti *v* alleviate
palengvinti *v* relieve
palėpė *n* loft
paletė *n* palette
paliaubos *n* armistice
paliaubos *n* truce
paliepimas *n* order
paliepimas pristatyti suimtąjį į teismą suėmimo teisėtumui išaiškinti *n* habeas corpus
paliepti *v* order
palikimas *n* legacy
palikti *v* desert
palikti testamentu *v* bequeath
palikuonis *n* descendant
palikuonis *n* offspring
palikuonis *n* progeny
palikuonys *n* posterity
palinkimas *n* proclivity
palmė *n* palm
paltas *n* coat
palyda *n* escort
palyda *n* retinue
palyda *n* suite
palydėti *v* escort
palydovas *n* attendant
palydovas *n* satellite
palyginimas *n* simile
palyginti *v* liken
pamaina *n* shift
pamainymas *n* replacement
pamainyti *v* replace
pamatyti *v* sight
pamatyti *v* spot
pamazginė *n* cesspool
pamėgdžiojantis *a* mimic
pamėgdžiojimas *n* impersonation
pamėgdžiojimas *n* mimicry
pamėgdžioti *v* emulate
pamėgdžioti *v* impersonate
pamėgdžioti *v* mimic
pamėgdžiotojas *n* mimic
pamėgtas *a* beloved
pameistrys *n* apprentice
pamfletininkas *n* pamphleteer
pamilti *v* endear
paminėjimas *n* mention
paminėti *v* mention
paminėti *v* refer
paminti *v* conculcate
pamiršti *v* forget
pamišimas *n* craze
pamoka *n* lesson
pamokslas *n* sermon
pamokslauti *v* preach
pamokslauti *v* sermonize
pamokslininkas *n* preacher
pamoti *v* beckon
pamušalas *n* lining
pamušti *v* line
panacėja *n* panacea

panaikinimas *n* abolition
panaikinimas *n* nullification
panaikinimas *n* repeal
panaikinimas *n* revocation
panaikinti *v* abolish
panaikinti *v* nullify
panaikinti *v* overrule
panaikinti *v* repeal
panaikinti *v* revoke
panaikinti *v* void
panašėti *v* resemble
panašiai *adv* alike
panašiai *adv* likewise
panašumas *n* likeness
panašumas *n* resemblance
panašumas *n* similarity
panašumas *n* similitude
panašus *a* alike
panašus *a* similar
panašus į vyrą *a* manlike
pančiai *n* fetter
pančiai *n* shackle
pančioti *v* fetter
panegirika *n* panegyric
paneigimas *n* denial
paneigimas *n* refutation
paneigti *v* refute
panelė *n* damsel
panelis *n* panel
panėrimas *n* dip
panerti *v* duck
panieka *n* contempt
panieka *n* disdain
panieka *n* scorn
paniekinantis *a* contemptuous
paniekinti *v* disdain
paniekinti *v* scorn
paniekinti *v* spurn
panika *n* panic
panirti *v* dip
paniškai bėgti *v* stampede
paniškas bėgimas *n* stampede
paniuręs *a* sullen
panorama *n* panorama
pantalonai *n* pantaloon
panteistas *n* pantheist
panteizmas *n* pantheism
pantera *n* panther
pantomima *n* pantomime
papasakoti *v* tell
papeikimas *n* reprimand
papeikti *v* reprimand
papiktinimas *n* outrage
papiktinti *v* outrage
papildoma rinkliava *n* surcharge
papildomas *a* complementary
papildomas *a* extra
papildomas *a* supplementary
papildomas laikas *n* overtime
papildomas mokestis *n* supplement
papildomas mokėti *n* supplement
papildomi rinkimai *n* by-election
papildymas *n* accession
papildymas *n* adjunct
papildymas *n* appendage
papildyti *v* append
papipirinti *v* pepper
papirkti *v* bribe
paplisti *v* prevail
paplisti *v* spread
paplitęs *a* prevalent
paplitimas *n* prevalance
paplitimas *n* proliferation
paplūdimys *n* beach
paprasčiausias *a* mere
paprastas *a* simple
paprastasis amalas *n* mistletoe
paprastumas *n* simplicity
papratęs *a* accustomed
papratęs *a* wonted
paprotinis *a* customary
paprotys *n* custom
papūga *n* parrot

papuošti *v* adorn
parabolė *n* parable
paradantozė *n* pyorrhoea
paradas *n* parade
paradoksalus *a* paradoxical
paradoksas *n* paradox
paraduoti *v* parade
parafinas *n* paraffin
parafrazė *n* paraphrase
parafrazuoti *v* paraphrase
paraginimas *n* nudge
paragrafas *n* paragraph
paraiška *n* application
paraiška *n* tender
paraištė *n* sling
paralelizmas *n* parallelism
paralyžinis drebulys *n* palsy
paralyžiuotas *a* paralytic
paralyžiuoti *v* paralyse
paralyžius *n* paralysis
parama *n* assistance
parama *n* maintenance
parankus *a* handy
parašas *n* signature
parašiutas *n* parachute
parašiutininkas *n* parachutist
paraštė *n* margin
paraštinis *a* marginal
parašyti *v* pen
paraudimas *n* blush
paraudimas *n* flush
paraustantis *a* ablush
parausti *v* blush
parazitas *n* parasite
parblokšti *v* fell
parceliavimas *n* parcel
parceliuoti *v* parcel
pardavėjas *n* salesman
pardavėjas *n* vendor
pardavimas *n* sale
parduodamas *a* salable
parduoti *v* sell
parduoti iš varžytynių *v* auction
parduotuvė *n* shop
pareiga *n* duty
pareiga *n* onus
pareigingas *a* dutiful
pareikalauti *v* necessitate
pareikšti *v* assert
pareikšti *v* tender
pareikšti nuomonę *v* opine
pareikštis kaltinimus *v* indict
paremti *v* corroborate
paremti *v* maintain
parengiamosios priemonės *n* preliminary
parinkimas *n* choice
parinkimas *n* pick
parinkti *v* choose
parinkti *v* pick
parinkti laiką *v* time
parinkti žodžius *v* word
paris *a* parish
paritetas *n* parity
parkas *n* park
parkuoti *v* park
parlamentaras *n* parliamentarian
parlamentas *n* parliament
parlamentinis *a* parliamentary
paroda *n* exhibition
parodija *n* parody
parodijuoti *v* parody
parodymas *n* display
parodyti *v* display
parpulti *v* trip
paršavedė *n* sow
parsidavėlis *n* hireling
parsidavėliškas *a* venal
parsidavėliškumas *n* venality
parsidavinėti *v* prostitute
partizanas *n* guerilla
partizanas *n* partisan
partizaninis *a* partisan
partneris *n* partner

parūgštinti *v* acetify
paruošiamasis *a* preparatory
parūpinti *v* provide
pašaipa *n* gibe
pasaitas *n* tether
pasaka *n* tale
pasakėčia *n* fable
pasakėčių *a* fabulous
pasakojamasis *a* narrative
pasakojimas *n* narrative
pasakotojas *n* narrator
pasakotojas *n* teller
pasala *n* ambush
pašalinimas *n* removal
pašalinis *n* outside
pašalinti *v* excite
pašalinti *v* remove
pašalinti šarmus *v* leach
pasamdymas *n* hire
pasamdyti *v* hire
pašaras *n* fodder
pasas *n* passport
pašaukimas *n* calling
pašaukimas *n* vocation
pasaulietinis *a* lay
pasaulietis *n* layman
pasaulietiškas *a* temporal
pasaulietiškas *a* worldly
pasažas *n* passage
pasekėjas *n* follower
pasekmė *n* sequel
pasekti *v* track
pasėliai *n* crop
pasenęs *a* antiquated
pasenęs *a* outdated
pasėti *v* sow
pasiaukojantis *a* selfless
pasibaisėjimas *n* horror
pasibaisėtinas *a* nefandous
pasibaisėtinas *a* terrible
pasibjaurėjimas *n* repugnance
pasibjaurėti *v* loathe
pasibjaurėtinas *a* abominable
pasibjaurėtinas *a* loathsome
pasibjaurėtinas *a* repugnant
pasidalyti *v* divide
pasidavimas *n* submission
pasidavimas *n* surrender
pasididžiavimas *n* pride
pasiduoti *v* surrender
pasiekiamas *a* available
pasiekimas *n* achievement
pasiekti *v* achieve
pasiekti *v* reach
pasiekti kulminaciją *v* culminate
pasienis *n* frontier
pašiepimas *n* sneer
pašiepti *v* gibe
pašiepti *v* satirize
pašiepti *v* sneer
pasigailėtinas *a* piteous
pasigardžiavimas *n* relish
pasigėrėjimas *n* delight
pasigėrėtinas *a* admirable
pasiglemžti *v* purse
pasiirstymas *n* row
pasikartojantis *a* recurrent
pasikartojimas *n* recurrence
pasikartoti *v* recur
pasikeisti *v* transfigure
pasikelti *v* ascend
pasikliauti *v* rely
pasikliautinumas *n* steadiness
pasileidęs *a* licentious
pasileidimas *n* profligacy
pasilikti *v* remain
pasilikti *v* retain
pasilikti *v* stay
pasilsėti *v* rest
pasimainyti *v* shift
pasimatymas *n* rendezvous
pasimatymo vieta *n* tryst
pasinerti *v* steep
pasipiktinęs *a* indignant

pasipiktinimas *n* indignation
pasipiktinimas *n* resentment
pasipiršimas *n* proposal
pasipiršti *v* propose
pasipriešinimas *n* resistance
pasipūsti *v* swagger
pasipūtęs *a* smug
pasipūtimas *n* conceit
pasipūtimas *n* swagger
pasirašyti *v* sign
pasirinktis *n* option
pasirodymas *n* performance
pasirodyti *v* perform
pasiruošęs *a* ready
pasiruošimas *n* preparation
pasiruošti *v* prepare
pasirūpinti *v* fend
pasiryžimas *n* determination
pasiryžti *v* determine
pasisakymas *n* utterance
pasisavinimas *n* appropriation
pasisekimas *n* success
pasisekti *v* succeed
pasiskolinti *v* borrow
pasislėpti *v* abscond
pasislenkti *v* budge
pasišlykštėjimas *n* odium
pasisotinęs *a* satiable
pasitaikyti *v* arise
pasitaisyti *v* remedy
pasitarimas *n* conference
pasitarti *v* confer
pasiteisinimas *n* excuse
pasiteisinti *v* excuse
pasitenkinimas *n* contentment
pasitikintis *a* confident
pasitraukęs *a* secessionist
pasitraukimas *n* resignation
pasitraukimas *n* secession
pasitraukti *v* secede
pasiturintis *a* affluent
pasiturintis *a* wealthy
pasityčiojimas *n* mockery
pasityčioti *v* mock
pasiūlymas *n* offer
pasiūlymas *n* proposition
pasiūlymas *n* suggestion
pasiūlyti *v* offer
pasiūlyti *v* suggest
pasiųsti paštu *v* mail
pasiutimas *n* rabies
pasivaikščiojimas *n* stroll
pasivaikščioti *v* stroll
pasižadantis *a* promissory
pasižymėti *v* note
paskaita *n* lecture
paskala *n* rumour
paskanauti *v* delibate
paskata *n* goad
paskatinimas *n* inducement
paskatinti *v* embolden
paskatinti *v* goad
paskelbti *v* publicize
paskelbti galiojančiu *v* validate
paskelbti tabu *v* taboo
paskelbti už įstatymo ribų *v* outlaw
paskesnis *a* subsequent
paskiausiai *adv* last
paskirstymas *n* allocation
paskirstymas *n* distribution
paskirstymas vaidmenimis *n* casting
paskirstyti *v* allot
paskirstyti *v* apportion
paskirstyti *v* distribute
paskirti *v* allocate
paskirti *v* appoint
paskirti *v* devote
paskirti *v* impose
pasklisti *v* pervade
paskola *n* credit
paskola *n* loan
paskolinti *v* lend

paskutinio kurso studentas *n* undergraduate
paskutinis *a* last
paskyrimas *n* appointment
paslaptingas *a* mysterious
paslaptingas *a* secret
paslaptingumas *n* mystery
paslaptis *n* secret
paslauga *n* favour
paslaugumas *n* complaisance
paslaugus *a* complaisant
paslaugus *a* helpful
paslikas *a* prostrate
pašluostė *n* duster
pašluostė *n* mop
paslydimas *n* slip
paslysti *v* slip
pasmerkimas *n* denunciation
pasmerkti *v* denounce
pasnausti *v* nap
pasninkas *n* fast
pasninkauti *v* fast
pašokimas *n* leap
pašokti *v* leap
pašokti *v* spring
paspalvinti *v* tint
paspartinti *v* expedite
paspartinti *v* forward
paspirtukas *n* scooter
pasta *n* paste
pastaba *n* notice
pastaba *n* remark
pastanga *n* attempt
pastanga *n* effort
pastangos *n* endeavour
pastarasis *a* latter
pastaruoju metu *adv* lately
paštas *n* mail
paštas *n* post
paštas *n* post-office
pastatas *n* building
pastatyta suma *n* wager
pastatyti *v* erect
pastebėti *v* notice
pastebėti *v* remark
pastebėtinas *a* remarkable
pastebimas *a* appreciable
pastelė *n* pastel
paštinis *a* postal
pastiprinimas *n* reinforcement
pašto išlaidos *n* postage
pašto viršininkas *n* postmaster
pastogė *n* shelter
pastoliai *n* scaffold
pastorius *n* parson
pastovus *a* consistent
pastovus *a* stable
paštu *adv* post
pastūmėjimas *n* push
pasukimas *n* turn
pasukos *n* buttermilk
pasukti *v* turn
pasveikinimas *n* salutation
pasveikinimas *n* welcome
pasveikinti *v* felicitate
pasveikinti *v* salute
pasveikinti (svečią) *v* welcome
pašventinimas *n* sanctification
pašventintas *a* sacred
pašventinti *v* sanctify
pašviesėjimas *n* lightening
pasviras *a* italic
pasvirasis brūkšnys *n* slash
pasyvus *a* passive
pataikaujantis *a* subservient
pataikavimas *n* subservience
pataisa *n* remedy
pataisinis *a* remedial
pataisos namai *n* reformatory
pataisymas *n* amendment
pataisyti *v* amend
patalynė *n* bedding
patarėjas *n* counsellor
patarimas *n* advice

patarimas *n* tip
patarnaujanti *v* ministrant
patarnauti *v* minister
patarti *v* advise
patartina *adv* advisability
patartinas *a* advisable
patas *n* stalemate
pateikti *v* adduce
pateikti *v* submit
pateikti ieškinį *v* sue
pateikti svarstyti *v* propound
pateisinamas *n* justifiable
pateisinimas *n* justification
pateisinimas *n* vindication
pateisinti *v* justify
patempti sausgysles *v* sprain
patenkinamas *a* satisfactory
patenkinimas *a* content
patenkinimas *a* fulfilment
patenkinimas *a* gratification
patenkinimas *a* satisfaction
patenkintas *a* content
patenkintas *a* glad
patenkinti *v* fulfil
patenkinti *v* satisfy
patentas *n* patent
patentuotas *a* patent
patentuotas *a* proprietary
patentuoti *v* patent
patepti *v* anoint
patikėjimas *n* trust
patikėti *v* entrust
patikėti *v* trust
patikėtinis *n* trustee
patikimai saugojamas *a* secure
patikimas *a* reliable
patikimas *a* trusty
patikimas draugas *n* confidant
patiklus *a* credulity
patiklus *a* trustful
patikrinimas *a* verification
patikrinti *v* verify
patikti *v* like
patirti *v* experience
patirti orų poveikį (medienai, moliui) *v* weather
patirtis *n* experience
patogumai *n* convenience
patogus *a* convenient
patologinis mieguistumas *n* somnolence
patosas *n* pathos
patranka *n* cannon
patraukimas baudžiamojon atsakomybė *n* prosecution
patraukli *a* luscious
patrauklus *a* attractive
patraukti *v* enlist
patraukti atsakomybėn *v* arraign
patraukti baudžiamojon atsakomybėn *v* prosecute
patraukti į savo pusę *v* woo
patriotas *n* patriot
patriotiškas *a* patriotic
patriotizmas *n* partiotism
patronas *n* patron
patronatas *n* patronage
patronuoti *v* patronize
patrulis *n* patrol
patruliuoti *v* patrol
pats gražumas *n* prime
patvarus *a* durable
patvarus *a* lasting
patvinti *v* flood
patvirtinimas *n* affirmation
patvirtinimas *n* confirmation
patvirtinti *v* affirm
patvirtinti *v* approve
patvirtinti *v* confirm
paukščių medžiotojas *n* fowler
paukščiukas *n* nestling
paukštidė *n* aviary
paukštiena *n* poultry
paukštis *n* bird

paukštis giesmininkas *n* warbler
paunksmė *n* shade
pavadavimas *n* substitution
pavadinimas *n* name
pavadinimas *n* title
pavadinti *v* entitle
pavadinti *v* name
pavaduoti *v* substitute
pavaldinys *n* subordinate
pavaldus *a* subject
pavara *n* gear
pavardė *n* surname
pavasarinis *a* vernal
pavasaris *n* spring
pavedimas *n* errand
paveikti *v* affect
paveikti *v* effect
paveikti *v* influence
paveldas *n* heritage
paveldėjimas *n* heredity
paveldėjimas *n* inheritance
paveldėtas *a* hereditary
paveldėti *v* inherit
paveldimas *n* heritable
pavėluotas *a* belated
pavergimas *n* subjugation
pavergti *v* enslave
pavergti *v* subjugate
pavesti *v* assign
pavidalas *n* guise
pavidalas *n* semblance
paviljonas *n* pavilion
paviršius *n* surface
paviršutiniškas *a* cursory
paviršutiniškas *a* superficial
paviršutiniškumas *n* superficiality
pavojingas *a* dangerous
pavojingas *a* perilous
pavojus *n* danger
pavojus *n* hazard
pavojus *n* jeopardy
pavojus *n* peril
pavydas *n* envy
pavydas *n* jealousy
pavydėti *v* envy
pavydėtinas *a* enviable
pavydus *a* envious
pavydus *a* jealous
pavykęs *a* apt
pavyzdys *n* example
pažaboti *v* tether
pažadas *n* promise
pažadinti *v* rouse
pažanga *n* advancement
pažeidėjas *n* offender
pažeidimas *n* infringement
pažeidimas *n* violation
pažeidžiamas *a* vulnerable
pažeisti *v* infringe
pažeisti *v* violate
pažeisti etiketą *v* improper
pažeminimas *n* abasement
pažeminimas *n* humiliation
pažeminti *v* abase
pažeminti *v* humiliate
pažinimas *n* cognizance
pažįstami *a* kith
pažiūrėjimas *n* look
pažiūrėti *v* look
pažiūros *n* creed
pažliugęs *a* slushy
pažodinis *a* verbatim
pažodžiui *adv* verbatim
pažyma *n* note
pažymėti *v* denote
pažymėti žemėlapyje *v* map
pažymėtinas *a* noteworthy
pėda *n* foot
pedagogas *n* pedagogue
pedagogika *n* pedagogy
pedalas *n* pedal
pedantas *n* pedant
pedantiškas *a* pedantic

pedantiškumas *n* pedantry
pėdas *n* sheaf
pėdsakas *n* trace
peilis *n* knife
pelė *n* mouse
pelėda *n* owl
pelekas *n* fin
pelenai *n* ash
pelėsiai *n* mildew
pelėsiai *n* mould
pelkė *n* bog
pelkė *n* marsh
pelkėtas *n* marshy
pelnas *n* emolument
pelnas *n* profit
pelningas *a* lucrative
pelningas *a* profitable
pelningas *a* remunerative
pelningumas *n* yield
pelno mokestis *n* supertax
pelnytas *a* just
pelnyti *v* prize
pelnyti *v* yield
penis *n* penis
penki *n* five
penkiakampis *a* pentagon
penkiasdešimt *n* fifty
penkiolika *n* fifteen
penktadienis *n* Friday
pensas *n* penny
pensija *n* pension
pensininkas *n* pensioner
pensininkas *n* pensive
pentinas *n* spur
peonas *n* peon
per *prep* per
per burną *prep* orally
per daug apsunkinti *adv* overburden
per naktį *prep* overnight
per visą *prep* throughout
percepcija *n* perception
perdalyti *v* partition
perdėtas *a* undue
perdirbinys *n* retread
perdirbti *v* retread
perdozavimas *n* overdose
perdozuoti *v* overdose
perduoti *v* impart
perduoti *v* relay
perduoti per radiją *v* radio
pereiga *n* transition
perėmimas *n* interception
perėti *v* incubate
perforuoti *v* perforate
pergalė *n* victory
pergalingas *a* victorious
pergamentas *n* scroll
pergudrauti *v* outwit
pergyventi *v* outlive
pergyventi *v* undergo
periferija *n* periphery
perimetras *n* circumference
perimti *v* intercept
periodas *n* period
periodinis *a* periodical
periodinis leidinys *n* periodical
perjungiklis *n* switch
perjungti *v* switch
perkelti *v* ferry
perkeltinis *a* figurative
perkrauti *v* overload
perkrova *n* overload
perlaida *n* remittance
perlas *n* pearl
perleidimas *n* transfer
perleidžiamas *n* transferable
perleisti *v* alienate
perleisti *v* transfer
permainingas *a* mutative
permanentinis *a* permanent
permatomas *a* lucent
permatomas *a* transparent
permerkti *v* drench

permokos grąžinimas *n* rebate
pernelyg *adv* too
pernelyg gausus *a* superabundant
pernelyg patenkintas *a* complacent
pernuomoti *v* sublet
perrėkti *v* outcry
persekiojimas *n* chase
persekiojimas *n* persecution
persekioti *v* chase
persekioti *v* dog
persekioti *v* persecute
persekioti *v* victimize
persidirbti *v* overwork
persikas *n* peach
persikėlimas *n* transmigration
persileidimas *n* miscarriage
persileisti *v* miscarry
persirengimas *n* disguise
persirengti *v* disguise
persistengti *v* overdo
persistengti vaidinant *v* overact
perskirti *v* part
persmeigti *v* spear
persodinti *v* transplant
peršokti *v* hurdle
personalas *n* staff
personažas *n* personage
personifikacija *n* personification
persotinimas *n* surfeit
perspausdinti *v* reprint
perspėjimas *n* admonition
perspektyva *n* perspective
perspektyva *n* prospect
perspektyvus *a* promising
perspėti *v* admonish
perstatimas *n* permutation
persvara *n* odds
persvara *n* preponderance
persverti *v* outweigh
peršviesti rentgeno spinduliais *v* x-ray
pertaras *n* byword
perteikimas *n* conveyance
perteikti *v* convey
perteklinis *a* excess
perteklinis *a* redundant
perteklius *n* abundance
perteklius *n* excess
perteklius *n* redundance
perteklius *n* superabundance
perteklius *n* surplus
pertrauka *n* adjournment
pertrauka *n* break
pertrauka *n* pause
pertraukti *v* adjourn
pertraukti per vidurį *v* mid-off
pertrinti *v* pulp
perukas *n* wig
pervalkas *n* portage
pervaryti į kitą kelią *v* shunt
perversmas *n* subversion
perversmo *a* subversive
pervertinti *v* overrate
pervesti *v* remit
perviršis *n* superfluity
peržengimas *n* trespass
peržengti *v* overrun
peržengti *v* trespass
peržengti ribas *v* transcend
peržiūra *n* review
peržiūrėti *v* review
peržiūrėti *v* revise
pesimistas *n* pessimist
pesimistiškas *a* pessimistic
pesimizmas *n* pessimism
pesticidas *n* pesticide
pėstininkai *n* infantry
peštis *v* scuffle
peštis *v* thrash
peštukas *n* bully
peštynės *n* fray
peštynės *n* scuffle
pėstysis *n* pedestrian

peticija *n* petition
peticijos įteikėjas *n* petitioner
petys *n* shoulder
pianinas *n* piano
pianistas *n* pianist
piemuo *n* shepherd
pienas *n* milk
pieninė *n* dairy
pieniškas *a* milky
piešimas *n* drawing
piešti pieštuku *v* pencil
pieštukas *n* pencil
pietauti *v* dine
pietietis *n* south
pietietiškas *a* southern
pietinis *a* southerly
pietizmas *n* piety
pietų *a* south
pietų kryptis *n* south
pietūs *n* dinner
pieva *n* lea
piginti *v* cheapen
pigmėjas *n* pigmy
pigmėjas, neūžauga *n* pygmy
pigus *a* cheap
pikantiškas *a* piquant
pikas *n* peak
piketas *n* picket
piketuoti *v* picket
piktadariškas *a* maleficent
piktadarybė *n* misdeed
piktadarys *n* malefactor
piktadarys *n* villain
piktas *a* angry
piktas kaip širšė *a* waspish
piktavališkumas *n* nuisance
piktintis *v* resent
piktnaudžiaujantis *a* abusive
piktnaudžiauti *v* abuse
piktnaudžiauti *v* misuse
piktnaudžiavimas *n* abuse
piktnaudžiavimas *n* misapplication
piktnaudžiavimas *n* misuse
piktumas *n* malignity
piktybinis *a* malign
piktžolė *n* weed
pildyti *v* fill
pilietinis *a* civic
pilietis *n* citizen
pilietybė *n* citizenship
piligrimas *n* pilgrim
piligriminė kelionė *n* pilgrimage
piliorius *n* pillar
pilis *n* castle
piliulė *n* pill
pilkas *a* grey
pilnai *a* fully
pilnas *a* full
pilnas šaukštas *n* spoonful
pilnumas *n* fullness
pilotas *n* pilot
pilotuoti *v* pilot
pilstytojas *n* bottler
pilti *v* tip
pilti pylimą *v* bank
pilvas *n* abdomen
pilvas *n* belly
pilvinis *a* abdominal
pinigai *n* money
piniginė *n* purse
piniginė *n* wallet
piniginis *a* monetary
piniginis *a* pecuniary
pinigų kalykla *n* mint
pionieriauti *v* pioneer
pionierius *n* pioneer
pipiras *n* pepper
piramidė *n* pyramid
piratas *n* pirate
piratauti *v* pirate
piratavimas *n* piracy
pirkėjas *n* buyer
pirkinys *n* purchase

pirkti *v* buy
pirkti *v* purchase
pirma *a* first
pirmadienis *n* Monday
pirmaeilis *a* paramount
pirmapradis *a* primeval
pirmarūšis *a* prime
pirmas *a* first
pirmas *a* first
pirmenybė *n* preference
pirmesnis *a* antecedent
pirmiausiai *adv* primarily
pirmininkas *n* chairman
pirmininkauti *v* preside
pirminis *a* initial
pirminis *a* primary
pirmityvus *a* primitive
pirmtakas *n* antecedent
pirmtakas *n* predecessor
pirmyn *pron* forth
pirmyn *pron* forward
pirmyn *pron* on
pirmyn *pron* onwards
pirmyn! *pron* ahead
pirmyneigis *a* onward
pirštas *n* finger
pirštinė *n* gauntlet
pirštinė *n* glove
pistoletas *n* pistol
pisuaras *n* urinal
pitonas *n* python
pjaunamoji *n* reaper
pjaustyti *v* slice
pjauti *v* lance
pjauti *v* reap
pjauti *v* saw
pjauti dalgiu *v* scythe
pjautuvas *n* sickle
pjedestalas *n* pedestal
pjovėjas *n* harverster
pjūklas *n* saw
plačiai *n* wide
plačiai paplitęs *a* widespread
plaidinis *a* smock
plakatas *n* placard
plaktukas *n* hammer
plaktuvas *n* whisk
planas *n* plan
planeta *n* planet
planetinis *a* planetary
plantacija *n* plantation
planuoti *v* plan
plasnojimas *n* flutter
plasnoti *v* flutter
plaštakė *n* moth
platėti *v* flare
platforma *n* platform
platforminis prekinis vagonas *n* wagon
plati sofa *n* ottoman
platinti kelią *v* widen
platintojas *n* monger
platoniškas *a* platonic
platuma *n* latitude
platumas *n* breadth
platus *a* wide
platus drabužis *n* robe
plaukas *n* hair
plaukeliai *n* nap
plaukikas *n* swimmer
plaukimas *n* swim
plaukti *v* swim
plaukti valtimi *v* boat
plaunamas *a* washable
plaušamolis *n* adobe
plauti *v* wash
plautis *n* lung
plebiscitas *n* plebiscite
pleiskanos *n* dandruff
pleištas *n* wedge
pleištuoti *v* wedge
plekšnojimas *n* pat
plekšnoti *v* pat
plentas *n* road

plepalai *n* gossip
plepėti *v* chatter
plėšikas *n* robber
plėšikauti *v* rob
plėšikavimas *n* robbery
plėštinė žaizda *n* avulsion
plėšyti *v* rip
plėtoti *v* develop
plėtra *n* development
pliaukšėjimas *n* smack
pliaukšti *v* jabber
pliaupti *v* teem
plienas *n* steel
plieninis žirgas *n* steed
plikas *a* bald
plikas *a* bare
plisti *v* proliferate
plitimas *n* spread
pliuralinis *a* plural
pliurpti *v* blether
pliurza *n* slush
plius *adv* plus
pliusas *n* plus
pliuškentis *v* puddle
plojimai *n* applause
plojimas *n* clap
plokščias *a* flat
plokštė *n* slab
plokštuminis *a* plane
plomba *n* seal
plombuoti *v* seal
plonas *a* slim
plonas *a* thin
plonėti *v* thin
plonumas *n* small
plotas *n* area
ploti *v* applaud
ploti *v* clap
plotis *n* width
plovėjas *n* washer
plovimas *n* wash
plūdrumas *n* buoyancy
plūduras *n* buoy
plūduriuoti *v* float
plūgas *n* plough
plūktis *v* moil
plunksna *n* feather
plunksnainis *n* aigrette
pluoštas *n* batch
pluoštas *n* ply
plūstis *v* rail
pluta *n* crust
plynaukštė *n* plateau
plyta *n* brick
pneumonija *n* pneumonia
po *prep* after
po *prep* beneath
po *prep* beneath
po *prep* under
po laiko *prep* post-date
po mirties *prep* hereafter
po to *prep* afterwards
po to, kai *prep* after
po to, kai *prep* whereupon
po žmonos padu *prep* henpecked
pobūvis *n* party
podagra *n* gout
poema *n* poem
poetas *n* poet
poetė *n* poetess
poetika *n* poetics
poetiškas *a* poetic
poetiškumas *n* poetry
poezija *n* poesy
pogrindis *n* cellar
pogulis *n* nap
poilsiavietė *n* resort
poilsio kambarys *n* lounge
poilsis *n* repose
poilsis *n* rest
pokalbis *n* conversation
pokštas *n* hoax
pokštas *n* jest
pokštas *n* trick

pokštauti *v* hoax
pokštauti *v* jest
pokštauti *v* trick
poliarinis *v* polar
policija *n* police
policininkas *n* constable
policininkas *n* policeman
poligamija *n* polygamy
poligaminis *a* polygamous
poliglotas *n* polyglot1
polinkis *n* partiality
poliravimas *n* polish
poliruoti *v* polish
politechnikumas *n* polytechnic
politechniškas *a* polytechnic
politeistas *n* polytheist
politeistinis *a* polytheistic
politeizmas *n* polytheism
politika *n* politics
politikas *n* politician
politinis *a* political
polius *n* pole
polo *n* polo
pomėgis *n* liking
pomidoras *n* tomato
pomirtinis *a* posthumous
pompa *n* pomp
pompastika *n* pomposity
pompastiškas *a* pompous
ponai *n* Messrs
ponas *n* sir
pone *n* mister
pone *n* squire
ponia *n* missis, missus
ponis *n* pony
poniškas *a* lordly
pontifikatas *n* papacy
popieriaus formatas *n* foolscap
popierinė nosinaitė *n* tissue
popierius *n* paper
popiežiaus *a* papal
popiežius *n* pope
poplinas *n* poplin
populiacija *n* population
populiarinti *v* popularize
populiarumas *n* popularity
populiarus *a* popular
pora *n* couple
pora *n* pair
poras *n* leek
porcelianas *n* china
porcelianas *n* porcelain
porcija *n* portion
porcijuoti *v* portion
poreikiai *n* needs
porininkas *n* mate
portalas *n* portal
portatyvus *a* portable
portfelis *n* portfolio
portikas *n* portico
portjė *n* porter
portretas *n* portrait
portretinė tapyba *n* portraiture
poruoti *v* couple
poruoti *v* mate
poruoti *v* pair
poruotis *v* mate
posakis *n* adage
posakis *n* locution
poslinkis *n* bias
poslinkis *n* upheaval
posmas *n* stanza
post scriptum *adv* postscript
post mortem *adv* post-mortem
post mortem *adv* post-mortem
potašas *n* potash
potencialas *n* potential
potencialumas *n* pontentiality
potencialus *a* potential
potencija *n* potency
potraukis *n* affectation
potraukis *n* bent
potvarkis *n* ordinance
potvynio *a* tidal

potvynis *n* flood
potvynis ir atoslūgis *n* tide
povandeninis *a* submarine
povandeninis laivas *n* submarine
povas *n* peacock
povė *n* peahen
poveikis *n* impact
poveikis *n* influence
poza *n* pose
požeminė srovė *n* undercurrent
požeminis *a* subterranean
požeminis pasaulis *n* underworld
požeminis smūgis *n* tremor
pozicija *n* position
pozityvus *a* positive
požiūris *n* outlook
požiūris *n* standpoint
požiūris *n* view
pozuoti *v* pose
požymis *n* precursor
prabanga *n* luxuriance
prabanga *n* luxury
prabanga *n* opulence
prabangus *a* luxuriant
prabangus *a* opulent
pradėti *v* begin
pradėti *v* preface
pradėti *v* start
pradėti eiti pareigas *v* accede
pradininkas *n* originator
pradinukas *n* infant
pradmuo *n* outset
pradmuo *n* tenet
pradurta skylė *n* puncture
pradurti *v* pierce
pradurti *v* puncture
pradžia *n* beginning
pradžia *n* inception
pradžia *n* onset
pradžia *n* start
pradžiuginti *v* gladden
praeinamas *a* transitory
praeitis *n* past
pragaištingas *a* disastrous
pragaištis *n* disaster
pragaras *n* hell
pragariškas *a* infernal
pragarmė *n* abyss
pragmatiškas *a* pragmatic
pragmatizmas *n* pragmatism
pragyvenimas *n* livelihood
pragyvenimas *n* living
pragyvenimas *n* subsistence
pragyventi *v* subsist
prailginimas *n* prolongation
prakaitas *n* sweat
prakaitavimas *n* perspiration
prakaituoti *v* perspire
prakaituoti *v* sweat
prakartėlė *n* crib
prakeikimas *n* damnation
prakeikimas *n* malediction
prakeikti *v* damn
prakiurdyti *v* hole
praktika *n* practice
praktikantas *n* probationer
praktikantas *n* trainee
praktikuojantis gydytojas *n* practitioner
praktikuoti *v* practise
praktiškas *a* practical
pralaida *n* culvert
pralaimėjimas *n* defeat
pralaimėti *v* defeat
praleidimas *n* omission
praleidimas *n* skip
praleisti *v* omit
praleisti *v* skip
praleisti laiką *v* while
praminti *v* tread
pramogauti *v* entertain
pramogos *n* entertainment
pramonė *n* industry
pranašas *n* forerunner

pranašas *n* prophet
pranašaujantis nelaimę *a* ominous
pranašauti *v* indicate
pranašauti *v* prophesy
pranašesnis *a* pre-eminent
pranašesnis *a* superior
pranašingas ženklas *n* omen
pranašiškas *a* oracular
pranašiškas *a* prophetic
pranašumas *n* advantage
pranašumas *n* pre-eminence
pranašumas *n* superiority
pranašystė *n* prophecy
prancūziškas *a* French
prancūzų kalba *a* French
pranešėjas *n* messenger
pranešimas *n* advert
pranešimas *n* message
pranešimas *n* report
pranešti *v* apprise
pranešti *v* herald
pranešti *v* report
pranokti *v* excel
pranokti *v* surpass
praplovimas *n* ablution
praradimas *n* loss
prarasti *v* lose
prarėžti *v* slit
praryti *v* engulf
prasčiokas *a* commoner
prasidėjimas *n* commencement
prasidėti *v* commence
prasimanymas *n* figment
prašinėti *v* cadge
prasisunkimas *n* ooze
prasisunkti *v* ooze
prasiveržimas *n* outbreak
prasižengimas *n* transgression
prasižengti *v* transgress
praskiepas *v* slit
praskiestas *a* dilute
praskiesti *v* dilute
praslinkti *v* elapse
prašmatni procesija *n* pageant
prašmatnumas *n* splendour
prašmatnus *a* luxurious
prasmė *a* purport
prasta mityba *n* malnutrition
prasta reputacija *n* infamy
prastas *a* menial
prastas *a* plain
prastos eilės *n* crambo
pratarmė *n* foreword
pratarmė *n* preface
pratarti *v* utter
pratimas *n* exercise
pratrūkimas *n* burst
pratrūkti *v* burst
praturtinti *v* enrich
praustuvė *n* sink
pravardė *n* nickname
pravardžiuoti *v* nickname
pravažiavimas *n* thoroughfare
praviras *a* ajar
preambulė *n* preamble
precedentas *n* precedent
precizinis *a* precision
precizus *a* precise
predikatas *n* predicate
prekė *n* commodity
prekiauti *v* deal
prekiauti *v* market
prekiauti *v* trade
prekiautojas *n* dealer
prekiautojas *n* merchant
prekiautojas *n* seller
prekiavimas *n* merchandise
prekinis *a* marketable
prekyba *n* trade
prekybininkas *n* tradesman
prekybinis *a* mercantile
prekystalis *n* stall
prekyvietė *n* market

prelatas *n* prelate
preliminarus *a* preliminary
preliudija *n* prelude
premija *n* bonus
premija *n* premium
premjera *n* premiere
premjeras *n* premier
premjerinis *a* premier
prenumerata *n* subscription
prenumeruoti *v* subscribe
prerogatyva *n* prerogative
prestižas *n* prestige
prestižinis *a* prestigious
pretekstas *n* pretext
pretendentas *n* applicant
pretenzija *n* pretension
pretenzingas *a* pretentious
prevencija *n* prevention
prevencinis *a* preventive
prezentacija *n* presentation
prezidentas *n* president
prezidentinis *a* presidential
priaugti *v* accrue
pribarstyti *v* strew
priblokštas *a* aghast
pribrendusi *a* nubile
pribuvėja *n* midwife
prideramas *a* proper
priderinti *v* key
priderinti *v* match
pridėti *v* affix
pridėti piresdėlį *v* prefix
pridėti priesagą *v* suffix
pridėtinis *a* additional
pridėtinis mokestis *n* surtax
prie *prep* near
prie *prep* at
prieangis *n* porch
priebalsis *n* consonant
prieblanda *n* dusk
prieblanda *n* twilight
priedai *n* appurtenance
priedainis *n* chorus
priedas *n* addition
prieglobstis *n* asylum
prieglobstis *n* haven
prieglobstis *n* refuge
prieglobstis *n* sanctuary
priėjimas *n* access
priekabiauti *v* quibble
priekabiavimas *n* harassment
priekabis *n* quibble
priekabus *a* censorious
priekaištas *n* rebuke
priekaištas *n* reproach
priekaištauti *v* rebuke
priekaištauti *v* reproach
priekaištis *n* reproof
priekalas *n* anvil
priekinė koja *n* foreleg
priekinė sruoga *n* forelock
priekinis *a* front
priekis *n* front
prielaida *n* prerequisite
prielaida *n* presupposition
prielaidos *n* prerequisite
prielinksnis *n* preposition
priemaiša *n* impurity
priemiestinis *a* suburban
priemiestis *n* suburb
priėmimas *n* acceptance
priemonė *n* means
prieplaukos mokestis *n* wharfage
priepuolis *n* bout
priepuolis *n* fit
prieraišus *a* affectionate
prieš *prep* against
prieš *prep* ago
prieš *prep* anti
prieš *prep* before
prieš *prep* versus
prieš tai buvęs *a* previous
priesaga *n* suffix
priesaika *n* adjuration

priesaika *n* oath
priesakas *n* precept
priešakinis saugos postas *n* outpost
priešas *n* enemy
priešdėlis *n* prefix
priešgimdyminis *n* antenatal
priešgyniauti *v* contradict
priešgyniauti *v* gainsay
priešgyniauti *v* quarrel
priešgyniavimas *n* contradiction
priešgyniavimas *n* quarrel
priešgynumas *n* perversity
priešgynus *a* quarrelsome
priešingas *a* contrary
priešininkas *n* adversary
priešininkas *n* foe
priešintis *v* resist
priešiškas *a* adverse
priešiškas *a* hostile
priešiškas *a* inimical
priešiškumas *n* animosity
priešiškumas *n* animus
priešiškumas *n* enmity
priešiškumas *n* hostility
priešistorinis *a* prehistoric
prieskoniai *n* spice
prieskoningas *a* spicy
prieskonis *n* savour
prieskuoniuoti *v* spice
priešlaikinis *a* premature
priešlėktuvinis *a* anti-aircraft
priešnuodis *n* antidote
priešpastatyti *v* contrapose
priešpiečiai *n* forenoon
priešpiečiai *n* lunch
priešpiečiauti *v* lunch
prieštarauti *v* demur
prieštarauti *v* object
prieštaravimas *n* demur
prieštaravimas *n* objection
prieštaringas *a* absonant
priešvedybinis *a* premarital
prietaisas *n* appliance
prietaras *n* superstition
prietaringas *a* superstitious
prievarta *n* compulsion
prievartinis *a* forcible
prieveiksminis *n* adverbial
prieveiksmis *n* adverb
priežasties *a* causal
priežastingumas *n* causality
priežastis *n* cause
priežastis *n* reason
priežodinis *n* proverbial
priežodis *n* proverb
prigimtinis *a* inborn
priglausti *v* lodge
priimamasis *n* reception
priimti *v* accept
priimtinas *a* acceptable
priimtinas *a* admissible
prijaučiantis *a* sympathetic
prijaukintas *a* tame
prijaukinti *v* tame
prijausti *v* sympathize
prijungti *v* connect
prijungti *v* plug
prijungti laidą *v* wire
prijungti prie kabelinės televizijos tinklo *v* cable
prijuostė *n* apron
prikabinimas *n* attachment
prikabinti *v* attach
prikaišioti *v* upbraid
prikalti *v* nail
prikimšti *v* stuff
priklausantis *a* dependent
priklausomasis *a* dependant
priklausomumas *n* reliance
priklausomybė *n* addiction
priklausomybė *n* dependence
priklausyti *v* belong
priklausyti *v* depend

prikrauti *v* heap
prima facie *adv* prima facie
primenantis *a* reminiscent
primesti *v* enforce
primesti *v* impute
primesti *v* thrust
priminimas *n* reminder
priminti *v* remind
primygtinai reikalauti *v* insist
primygtinai siūlyti *v* ply
primygtinis *a* insistent
primygtinis reikalavimas *n* insistence
primygtinumas *n* urgency
princas *n* prince
princesė *n* princess
princesiškas *a* princely
principas *n* principle
prinokęs *a* mellow
prinokęs *a* ripe
prioras *n* prior
priorė *n* prioress
prioritetas *n* priority
prioritetinis *a* prior
pripainioti *v* bungle
pripažinimas *n* acknowledgement
pripažinti *v* acknowledge
pripažinti *v* adjudge
pripažinti *v* avow
pripažinti *v* concede
pripažinti negaliojančiu *v* invalidate
pripildytas *v* replete
pripildyti *v* replenish
priprasti *v* accustom
prisaikdinti *v* adjure
prisegti *v* pin
prisidėjimas *n* contribution
prisidengti *v* shield
prisidėti *v* contribute
prisiekti *v* conjure
prisiekti *v* swear
prisiekusysis *n* juror
prisiėmimas *n* assumption
prisiimti *v* assume
prisijungimas *n* affiliation
prisijungti *v* join
prisiminimai *n* reminiscence
prisiminimas *n* recollection
prisiminti *v* remember
prisirišimas *n* affection
prisišaukti *v* invoke
prisitaikyti *v* accommodate
priskirti *v* adhibit
priskirti *v* attribute
priskirti kokiai kategorijai *v* rank
prislėgti *v* afflict
prislėgtumas *n* affliction
prismeigti *v* peg
prismeigti *v* spike
prisotinimas *n* glut
prisotinimas *n* saturation
prisotinti *v* glut
prisotinti *v* saturate
pristatymas *n* delivery
pristatymas *n* show
pristatyti *v* deliver
prisukti *v* wind
pritaikomas *a* applicable
pritaikymas *n* adjustment
pritaikyti *v* adjust
pritaikyti *v* apply
pritariamasis *a* affirmative
pritariantis *a* agreeable
pritariantysis *n* seconder
pritarimas *n* assent
pritarti *v* agree
pritarti *v* assent
pritarti *v* endorse
pritrenkti *v* astound
prityręs *a* expert
privalėti *v* must

privalomas *a* obligatory
privalumas *n* cachet
privatumas *n* privacy
privatus *a* private
priversti *v* compel
priversti *v* force
priverstinis *a* compulsory
privilegija *n* privilege
prizas *n* prize
prižiūrėjimas *n* superintendence
prižiūrėti *v* oversee
prižiūrėti *v* superintend
prižiūrėtojas *n* overseer
prižiūrėtojas *n* warden
pro *prep* through
pro šalį *prep* by
pro šalį *prep* past
problema *n* problem
problematiškas *a* problematic
procedūra *n* procedure
procentas *n* percentage
procesas *n* process
procesija *n* procession
procesinis veiksmas *n* proceeding
produkcija *n* production
produktai *n* produce
produktas *n* product
produktyvumas *n* productivity
produktyvus *n* productive
produktyvus *n* prolific
profanuoti *v* profane
profesija *n* profession
profesionalas *n* professional
profesionalumas *n* proficiency
profesionalus *a* proficient
profesorius *n* professor
profilis *n* profile
profiliuoti *v* profile
proga *n* opportunity
programa *n* programme
programuodama *a* programme
progresas *n* progress
progresuoti *v* progress
progresyvus *a* progressive
projekcija *n* projection
projektas *n* project
projektorius *n* projector
projektuoti *v* project
proklamacija *n* proclamation
proklamuoti *v* proclaim
proktorius *n* proctor
prologas *n* prologue
propaganda *n* propaganda
propagandinis *a* propagandist
propagavimas *n* propagation
propaguoti *v* propagate
proporcija *n* proportion
proporcingas *a* proportionate
proporcinis *a* proportional
proseneliai *n* forefather
prospektas *n* prospsectus
prostitucija *n* prostitution
prostitutė *n* prostitute
prostracija *n* prostration
protas *n* mind
protaujantis *a* reasonable
proteinas *n* protein
protektorius *n* tread
protestas *n* protest
protestavimas *n* protestation
protestuoti *v* protest
protėviai *n* ancestry
protėvis *n* ancestor
protėvių *a* ancestral
protinis *a* mental
protinis dantis *n* wisdom-tooth
prototipas *n* prototype
protrūkis *n* outburst
protrūkis *n* sally
provincializmas *n* provincialism
provincialus *a* provincial
provincija *n* province
provokacija *n* provocation
provokacinis *a* provocative

provokuoti *v* provoke
proza *n* prose
prozinis *a* prosaic
prozodija *n* prosody
prunkšti *v* snort
prunkštimas *n* snort
psalmė *n* psalm
pseudonimas *n* alias
pseudonimas *n* pseudonym
psichiatras *n* psychiatrist
psichiatrija *n* psychiatry
psichika *n* psyche
psichiškai nesveikas *a* insane
psichiškai sveikas *a* sane
psichologas *n* psychologist
psichologija *n* psychology
psichologiškas *a* psychological
psichopatas *n* psychopath
psichoterapija *n* psychotherapy
psichozė *n* psychosis
publikacija *n* publication
publikuoti *v* publish
pudingas *n* pudding
pudra *n* powder
pudruotis *v* powder
pūdymas *n* fallow
pūga *n* blizzard
puikumas *n* grandeur
puikus *a* adorable
puikus *a* excellent
pūkas *n* piles
puldinėti *v* harass
pūliai *n* pus
pūlinys *n* abscess
pulkininkas *n* colonel
pulsas *n* pulse
pulsavimas *n* pulsation
pulsuoti *v* pulsate
pulsuoti *v* pulse
pumpuoti *v* pump
pumpuras *n* bud
puodas *n* pot
puodelis *n* cup
puodininkystė *n* pottery
puodžius *n* potter
puokštė *n* bouquet
puokštėlė *n* nosegay
puolimas *n* offensive
puošeiva *n* dandy
puoselėti *v* cherish
puoselėti *v* enshrine
puoselėti *v* foster
puošnus *a* smart
puošti *v* bedight
puošti brangakmeniais *v* jewel
puošti girliandomis *v* garland
puota *n* feast
puota *n* revel
puotauti *v* feast
puotauti *v* revel
puotautojai *n* reveller
puotavimas *n* revelry
pupelė *n* bean
puristas *n* purist
puritonas *n* puritan
puritoniškas *a* puritanical
purkšti *v* spray
purkštukas *n* nozzle
purpuras *n* purple
purškiklis *n* spray
purvas *n* dirt
purvas *n* mud
purvinas *a* dirty
pusbrolis *n* cousin
pusė *n* half
pusė *n* half
pusėtinas *a* mediocre
pusiaujas *n* equator
pusiausvyra *n* poise
pusinė gaida *n* minim
pušinis verpikas *n* xylophilus
pušis *n* pine
pusjuodis *a* bold
pūškuoti *v* puff

puslapis *n* page
pūslė *n* bladder
pūslė *n* blain
pūslė *n* bleb
pūslė *n* blister
puspadis *n* sole
pusrūsis *n* basement
pusrutulis *n* hemisphere
pusryčiai *n* breakfast
pūsti *v* blare
pūsti *v* blow
pustonis *n* undertone
pūti *v* rot
pūtimas *n* blow
putos *n* foam
putos *n* lather
putoti *v* foam
putpelė *n* quail
puvimas *n* rot
pykinimas *n* nausea
pykštelėjimas *n* pop
pykštelėti *v* pop
pyktis *n* anger
pylimas *n* bank
pylimas *n* dam
pylimas *n* embankment
pyragaitis *n* cake

R

rachitas *n* rickets
rachitinis *a* rickety
racionalizuoti *v* rationalize
racionalumas *n* rationality
racionalus *a* rational
racionas *n* ration
radiacija *n* radiation
radijas *n* radio
radikalus *a* radical
radis *n* radium
rafinavimo fabrikas *n* refinery
rafinuoti *v* refine
rafinuotumas *n* refinement
ragana *n* hag
ragana *n* witch
raganosis *n* rhinoceros
raganystė *n* witchcraft
ragas *n* horn
ragauti *v* taste
ragena *n* cornea
raginimas *n* instigation
raginti *v* urge
raibuliuoti *v* ripple
raidė *n* letter
raidinis *a* literal
raiškumas *n* verve
raištis *n* band
raitelis *n* trooper
raitelių būrys *n* troop
raitytis *v* writhe
raizginys *n* maze
raizginys *n* tangle
raizgyti *v* tangle
raja *n* ray
rajonas *n* district
rajonas *n* manor
rakandas *n* utensil
raketa *n* missile
raketa *n* rocket
raketė *n* racket
raktas *n* key
raliavimas *n* raling
ramentas *n* crutch
raminantieji *n* sedative
raminantis *a* calmative
raminantis *a* sedative
ramintis *v* calm
rampos šviesa *n* limelight
ramsas *n* rummy
ramstis *n* prop
ramuma *n* tranquility

ramumas *n* calm
ramumas *n* composure
ramus *a* placid
ramus *a* tranquil
ramybė *n* calm
randas *n* scar
randas *n* weal
randas *n* welt
randuoti *v* scar
rangas *n* rank
rangovas *n* contractor
rangytis *v* snake
rangytis *v* wriggle
ranka *n* arm
ranka *n* hand
rankena *n* handle
rankinis *a* manual
rankovė *n* sleeve
rankraštis *n* manuscript
rankšluostis *n* towel
rankų darbas *n* handiwork
rapyra *n* rapier
rasa *n* dew
rašiklis *n* pen
rasinis *a* racial
rasizmas *n* racialism
raškymas *n* pluck
raškyti *v* pluck
rašomasis stalas *n* desk
rąstas *n* log
rasti *v* find
raštingas *a* literate
raštingumas *n* literacy
raštininkas *a* yeoman
raštiškas įsakymas *n* writ
rašyti *v* write
rašytiniai parodymai *n* affidavit
rašytinis nurodymas *n* warrant
rašytojas *n* writer
ratas *n* wheel
ratifikuoti *v* ratify
ratilai *n* ripple
ratlankis *n* rim
ratlankis *n* spinner
raudojimas *n* lamentation
raudona *n* red
raudonas *a* red
raudonmedis *n* mahogany
raugėjimas *n* belch
raugėti *v* belch
raukinukai *n* frill
raukšlė *n* fold
raukšlė *n* wrinkle
raukšlėti *v* crankle
raukšlėtis *v* cockle
raukšlėtis *v* wrinkle
raukti *v* ruffle
rauktinukas *n* ruffian
raukytis *v* wince
raumeningas *n* muscular
raumenų skausmas *n* myalgia
raumuo *n* muscle
raundas *n* round
raupai *n* smallpox
raupsai *n* leprosy
raupsuotas *a* leprous
raupsuotasis *n* leper
rausti *v* flush
rausti *v* redden
rausvas *a* reddish
rausvas *a* rosy
rausvosios anglys *n* lignite
rauti su šaknimis *n* uproot
ravėti *v* weed
razina *n* raisin
reabilitacija *n* rehabilitation
reabilituoti *v* rehabilitate
reagavimas *n* response
reaguoti *v* react
reakcija *n* reaction
reakcinis *a* reactinary
realistas *n* realist
realistinis *a* realistic
realizmas *n* realism

realus *a* real
realybė *n* reality
receptas *n* prescription
receptas *n* recipe
recesija *n* recession
rečitalis *n* recital
redaguoti *v* edit
redakcinis *a* editorial
redaktorius *n* editor
redukcija *n* reduction
referendumas *n* referendum
refleksas *n* reflex
refleksinis *a* reflex
reforma *n* reform
reformacija *n* Reformation
reformacinis *a* reformatory
reformatorius *n* reformer
reformuoti *v* reform
refrenas *n* refrain
regėjimas *n* sight
regeneracija *n* regeneration
regeneruoti *v* regenerate
reginys *n* spectacle
regionas *n* region
regioninis *a* regional
registracija *n* registration
registracijos biuras *n* registry
registras *n* register
registratorius *n* registrar
registruoti *v* register
reglamentas *n* regiment
reglamentuoti *v* regiment
reguliariai važinėti į darbą ir atgal *v* commute
reguliarumas *n* regularity
reguliarus *a* regular
reguliavimas *n* regulation
reguliuoti *v* regulate
reguliuotojas *n* regulator
reidas *n* raid
reikalas *n* affair
reikalauti *v* demand
reikalauti *v* require
reikalauti grąžinti *v* reclaim
reikalavimas *n* demand
reikalavimas *n* requirement
reikalingas *a* requisite
reikėti *v* need
reikėti *v* want
reiklus *a* stern
reikmė *n* need
reikmė *n* want
reikmenys *n* tackle
reikšmė *n* meaning
reikšmė *n* signification
reikšmingas *a* capital
reikšmingas *a* meaningful
reikšmingas *a* significant
reikšmingumas *n* significance
reikšti *v* matter
reikšti *v* mean
reikšti *v* signify
reikšti mimika *v* mime
reikšti nepasitenkinimą *v* complain
reikšti užuojautą *v* commiserate
reiškinys *n* appearance
reklama *n* advertisement
reklaminis lapelis *n* handbill
reklamuoti *v* advertise
rekomendacija *n* commendation
rekomendacija *n* recommendation
rekomenduoti *v* commend
rekomenduoti *v* recommend
rekreacija *n* recreation
rekrūtas *n* recruit
rėksmas *n* bawl
rėksmingas *a* strident
rėkti *v* scream
rektifikacija *n* rectification
rektifikuoti *v* rectify
rekvizicija *n* requisition
rekvizitas *n* requiste

rekvizuoti *v* requisition
relaksacija *n* relaxation
relevantiškas *a* relevant
relevantiškumas *n* relevance
religija *n* religion
religinis *a* religious
reliktas *n* relic
rėmas *n* frame
rėmėjas *n* sponsor
rėminti *v* frame
remisija *n* remission
remti *v* sponsor
renesansas *n* renaissance
rengiamas *a* afoot
rengimas *n* arrangement
rengimas *n* training
renginys *n* event
rengti banketą *v* banquet
rengti reidą *v* raid
renovacija *n* renovation
renovuoti *v* renovate
rentgeno *a* x-ray
rentgeno spinduliai *n* x-ray
repatriacija *n* repatriation
repatrijantas *n* repatriate
repatrijuoti *v* repatriate
repečkojimas *n* scramble
repečkoti *v* scramble
repeticija *n* rehearsal
repetuoti *v* rehearse
replika *n* cue
replika *n* replica
reporteris *n* reporter
reprezentacija *n* representation
reprezentacinis *a* representative
reprezentantas *n* representative
reprezentuoti *v* represent
reprodukcija *n* reproduction
reprodukcinis *a* reproductive
reprodukuoti *v* reproduce
reputacija *n* reputation
requiem *adv* requiem
respektas *n* respect
respektuoti *v* respect
respiracija *n* respiration
respondentas *n* respondent
respublika *n* republic
respublikinis *a* republican
respublikonas *n* republican
restauracija *n* restoration
restauruoti *v* restore
restoranas *n* restaurant
retas *n* rare
retkarčiais *adv* occasionally
retkarčiais pasitaikantis *a* occasional
retorika *n* rhetoric
retorinis *a* rhetorical
retorta *n* retort
retrospektyva *n* retrospection
retrospektyviai *adv* retrospect
retrospektyvus *a* retrospective
retušas *n* retouch
reumatas *n* rheumatism
reumatinis *a* rheumatic
rėva *n* shoal
reveliacija *n* revelation
reversas *n* reverse
revizija *n* revision
revoliucija *n* revolution
revoliucinis *a* revolutionary
revoliucionierius *n* revolutionary
revolveris *n* revolver
rezervacija *n* reservation
rezervuaras *n* reservoir
rezervuoti *v* reserve
rezidencija *n* residence
rezidentas *n* resident
režimas *n* regime
rėžis *n* strip
rezistentas *n* resistant
reziumė *n* resume
reziumuoti *v* resume
rezonansas *n* resonance

rezonansinis *a* resonant
rėžtuvas *n* colter
rezultatas *n* result
riaumojimas *n* roar
riaumoti *v* roar
riaušės *n* riot
riba *n* border
riba *n* boundary
riba *n* verge
ribotas *a* borne
ribotas *a* limited
ribotis *v* abutted
ribotis *v* border
ricina *n* castor oil
ridenti *v* bowl
ridikėlis *n* radish
riebalai *n* fat
riebalinis navikas *n* wen
riedulys *n* boulder
riešas *n* wrist
riešinis *a* carpal
riešutas *n* nut
riftas *n* rift
rijimas *n* swallow
rikša *n* rickshaw
riksmas *n* scream
rimas *n* rhyme
rimbas *n* whip
rimtas *a* grave
rimtas *a* serious
rimuoti *v* rhyme
rinkėjas *n* compositor
rinkimai *n* election
rinkimų apygarda *n* constituency
rinkinys *n* kit
rinkliava *n* due
rinkliava *n* toll
rinkti klaviatūra *v* type
rinktinis *a* select
risčia *a* canter
risčia *a* trot
risnoti *v* trot
risti *v* roll
rišti *v* bale
rišti virve *v* rope
ritė *n* reel
riteris *n* knight
ritinys *n* roll
ritmas *n* rhythm
ritmiškas *a* rhythmic
ritualas *n* ritual
ritualinis *a* ritual
rizika *n* risk
rizikingas *a* risky
rizikingas žingsnis *n* venture
rizikuoti *v* risk
rizikuoti *v* venture
robotas *n* robot
rodyti *v* show
rodyti iniciatyvą *v* initiate
rodyti per televiziją *v* telecast
rodyti pirštu *v* point
rodytis *v* seem
rojalistas *n* royalist
rojus *a* paradise
romanas *n* novel
romaniūkštis *n* novelette
romantika *n* romance
romantiškas *a* romantic
romanų rašytojas *n* novelist
romas *n* rum
romumas *n* serenity
romus *a* docile
romus *a* serene
ropė *n* turnip
roplys *n* reptile
ropojimas *n* crawl
ropoti *v* crawl
rotacinis *a* rotary
rožančius *n* rosary
rožė *n* rose
rozetė *n* plug
rožinė *a* pink

rožinis *a* roseate
rūbai *n* clothes
rubinas *n* ruby
rublis *n* rouble
rūda *n* ore
ruda spalva *n* brown
rudas *a* brown
rudimentinis *a* rudimentary
ruduo *n* autumn
rūdys *n* rust
rudyti *v* erode
rūdyti *v* rust
rugiai *n* rye
rugpjūtis *n* August
rugsėjis *n* September
rūgštingumas *n* acidity
rūgštinis *a* acid
rūgštis *n* acid
rūgštus *a* sour
rūgti *v* sour
ruja *n* rut
rūkas *n* fog
rūkas *n* smoke
rūkstantis *a* smoky
rūkyti *v* smoke
rūmai *n* mansion
rūmai *n* palace
rungtiniauti *v* contest
rungtyniauti *v* context
runkelis *n* beet
ruonis *n* seal
ruošinys *n* blank
rūpėti *v* bother
rūpėti *v* care
rupija *n* rupee
rūpinimasis *n* care
rupūžė *n* toad
rūsčiai žiūrėti *v* scowl
rusenti *v* smoulder
rūšis *n* kind
rūšis *n* sort
rūšiuoti *v* assort
rūšiuoti *v* sort
rūšiuoti pagal dydį *v* size
rūškanas *a* cheerless
rūsti mimika *n* scowl
rūstus *a* harsh
rūstus *a* severe
rūstybė *n* severity
rūstybė *n* wrath
rūsys *n* vault
rutina *n* routine
rutiniškas *a* routine
rutulys *n* bowl
rutulys *n* orb
ryklys *n* shark
rykštė *n* scourge
ryšelis *n* bunch
ryškiai *a* stark
ryškiausias *a* salient
ryškus *a* stark
ryšulys *n* bale
ryšulys *n* bundle
ryšulys *n* package
rytai *n* east
rytas *n* morning
ryti *v* swallow
rytietis *a* oriental
rytietiškas *a* oriental
rytinis *a* eastern
rytoj *adv* tomorrow
rytojus *n* morrow
rytojus *n* tomorrow
rytų *a* east
rytų *a* orient
rytuose *adv* east
ryžiai *n* rice
ryžių laukas *n* paddy
ryžtingas *a* resolute

S

sąauga *n* adhesive
sąauginis *a* adhesive
šabatas *n* sabbath
šablonas *n* pattern
sabotažas *n* sabotage
sabotuoti *v* sabotage
sacharinas *n* saccharin
šachas ir matas *n* checkmate
šachmatai *n* chess
šachta *n* shaft
sadistas *n* sadist
sadizmas *n* sadism
safyras *n* sapphire
saga *n* button
sagtis *n* buckle
saikingas *a* temperate
saikingumas *n* temperance
šaipytis *v* jeer
šairas *n* shire
saitas *n* link
šaižus *a* shrill
sąjunga *n* union
sąjungininkas *n* ally
sąjungininkas *n* unionist
šaka *n* bough
šaka *n* branch
sakalas *n* falcon
šakalas *n* jackal
sakė *n* sake
šakelė *n* twig
šakelės *n* lop
sakinys *n* sentence
šaknis *n* root
šaknyti *v* root
sakramentas *n* sacrament
sakykla *n* pulpit
sakyti *v* say
sakyti kalambūrus *v* pun
sakyti komplimentus *v* compliment
sakytinis *a* viva-voce
sala *n* island
saldinti *v* candy
saldinti *v* sugar
saldinti *v* sweeten
saldumas *n* sweetness
saldumynai *n* candy
saldumynai *n* sweetmeat
saldumynas *n* sweet
saldus *a* sweet
saldus padažas *n* custard
šaldyti *v* freeze
šaldytuvas *n* fridge
šaldytuvas *n* refrigerator
saldžiakvapis *a* odorous
salė *n* hall
salelė *n* isle
šalia *adv* beside
šalikas *n* scarf
šalin *prep* aside
šalin *prep* away
šalintis *n* shun
šalis *n* country
šalis *n* land
šališkumas *n* partnership
šalmas *n* helmet
šalna *n* frost
salonas *n* parlour
salos *n* insular
salotos *n* salad
šaltakraujiškas *a* nerveless
šaltas *a* cold
šaltinis *n* source
šaltis *n* cold
šalutinis *a* incidental
šalutinis produktas *n* by-product
salvė *n* volley
sąlyga *n* condition
sąlyginis *a* conditional
sąlygojimas *n* stipulation

sąlygoti *v* stipulate
salyklas *n* malt
samanos *n* moss
sambūris *n* rally
samdytas žudikas *n* assassin
sąmojingas *a* spirited
sąmojingas *a* witty
sąmojis *n* witticism
sąmoningai *adv* purposely
sąmoningas *a* deliberate
šampūnas *n* shampoo
samtis *n* ladle
sanatorija *n* sanatorium
sąnaudų mažinimas *n* retrenchment
sandalas *n* sandal
sandėliavimas *n* storage
sandėlis *n* warehouse
sandeliukas *n* pantry
sandėliuoti *v* stock
sandelys *n* repository
sandėris *n* deal
sandoriai *n* dealing
sandoris *n* compact
sandrauga *n* commonwealth
sangrąžinis *a* reflexive
sangviniškas *a* sanguine
sanitaras *n* orderly
sanitarinis *a* sanitary
sankcija *n* sanction
sankcionuoti *v* sanction
sankryža perėja *n* crossing
šansas *n* chance
santaka *n* confluence
santakinis *a* confluent
santalas *n* sandalwood
santarvė *n* concord
šantažas *n* blackmail
šantažuoti *v* blackmail
santechnikas *n* plumber
santrauka *n* summary
santuoka *n* marriage
santuoka *n* wedding
santuokinis *a* conjugal
santuokinis *a* marital
santuokinis *a* spousal
santuokinis *a* wedlock
santuokinto amžiaus *a* marriageable
santykiai *n* intercourse
santykis *n* ratio
sąrama *n* lintel
sąrašai *n* lists
sąrašas *n* list
sardoniškas *a* sardonic
sargyba *n* guard
sargyba *n* sentinel
sargybinis *a* sentry
šarka *n* magpie
sarkastiškas *a* sarcastic
sarkazmas *n* sarcasm
šarmas *n* alkali
šarvai *n* armour
sąsaga *n* clasp
sąsaja *n* relation
sąsiauris *n* strait
sąskaita *n* bill
sąskaita faktūra *n* invoice
sąskaitininkas *n* accountant
sąskaitos gavėjas *n* payee
sąskaitų knyga *n* ledger
sąskaityba *n* accountancy
sąšlavynas *n* tip
sąstingis *n* stagnation
satyra *n* satire
satyrikas *n* satirist
satyrinis *a* satirical
šaudymo plyšys *n* loop-hole
šaudyti *v* fire
šaudyti salves *v* volley
saugiklis *n* fuse
saugiklis *n* protector
saugoti *v* custody
saugotis *v* beware

saugotojas *n* custodian
saugumas *n* safety
saugus *a* safe
sauja *n* handful
šaukimas *n* summons
šauklys *n* convener
šauklys *n* herald
šauksmas *n* shout
šauksmas *n* yell
šaukštelis *n* spoon
šaukti *v* shout
šaukti *v* yell
saulė *n* sun
saulėtas *a* sunny
saulutė *n* daisy
šaunamasis ginklas *n* gun
sausas *a* dry
sausgyslių patempimas *n* sprain
sausi pusryčiai *n* cereal
sausinimas *n* drain
sausra *n* drought
sausringas *a* arid
sausumos vėžlys *n* tortoise
šauti *v* shoot
šautuvas *n* rifle
sąvadauti *v* procure
sąvadautoja *n* bawd
sąvadavimas *n* procurement
savaitė *n* week
savaitinis *a* weekly
savaitraštis *n* weekly
savalaikis *a* timely
savanaudis *n* mercenary
savanaudiškas *a* selfish
savanoris *n* volunteer
savanoriškai *a* voluntarily
savanoriškas *a* voluntary
savasis aš *pron* self
savavališkas *a* arbitrary
sąveika *n* interplay
sąveika *n* liaison
savininkas *n* owner
savininkas *n* proprietor
savintis *v* appropriate
savistaba *n* introspection
savitarpio santykis *n* rapport
savivaldos *a* municipal
savivaldybė *n* municipality
savižudiškas *a* suicidal
savižudybė *n* suicide
savo vietoje *adv* apposite
sąvoka *n* notion
sąvokinis *a* notional
savonoriauti *v* volunteer
sąvybė *n* trait
sąžinė *n* conscience
sąžiningai *a* bonafide
sąžiningas *a* bonafide
sąžiningas *a* fair
sąžiningas *a* honest
sąžiningumas *n* honesty
scena *n* scene
scena *n* stage
scenarijus *n* script
schema *n* chart
schema *n* scheme
schematiškas *a* sketchy
schizma *n* schism
scholastinis *a* scholastic
sedanas *n* saloon
šedevras *n* masterpiece
sėdimas *a* sedentary
sedimentai *n* sediment
sėdmenys *n* buttocks
sėdynė *n* seat
segmentas *n* segment
segmentuoti *v* segment
segregacija *n* segregation
segreguoti *v* segregate
segti *v* button
segtukas *n* pin
seifas *n* safe
seilė *n* spittle
seilės *n* saliva

šeima *n* family
šeimininkas *n* host
seisminis *a* seismic
sekcija *n* section
sekimas *n* surveillance
sekinantis *a* trying
sėkla *n* semen
sėklidė *n* testicle
sėklinis *a* seminal
sėklos *a* seed
seklus *a* shallow
sekmadienis *n* Sunday
sėkmingas *a* fortunate
sėkmingas *a* successful
sėkmingas ėjimas *n* coup
sekrecija *n* secretion
sekretoriatas *n* secretariat (e)
sekretorius *n* secretary
seksas *n* sex
seksualumas *n* sexuality
seksualus *a* sexual
sekta *n* sect
sektantinis *a* sectarian
sekti *v* follow
sekti pėdomis *v* trail
sektinas pavyzdys *n* paragon
sektorius *n* sector
sekvencija *n* sequence
šelfas *n* shelf
sėlinti *v* creep
šelmis *n* rascal
šelmis *n* rogue
šelmiškas *a* roguish
šėlmiškas *a* sly
šelmystė *n* roguery
šėlsmas *n* spree
sėmenys *n* linseed
semestras *n* semester
seminaras *n* seminar
semti *v* ladle
semtuvas *n* shovel
senas *a* old
senatas *n* senate
senato *a* senatorial
senatoriškas *a* senatorial
senatorius *n* senator
senatvė *n* senility
senatvinis *a* senile
sendaikčiai *n* jumble
seniai žinomas *a* renowned
seniūnija *n* township
senovinis *a* ancient
sensacija *n* sensation
sensacingas *a* sensational
sentimentalus *a* sentimental
sentimentas *n* sentiment
senyvas *a* aged
separacija *n* separation
separatinis *a* separate
separuoti *v* separate
šepetys *n* brush
sepsis *n* sepsis
septinis *a* septic
septintas *a* seventh
septynetas *n* seven
septyni *n* seven
septyniasdešimt *n* seventy
septyniasdešimtas *n* seventieth
septyniolika *n* seventeen
septynioliktas *a* seventeenth
serbentai *n* currant
šerdis *n* core
serentis *n* marigold
sergantieji *n* infirm
sergantis *a* ill
sergantis *a* sick
sergėti *v* guard
sergėtojas *n* guardian
šeriai *n* bristle
šeriai *n* stubble
serialas *n* series
serijinis *a* serial
serijinis produktas *n* serial
šerti plaštaka *n* cuff

sertifikatas *n* certificate
šertis *v* moult
šertis *v* shed
servetėlė *n* napkin
seržantas *n* sergeant
seržas *n* serge
šešėlinis *a* shadowy
šešėlis *n* shadow
seseriškas *a* sisterly
seserybė *n* sisterhood
šeši *n* six
šešiasdešimt *n* sixty
šešiasdešimtas *n* sixtieth
sesija *n* session
šešiolika *n* sixteen
šešioliktas *a* sixteenth
šeštadienis *n* Saturday
šeštas *n* sixth
sėstis *v* sit
sesuo *n* sister
sėti *v* seed
šėtonas *n* satan
sezonas *n* season
sezoninis *a* seasonal
sfera *n* sphere
sferinis *a* spherical
ši naktis *n* tonight
šiąnakt *adv* tonight
šiandien *adv* today
šiandiena *n* today
šiapus *prep* hither
siaubingas *a* heinous
siaubingas *a* horrible
siaubingas *a* monstrous
siaubingas *a* terrific
siaubūnas *n* monstrous
siaučiantis *a* rampant
šiaudai *n* thatch
šiaudas *n* straw
siaura gatvelė *n* alley
siauras *a* narrow
šiaurė *n* north
šiaurėn *prep* north
šiaurės *prep* northerly
siaurėti *v* narrow
Šiaurinė žvaigždė *n* loadstar
šiaurinis *a* north
šiaurinis *a* northern
siaurinti *v* constrict
siaurukalnė *n* ravine
siausti *v* storm
siautėjimas *n* rampage
siautėti *v* rampage
siautulingas *a* uproarious
siautulys *n* frenzy
sidabras *n* silver
sidabrinis *a* silver
sidabruoti *v* silver
šiek tiek *adv* something
siekimas *n* pursuit
siekti *v* pursue
siekti *v* seek
siela *n* soul
sielvartas *n* sorrow
sielvartas *n* woe
sielvartauti *v* bewail
sielvartauti *v* grieve
sielvartauti *v* pine
sielvartauti *v* rue
sielvartauti *v* sorrow
sielvartingas *a* grievous
sielvartingas *a* woeful
sielvarto prislėgtas *a* woebegone
siena *n* wall
šienas *n* hay
šienauti *v* mow
sieninis *a* mural
siera *n* sulphur
sierinis *a* sulphuric
siesta *n* siesta
sietas *n* sieve
sietis *v* relate
sietynas *n* lustre
šifras *n* cipher

šifras *n* cypher
signalas *n* signal
signalinė raketa *n* flare
signalinis *a* signal
signalizuoti *v* signal
signataras *n* signatory
sija *n* girder
sijonas *n* skirt
sijoti *v* sieve
sikomoras *n* sycamore
šikšnosparnis *n* bat
šildyti *v* warm
šildytis *v* bask
silfidė *n* sylph
šilingas *n* shilling
šilkas *n* silk
silkė *n* herring
šilkinis *a* silken
šilkmedis *n* mulberry
silpnaprotystė *n* insanity
silpnas *a* weak
silpnavalis žmogus *n* weakling
silpninti *v* weaken
silpnumas *n* infirmity
silpnumas *n* weakness
šiltas *a* warm
šiltinė *n* typhus
siluetas *n* silhouette
šiluma *n* warmth
simbolinis *a* symbolic
simbolis *n* symbol
simbolizmas *n* symbolism
simbolizuoti *v* symbolize
simetrija *n* symmetry
simetriškas *a* symmetrical
simfonija *n* symphony
šimpanzė *n* chimpanzee
simpatija *n* sympathy
simpoziumas *n* symposium
simptomas *n* symptom
simptominis *a* symptomatic
šimtakojis *n* centipede
šimtalaipsnis *a* centigrade
šimtametis *n* centenarian
šimtametis *n* centennial
šimtas *n* hundred
šimtas tūkstančių *n* lac, lakh
šimtmetis *n* centenary
šimtmetis *n* century
šimtoji skaičiaus dalis *n* per cent
singlas *n* single
sinonimas *n* synonym
sinoniminis *a* synonymous
sintaksė *n* syntax
sintetika *n* synthetic
sintetinis *a* synthetic
sintezė *n* synthesis
šiokiadieninis *a* workaday
šioks toks *adv* something
širdgėla *n* grief
širdies *a* cardiacal
širdingai *adv* heartily
širdingas *a* cordial
širdis *n* heart
širdiškas *a* cordate
sirena *n* siren
širšė *n* hornet
sirupas *n* syrup
sisirūpinti *v* concern
sistema *n* system
sisteminis *a* systematic
sisteminti *v* systematize
šitai *prep* so
situacija *n* situation
siūbavimas *n* sway
siūbavimas *n* swing
siūbuoti *v* sway
siūbuoti *v* swing
šiukšlės *n* litter
šiukšlės *n* rubbish
šiukšlės *n* trash
šiukšlinti *v* litter
siūlai *n* yarn
siūlas *n* thread

siūlė *n* commissure
siūlė *n* seam
siūlėtas *a* seamy
siūlų kamuolys *n* clew
siūlyti *v* table
siūlyti didesnę kainą *v* outbid
siūlyti kainą *v* bid
siunta *n* consignment
siuntimas *n* shipment
šiupeliuoti *v* shovel
siurbčioti *v* sup
siurbėlė *n* leech
siurblys *n* pump
šiurkčiai elgtis *n* manhandle
šiurkštokas *a* broad
šiurkštus *a* coarse
šiurkštus *a* rough
šiurpas *n* shudder
šiurpinantis *a* ghastly
siurprizas *n* surprise
šiurpti *v* shudder
siųsti *v* send
siųsti *v* transmit
siųsti paštu *v* post
siųstuvas *n* transmitter
siūti *v* sew
siuvėjas *n* tailor
siuvėjauti *v* tailor
siuvinėjimas *n* embroidery
skaičiavimas *n* calculation
skaičiavimas *n* count
skaičiavimo vienetas *n* tally
skaičiuoklė *n* calculator
skaičiuoti *v* calculate
skaičiuoti *v* count
skaičiuoti taškus *v* score
skaičiuotojas *n* numerator
skaidrė *n* slide
skaidrėti *v* clear
skaidula *n* fibre
skaidymasis *n* decomposition
skaidytis *v* decompose
skaistybė *n* chastity
skaistykla *n* purgatory
skaitiklis *n* counter
skaitiklis *n* meter
skaitmeninis *n* numerical
skaitmuo *n* digit
skaitovas *n* reader
skaitvardinis *a* numeral
skaitymasis *n* deference
skaityti *v* read
skaityti paraidžiui *v* spell
skalauti *v* gargle
skalbiniai *n* laundry
skalbti *v* launder
skalbykla *n* laundress
skaldymas *n* split
skaldyti *v* split
skaldyti akmenis *v* quarry
skalė *n* scale
skalikas *n* hound
skalpas *n* scalp
skambėti *v* sound
skambinantysis *n* caller
skambinimas varpais *n* toll
skambinti *v* call
skambinti *v* ring
skambinti telefonu *v* telephone
skambinti varpais *v* toll
skambumas *n* sonority
skambutis *n* call
skandalas *n* scandal
skandalingas *a* flagrant
skandalinti *v* scandalize
skandavimas *n* chant
skanėstas *n* dainty
skanus *a* tasty
skaptuoti *v* hollow
skardėjimas *n* resource
skardėti *v* resound
skardinė *n* can
skardinė dėžutė *n* canister
skardis *n* brink

skarmalai *n* tatter
skatinamoji premija *n* bounty
skatinimas *n* incentive
skaudinti *v* pain
skaudulingas *a* sore
skaudulys *n* sore
skaudžiai apsirikti *v* blunder
skausmas *a* pain
skausmingas *a* painful
skautas *n* scout
skelbimas *n* poster
skeletas *n* skeleton
skenuoti *v* scan
skepetaitė *n* kerchief
skepticizmas *n* scepticism
skeptikas *n* sceptic
skeptiškas *a* sceptical
skeptras *n* sceptre
skerdėjas *n* butcher
skerdynės *n* carnage
skerdynės *n* massacre
skerdynės *n* slaughter
skerdžius *n* herdsman
skersai *adv* across
skersai *adv* across
skersai *adv* athwart
skersinis *a* mullion
skersinis *a* rung
skersti *v* butcher
skersti *v* massacre
skersti *v* slaughter
skersvėjis *n* draught
skėrys *n* locust
skęsti *v* drown
skėtis *n* umbrella
skeveldra *n* splinter
skeveldra *n* wreckage
skiemeninis *a* syllabic
skiemuo *n* syllable
skiepai *n* vaccine
skiepas *n* graft
skiepijimas *n* vaccination
skiepitojas *n* vaccinator
skiepyti *v* graft
skiepyti *v* vaccinate
skilti *v* splinter
škiperis *n* skipper
skiriamasis ženklas *n* hallmark
skirtingai nuo *adv* unlike
skirtingas *a* different
skirtingas *a* distinct
skirtingumas *n* distinction
skirtis *v* differ
skirtumas *n* difference
skirtumas *n* disparity
sklandus *a* fluent
sklandyti *v* glide
sklandytuvas *n* glider
skląstis *n* bolt
skląstis *n* latch
skleisti *v* emit
sklęsti *v* bolt
skliautas *n* arc
sklisti *v* waft
sklypas *n* estate
sklypas *n* site
skolininkas *n* debtor
skoningas *n* tasteful
skonis *n* flavour
skonis *n* taste
skorpionas *n* scorpion
škotas *n* Scot
škotiškas viskis *n* scotch
skraidukas *n* shuttlecock
skraistė *n* mantle
skraistė *n* shawl
skrajoti ratu *v* wheel
skrandis *n* stomach
skrandžio *a* gastric
skrebučiai *n* toast
skrepliai *n* sputum
skriausti *v* wrong
skriemulys *n* pulley
skristi *v* fly

skrodimas *n* dissection
skrosti *v* dissect
skrudinti *v* toast
skruostas *n* cheek
skruzdė *n* ant
skrybėlė *n* hat
skrydis *n* flight
skubėjimas *n* haste
skubėjimas *n* rush
skubėti *v* hasten
skubėti *v* hurry
skubėti *v* rush
skubinti *v* prompt
skubotas *a* hasty
skubotas *a* rash
skubotumas *n* hurry
skubus *a* express
skubus *a* prompt
skulptorius *n* sculptor
skulptūra *n* sculpture
skulptūrinis *a* sculptural
skundeiva *n* sneak
skurdas *n* poverty
skurdas *n* squalor
skurdus *a* scant
skurdžiai *adv* barely
skurdžius *n* pauper
skurstantis *a* needy
skųsti *v* sneak
skustis *v* shave
skustuvas *n* razor
skutelis *n* scrap
skutimasis *n* shave
skveras *n* square
skverbimasis *n* penetration
skverbtis *v* penetrate
skydas *n* shield
skylė *n* hole
skyrius *n* chapter
skyryba *n* punctuation
skyrybos *n* divorce
skystas *a* fluid
skystas *a* liquid
skystėti *v* liquefy
skystis *n* fluid
skystis *n* liquid
šlakstyti *v* sprinkle
šlamėti *v* brustle
slampinėti *v* loiter
šlamštas *n* junk
šlapias *a* wet
šlapimas *n* urine
šlapimo *a* urinary
šlapinimasis *n* urination
šlapintis *v* urinate
slaptas *a* clandestine
slaptavietė *n* cache
slaptavietė *n* hide
šlapti *a* wet
slaptumas *n* secrecy
šlapumas *n* wetness
slapus *a* secretive
slaugas *n* nurse
slaugyti *v* nurse
šlaunis *n* thigh
šlavimas *n* sweep
šleikštulys *n* sickness
slėnis *n* vale
slenkstis *n* threshold
šlepetė *n* slipper
slėpti *v* hide
slėpti delne *v* palm
slėptis *v* lurk
šliaužiantysis *n* creeper
slidu *a* slippery
šlietis *v* adjoin
šliudriška *a* slatternly
šliundra *n* slattern
šliuožti *v* skid
šliuožykla *n* skid
šliuzas *n* sluice
slogus *s* torrid
slopinimas *n* inhibition
slopinimas *n* repression

slopinti *v* inhibit
slopinti *v* quell
slopinti *v* repress
slopinti *v* stifle
šlovė *n* fame
šlovė *n* glory
šlovingas *a* glorious
šlovinimas *n* glorification
šlovinti *v* glorify
šlovinti *v* laud
slūgti *v* subside
sluoksnis *n* layer
sluoksnis *n* stratum
šluostymas *n* wipe
šluostyti *v* mop
šluostyti *v* wipe
šluostytis *v* towel
šluota *n* broom
šluoti *v* sweep
slydimas *n* slide
šlykštumai *n* filth
šlykštus *a* beastly
šlykštus *a* filthy
slyva *n* plum
smaginimas *n* amusement
smaginti *v* amuse
smagumas *n* fun
smagus *a* funny
smaigalys *n* spike
šmaikštuolis *n* wit
šmaikštus atsikirtimas *n* repartee
šmaikštus posakis *n* motto
smailėjimas *n* taper
smailėti *v* taper
smailiaviršūnė uola *n* pinnacle
smakras *n* chin
smalsauti *v* pry
smalsumas *n* curiosity
smalsus *a* curious
smalsus *a* inquisitive
smalsus *a* nosy
smaragdas *n* emerald
smarkiai smogti *v* wallop
smarkumas *n* vehemence
smarkus *a* brisk
smarkus *a* vehement
smarkus susijaudinimas *n* tumult
smarvė *n* stink
smaugimas *n* strangulation
smaugti *v* curb
smaugti *v* strangle
smaugti *v* throttle
smegenys *n* brain
smeigimas *n* stab
šmeištas *n* defamation
šmeišti *v* defame
šmeižikiškas *n* slanderous
šmeižtas *n* libel
šmeižtas *n* slander
šmeižtas *n* smear
šmeižti *v* backbite
šmeižti *v* malign
šmeižti *v* slander
šmeižti *v* smear
šmėkla *n* spectre
šmėkla *n* wraith
smėlingas *a* sandy
smėlis *n* sand
smelktis *v* seep
smerkimas *n* censure
smerkimas *n* condemnation
smerkti *v* censure
smerkti *v* condemn
smerktinas *a* objectionable
smilius *n* forefinger
smilkalas *n* incense
smilkinys *n* temple
smilkyti *v* cense
smirdėti *v* stink
smogas *n* smog
smogti *v* hit
smūgis *n* hit
smūgis plaštaka *n* cuff

smuikas *n* fiddle
smuikas *n* violin
smuikininkas *n* violinist
smuikuoti *v* fiddle
smulkiai papasakoti *v* recount
smulkmeniškas *a* petty
smulkmenos *n* particular
smulkus *a* minute
smurtas *n* violence
smurtinis *a* violent
šnabždesys *n* whisper
šnabždėtis *v* whisper
snaiperis *n* marksman
snapas *n* beak
snarglys *n* bogle
šnarpšti *v* sniff
šnarpštimas *n* sniff
snaudulys *n* doze
snaudulys *n* slumber
snausti *v* doze
snausti *v* slumber
šnekučiavimasis *n* chat
šnekučiuotis *v* chat
šnekučiuotis *v* converse
snepas *n* snap
šnervė *n* nostril
sniegas *n* snow
snieguotas *a* snowy
snigti *v* snow
šnipas *n* spy
šnipinėti *v* spy
šniurkščioti *v* whimper
snobas *n* snob
snobiškas *a* snobbish
snobizmas *n* snobbery
šnopavimas *n* pant
šnopuoti *v* pant
šnypšti *v* hiss
šnypštimas *n* hiss
socialistas *n* socialist
socializmas *n* socialism
sociologija *n* sociology
sodas *n* garden
sodininkas *n* gardener
sodininkystė *n* horticulture
sodinti *v* plant
sodinti *v* set
sodinti į vazoną *v* pot
sodinukas *n* sapling
sodomija *n* sodomy
sodomitas *n* sodomite
sofa *n* couch
sofa *n* sofa
šoferis *n* chauffeur
sofistas *n* sophist
sofistikuoti *v* sophisticate
sofizmas *n* sophism
šokas *n* shock
šokinėti *v* hop
šokinėti *v* jump
šokiruoti *v* shock
šokis *n* dance
šokoladas *n* chocolate
šokti *v* dance
soliarinis *a* solar
solidarumas *n* solidarity
solidus *a* sedate
solidus *a* solid
solinis *a* solo
solistas *n* soloist
solo *n* solo
solo *a* solo
somnambulizmas *n* somnambulism
šonas *n* side
sonetas *n* sonnet
šoninė *n* rack
šonkaulinis *a* costal
šonkaulis *n* rib
soros *n* millet
šortai *n* shorts
sostas *n* throne
sostinė *n* capital
sotintis *v* satiate

sotumas *n* satiety
šovinys *n* cartridge
špaga *n* baslard
špagatas *n* cord
spalis *n* October
spalva *n* colour
spalvinti *v* colour
spanielis *n* spaniel
sparčiai *adv* apace
sparnas *n* wing
sparnuotas *a* aliferous
sparta *n* rapidity
spartus *a* rapid
sparva *n* gadfly
spąstai *n* trap
spauda *n* press
spaudas *n* print
spaudimas *n* pressure
spaudos klaida *n* misprint
spausdinti *v* cyclostyle
spausdinti *v* print
spausdintuvas *n* cyclostyle
spausdintuvas *n* printer
spausti *v* press
spaustukas *n* peg
spazmas *n* spasm
spazminis *a* spasmodic
spec. drabužiai *n* overall
specialistas *n* specialist
specializacija *n* specialization
specializuotis *v* specialize
specialus *a* especial
specialus *a* special
specialybė *n* speciality
specifikacija *n* specification
specifikuoti *v* specify
specifinis *a* specific
spėjimas *n* guess
spekuliacija *n* speculation
spekuliantas *n* profiteer
spekuliuoti *v* profiteer
spekuliuoti *v* speculate
spėliojimas *n* surmise
spėlioti *v* surmise
spenelis *n* lobe
spenys *n* teat
sperma *n* sperm
spęsti spąstus *v* trap
spėti *v* guess
spiečius *n* cluster
spiečius *n* swarm
spiesti *v* swarm
spiestis *v* cluster
špilis *n* steeple
špinatas *n* spinach
spinduliavimas *n* radiance
spinduliuojantis *a* radiant
spinduliuoti *v* radiate
spindulys *n* radius
spiralė *n* spiral
spiralinis *a* spiral
spiritistas *n* spiritualist
spiritizmas *n* spiritualism
spirito varykla *n* distillery
spirti *v* kick
spjaudyklė *n* spittoon
spoksojimas *n* stare
spoksoti *v* agaze
spoksoti *v* stare
spontaniškas *a* spontaneous
spontaniškumas *n* spontaneity
sporadinis *a* sporadic
sportas *n* sport
sportininkas *n* sportsman
sportinis *a* sport
spraga *n* gap
spraga *n* lacuna
spragilas *n* cad
spragsėti *v* snap
spragtelėjimas *n* click
sprandas *n* nape
sprendimas *n* decision
sprendžiamasis *a* decisive
spręsti *v* tackle

sprintas *n* sprint
sprogimas *n* explosion
sprogimo banga *n* blast
sprogmenys *n* explosive
sprogstamasis *a* explosive
sprogti *v* explode
spuogas *n* pimple
spurguoti *v* fringe
spustelėti *v* sprint
spūstelėti *v* jab
spūstis *n* throng
sputnikas *n* sputnik
spygliuotas *a* barbed
spyris *n* kick
sraigė *n* snail
sraunus *a* torrential
srautas *n* spate
sriegpjovė *n* die
sritis *n* realm
sriuba *n* broth
sriuba *n* soup
srovė *n* stream
sruoga *n* skein
sruogelė *n* wisp
sruventi *v* trickle
sruvėti *v* stream
stabdys *n* brake
stabdys *n* drag
stabdyti *v* brake
stabilizacija *n* stabilization
stabilizuoti *v* stabilize
stabilumas *n* stability
stabmeldys *n* idolater
stabtelėti *v* pause
stačiakampis *n* oblong
stačiakampis *a* rectangle
stačiakampis *a* rectangular
stačias *a* erect
stačiomis *adv* upright
stacionarus *a* stationary
stadionas *n* stadium
štai *prep* that
staiga *adv* abrupt
staiga pakilti *v* surge
staiga pasirodyti *v* surface
staigiai kristi *v* swoop
staigiai užšokti *v* pounce
staigumas *n* impetuosity
staigus *a* impetuous
staigus kritimas *n* swoop
staigus šuolis *n* pounce
staigus, aštrus skausmas *n* pang
staklės *n* loom
stalas *n* table
stalčius *n* drawer
stalius *n* joiner
stambus *a* hefty
štampas *n* stamp
štampuoti *v* stamp
standartas *n* norm
standartas *n* standard
standartinis *a* standard
standartizacija *n* standardization
standartizuoti *v* standardize
standėti *v* stiffen
standus *a* stiff
statika *n* statics
statinaitė *n* cask
statiškas *a* static
statistika *n* statistics
statistikas *n* statistician
statistinis *a* statistical
statmenas *n* perpendicular
statmuo *n* perpendicular
statramstis *n* strut
statula *n* statue
status *a* steep
statusas *n* status
statutas *n* statute
statutinis *a* statutory
statymas *n* stake
statyti *v* build
statyti *v* stake
statyti arką *v* arch

statyti į pavojų *v* jeopardize
staugimas *n* howl
staugti *v* howl
stebėjimas *n* invigilation
stebėjimas *n* observation
stebėti *v* invigilate
stebėti *v* observe
stebėti save *v* introspect
stebėtis *v* marvel
stebėtojas *n* invigilator
stebėtojas *n* on-looker
stebuklas *n* marvel
stebuklas *n* miracle
stebuklingas *a* marvellous
stebuklingas *a* miraculous
stebuklingas *a* wondrous
stebulė *n* hub
stengtis *v* attempt
stengtis *v* endeavour
stengtis *v* strive
stengtis įsiteikti *v* court
stenografas *n* stenographer
stenografija *n* stenography
stepė *n* steppe
sterblinis gyvūnas *n* marsupial
stereotipas *n* stereotype
stereotipinis *a* stereotyped
sterilizacija *n* sterilization
sterilizuoti *v* sterilize
sterilumas *n* sterility
sterilus *a* sterile
steriotipizuoti *v* stereotype
sterlingas *n* sterling
sterlingų *a* sterling
stetoskopas *n* stethoscope
stiebas *n* mast
stiebas *n* stem
stigma *n* stigma
stiklas *n* glass
stiklius *n* glazier
stilius *n* style
stimulas *n* stimulus
stimuliantas *n* stimulant
stimuliuoti *v* stimulate
stipendija *n* scholarship
stipendininkas *n* scholar
stipinas *n* spoke
stipriai veikiantis *a* potent
stiprinti *v* strengthen
stiprintuvas *n* amplifier
stiprioji pusė *n* forte
stiprumas *n* strength
stiprus *a* strong
stiprus porteris *n* stout
stirta *n* rick
stiuardas *n* steward
stogas *n* roof
stoginė *n* shed
stogti *v* roof
stoikas *n* stoic
stoka *n* dearth
stoka *n* lack
stoka *n* scarcity
stokojantis *a* deficient
stokoti *v* lack
stopa *n* ream
storas *n* fat
štormas *n* gale
storžievis *a* boor
storžieviškas *a* gross
storžieviškas *a* unmannerly
stotas *n* build
stotas *n* physique
stotelė *n* halt
stoti piestu *v* rear
stotis *n* station
stovėjimas *n* standing
stovėsena *n* stand
stovėti *v* stand
stovykla *n* camp
stovyklauti *v* camp
stovyklinis *a* castral
straipsnis *n* article
straipsnis *n* clause

strategas *n* strategist
strategija *n* strategy
strategijas *n* strategem
strateginis *a* strategic
streikas *n* strike
streikuoti *v* strike
streikuotojas *n* striker
strėlė *n* arrow
strėlytė *n* dart
stresas *n* stress
stresuoti *v* stress
striktūra *n* stricture
stropumas *n* diligence
stropus *a* diligent
stropus *a* painstaking
stropus *a* studious
struktūra *n* structure
struktūrinis *a* structural
strutis *n* ostrich
stuburas *n* backbone
stuburas *n* spine
stuburo *a* spinal
studija *n* studio
studijavimas *n* study
studijuojantysis *n* student
studijuoti *v* study
stuklelėjimas *n* thump
stukteleti *v* thump
stulbinantis *a* splendid
stulbinantis *a* stupendous
stulpas *n* pale
stulpas *n* post
stūma *n* repulsion
stumdymasis *n* jostle
stumdyti *v* traffic
stumdytis *v* jostle
stumdytis pečiais *v* shoulder
stūmis *n* shove
stūmoklis *n* piston
stumtelėti *v* shove
stumti *v* push
stumti į pavojų *v* imperil
stuomuo *n* stature
šturmas *n* assault
šturmuoti *v* assault
stygius *n* shortage
stygius *n* stringency
su *prep* with
suardyti *v* sunder
suaugęs *a* adult
suaugimas *n* concrescence
suaugti *v* accrete
suaugusysis *n* adult
subinė *n* ass
subjektyvus *a* subjective
sublimuoti *v* sublimate
subordinacija *n* subordination
subordinacinis *a* subordinate
subordinuoti *v* subordinate
subruzdimas *n* ado
subsidija *n* grant
subsidija *n* subsidy
subsidijuoti *v* grant
subsidijuoti *v* subsidize
substancija *n* substance
subtilumas *a* subtlety
subtilus *a* subtle
suburti *v* rally
subyrėti *v* shatter
sudarkyti *v* mar
sudaryti *v* compound
sudaryti *v* constitute
sudaryti *v* total
sudaryti kontraktą *v* contract
sudaryti sąrašą *v* list
sudaryti sumą *v* amount
sudarytojas *n* draftsman
sudedamasis *a* component
sudedamoji dalis *n* constituent
sudėjimas *n* shape
suderinti *v* covenant
suderinti *v* tune
sudėti iš gabalų *v* piece
sudėtinis *a* constituent

sudie *adv* farewell
sudiev *adv* adieu
sudirginimas *n* irritation
sudrebinti *v* rock
suduoti letena *v* paw
sudužimas į skeveldras *n* wreck
sudužti į skeveldras *v* wreck
sūdyti *v* salt
suerzinimas *n* annoyance
suerzinimas *n* fret
suerzinti *v* annoy
suerzinti *v* fret
suerzinti *v* nettle
sufleris *n* prompter
sugebėjimas *n* ability
sugedęs *a* addle
sugėdinti *v* abash
suglebęs *a* flabby
suglostytas *a* slick
suglumimas *a* perplexity
sugluminti *v* baffle
sugluminti *v* bewilder
sugluminti *v* nonplus
sugluminti *v* perplex
sugniuždyti *v* prostrate
sugrąžinimas *n* reinstatement
sugriebimas *n* grasp
sugriebti *v* grasp
sugriūti *v* ruin
sugrįžimas *n* return
sugrįžti *v* return
sugulovė *n* concubine
sugundyti *v* entice
suimti *v* apprehend
suirti *v* collapse
suirutė *n* pandemonium
suirzęs *a* cross
sujaukti *v* mess
sujudęs *a* astir
sujudimas *n* commotion
sujungimas *n* connection
sujungimas *n* junction
sukabinimas *n* mesh
sukabinti kabėmis *v* staple
sukaktis *n* anniversary
sukalbamas *a* amenable
sukalbamas *a* compliant
šūkauti *v* hoot
šūkavimas *n* hoot
sukčiauti *v* bilk
sukčiauti *v* cheat
sukčiauti *v* swindle
sukčiavimas *n* swindle
sukčius *n* cheat
sukčius *n* swindler
sukelti *v* arouse
sukelti *v* induce
šukės *n* cullet
sukilėlis *n* insurgent
sukilęs *a* insurgent
sukilimas *n* insurrection
sukilimas *n* revolt
sukilti *v* revolt
sukimasis *n* rotation
sukimasis *n* spin
sukimasis *n* whirl
sukimosi centras *n* pivot
sukinėti rankose *v* toy
sukirpimas *n* trim
šūkis *n* slogan
šūkis *n* watchword
suklaidinti *v* misguide
suklaidinti *v* mislead
suklastotas *a* spurious
suklastoti *v* tamper
sukliudyti *v* thwart
suklysti *v* mistake
suknelė *n* dress
suknia *n* gown
šukos *n* comb
sukrėsti *v* jolt
sukrėtimas *n* jolt
suktas *a* cunning
suktas *a* tricky

šūktelėjimas *n* exclamation
šūktelėti *v* exclaim
sukti *v* revolve
sukti lizdą *v* nest
suktinė virvelė *n* whipcord
suktinukė *n* joint
suktis *v* rotate
suktis *v* spin
suktis apie ašį *v* pivot
suktukas *n* winder
suktuvas *n* windlass
suktybė *n* cunning
suktybė *n* deceit
suktybė *n* fix
šukuotinis *v* worsted
sukurti *v* design
sūkurys *n* whirl
sūkurys *n* whirlwind
sukvailėjęs *a* daft
sukviesti *v* convoke
sula *n* sap
sulaikyti *v* withhold
sulankstyti *v* convolve
sulankstyti *v* fold
sulenkimas *n* bend
sulenkimas *n* crease
sulenkti *v* bend
sulėtėti *v* slow
suliejimas *n* amalgamation
sulieti *v* amalgamate
sultingas *a* juicy
sultys *n* juice
suluošinimas *n* mutilation
suluošinti *v* mutilate
sulydyti *v* fuse
sulyginti *v* equate
suma *n* amount
suma *n* sum
sumaišyti *v* jumble
sumaitoti *v* maul
sumalti *v* mince
sumanus *a* clever
sumanus *a* intelligent
sumanus *a* politic
sumanytojas *n* mover
sumažėjimas *n* abatement
sumažėjimas *n* decrease
sumažinti *v* abate
sumažinti *v* curtail
sumažinti *v* decrease
sumažinti *v* lessen
sumažinti *v* reduce
sumažinti *v* slash
suminkštinti *v* soften
sumišimas *n* confusion
sumišti *v* confuse
sumoteriškėjęs *a* effeminate
sumuoti *v* sum
sumuštinis *n* sandwich
sunaikinimas *n* obliteration
sunaikinti *v* blight
sunaikinti *v* obliterate
sunaikinti *v* raze
šundaktariavimas *n* quackery
šundaktaris *n* quack
sūnėnas *n* nephew
sunerimęs *a* anxious
sunerti *v* interlock
šuniukas *n* puppy
sunki padėtis *n* plight
sunkiai įveikiamas *v* formidable
sunkio jėga *n* gravity
sunkumai *n* hardship
sunkumas *n* difficulty
sunkus *a* difficult
sunkus išmėginimas *n* ordeal
sunkvežimis *n* lorry
šunsnukis *n* bastard
sūnus *n* son
sunykti *v* depauperate
šuo *n* dog
suodžiai *n* soot
suokalbis *n* collusion
suolas *n* bench

šuoliai *n* gallop
šuolis *n* hop
šuolis *n* jump
šuoliuoti *v* gallop
šuoras *n* gust
supainioti *v* puzzle
supančioti *v* shackle
supantis *a* ambient
supaprastinimas *n* simplification
supaprastinti *v* simplify
supažindinimas *n* acquaintance
supažindinimas *n* introduction
supažindinti *v* acquaint
supažindinti *v* introduce
superlatyvas *n* superlative
suplakti *v* churn
suplanuoti *v* schedule
suplėkęs *a* musty
suplonėti *v* slim
suprantamas *a* intelligible
suprasti *v* understand
sūpuoti *v* dandle
supurvinti *v* bemire
supykdyti *v* displease
surašymas *n* census
suraukti antakius *v* frown
sureguliavimas *n* settlement
sureguliuoti *v* handle
sureguliuoti *v* settle
suregzti *v* scheme
surengti *v* arrange
surikiuoti *v* marshal
surinkti *v* assemble
sūris *n* cheese
surišti *v* tie
surūdijęs *a* rusty
sūrus *a* salty
sūrymas *n* brine
suryti *v* devour
suryti *v* gobble
susagstyti *v* fasten
sušaukti *v* convene
sušaukti *v* summon
susekamas *a* traceable
susekti *v* detect
susekti *v* trace
susibūrimas *n* muster
susidarantis *a* nascent
susidėvėjęs *a* worn
susidomėjęs *a* interested
susidraugauti *v* befriend
susidūrimas *n* smash
susidurti *v* crash
susidurti *v* smash
susierzinimas *n* irruption
susieti *v* link
susigėdęs *a* ashamed
susigrąžinimas *n* recovery
susigrąžinti *v* retrieve
susigūžti *v* cower
susigūžti *v* crouch
susijęs *a* cohesive
susijęs *a* pertinent
susijęs *a* relative
susikabinti *v* mesh
susikirsti *v* collide
susikirsti *v* intersect
susikirtimas *n* collision
susikirtimas *n* intersection
susikrimsti *v* distress
susikrimtimas *n* distress
susikūprinamas *n* stoop
susilaikyti *v* abstain
susilaikyti *v* refrain
susiliejimas *n* merger
susilieti *v* merge
susilieti *v* mingle
susilpninti *v* enfeeble
susilydęs *a* molten
susimaišyti *v* blend
susimaišyti *v* intermingle
susimąsčius ištarti *v* muse
susimąstęs *a* thoughtful
susimokyti *v* conspire

susinervinęs *a* nervous
susinervinimas *n* vexation
susirašinėti *v* correspond
susirėmimas *n* clash
susirėmimas *n* skirmish
susiremti *v* clash
susiremti *v* skirmish
susirgti gelta *v* jaundice
susirinkimas *n* assembly
susirinkimas *n* meeting
susirūpinimas *n* botheration
susirūpinimas *n* concern
susitaikymas *n* reconciliation
susitarimas *n* agreement
susitarimas *n* treaty
susitarti *v* transact
susitikimas *n* meet
susitikimo vieta *n* venue
susitikti *v* meet
susitraukimas *n* shrinkage
susitraukti *v* shrink
susituokti *v* marry
susižadėti *v* engage
susižadėtuvės *n* engagement
susižavėjęs *a* rapt
susižavėjimas *n* rapture
susižavėti *v* enrapture
suslėgti *v* compress
suslėgti *v* squeeze
šūsnis *n* pile
šūsniuoti *v* pile
suspausti *v* straiten
suspendavimas *n* suspension
suspenduoti *v* suspend
suspurdėti *v* tug
sustabdymas *n* stoppage
sustabdyti *v* stunt
sustingęs *a* stagnant
sustingti *v* stagnate
sustiprinti *v* amplify
sustiprinti *v* reinforce
sustojimas *n* standstill
sustojimas *n* stop
sustoti *v* halt
sustoti *v* stop
susukti *v* twist
sušveisti *v* demolish
sušvelninimas *n* mitigation
sušvelninti *v* allay
sušvelninti *v* assuage
sušvelninti *v* cushion
sušvelninti *v* mitigate
sušvelninti *v* soothe
sušvinkti *v* spoil
sutaikyti *v* conciliate
sutaikyti *v* reconcile
sutaisyti *v* fix
sutapimas *n* overlap
sutapti *v* coincide
sutapti *v* overlap
sutartinė *n* glee
sutartinė garantija *n* warranty
sutartis, paktas *n* pact
suteikti *v* bestow
suteikti *v* vest
suteikti atspalvį *v* tinge
suteikti pastogę *v* shelter
suteikti pavidalą *v* shape
suteikti prieglobstį *v* harbour
suteikti rinkimų teisę *v* enfranchise
suteikti riterio vardą *v* knight
suteikti spalvą *v* tincture
sutelkti *v* mass
sutelkti *v* muster
sutepimas *n* stain
sutepti *v* blot
sutepti *v* stain
sutikimas *n* permission
sutikti *v* consent
sutraukimas *n* abridgement
sutraukti *v* abridge
sutraukti į lentelę *v* tabulate
sutrikęs *a* aback

sutrinti *v* grind
sutrinti *v* mash
sutrinti *v* squash
sutriuškinimas *n* rout
sutriuškinti *v* rout
sutrukdymas *n* hitch
sutuoktinis *n* spouse
sutvarkytas *a* tidy
sutvarkyti *v* tidy
šutvė *n* crew
suvarstyti *v* lace
suvaržytas *a* stringent
suvaržyti *v* retrench
suvedžiojimas *n* seduction
suvedžiotas *a* seductive
suvedžioti *v* seduce
suvenyras *n* souvenir
suverenas *n* sovereign
suverenitetas *n* sovereignty
suverenus *a* sovereign
suveržti *v* strap
suvestinis *a* summary
suvienyti *v* rejoin
suvirinimas *n* weld
suvirinti *v* weld
šūvis *n* shot
suvokiamas *a* perceptible
suvokiantis *a* conscious
suvokimas *n* comprehension
suvokimas *n* perambulator
suvokti *v* comprehend
suvokti *v* perceive
suvynioti *v* furl
suvyriškėjimas *n* virility
sužadėti *v* betroth
sužadėtuvės *n* betrothal
sužadinti *v* evoke
sužadinti *v* whet
sužalojimas *n* injury
sužaloti *v* injure
sužavėti *v* captivate
sužavėti *v* enamour
sužeisti *v* wound
sužeisti kardu *v* sabre
sužlugdyti *v* disrupt
sužydėti *v* blossom
svaidomasis *a* projectile
svaidyti *v* hurl
svaigalas *n* intoxicant
svaiginimasis *n* intoxication
svaigintis *v* intoxicate
švaistantis *a* wasteful
švaistyti *v* waste
svajonė *n* dream
svajoti *v* dream
svaras sterlingų *n* pound
svarbiausia *adv* mainly
svarbumas *n* importance
svarbus *a* important
švarkas *n* jacket
švarkelis *n* jerkin
svarstymas *n* contemplation
svarstymas *n* deliberation
svarstyti *v* contemplate
svarstyti *v* deliberate
svarstytinas *a* negotiable
švartfalai *n* moorings
švartuotis *v* moor
švarumas *n* cleanliness
svarus *a* weighty
švarus *a* clean
švarus *a* neat
svečias *n* guest
svečių namai *n* inn
šveicaras *n* Swiss
šveicariškas *a* Swiss
sveikas *a* healthy
sveikas *a* sound
sveikas *a* well
sveikata *n* health
sveikatingas *a* lusty
sveikinimas *n* congratulation
sveikinti *v* congratulate
sveikinti *v* hail

sveikintis *v* greet
sveiko proto *a* judicious
sveiko proto *a* sensible
švelnus *a* gentle
švelnus *a* mild
šventadienis *n* holiday
šventas *a* holy
šventas *a* saintly
šventasis *n* saint
šventenybė *n* sanctity
šventimas *n* celebration
šventinė nuotaika *n* festivity
šventinti *v* consecrate
šventorius *n* churchyard
šventovė *n* shrine
Šventraštis *n* scripture
šventvagiškas *a* profane
šventvagiškas *a* sacrilegious
šventvagystė *n* sacrilege
šventykla *n* temple
šveplavimas *n* lisp
švepluoti *v* lisp
sverti *v* weigh
švęsti *v* celebrate
svetainė *n* drawing-room
svetima kalba *n* lingo
svetimas *a* vicarious
svetimavimas *n* adultery
svetimšalis *n* alien
svetimšalis *n* outlandish
svetingas *a* hospitable
svetingumas *n* hospitality
sviedinys *n* projectile
šviesa *n* light
šviesėti *v* lighten
šviesiai rožinis *a* pinkish
sviestas *n* butter
sviesti *v* fling
šviesti *v* light
šviesti ryškiau *v* outshine
sviestuoti *v* butter
šviesulys *n* luminary
šviesumas *n* lucidity
šviesus *a* bright
šviesus *a* light
šviesus *a* lucid
švietimas *n* education
šviežias *a* fresh
švilpauti *v* whistle
švilpesys *n* whistle
švilpimas *n* whine
švilpti *v* whine
švinas *n* lead
švininis *a* leaden
švinkimas *n* spoil
svirduliuoti *v* wobble
švirkštas *n* syringe
svirnas *n* grannary
svirties veikimas *n* leverage
svirtis *n* lever
švitinti *v* irradiate
svogūnas *n* onion
svoris *n* weight
svyravimas *n* indecision
svyruoti *v* vacillate
svyruoti tam tikrose ribose *v* range
švystelėjimas *n* glimpse
švytėjimas *n* shine
švytėti *v* shine
švytinti šypsena *n* beam
švytintis *a* aglow
švytintis *a* luminous
švytintis *a* shiny
švytuoklė *n* pendulum
švyturio žibintas *n* beacon
šydas *n* veil
šykštuolis *n* miser
šykštuolis *n* niggard
šykštus *a* mean
šykštus *a* miserly
šykštus *a* niggardly
šykštus *a* stingy
šypsena *n* smile

šypsotis *v* smile

T

tabakas *n* tobacco
tabaluoti *v* dangle
tabernakulis *a* ambry
tabletė *n* tablet
tabu *n* taboo
tabuliatorius *n* tabulator
taburetė *n* stool
tačiau *prep* however
tai *n* it
tai, kas neįmanoma *n* impossibility
taifūnas *n* typhoon
taigi *adv* so
taigi *adv* thus
taika *n* peace
taikingas *a* peaceful
taikinys *n* aim
taikus *a* pacific
taikus *a* peaceable
taikyti *v* deploy
taikytis *v* aim
taip *pron* that
taip *part* yes
taip pat *part* also
taisyklė *n* rule
taisymas *n* repair
taisyti *v* repair
takas *n* path
takelis *n* trail
taksi *n* cab
taksi *n* taxi
taktas *n* tact
taktika *n* tactics
taktikas *n* tactician
taktiškas *a* tactful
talentas *n* talent
talija *n* waist
talismanas *n* mascot
talismanas *n* talisman
talpinti *v* contain
talpinti *v* place
tam tikras *pron* particular
tam, kad *pron* that
tamarindas *n* tamarind
tamsa *n* dark
tamsaus gymio *a* swarthy
tamsėti *v* darkle
tamsiai raudona *a* crimson
tamsuma *n* gloom
tamsus *a* dark
tangentas *n* tangent
tankas *n* tank
tankiai gyvenamas *a* populous
tanklaivis *n* tanker
tankmė *n* thicket
tankumas *n* density
tankus *a* dense
tapatybė *n* identity
tapti *v* become
tapyba *n* painting
tapytojas *n* painter
tarakonas *n* cockroach
taranas *n* ram
taranuoti *v* ram
tardymas *n* inquisition
tarėjas *n* councillor
tariamas *a* mock
tarifas *n* tariff
tarimas *n* pronunciation
tarkuoti *v* grate
tarmė *n* dialect
tarnaitė *n* maiden
tarnas *n* servant
tarnauti *v* serve
tarnauti *v* soldier
tarnautojas *n* officer
tarp *prep* among

tarp *prep* amongst
tarp *prep* between
tarp *prep* mid
tarp ko *prep* midst
tarpeklis *n* defile
tarpinė *n* gasket
tarpininkas *n* intermediary
tarpininkas *n* mediator
tarpininkas *n* middleman
tarpininkauti *v* mediate
tarpininkavimas *n* mediation
tarpinis *a* intermediate
tarpusavio sąsaja *n* interdependence
tarpusavyje susiję *a* interdependent
tarti *v* pronounce
tarti be garso vien lūpomis *v* mouth
taryba *n* council
tas ar kitas *prep* either
tąsa *n* extent
taškas *n* dot
taškas *n* point
taškymasis *n* splash
taškytis *v* paddle
taškytis *v* splash
tatuiruotė *n* tattoo
tatuiruoti *v* tattoo
taukai *n* grease
taukšėti *v* clack
taukuotas *a* greasy
taukuoti *v* grease
taupumas *n* thrift
taupus *a* thrifty
taurė *n* goblet
taurinti *v* ennoble
taurumas *n* sublime
taurus *a* sublime
tauta *n* nation
tautinis *a* national
tauzijimas *n* yak
taverna *n* tavern
teatras *n* theatre
teatrinis *a* theatrical
technika *n* technique
technikas *n* technician
techninės pagalbos automobilis *n* wrecker
techninės smulkmenos *n* technicality
techninis *a* technical
technologas *n* technologist
technologija *n* technology
technologinis *a* technological
teigti *v* purport
teikiantis pirmenybę *v* preferential
teikimas *n* offering
teikti *v* render
teikti pirmenybę *v* prefer
teiktis *v* vouchsafe
teisė *n* right
teisėjai *n* judicature
teisėjas *n* judge
teisėjauti *v* officiate
teisėjauti *v* umpire
teisėjų *adv* judicial
teisėtai *adv* justly
teisėtas *a* lawful
teisėtumas *n* legitimacy
teisingai *a* aright
teisingai *a* aright
teisingas *a* right
teisingas *a* righteous
teisingas *a* truthful
teisingiau *adv* nay
teisingumas *n* justice
teisininkas *n* jurist
teisininkas *n* lawyer
teismas *n* court
teisminė valdžia *n* judiciary
teisti *v* judge
teisus *a* correct

teizmas *n* theism
teiztas *n* theist
tekėjimas *n* flow
tekėjimas ratu *n* circumfluence
tekėti *v* flow
tekinimo staklės *n* lathe
tekintojas *n* turner
tėkmė *n* torrent
tekstas *n* text
tekstilė *n* textile
tekstilinis *a* textile
tekstinis *a* textual
tekstūra *n* texture
telefonas *n* phone
telefonas *n* telephone
telegrafas *n* telegraph
telegrafija *n* telegraphy
telegrafinis *a* telegraphic
telegrafistas *n* telegraphist
telegrafuoti *v* telegraph
telegrama *n* telegram
telekomunikacijos *n* telecommunications
telepatas *n* telepathist
telepatija *n* telepathy
telepatiškas *a* telepathic
teleskopas *n* telescope
teleskopinis *a* telescopic
televizija *n* television
televizijos laida *n* telecast
tema *n* theme
tema *n* topic
teminis *a* thematic
tempas *n* pace
tempas *n* pulse
temperamentas *n* temperament
temperamentingas *a* sultry
temperamentingas *a* temperamental
temperatūra *n* temperature
tendencija *n* tendency
tenderis *n* tender
tenisas *n* tennis
tenkintis *v* content
tenykštis *n* indigenous
teokratija *n* theocracy
teologas *n* theologian
teologija *n* theology
teologinis *a* theological
teorema *n* theorem
teoretikas *n* theorist
teorija *n* theory
teorinis *a* theoretical
teorizuoti *v* theorize
tepalas *n* ointment
tepalinis *a* lubricate
tepaluotas *a* oily
tepaluoti *v* oil
tepimas *n* lubrication
tepteleti *v* dap
terapija *n* therapy
terasa *n* terrace
teritorija *n* territory
teritorinis *a* territorial
terjeras *n* terrier
terlionė *n* scribble
terlioti *v* scribble
terminalas *n* terminal
terminas *n* term
terminija *n* glossary
terminis *a* thermal
terminologija *n* terminology
terminologinis *a* terminological
terminuojamas *n* terminable
terminuotas *n* terminal
terminuoti *v* term
terminuoti *v* terminate
termometras *n* thermometer
termosas *n* flask
termosas *n* thermos (flask)
teroras *n* terror
teroristas *n* terrorist
terorizmas *n* terrorism
terorizuoti *v* terrorize

terpentinas *n* turpentine
teršalai *n* pollution
teršti *v* contaminate
tęsimas *n* continuation
tešla *n* dough
tešmuo *n* udder
testamentas *n* testament
testas *n* test
tęsti *v* continue
tęsti per vidurį *v* mid-on
tęstinis *a* continuous
tęstinumas *n* continuity
tęstis *v* last
testuoti *v* test
teta *n* aunt
tėvai *n* parent
tėvas *n* father
tėvažudys *n* parricide
tėvažudystė *n* patricide
tėvelis *n* dad, daddy
tėvo *a* paternal
tėvonystė *n* patrimony
tėvų *a* parental
tiara *n* tiara
tiek pat *adv* ditto
tiekėjas *n* supplier
tiekimas *n* provision
tiekimas *n* supply
tiekti *v* supply
tiesa *n* truth
tiesą sakant *adv* actually
tiesaus kirpimo suknelė *n* chemise
tiesiai *a* straight
tiesinti *v* straighten
tiesioginis *v* direct
tiesioginis *v* through
tiesioji žarna *n* rectum
tiesiu taikymu *adv* straightway
tiesmukas *a* outspoken
tiesmukas *a* straightforward
tiesus *a* straight
tigis *n* crevet
tigras *n* tiger
tigrė *n* tigress
tik *prep* just
tik, kad *prep* only
tikėjimas *n* belief
tikėjimas *n* creed
tikėjimasis *n* expectation
tikęs *a* apposite
tikėti *v* believe
tikėtinas *a* likely
tikėtinas *a* probable
tikėtinumas *n* likelihood
tikėtis *v* expect
tikimybė *n* probability
tikintis *a* faithful
tikintis pakelti kainas *v* rampart
tikmedis *n* teak
tikras *a* true
tikras *a* veritable
tikrasis *a* actual
tikriausiai *adv* probably
tikrinimas *n* check
tikrinti *v* check
tikroviškumas *n* verisimilitude
tikrumas *n* veracity
tikslas *n* purpose
tikslas *n* target
tiksliai *adv* due
tiksliai *adv* sharp
tikslingas *a* expedient
tikslumas *a* punctuality
tikslus *a* exact
tikslus *a* punctual
tiktai *a* only
tikti *v* fit
tikyba *n* faith
tildyti *v* quiet
tildyti *v* still
tiltas *n* bridge
tinginiauti *v* laze
tinginiavimas *n* laziness

tingus *a* lazy
tinkamai *a* right
tinkamas *a* fit
tinkamas *a* suitable
tinkamas vartoti *a* serviceable
tinkamumas *n* suitability
tinkantis *a* appositely
tinkas *n* daub
tinkas *n* plaster
tinklainė *n* retina
tinklas *n* net
tinklas (kompiuterių, prekybos) *n* network
tinklelis *n* lattice
tinklėtas *a* webby
tinktūra *n* tincture
tinkuoti *v* daub
tinkuoti *v* plaster
tipas *n* mould
tipas *n* type
tipiškas *a* typical
tipizuoti *v* typify
tirada *n* tirade
tironas *n* tyrant
tironija *n* tyranny
tirpalas *n* solution
tirpiklis *n* solvent
tirpinti *v* dissolve
tirpti *v* melt
tirpumas *n* solubility
tirpus *a* soluble
tiršta sriuba *n* bisque
tirštai *a* thick
tirštinti *v* thicken
tirštumas *n* thick
tirtėjimas *n* quiver
tirtėti *v* quiver
tįsojimas *n* stretch
tįsoti *v* stretch
titaniškas *a* titanic
tobulinti *v* perfect
tobulumas *n* perfection
toga *n* toga
toks *pron* such
toks *pron* such
toks *pron* that
toks pat *a* same
tolerancija *n* tolerance
tolerantiškas *a* tolerant
toleravimas *n* toleration
toleruoti *v* tolerate
toli *a* afar
toli *a* afield
toli *a* far
toliaregiškumas *n* foresight
toliau *prep* further
toliau vykti *v* proceed
tolimas *a* far
tolimas *a* remote
tolimesnis *a* further
tolimiausiais *a* innermost
tolis *n* far
tolyn *adv* along
tomas *n* tome
tona *n* ton
tonas *n* tone
tonizuojanti priemonė *n* tonic
tonizuojantis *a* tonic
tonizuoti *v* tone
tonzilė *n* tonsil
tonzūra *n* tonsure
topazas *n* topaz
topografas *n* topographer
topografija *n* topography
topografinis *a* topographical
tornadas *n* tornado
torpeda *n* torpedo
torpeduoti *v* torpedo
totalus *a* total
tradicija *n* tradition
tradicinė išmintis *n* lore
tradicinis *a* traditional
trafaretas *n* stencil
tragedija *n* tragedy

tragikas *n* tragedian
tragiškas *a* tragic
traiškyti *v* crush
trakcija *n* traction
traktas *n* tract
traktatas *n* tract
traktorius *n* tractor
tramvajus *n* tram
transakcija *n* transaction
transas *n* trance
tranšėja *n* trench
transformacija *n* transformation
transformuoti *v* transform
transkribuoti *v* transcribe
transkripcija *n* transcription
transliuojama laida *n* broadcast
transliuoti *v* broadcast
transliuoti per televiziją *v* televise
transmisija *n* transmission
transparantas *n* banner
transportas *n* transport
transportavimas *n* transportation
transporto priemonė *n* vehicle
transportuoti *v* transport
tranzitas *n* transit
tranzityvinis *a* transitive
trapus *a* brittle
trapus *a* fragile
trąša *n* dung
trąša *n* fertilizer
traškus *a* crisp
trauka *n* affinity
trauka *n* attraction
trauka *n* thrust
traukimas *n* pull
traukinys *n* train
traukti *v* attract
traukti *v* pull
trečdalis *n* third
trečia *n* thirdly
trečiadienis *n* Wednesday
trečias *n* third
trejybė *n* trinity
trekas *n* track
trelė *n* warble
treleliuoti *v* warble
tremti *v* banish
treneris *n* coach
treškėti *v* crackle
tręšti *v* fertilize
tręšti mėšlu *v* manure
tribūna *n* rostrum
tribunolas *n* tribunal
trichofilija *n* ringworm
trigubas *a* triple
trigubas *a* triplicate
trigubinimas *n* triplication
trigubinti *v* triple
trikampis *n* triangle
trikampis *n* triangular
trikdyti *v* commove
trikdyti *v* trouble
trikojis *a* tripod
trikotažas *n* hosiery
trimitas *n* bugle
trimitas *n* trumpet
trimituoti *v* trumpet
trinktelėjimas *n* bang
trinktelėti *v* bang
trinkti galvą *v* shampoo
trinti *v* rub
trintis *v* friction
trintukas *n* rubber
trio *n* trio
triokšteleti *v* snap
triplikatas *n* triplicate
triratukas *n* tricycle
trišalis *a* tripartite
trisdešimt *n* thirty
trisdešimt *n* thirty
trisdešimtas *a* thirtieth
trisdešimtoji dalis *n* thirtieth
triskart *adv* thrice

trispalvė *n* tricolour
trispalvis *a* tricolour
triukšmas *n* babel
triukšmas *n* noise
triukšmingas *a* noisy
triukšmingas *a* tumultuous
triukšmingi kasmetiniai studentų renginiai *n* rag
triukšmingos peštynės *n* brawl
triumfas *n* triumph
triumfinis *a* triumphal
triumfuojantis *a* triumphant
triumfuoti *v* triumph
triūsai *n* toils
triūsas *n* labour
triūsas *n* toil
triušidė *n* warren
triušis *n* rabbit
triūsti *v* labour
triūsti *v* toil
trivialus *a* trivial
trofėjus *n* trophy
trokštantis *a* desirous
trokštantis *a* wishful
trokšti *v* aspire
trokšti *v* crave
trokšti *v* desire
trokšti *v* thirst
trokšti *v* wish
tropikai *n* tropic
tropinis *a* tropical
troškimas *n* conation
troškimas *n* desire
troškinta mėsa *n* stew
troškinti *v* stew
troškulys *n* thirst
trūkčiojantis *a* jerky
trūkčioti *v* falter
trukdymas *n* hindrance
trukdymas *n* impediment
trukdyti *v* disturb
trukdyti *v* hinder
trukdyti *v* impede
trukmė *n* duration
truktelėjimas *n* lurch
truktelėti *v* lurch
trūkumas *n* blemish
trūkumas *n* demerit
trūkumas *n* drawback
trūkumas *n* shortcoming
trumpa apžvalga *n* synopsis
trumpai *a* short
trumparegis *n* myopic
trumparegystė *n* myopia
trumpas *a* short
trumpas ir atžarus *a* curt
trumpas raštelis *n* chit
trumpinimas *n* abbreviation
trumpinti *v* abbreviate
trumpinti *v* shorten
trumpumas *n* brevity
trupė *n* troupe
trupėti *v* crumble
trupinys *n* crumb
trupmena *n* fraction
truputis *n* little
truputis *n* mite
truputis *n* modicum
trykšlė *n* spurt
trykšti *v* spurt
trylika *n* thirteen
trylika *n* thirteen
tryliktas *a* thirteenth
trynimas *n* rub
trynys *n* yolk
trys *n* three
trys *n* three
tualetas *n* toilet
tuberkuliozė *n* tuberculosis
tūkstantis *n* thousand
tūkstantis *n* thousand
tūkstantmetis *n* chiliad
tūkstantmetis *n* millennium
tulžingas *a* virulent

tulžingumas *n* virulence
tulžis *n* bile
tunelis *n* tunnel
tuo būdu *adv* thereby
tuo metu *adv* during
tuo tarpu *adv* meanwhile
tuo tarpu kai *adv* whereas
tuoktis *v* wed
tuomet *adv* then
tuometinis *a* then
tuopa *n* poplar
tupėti *v* perch
tupėti *v* squat
turbanas *n* turban
turbina *n* turbine
turbulencija *n* turbulence
turbulencinis *a* turbulent
turėti *v* have
turėti atsargų *v* stock
turėti galvoje *v* mind
turėti naudos *v* benefit
turėti nuosavybėje *v* own
turėti persvarą *v* preponderate
turėti reikšmę *v* amount
turėti tendenciją *v* tend
turgus *n* fair
turgus *n* mart
turint omenyje *adv* considering
turintis gerą atmintį *a* retentive
turinys *n* content
turistas *n* tourist
turizmas *n* tourism
turnė *n* tour
turnyras *n* tournament
turtai *n* riches
turtai *n* wealth
turtingas *a* rich
turtingumas *n* richness
turto aprašas *n* seizure
turto areštas *n* lien
tušas *a* ink
tuščiagarbis *a* vainglorious
tuščiakalbis *a* windbag
tuščias *a* empty
tuščiaviduris *a* hollow
tuštinti *v* empty
tuštuma *n* void
tuštybė *n* vainglory
tuštybė *n* vanity
tūzas *n* ace
tuzinas *n* dozen
tvaksėjimas *n* palpitation
tvankus *a* muggy
tvarka *n* tidiness
tvarkaraštis *n* schedule
tvarkdarys *n* bouncer
tvarkingas *a* orderly
tvarkos prižiūrėtojas *n* usher
tvarkyti dokumentus *n* file
tvarstis *n* bandage
tvarstyti *v* bandage
tvenkinys *n* pond
tverti *v* fence
tvinkčiojimas *n* throb
tvinkčioti *v* throb
tvirkinimas *n* debauch
tvirkinimas *n* molestation
tvirkinti *v* debauch
tvirkinti *v* molest
tvirtai laikytis *v* abide
tvirtas *a* hale
tvirtas *a* robust
tvirtas *a* sturdy
tvirtinimas *n* allegation
tvirtinimas *n* claim
tvirtinti *v* allege
tvirtinti *v* claim
tvirtinti *v* fortify
tvirtovė *n* bulwark
tvirtovė *n* fortress
tvirtovė *n* stronghold
tvirtovės sienos *n* bawn
tvirtumas *n* fortitude
tvirtumas *n* tenacity

tviskantis *a* resplendent
tvistas *n* twist
tvora *n* fence
tvoti *v* whack
tyčinis *a* intentional
tykoti *v* waylay
tyla *n* quiet
tyla *n* silence
tylėti *v* silence
tyliai sutikti *v* acquiesce
tyluma *n* hush
tyluma *n* stillness
tylus *a* mum
tylus *a* quiet
tylus *a* silent
tylus *a* still
tylus sutikimas *a* acquiescence
tymai *n* measles
tyrė *n* mash
tyrimas *n* inquiry
tyrinėjimai *n* research
tyrinėjimas *n* exploration
tyrinėjimas *n* investigation
tyrinėti *v* explore
tyrinėti *v* research
tyrlaukis *n* wilderness

U

ūdra *n* otter
ugdyti *v* educate
ūgis *n* inch
ugnikalnis *n* volcano
ugnis *n* fire
ūkas *n* nebula
ūkauti *v* hallow
ūkiniai pastatai *n* outhouse
ūkininkas *n* farmer
ūkininkavimas *n* husbandry
ūkis *n* farm
ūkvedė *n* matron
ultimatumas *n* ultimatum
ūminis *a* argute
ūmus *a* acute
uncija *n* ounce
undinė *n* mermaid
unikalus *a* unique
unisonas *n* unison
universalumas *n* universality
universalus *a* universal
universitetas *n* university
uodas *n* mosquito
uodega *n* tail
uoksas *n* hollow
uola *n* rock
uolumas *n* solicitude
uolus *a* solicitous
uostas *n* harbour
uostas *n* port
uostomieji *a* snuff
upė *n* river
upelis *n* beck
upokšnis *n* brook
upokšnis *n* rivulet
upokšnis *n* streamlet
uraganas *n* hurricane
urgzti *v* snarl
urmu *adv* wholesale
urna *n* urn
urvas *n* burrow
urzgimas *n* growl
urzgimas *n* snarl
urzgti *v* growl
ūsai *n* moustache
ūsai *n* mustache
ūsakojai *n* barnacles
usnis *n* thistle
utėlė *n* louse
utilitarinis *a* utilitarian
utilizacija *n* utilization
utilizuoti *v* utilize

utopija *n* utopia
utopinis *a* utopian
uvertiūra *n* overture
už *prep* behind
už (ribų) *prep* outside
už borto *adv* overboard
užantis *n* bosom
užbėgti už akių *v* forestall
užburti *v* bewitch
užburti *v* enchant
uždarumas *n* closure
uždarumas *n* insularity
uždarumas *n* reticence
uždarymas *n* close
uždaryti *v* close
uždaryti į arklidę *v* stable
uždegiminis *a* inflammatory
uždelstas *a* overdue
uždengti šydu *v* veil
uždėti antrankius *v* handcuff
uždėti/nuimti kepurę *v* cap
uždirbti *v* earn
uždraudimas *n* ban
uždraudimas *n* injunction
uždrausti *v* ban
uždrausti *v* forbid
uždumblėti *v* silt
užduoti *v* relinquish
užduoti *v* task
užduotis *n* task
užėmimas *n* occupancy
ūžesys *n* din
užgaida *n* fad
užgaulioti *v* aggrieve
užgavimas *n* slur
užgesęs *a* extinct
užgniaužimas *n* suppression
užgniaužti *v* suppress
užgriozdinti *v* clutter
užgriozdinti *v* encumber
užgultas *v* stuffy
užimantis postą *n* incumbent
užimti pozicijas *v* man
užimti sostą *v* throne
užimtumas *n* employment
užjausti *v* condole
užjausti *v* pity
užkabinėjimas *n* solicitation
užkabinėti *v* solicit
užkampis *n* nook
užkandėlė *n* appetizer
užkandis *n* snack
užkariauti *v* conquer
užkariavimas *n* conquest
užkelti *v* heave
užkietėjęs *a* tough
užkimęs *a* hoarse
užkimšti burną *v* gag
užkirsti kelią *v* prevent
užklausa *n* request
užklausti *v* request
užkliudymas *n* graze
užkliūti *v* stumble
užkliuvimas *n* stumble
užkrečiamas *a* contagious
užkrečiamas *a* infectious
užkrėsti *v* infect
užkrėtimas *n* infection
užkulisinis *a* underhand
užlaikymas *n* retardation
užlaikyti *v* detain
užlaikyti *v* restrain
užlieti *v* swamp
užliūliavimas *n* lull
užliūliuoti *v* lull
užlopyti *v* mend
užmaršus *a* forgetful
užmaskuoti *v* bemask
užmaskuoti *v* mask
užmegzti *v* knot
užmiršimas *n* oblivion
užmirštantis *a* oblivious
užmojis *n* scope
užmokestis *n* pay

užmūryti *v* wall
užmušti *v* slay
užnerti kilpą *v* noose
užpakalinė dalis *n* rear
užpakalinis *a* after
užpakalyje *adv* behind
užpildas *n* padding
užpildyti *v* pad
užplaukti ant seklumos *v* strand
užplūsti *v* invade
užplūsti *v* whelm
užpulti *v* assail
užrakinama spintelė *n* locker
užraktas *n* lock
užregistruoti *v* enrol
užrišti *v* string
užrišti akis *v* blindfold
užsakyti *n* book
užsgaida *n* cupidity
užsidaręs *a* reticent
užsidaryti *v* begird
užsidegimas *n* avidity
užsidegimas *n* fervour
užsiėmęs *a* busy
užsienietis *n* foreigner
užsienio *a* foreign
užsienyje *adv* abroad
užsiimti poziciją *v* position
užsimenantis *a* suggestive
užsiminti *v* hint
užsiminti *v* intimate
užsirakinti *v* lock
užsispyręs *a* headstrong
užsispyręs *a* mulish
užsispyręs *a* obdurate
užsispyręs *a* obstinate
užsispyrimas *n* obduracy
užsispyrimas *n* obstinacy
užsisvajojimas *n* reverie
užsitęsęs *a* lengthy
užsitikrinti *v* assure
užsitraukti *v* incur
užsklęsti *v* bar
užslėptas *a* ulterior
užsplūsti *v* throng
užstatas *n* bail
užstatas *n* pledge
užstatyti *v* pledge
užtamsinti *v* benight
užtamsinti *v* shadow
užtat *adv* therefore
užtemdyti *v* shade
užtemimas *n* eclipse
užteršti *v* pollute
užtikrinimas *n* assurance
užtikrinti *v* ensure
užtikrinti *v* vouch
užtraukti *v* zip
užtraukti tinklą *v* net
užtrauktukas *n* zip
užtrenkimas *n* slam
užtrenkti *v* slam
užtrokšti *v* choke
užtrokšti *v* suffocate
užtroškinimas *n* suffocation
užtrukti *v* linger
užtvara *n* barrage
užtvara *n* obstruction
užtverti *v* obstruct
užuojauta *n* compassion
užuojauta *n* condolence
užuolaida *n* curtain
užuomina *n* hint
užuomina *n* intimation
užuomina *n* reference
užuosti *v* nose
užuovėja *n* lee
uzurpacija *n* usurpation
uzurpuoti *v* usurp
užvaldyti *v* subdue
užvaldyti mintis *v* preoccupy
užverti *v* shut
užvirti *v* boil

V

V formos išpjova *n* notch
vabalas *n* beetle
vabzdys *n* insect
vada *n* brood
vadas *n* chieftain
vadelės *n* rein
vadelėti *v* rein
vadinasi *v* hence
vadovas *n* guide
vadovas *n* handbook
vadovauti *v* head
vadovauti *v* lead
vadovauti *v* supervise
vadovautis *v* guide
vadovavimas *n* lead
vadovavimas *n* supervision
vadovėlis *n* manual
vagiliauti *v* pilfer
vagina *n* vagina
vagis *n* thief
vagišius *n* snatch
vagonas *n* carriage
vagonėlis *n* trailer
vagonėlis *n* truck
vagystė *n* theft
vaidas *n* row
vaidentis *v* haunt
vaidinti *v* cast
vaidmuo *n* role
vaiduoklis *n* ghost
vaikas *n* child
vaikas *n* kid
vaikis *n* bantling
vaikiška lovelė *n* cot
vaikiškas *a* childish
vaikiškas *a* puerile
vaikščioti *v* ambulate
vaikščioti pasipūtus *v* strut
vaikštinėti *v* saunter
vaikų darželis *n* kindergarten
vaikų kambarys *n* nursery
vaikystė *n* childhood
vaikžudystė *n* infanticide
vainikas *n* wreath
vainiklapis *n* petal
vairalazdė *n* helm
vairavimas *n* drive
vairuojotas *n* driver
vairuoti *v* drive
vairuoti *v* navigate
vaisiai *n* fruit
vaisiaus minkštimas *n* pulp
vaisingas *a* fruitful
vaišiningumas *n* treat
vaismedžių sodas *n* orchard
vaistas *n* physic
vaistas nuo visų ligų *n* nostrum
vaistažolė *n* herb
vaistinė *n* pharmacy
vaistininkas *n* druggist
vaisvandeniai *n* squash
vaizdai *n* imagery
vaizdingas *a* picturesque
vaizdingas *a* scenic
vaizdinis *a* visual
vaizduotė *n* imagination
vaizduoti *v* depict
vaizduoti *v* picture
vakar *adv* yesterday
vakarai *n* west
vakaras *n* evening
vakarienė *n* supper
vakarietiškas *a* occidental
vakarietiškas *a* western
vakarinis *a* west
vakaris *a* westerly
vakarų *a* westerly
Vakarų šalys *n* Occident
vakarykštė diena *n* yesterday
vakuumas *n* vacuum

valanda *n* hour
valdomas *a* manageable
valdos *n* possession
valdymas *n* governance
valdymas *n* management
valdymo forma *n* polity
valdymo teisė *n* tenure
valdyti *v* govern
valdyti *v* manage
valdyti nuosavybę *v* possess
valdytojas *n* manager
valdytojo *a* managerial
valetas *v* knave
valgis *n* meal
valgomas *a* eatable
valgomas *a* edible
valgomųjų įrankių komplektas *n* canteen
valgyti *v* eat
valia *n* volition
valia *n* will
valio *adv* hurrah
valiuta *n* currency
valstiečiai *n* peasantry
valstietis *n* peasant
valstybė *n* state
valstybininkas *n* statesman
valtis *n* boat
valyti *v* clean
valyti kempine *v* sponge
vamzdinis *a* tubular
vamzdis *n* tube
vanagas *n* hawk
vanaginiai *a* accipitral
vandenilis *n* hydrogen
Vandenis *n* aquarius
vandenis *n* merman
vandeniuotas *a* watery
vandens slenkstis *n* weir
vandens sūkurys *n* whirlpool
vandenynas *n* ocean
vanduo *n* water
vangumas *n* sloth
vangus *a* maladroit
vangus *a* slothful
vanoti *v* lambaste
vapėti *v* babble
vapėti *v* mumble
vapsva *n* wasp
vardinis sąrašas *n* roll-call
varganas *a* miserable
vargas *n* tribulation
varginantis *a* irksome
varginantis *a* onerous
varginantis *a* strenuous
varginantis *a* troublesome
varginantis *a* weary
varginti *v* plague
varginti *v* weary
vargšas *a* poor
vargšas *a* wretch
vargšas *a* wretched
vargu ar *adv* hardly
vargu ar *adv* ill
variacija *n* variation
variantiškumas *n* variance
varijuojantis *a* varied
varijuoti *v* vary
variklis *n* engine
variokai *n* copper
varis *n* copper
varlė *n* frog
varna *n* crow
varnas *n* raven
varnelė *n* tick
varomoji jėga *n* momentum
varpas *n* bell
varškė *n* curd
vartai *n* gate
vartininkas *n* keeper
vartojimas *n* consumption
vartosena *n* usage
vartoti *v* consume
vartyti *v* thumb

vartytuvas *n* tumbler
varvėjimas *n* drip
varveklis *n* icicle
varvėti *v* drip
varyti *v* propel
varžovas *n* rival
varžtas *n* screw
varžybos *n* rivalry
varžyti *v* embarrass
varžytis *v* compete
varžytis *v* contend
varžytis *v* rival
vasara *n* summer
vasarinis *a* aestival
vasaris *n* February
vasarnamis *n* belvedere
vaškas *n* wax
vaškuotas *a* centuple
vaškuoti *v* wax
vatas *n* watt
vatinis paltas *n* overcoat
vazektomija *n* vasectomy
vazelinas *n* vaseline
važiavimas *n* ride
važiuoti *v* ride
važiuoti taksi *v* taxi
vedamasis *n* editorial
vedybinis *a* antenuptial
vedybinis *a* matrimonial
vedybinis *a* nuptial
vegetaras *n* vegetarian
vegetariškas *a* vegetarian
veidas *v* face
veidas *v* visage
veidmainis *v* hypocrite
veidmainiškas *a* hypocritical
veidmainystė *n* hypocrisy
veido *a* facial
veido spalva *n* complexion
veidrodis *n* mirror
veikėjai *n* cast
veikiantis *a* operative
veikimo sritis *n* purview
veikla *n* deed
veiklus *a* vigorous
veiksmas *n* action
veiksmažodis *n* verb
veiksmingas *a* efficient
veiksmingumas *n* efficiency
veikti kartu *adv* concert
veislė *n* breed
veislė *n* species
veistis *v* breed
veja *n* lawn
vėjas *n* wind
vėjavaikiškumas *n* levity
vėjo malūnas *n* windmill
vėjuotas *a* windy
vėl *adv* again
vėlai *adv* late
velėna *n* turf
vėliava *n* flag
Velingtonas *n* wellignton
velnias *n* devil
vėlus *a* late
Velykos *n* easter
vėmalai *n* vomit
vemti *v* vomit
vena *n* vein
vengimas *n* avoidance
vengti *v* avoid
ventiliacija *n* ventilation
ventiliacijos anga *n* vent
ventiliatorius *n* ventilator
ventilis *n* valve
ventiliuoti *v* ventilate
veranda *n* verandah
verbuoti *v* recruit
verčiama naudininku *prep* for
verčiama vietininku *prep* within
verčiau *adv* rather
verdiktas *n* verdict
vergas *n* slave
vergauti *v* slave

vergija *n* slavery
vergiškas *a* slavish
vergų *a* servile
vėrinys *v* necklace
verkimas *n* cry
verkimas *n* weevil
verksmingas *a* lachrymose
verksnus *a* maudlin
verkti *v* cry
verkti *v* weep
verpimo ratelis *n* spinster
verpstas *n* spindle
versija *n* version
veršiukas *n* calf
verslas *n* business
verslininkas *n* businessman
verslumas *n* enterprise
versti *v* translate
vertas *a* worth
vertas pasitikėjimo *a* trustworthy
vertas užuojautos *a* pitiable
vertė *n* value
vertė *n* worth
verti siūlą *v* thread
vertikalus *n* vertical
vertimas *n* translation
vertingas *a* valuable
vertingas dalykas *n* asset
vertinimas *n* appreciation
vertinimas *n* assessment
vertinti *v* appreciate
veržimasis *n* urge
veržliaraktis *n* spanner
veržliaraktis *n* wrench
veržti *v* construct
vešėti *v* thrive
vėsinti *v* cool
vešlus *a* lush
vesti derybas *v* negotiate
vesti derybas *v* parley
vėsuma *n* chill
vėsus *a* chilly
vėsus *a* cool
veteranas *n* veteran
veteraninis *a* veteran
veterinarinis *a* veterinary
veto *adv* veto
vetuoti *v* veto
vėtyti *v* winnow
vėzdas *n* cudgel
vežikas *n* coachman
vežimaitis *n* chariot
vežimas *n* cart
vežimas *n* wain
vėžys *n* cancer
via *prep* via
vibracija *n* vibration
vibruoti *v* vibrate
vidaus *a* inland
vidaus *a* inside
vidaus *a* internal
vidinis *a* indoor
vidinis *a* inner
vidinis *a* inside
vidinis *a* inward
viduje *a* indoors
viduje *a* inside
viduje *a* within
vidun *a* inwards
viduramžiškas *a* medieval
vidurdienio *a* meridian
vidurdienis *n* midday
vidurdienis *n* noon
viduriai *n* entrails
vidurinis *a* middle
vidurių šiltinė *n* typhoid
vidurių užkietėjimas *n* constipation
vidurkis *n* average
vidurnaktis *n* midnight
vidurvasaris *n* midsummer
vidury *adv* amid
vidurys *n* mean
vidurys *n* middle

vidus *n* inside
vidutinis *a* medium
vidutiniškas *a* average
vidutiniškas *a* middling
vidutinybė *n* mediocrity
viena iš firmai priklausančių parduotuvių *n* multiple
viena linija *n* abreast
vieną kart *adv* once
vienas *n* alone
vienas *n* one
vienatvė *n* loneliness
vienbalsis *n* unanimous
vienbalsiškumas *n* unanimity
viendievystė *n* monotheism
vienetas *n* unit
viengungis *n* agamist
viengungis *n* bachelor
viengungis *n* single
vienijimas *n* unification
vienintelis *a* only
vienintelis *a* singularly
vienintelis toks *a* singular
vienišas *a* lone
vienišas *a* lonely
vienišas *a* lonesome
vienišas *a* solitary
vienlaikis *a* simultaneous
vieno aukšto namas su veranda *n* bungalow
vienodas *a* even
vienodas *a* like
vienodinti *v* equalize
vienodo lygio *a* par
vienskiemenis *a* monosyllabic
vienskiemenis žodis *n* monosyllable
vienspalvis *a* monochromatic
vienuma *n* solitude
vienumas *n* oneness
vienuolė *n* nun
vienuolės galvos apdangalas *n* wimple
vienuolika *n* eleven
vienuolio drabužiai *n* frock
vienuolis *n* monk
vienuolynas *n* cloister
vienuolynas *n* convent
vienuolynas *n* monastery
vienuolynas *n* nunnery
vienuolystė *n* monasticism
vienutė *n* hermitage
vienybė *n* unity
vienytis *n* unite
viešas *a* public
viešbutis *n* hotel
vieškelis *n* lane
viešnamis *n* brothel
viešosios tvarkos pažeidimas *n* affray
viešpatavimas *n* lordship
viešumas *n* publicity
vieta *n* locale
vieta *n* place
vietinis *a* local
vietinis *a* native
vietoj to *a* lieu
vietos advokatams *n* well
vietos mokestis *n* octroi
vietovė *n* locality
vieversys *n* lark
vigilija *n* vigil
vigvamas *n* wigwam
vizituoti *v* visit
vikaras *n* vicar
vikšras *n* caterpillar
vikšris *n* rush
viktorina *n* quiz
vila *n* villa
viliojimas *n* temptation
viliokas *n* tempter
vilionė *n* lure
vilioti *v* beckon
vilioti *v* lure

vilioti *v* tempt
vilkas *n* wolf
vilkelis *n* whirligig
vilkinti *v* stall
vilkti *v* drag
vilna *n* wool
vilnis *a* billow
vilnonas *n* woollen
vilnonė antklodė *n* blanket
vilnonis *a* woollen
vilnonis kilimas *n* rug
vilnos *n* fleece
vilnyti *v* billow
viltingas *a* hopeful
viltis *n* hope
viltis *n* hope
vimpelas *n* streamer
vingiuotas *a* anfractuous
vingiuotas *a* sinuous
vingiuoti *v* meander
vingiuoti *v* wind
vingrus *a* tortuous
vinis *n* nail
virbas *n* rod
virdulys *n* kettle
virėjas *n* cook
virimas *n* boil
virpėjimas *n* oscillation
virpėti *a* oscillate
virš *prep* above
virš *prep* over
viršenybė *n* supremacy
viršgarsinis *a* supersonic
viršiausias *a* principal
viršijimas *n* transcendent
virškinimas *n* digestion
virškinti *v* digest
virškinti *v* stomach
virsti *v* tumble
virsti dujomis *v* aerify
virsti kūliais *v* somersault
viršuje *prep* above
viršunė *n* summit
viršūnė *n* top
viršus *a* top
viršvalandinis darbas *n* overwork
viršvalandžiai *n* overtime
viršytas sąskaitos limmitas *n* overdraft
viršyti *v* exceed
viršyti *v* top
viršyti sąskaitos limmitą *v* overdraw
viršyti skaičiumi *v* outnumber
virti *v* cook
virti ant lengvos ugnies *v* simmer
virtimas *n* tumble
virtualus *a* virtual
virtuvė *n* cuisine
virtuvė *n* kitchen
virusas *n* virus
virvė *n* rope
virvelė *n* string
viryklė *n* cooker
vis dar *adv* yet
vis dėlto *adv* however
vis dėlto *adv* nevertheless
vis dėlto *adv* still
vis dėlto *adv* though
vis dėlto *adv* yet
visą parą *a* overnight
visa, kas įmanoma *n* utmost
visada *a* always
visagalis *n* almighty
visagalis *n* omnipotent
visagalybė *n* omnipotence
visai *a* all
visapusis *a* comprehensive
visapusiškas *a* versatile
visapusiškumas *n* versatility
visas *a* all
visas *a* all
visas *a* all

visas *a* whole
visata *n* universe
visažinis *a* omniscient
visažinystė *n* omniscience
viščiukas *n* chicken
visiškai *adv* absolutely
visiškai *adv* downright
visiškai *adv* utterly
visiškai *adv* wholly
visiškas *a* arrant
visiškas *a* downright
viskis *n* whisky
viso labo *n* good-bye
visokeriopas *a* sundry
višta *n* hen
visu kūnu *a* bodily
visuma *n* totality
visuma *n* whole
visuomenė *n* public
visuomenė *n* society
visuomeninis *a* social
visuomeniškas *a* sociable
visuomeniškumas *n* sociability
visur esantis *a* omnipresent
visuresmė *n* omnipresence
viszalis *a* evergreen
vitaminas *n* vitamin
viva voce *adv* viva-voce
viva voce *adv* viva-voce
vizija *n* vision
vizitas *n* visit
vizualizuoti *v* visualize
vogčiomis *adv* stealthily
vogti *v* steal
vokalinis *a* vocal
vokalistas *n* vocalist
volas *n* roller
voltas *n* volt
voltižiruoti *v* vault
vonia *n* bath
vonia *n* tub
vora *n* file
vora *n* queue
voras *n* spider
voratinklis *n* cobweb
voratinklis *n* web
vos tik *adv* scarcely
vos užtektinas *adv* scanty
voverė *n* squirrel
vulgarumas *n* vulgarity
vulgarus *a* vulgar
vulkaninis *a* volcanic
vykdimas *n* conduct
vykdoma politika *n* policy
vykdyti *v* conduct
vykdyti rinkimų kampaniją *v* canvass
vykti anksčiau *v* precede
vylingas *a* arch
vynas *n* wine
vyniojamasis popierius *n* wrapper
vynioti *v* reel
vynmedis *n* vine
vynuogė *n* grape
vynuogių misa *n* must
vyras *n* husband
vyraujantis *a* predominant
vyraujantis *a* ruling
vyrauti *v* predominate
vyrauti *v* rule
vyravimas *n* predominance
vyresnioji skautė *n* ranger
vyresnis *a* elder
vyresnis *a* senior
vyresnumas *n* seniority
vyresnysis *a* elder
vyresnysis *n* senior
vyresnysis inspektorius *n* superintendent
vyresnysis mokinys *n* prefect
vyriausiasis *n* chief
vyriausybė *n* government
vyriausybės žinios *n* gazette

vyriškai *a* manful
vyriškas *a* male
vyriškas *a* manly
vyriškas *a* masculine
vyriškis *a* male
vyriškumas *n* manliness
vyro *a* virile
vyrukas *n* lad
vyrystė *n* manhood
vyskupas *n* bishop
vytelės *n* wicker

Y

yda *n* flaw
yda *n* vice
ydingas *a* faulty
ypatingas *a* peculiar
ypatumas *n* singularity
ypatybė *n* peculiarity

Z

žabangai *n* snare
žabangioti *v* snare
žadėti *v* promise
žadėti *v* purpose
žaginimas *n* rape
žaginti *v* rape
žagsėjimas *n* hiccup
žaidėjas *n* player
žaidėjas, įmušęs įvartį ar pelnęs tašką *n* scorer
žaidimas *n* game
žaidimas *n* play
žaislas *n* toy
žaismingas *a* sportive
žaisti *v* game
žaisti *v* play
žaisti kauliukais *v* dice
žaizda *n* wound
žaizdras *n* forge
žaizdras *n* hearth
žala *n* harm
žalia *n* green
žalia šakelė *n* sprig
žalias *a* green
žalingas *a* injurious
žaliuojantis *a* verdant
žalsva spalva *n* jade
žaltys gundytojas *n* serpent
žalumynai *n* greenery
žalvaris *n* brass
žandas *n* jaw
žandas *n* maxilla
žara *n* glow
žargonas *n* jargon
žargonas *n* slang
žarna *n* hose
žarninis *a* intestinal
žarnos *n* bowel
žarnynas *n* intestine
žarnyno *a* alvine
žąsinas *n* gander
žąsis *n* goose
žavesys *n* allurement
žavesys *n* charm
žavesys *n* fascination
žavesys *n* glamour
žavėti *v* allure
žavėti *v* charm
žavėti *v* fascinate
žavus *a* winsome
zebras *n* zebra
zefyras *n* zephyr
želdinti *v* afforest
želė *n* jelly
žemai *a* low

žemas *a* base
žemas *a* low
žemdirbys *n* agriculturist
žemdirbystė *n* agriculture
žemė *n* earth
žemėjantis *a* downward
žemėlapis *n* map
žemės *n* earthen
žemės drebėjimas *n* earthquake
žemės sklypas *n* acreage
žemės vaikas *n* worldling
žemesnio rango advokatas *n* solicitor
žemesnis *a* under
žemiau *prep* below
žemiau *prep* below
žemiškas *a* earthly
žemuogė *n* strawberry
žemyn *prep* down
žemyn *prep* down
žemyn *prep* downward
žemyn *prep* downwards
žengimas į priekį *n* advance
žengti *v* step
zenitas *n* zenith
ženklas *n* sign
ženklas *n* token
ženklelis *n* badge
ženklinti *v* mark
ženklus *a* considerable
žėrėti *v* glow
žėrutis *n* mica
žiaurumas *n* cruelty
žiaurus *a* cruel
žibalas *n* kerosene
žiburiukas *n* twinkle
žiburiuoti *v* twinkle
židinio *a* focal
židinys *n* focus
žiebtuvėlis *n* lighter
žiedadulkės *n* pollen
žiedai *n* blossom
žiedas *n* ring
žiedelis *n* annulet
žiema *n* winter
žieminis *a* wintry
žiemojimas *n* hibernation
žiemoti *v* winter
žievė *n* bark
žievė *n* peel
žievelė *n* husk
žievinti *v* bark
žiežirba *n* spark
žiežirbuoti *v* sparkle
zigzagas *n* zigzag
zigzaguoti *v* zigzag
zigzaninis *a* zigzag
žinantis *a* aware
žinduolis *n* mammal
žingsnis *n* step
žingsnis *n* stride
žingsniuoti *v* stride
žinojimas *n* knowledge
žinoma *adv* naturally
žinoti *v* know
žinovas *n* adept
žiopsoti *v* gape
žiovauti *v* yawn
žiovulys *n* yawn
žirafa *n* giraffe
žirklės *n* scissors
žirnis *n* pea
žįsti *v* suckle
žiūrėti *v* watch
žiūrėti išpūtus akis *v* ogle
žiūrėti vogčiomis *v* peep
žiuri *n* jury
žiuri narys *n* juryman
žiurkė *n* rat
žiūronai *n* binoculars
žiūrovas *n* spectator
žlugdyti *v* foil
žmogėkas *n* sod
žmogiškas *a* human

žmogus *n* man
žmogžudys *n* murderer
žmogžudystė *n* murder
žmona *n* wife
žmonės *n* people
žmonija *n* mankind
žmoniškėti *v* humanize
žmonos apgautas vyras *n* cuckold
žmonos/vyro giminės *n* in-laws
žnaibyti *v* pinch
žnyplės *n* tongs
Zodiakas *n* zodiac
žodinis *a* verbal
žodis *n* word
žodynas *n* dictionary
žodynėlis *n* vocabulary
žodžio teisė *n* say
žodžiu *adv* verbally
žolė *n* grass
žolės riedulys *n* hockey
zona *n* zone
žonglierius *n* juggler
žongliruoti *v* juggle
zoninis *a* zonal
zoologas *n* zoologist
zoologija *n* zoology
zoologijos sodas *n* zoo
zoologinis *n* zoological
žudikiškas *a* murderous
žudymas *n* assassination
žudyti *v* murder
žurnalas *n* journal
žurnalistas *n* journalist
žurnalistika *n* journalism
žuvėdra *n* gull
žuvis *n* fish
žvaigždė *n* star
žvaigždėtas *a* starry
žvaigždinis *a* stellar
žvaigždynas *n* constellation
žvairumas *n* squint
žvairuoti *v* squint
žvakė *n* candle
žvangėjimas *n* jingle
žvangėti *v* jingle
žvejoti *v* fish
žvejys *n* fisherman
žvengimas *n* neigh
žvengti *v* neigh
žvėries jauniklis *n* whelp
žvėris *n* beast
žvėriškas *a* atrocious
žvėriškumas *n* atrocity
žvilgantis *v* lustrous
žvilgsnis vogčiomis *n* peep
žvilgtelėjimas *n* glance
žvilgtelėti *v* glance
zvimbimas *n* buzz
zvimbti *v* buzz
zvimbti *v* whiz
žvirblis *n* sparrow
žvitrus *a* sprightly
žybtelėjimas *n* flash
žybtelėti *v* flash
žydas *n* Jew
žydėjimas *n* bloom
žydėti *v* bloom
žygdarbis *n* exploit
žygdarbis *n* feat
žygis *n* march
žygiuoti *v* march
žymė *n* tag
žymeklis *n* book-mark
žymeklis *n* marker
žymėti *v* tag
žymėti plane *v* plot
žymėti varnele *v* tick
žymiai *adv* lot